어머니의 숨결

김선희 회상록

어머니의 숨결

| 어머니는 神人출현을 예고했다 |

글쓴이 김 선 희

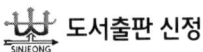
도서출판 신정

작가의 말

내가
부모님 공경하고
사노라면
바로 그것이
나의 미래
모습이 될 것이다.

차례

작가의 말 / 5

제1장

떠나신 어머니를 그리며 ·· 11
어머님을 영원히 떠나보내며 ·· 22
나는 누구인가 ·· 39
시대를 풍미했던 영웅호걸들도 침략 당한 나라 입장에서나
　　부모형제를 잃은 입장에서 보면 침략자이며 살육자다 ········ 41
효부(孝婦)난 부뚜막에서 효부난다 ···································· 45
저희 어머니는 20여 년 전 뇌경색으로 쓰러지셨다 ············· 50
저희 어머니께서는 세상을 마음으로 보고 계셨던 분이셨다 ··· 53
어머님은 제 인생에 지로(指路)인이셨다 ···························· 55
하늘은 진정 호리(毫釐)(저울눈금)도 어긋남이 없었다 ········ 57
어머님께서는 병원 가시는 것을 한사코 거부하신다 ············ 62
결국 어머니는 의식을 잃으셨다 ·· 70
응급실에서 어머님 혈액형이 그 유명한 RH-B형이라 한다 "헉" ········ 75
어머니를 긴급히 대학병원 응급실로 이송한다 ···················· 84
검사결과 간담도암 말기 6개월 시한부라는 선고를 받는! ········ 94
울 엄마 이렇게 쓰러진 이유를 막내 남동생은 이미 알고 있었다 ············ 100

말(馬)은 오래 달려봐야 그 말이 힘이 센 말인지 알 수 있고
    사람은 오래 겪어 봐야 그 사람이 진실한지를 알게 된다 ············ 103
좋은 일은 남과 웃고 궂은일은 피붙이와 극복한다 ······················ 111
드디어 조직(組織) 검사 결과(結果)가 나왔다 ······························ 115
우리는 내일을 예측(豫測)할 수 없는 미혹(迷惑)한 인간이다 ········ 119
중환자실에서 어머님 면회를 마치고 ··· 121
올케와 둘이 번갈아가며 중환자 보호자 대기실에서 마냥 기다리는
    신세가 되었다 ··· 126
드디어 어머니는 일반병원으로 가신다 ·· 128
광주로 보내려 했던 사람의 의도가 보인다 ································· 138
드디어 김해로 출발이다 ··· 145
모든 불행은 안일한 생각에서 비롯된다 ······································ 152
생과사의 갈림길에는 노소(老少)가 정(定)해지지 않는다 ············ 180
저는 꾀부린 죄 값을 톡톡히 치루고 나서야 부모 향한 마음은
    언제나 한결 같아야 된다는 사실을 깨달았다 ······················ 186
벼랑 끝에 선 있는 자(者) 너는 누구인가? ································· 203
또 다시 찾아온 위험한 고비 ··· 226
피범벅이 되셨던 어머니를 어쩔 수 없이 집으로 모시고 들어간다 ········ 241
서울로 올라가자 ·· 247

7

제2장

남편은 직장암 3기가 넘었다는 판결이다 ················· 269
저희 어머님 말씀이 옳았다 ································ 307
드디어 학수고대(鶴首苦待)했던 서울행이다 ············· 317
또 다시 시작된 각종 검사 ································· 322
어머니는 늑막(肋膜)에서 한 번 더 물을 빼냈다 ········· 352
이제 완전히 호흡기내과 치료가 끝났다 ·················· 363
보행연습 재활이 시작되었다 ······························· 371
암이 아니라 간담도에 스텐래스를 스턴트로 바꿔 삽입 한다 ··· 391
드디어 퇴원 날이다 ·· 404
일주일 후 서울에서 남편 조직검사가 있다 ·············· 422
3박 4일간의 서울병원 검사를 마치고 나는 김해로 돌아왔다 ··· 432

• 발행인의 말 / 서평 박선해 ······························ 434

제1장

떠나신 어머니를 그리며

2014년 4월 달력을 무심히 넘기다 의미 없이 살아가는 나를 돌아본다. 경황이 없어서 아님 넋을 잃어서… 나는 어머님을 잃고 석 달 열흘 동안 무엇을 하며 살았는지 전혀 기억이 없다. 어머님을 떠나보내고 제 스스로 죄인이 되었다고 해도 과언은 아니다. 4월이 되었으니 봄의 향연이 시작된 지는 한 달쯤 지나지 않았을까 싶다. 김해는 역사적으로 유서 깊은 곳이라 봄이 되면 유독 주위가 꽃들의 세상처럼 나서는 발길마다 아름다운 꽃들을 마음껏 볼 수가 있다. 추운 겨울을 견디어 새롭게 돋아난 식물들이 싱그러움을 한껏 만끽하고 있음을 느낀다.

산과 들이 그야말로 만화방창(萬化方暢)이라고 표현함이 맞을 것이다. 화창한 봄의 싱그러움을 만끽할 여유로운 마음을 갖지 못한다. 저희들에게 가장 소중하고 제가 가장 존경하는 친정어머니를 떠나보내고 맞이하는 첫 번째 봄이기 때문이다. 어머님을 떠나보내고 바로 맞이했던 봄이라 상실(喪失)감이 너무 커 망연자실(茫然自失)하여 봄이 왔는지를 기억하지 못했다. 이렇게 봄을 맞이하고 나니 저희 어머님을 이대로 떠나보내 드리는 것이 예의(禮義)가 아니라는 생각이 들었다. 제 기억 속에 오래도록 간직하고 기억하려는 마음에 얼마 전 저는 무제 노트 몇 권을 샀다. 이렇게 저렇게 세월 흘러 보내고 사노라면 저희 어머님을 향한 제 기억(記憶)이 영원(永遠)할 것 같지 않다는 생각이 들었기 때문에 저희 어머님의 특별하신 발자취를 잊지 않으려는 마음이 컸다. 유독 유별나셨던 특별(特別)한 가르침을 많은 사람들과 공유하고 싶은 마음에 이 글을 쓰는 이유다. 본 내용은 제가 저희 어머니를 모시게 되면서 실제 체험했던 내용들이다. 저희 어머님은 일반 어머님들과는 다르게 아주 특별한 부분이 있었다는 사실에 주안(主眼)점을 두고 싶다. 종교인들처럼 이적(異蹟)행위를 하셨다거나 기이(奇異)한 행동으로 사람들을 기망하는 행동들은 전혀 없었다는 사실이다. 그러나 분명 범상치 않으셨던 부분이 많아 저희 어머니와 영원한 이별을 하게 되기까지의 많은 실례(實例)들을 토대로 이야기를 풀어 가고자 한다. 어머니께서 갑자기 고관절로 쓰러지신 이후 2년 동안 아주 특별하게 어머님과 제가 겪어야 되었던 병상일지다. 병상 일지를 써가는 중간 중간에 지난 10여 년 동안 제가 어머니를 모시게 되면서 겪게 되었던 사연(事緣)들을 제 방식대로 적었다. 이 내용들은 저희 모녀의 경험들에 준한 내용이다 보니 100% 팩트라는 사실이다. 제가 저희 어머님 간병하면서 겪은 체험 일부라고는 하지만 제게는 너무나 소중한 체험이고 아주 특별한 저희 어머님 가르침이고 나의 역사이다. 누군가에게는 큰 깨달음을 주는 이정표가 될 것이라는 생각을 한다. 사실을 묘사하는 표현 방법이 문학 전문가가 아니라서 여러 부분에서 현장감 있게 쓰지 못해 더러는 많이 미흡한 부분들이 있다. 이 부분을 생각하면 더러는 염려스러운 부분도 없지는 않다. 미흡하면 미흡한대로 모자라면 모자란 대로 서툴면 서툰 대로 쓸 것이다. 옛말에 이르기를 '총명불여둔필(聰明不如鈍筆)' 즉 인간 기억력은 아무리 좋아도 적어 놓은 것만 못하다. 라는 고사성어의 의미를 참고하여 서툴지만 그래도 이렇게 써두고서 저희 어머니를 기억하고 싶은 데서이다. 많은 사람들에게 남다르셨던 저희 어머니를 소개하고 싶은 마음이 더 크다. 훗날 어머니가 그리워지고 생각나면 어머니를 본 듯 울 엄마를 만난 듯 어머니를 잊지 않으려 이 글을 쓴다. 삶의 의욕이 강하셨던 어머니를 끝까지 지켜드리지 못한 죄인(罪人)으로 반성(反省)하는 차원에 이 글을 써서 울 엄마에게 바치고자 하는 이유이기도 한다. 사무치는 어머님에 대한 그리움을 이 글을 쓰는 동안만이라도 마음껏 그려보고자 함이다. 이 내용들은 비록 일부에 지나지 않지만 그래도 저희 모녀가 함께 생활하면서 경험했던 일들이며 그 속에서 제가 직접 체험하고 겪었던 사연들이라 미사여구(美辭麗句)처럼 아름답게 꾸민 말들은 분명 없지만 허구는 아니라는 사실이다. 문장력이 전문가가 아니다 보니 문법이나 서술 부분에서 많이 미흡(未洽)하고 표현력(表現力) 또한 서툴지만 이렇게라도 적어 저희 어머님 영전에 받치고자 한다. 이면(裏面)에는 저희 어머님 발자취들을 일부라도 이렇게 기록해 두어 어머님께서 제게 가르쳐 주셨던 여러 가르침들을 제 가슴 속 깊이 오래도록 간직하는 방법이며 더러는 흔들리는 저 자신을 바로 세우는데 큰 지침서가 되지 않을까 한다. 어머니를 끝까지 지켜드리지 못한 죄인이라 저희 어머니를 제 가슴에 다시 살리고자 하는 의도(意圖)가 제일 큰 목적이다. 여러 면으로 존경(尊敬)받아도 부족함이 없으셨던 훌륭한 저희 어머님이셨지만 안목(眼目)이 열리지 않은 인사(人士)들로 하여금 병든 노인으로 치부가 되다보니 그 부분을 바로 잡고자 하는 의도이기도 하다. 이렇게 생각하는 것 또한 저 혼자만의 세계에서 보는 관점이다. 제가 생각하는 저희 어머님은 저에게만은 너무나 훌륭하셨던 분이셨다는 사실에 입각한다. 다른 자식들 각자의 생각은 분명 다르리라 생각해서 다른 형제들 생각은 보태지 않을 것이다. 그러나 저에게는 저희 어머니가 세상에서 훌륭하다고 하는 공자 맹자 한비자보다 비교할 수 없을 정도의 큰 스승님이셨다는 사실이다. 그래서 저는 어머님께서 이제껏 살아오시면서 어머님 몸소 실천으로 저희들에게 보여주셨던 사람의 진면목(眞面目)과 참된 도리(道理)에 기준(基準)을 두셨던 부분이 너무나 자랑스러워 저는 그 부분을 되짚어 보는 과정이라 생각한다. 저는 어머님께서 직접 행(行)하신 행동들이야 말로 저에게만은 참교육이요. 특별한 가르침이라 생각한 부분이다. 저희 어머님께서 유난히 강조하셨던 부분은 진실 된 마음으로 세상을 참되게 살아가라는 어머님 가르침을 말 안할 수 없다. 현대인들처럼 지식(知識)을 습득하는 교육이 아니고 사람이 갖추어야 할 인성 그리고 진실한 마음과 지극하고 정성어린 마음을 갖도록 저를 혹독하게 연단 시켜주셨던 부분과 참사람의 도리(道理)를 어머님께서 직접 실천하셨던 부분을 기억나는 대로 서술해 보려는 생각이다. 저희 어머님의 특별하신 가르침은 제가 이 세상을 올곧게 살아감에 있어 지침서(指針書)가 되었던 내용이다. 모진 고난(苦難)과 고통이 따를 지라도 절대로 자기 양심을 속이지 않는 떳떳한 사람이 되라는 훈육(訓育)이셨다. 남은 속일 수 있으나 자기 양심은 속일 수 없으니 자기 양심에 떳떳한 사람이 되라고 하신 뜻이다. 어떠한 누명과 치욕을 겪더라도 흔들리지 말고 일심(一心)되고 올곧은 행동으로 탐욕(貪慾)도 벗어버리고 성냄도 벗어버리고 살아가라는 저희 어머님만의 아주 특별한 가르침이다. 어머니는 저에게 항상 바보처럼 사노라면 분명 하늘이 알아주실 날이 있을 것이다. 라는 의미로 말씀하셨던 것이다. 저희 어머니는 오래전부터 남과는 아주 다른 유별났던 부분이 있었다. 저희 어머니는 사람 마음을 마음으로 읽으셨던 분이셨다. 저는 어려서부터 어머니 말씀들을 경전(經典)밖에 진리(眞理)라고 믿고 이제껏 어머니 말씀을 믿고 살아왔던 터이다. 저와 어머님 사이에는 많은 말이 필요하지 않았다. 저는 저희 어머님께서 참된 사람의 도리(道理)에 주안(主眼)점을 두고 가르쳐 주셨던 부분을 마음속 깊이 새기며 이제껏 바보처럼 살았다고 자부한다. 저는 자연스럽게 참사람이란 주제에 의미를 두고 살고 있다 해도 과언은 아닐 것이다. 사람 기억력(記憶力)이란 한계(限界)가 있다는 사실이다. 어머님 가르침을 잊지 않으려 하지만 세월 이기는 장사 없듯 나 또한 내일을 예측할 수 없는 아주 나약한 존재다. 그래서 인지도 높은 위인의 발자취는 아닐지라도 내 마음 속에는 역사 속 영웅들처럼 훌륭하신 분이다. 우리 인생은 나이 들면 더욱 예측 할 수 없는 것이 사람 일이다. 더구나 그 영역은 제가 콘트롤할 수 있는 영역이 아니라는 것을 알기 때문에 제 기억력이 쇠잔해지기전 일부라도 적어본 것이다. 그러니까 사노라면 행여 제가 어머님께서 가르쳐 주신 참사람의 도리를 망각(忘却)하여 교만(驕慢)한 마음과 거만(倨慢)한 몸짓 속에 만심(慢心)이 일어나면 제 자신을 꾸짖고자 함이다. 어머님께서 가르쳐 주시고 깨우쳐 주셨던 부분들이 헛되지 않도록 각인(刻印)시켜두고자 하는 이유이고 조금은 모자라고 조금은 부족한 듯 제 자신을 경계(經戒)하고 겸손(謙遜)한 사람으로 거듭나기 위한 방비(防備)책으로 삼고자 하는 이유요 의미다. 제 인생길에 지로인(指路人)이셨고 인성(人性)교육에 교본(敎本)과 같은 분이셨다. 정신적으로나 수양(修養)적으로 지침서(指針書)가 되어 주셨던 분이고 참된 사람의 길을 안내해 주는 이정표(里程標)와 같은 분이 바로 저희 어머니이셨던 것이다. 그러나 제가 어리석고 미련해서 빨리 깨닫지 못해 끝까지 저희 어머님을 지켜드리지 못함이 못내 죄스럽고 미안한 마음이 한량없어 이 글로써 어머님께 용서를 빌고 사죄하는 마음으로 어머님 영전에 이 글을 바치려 한다. 누군가 마음에 길을 잃고 마음의 길을 묻는 다면 저는 주저하지 않고 아주 특별 하시고 대장부이셨던 저희 어머님의 가르침들을 들려주고픈 마음이다. 그 참된 가르침이 뭇 사람들의 이정표가 될 것이고 많은 사람들의 지침서가 되지 않을까라는 기대도 있다. 저희들에게 언제나 참되게 살라고 엄하게 가르쳐 주신 저희 어머님의 발자취를 뭇 사람들과 공유하고자 서툴지만 이렇게 용기를 낸다. 세상 모든 사람들 마음에 평온을 갖고 만사(萬事)에 서로 배려(配慮)하고 서로 사랑하며 이해하고 용서하며 사노라면 분명 이 사회는 머지않아 평화롭고 자유로우며 풍요로운 세상을 맞이할 것이라 확신하기 때문이기도 하다. 이런 질서가 확립(確立)되고 나라 제도가 바뀌어 우리가 살고 있는 이 세상이 바로 지상낙원이요 극락임을 깨닫게 될 날이 곧 올 것이라 생각한 부분이다. 어쩌면 수면위에 떠오르지 못하고 화려한 조명도 받아보지 못한 아니 인지도가 전혀 없는 한 개인의 발자취요 병상 일지(日誌)이다. 그렇지만 나는 분명 보았다. 우리 어머님의 경지를 그리고 우리 어머님의 말씀처럼 우리가 마음 하나 바로 세우면 그것이 바로 극락이라는 것을...

저 혼자만의 체험(體驗)이요 경험담(經驗談)으로 남겨 두기에는 너무나 아쉬움이 많고 미련이 남아 이렇게 두서없는 글을 쓴다. 어머님께서는 평범한 가운데 남과 다르게 유별난 부분이 있다 보니 유독 말도 많고 탈도 많았던 사례(事例)들을 말하려 하는 이유다. 더구나 이 내용은 병중이신 저희 어머니로 하여금 제가 직접 경험했던 일들이며 작은 실천이라도 행(行)하면서 겪어온 체험들이라 다른 각도에서 보는 형제들 안목하고는 판이하게 다른 견해차가 있다는 것을 참고 해주었으면 한다. 우리가 쓰고 있는 안경도 근시가 있고 원시가 있고 난시가 있어 쓰는 사람마다 도수도 제각각이듯 우리가 같은 사물을 하나를 놓고 바라보는 시선 또한 보는 사람의 각도에 따라 판이하게 다르다는 부분과 각자가 셈하는 계산법이 달라 형제간에 깊은 오해가 생기게 되었고 그 오해(誤解)가 깊다보니 같은 소재를 두고도 폄하적인 인식과 편견들로 하여금 곡해(曲解)가 심했다. 그러므로 병중이신 어머님의 거룩한 발자취를 두고 형제간에 불협화음(不協和音)이 일어났으며 그 파장 때문에 서로 의견차가 심해 곡해가 더해지고 결론은 다툼까지 생겼다는 사실에 입각해 그 견해 차이는 사람의 역량에 따라서 태산과 같은 차이가 있을 수도 있고 백지 한 장 차이일 수도 있다는 사실을 시사(示唆)하는 바이다. 저희들의 사례들을 반면교사 삼고자 하시는 분과 비난 하시는 분들의 차이 정도는 있지 않을까 싶다. 그리고 이 글이 찬평이 될지 혹평이 될지는 알 수 없겠으나 분명한 것은 너와 내가 생김새가 다르고 생각하는 것도 다를 것이고 보고 느끼는 견해 차이도 분명 판이 하게 다르게 해석 되는 경우도 있다는 사실을 우리는 잘 알고 있다는 사실이다. 그래서 제 경험 이라고는 하지만 누구나 삶 속에서 한번쯤은 직면하게 되는 문제들이기에 주변에서 일어났던 경험들과 비교 해보면서 읽어보시는 것도 좋은 경험이 되지 않을까 싶다. 그러니까 지금 우리 사회가 핵가족화가 되다 보니 병든 부모님을 모시는 것을 은연중에 꺼리는 부분과 과감히 내친 다는 사실을 우리는 주변에서 자주 보면서 살고 있다는 사실이다. 주변에서 이런 서글픈 이야기들을 종종 접하다보니 저는 이런 생각을 하게 되었다. 비록 이 사회가 더러는 각박하게 돌아가더라도 나만이라도 병든 부모님을 그 어떠한 경우라도 내치지는 말자라는 마음을 갖게 된 것이다. 특히나 부모님을 모시는 부분에 있어 형편에 따른다거나 서열에 따라 모시는 것이 아니라 자식이라면 누구나 모셔야 할 의무가 있다는 사실을 깨달은 것이라 하겠다. 제가 친정어머니 모시는 것이 당연했던 이유다. 저는 유난히 특별하시고 남다르셨던 친정어머님을 모시게 되면서 어머님을 무조건 따르는 저와 그렇지 않고 논리적으로 정당성을 운운하며 사사건건 시비로 일관하는 형제들 속에서 뇌경색으로 두 번 쓰러지신 이후 말씀이 어눌해지신 친정어머님을 모시게 되면서 쌓여만 가는 오해와 편견 속에서 형제들로 부터 도외시(度外視)는 기본으로 삼게 되었고 선(線)을 넘어서는 안 되는 육탄전까지 형제간에 치르게 되었던 부끄러운 과거사가 있었다. 이 이야기는 한 개인으로서는 참 치욕스럽고 부끄러운 역사다. 친정 집안의 치부를 들쳐 내놓은 것 같아 부끄럽지만 저희 형제들의 사례들을 많은 사람들이 거울삼아 저희처럼 부끄러운 과거를 만들지 않기를 바라는 마음에 용기 내어 사연을 꺼낸다. 이런 치부를 들쳐 보이기까지는 저 나름 적지 않게 고민이 있었다. 그러나 분명 누군가는 저희와 같은 유사한 일을 겪게 될 수도 있다는 사실을 입각해 저의 부끄러운 과거사를 거울삼아 형제간에는 양보하고 이해하며 부모님 공경하는데 서로 작은 힘이라도 합쳐 화목한 집안을 이끌어가기를 바라는 마음으로 이 글을 쓴다. 저희 어머니가 유별나셨던 부분이 신병(神病)으로 인한 것인지는 정확히 알 수 없다. 남다른 혜안(慧眼)을 갖고 계셨던 것은 확실하다. 과학적으로도 증명한 바 없으니 바로 이것이다. 라고 확실하게 증명하고 주장하지 못한 부분이 바로 이 부분이다. 그렇지만 그래도 유달리 보통 부모님들과는 저희 어머님의 성향이 때로는 너무 달라 저희 형제들 또한 이해하기 힘들었던 부분들이 종종 일어나 참으로 신(神)의 세계를 잘 이해 못한 제 입장이나 아예 이해하려 들지 않는 형제들 사이에 정말 난처한 일들이 많아 아마도 오해가 더 심했고 깊어지지 않았을까하고 생각한다. 그러니까 예를 하나 들자면 저희 어머니께서는 누워계시다가 갑자기 일어나 앉으시며 지갑에서 돈을 세어 챙겨주신다. 그리고 하신 말씀은 이 돈을 보내주어라. 라고만 하신다. 말씀을 잘 못하셔 주어(主語)가 빠져있다. 그러다보니 돈 붙여줄 상대를 저는 정확히 모르기 때문에 어머니와 저는 가끔 스무고개 아니 수수께끼를 풀어가야 되는 상황이 연출 된다. 이 과정에서 돈을 붙여줘야 할 이유와 대상을 모르니 저 역시도 너무나 난감한 부분이 된다. 그렇지만 어머니 입장에서 생각해 보면 제가 빨리 알아차리지 못하니 오죽 더 답답하고 불편하시겠는가라는 생각이 먼저 떠올라 저는 불타오르려는 화를 누르게 된다. 이렇게 수수께끼 푸는 과정들을 어머니와 저는 수 백번 하다보니 제 성질이 둔할 정도로 둔탁해졌다. 인내(忍耐)하는 과정(過程)을 배우는 경우라 하겠다. 어머니께서는 누군가 곤경에 처해 있는 사람이 마음으로 느껴지면 바로 자신의 지갑을 열어 붙여주라고 돈을 꺼내주신 경우이다. 하지만 돈을 보내는 이유와 대상을 알아차리는 과정이 예전에는 저에게는 숙제가 되었고 고역(苦役)이 된 경우다. 그리고 갑자기 어디를 가자. 라고 하시지만 목적지와 이유를 가르쳐 주시지 않으시고 길을 재촉하신 경우가 허다했다. 어머님께서 가시고자 하시는 목적지를 저는 잘 모르기 때문에 목적지를 알아내기까지는 남모르는 고충이 따랐다. 저도 살림하는 사람이고 아이들이 아직 어려 장거리를 간다는 사실이 몹시 불편한 현실이다. 어머님께서는 가끔 막무가내로 재촉하시니 당황스럽기 그지없는 경우다. 다른 형제들에게는 이런 주문들은 하지 않으셨던 걸로 알고 있다. 제가 어머님 부탁을 거절하지 못한 성격이라 유독 저에게만 이런 일들을 시키셨지 않았나 하는 생각도 든 부분이다. 어머님을 모시고 사는 동안 저는 난처했던 일들을 수 없이 겪어야만 되었던 나의 역사다. 우리들이 인지(認知)하지 못하는 세계에서 보는 것 일 수도 있다는 관점에 저는 어쩔 수 없이 따라야만 했었다. 이런 일들은 대부분 보통사람들이 이해하기 어려운 영역이라 어머님과 소통하는 부분에 있어 다소 어려움이 초반에는 저에게 많이 일어났던 사연이라 하겠다. 우리는 그저 영(靈)의 세계를 모르는 평범한 사람이라서 범상치 않으신 저희 어머님을 이해하기란 무리가 있었다. 더군다나 어쩔 수 없이 어머니를 따르는 저와 어머님에 뜻을 전혀 이해 하려들지 않은 다른 형제들과의 대립에서 오는 마찰은 서로를 너무 힘들게 하였던 부분이라 생각한다. 저는 현실적인 것을 떠나 성치 않으신 어머님 편에 설 수 밖에 없는 것이 제 입장이다. 저희 어머님께서 행하시는 행동들이 보이지 않는 세계에서 오는 나쁜 기운을 막아 주시는 차원이라 생각하고 저희 어머니를 옆에서 작은 힘이라도 따라 드리는 것이 제 입장에서는 당연했던 일이라 생각했다. 제가 알고 있는 어머님 성품은 비록 말씀은 어눌하셨지만 정신세계는 초인(超人)이시라 어머님께서 내준 숙제를 저는 하지 않을 수 없었던 이유다. 어머님을 가까이에서 모시는 사람으로서 느낀 저희 어머님께서 행한 행동은 분명 타인을 이롭게 하기 위한 행위(行爲)였기에 저는 거부할 수 없었고 어머님을 따를 수밖에 없었던 지난날의 저와 어머니와 함께 걸었던 발자취들이 이 글의 주제다. 저희 모녀의 발자취들을 제 삼자의 입장에서나 또 다른 시선에서는 또 다르게 해석 될 것이고 또 다르게 비교될 것이라는 생각을 한다. 제가 옆에서 보았던 저희 어머님은 너무나 훌륭하시고 대장부셨고 생불(生佛)이셨기에 저는 저희 어머님을 세상 밖으로 조심스럽지만 그래도 자랑스럽게 어머님을 소개 하게 된 이유다. 일부 형제들은 헛소리이고 허무맹랑한 이야기라고 부정할 것이고 아니 부정했던 부분이기에 저의 시선에서 보았던 저희 어머니를 세상 밖으로 소개하는 이유다. 유독 어머님의 이해 할 수 없는 기이한 행동들을 저는 당연히 옳다고는 강력하게 주장하지는 않지만 그래도 어느 선(線)에서는 공감(共感)하고 수긍(首肯)하는 부분도 많았다는 사실이다. 가령 우리는 어떤 일에 직면하게 되었을 때 대체로 세상에는 두 종류(種類) 유형(有形)의 성향의 사람들로 크게 나눠지는 양상을 보인다는 사실이다. 예를 하나 들자면 비가 왔을 때 갑이라는 사람은 비를 보면서 하는 말인즉, 어머 비가 오니 세상이 너무 깨끗해졌고 만물들이 생동하는 소리가 들리는 것 같아요. 라고 말을 하는 것이고 을이라는 사람은 비가 오니 세상이 온통 컴컴하고 질척거리고 찜찜하고 기분마저 우울 하네. 라는 말을 하는 사람도 있다는 사실이다. 그리고 하나의 주제를 놓고 두 유형의 사람의 의견(意見)이 교차(交叉)하고 있으며 무지(無知)에도 두 가지 무지가 서로 상충(相沖) 하고 있다는 사실이다. 두 가지 무지(無知) 중에 하나는 긍정적(肯定的)무지(無知)이다. 성향(性向)이 긍정적이다 보니 자기 자신이 모를 때 자신이 모르고 있다는 사실을 아는 무지를 긍정적 무지라 하겠다. 이런 성향에 무지(無知)는 대체로 열린 마음이라고 표현(表現)하고 싶다. 그리고 이렇게 열린 마음은 언제나 새롭고 신선한 길의 안내를 받고 싶어 하며 그 신선한 길의 안내 속에서 번영(繁榮)하고자 항상 마음을 열어 새로운 길에 안내를 받고자 하는 것이 특징이다. 또 하나의 무지는 부정적(否定的) 무지(無知)이다. 부정적 무지를 가지고 있는 성향의 사람은 대체로 자신이 모르고 있으나 알고 있다고 생각하여 자기가 알고 있는 것이 진리인냥 상대의 말을 무시해서 듣는 것이 부정적 무지의 특성이다. 부정적인 성향을 가진 무지(無知)의 세계는 어쩌면 자기 자신의 발전(發展)을 저해(沮害)시키는 원인(原因)이며 타인과 소통(疏通)이 원활(圓滑)하지 못하는 케이스다. 이 두 가지 유형 중에 나는 어떤 유형인지를 잠시 자기 자신을 성찰(省察)해 봄도 괜찮을 것이다. 우리 형제들과 저도 이 두 유형 가운데 분명 하나의 유형에 속했을 것이라 생각한다. 그러다보니 형제간이라 할지라도 소통이 원활하지 못했고 관계(關係)유지도 유리벽을 쳐서 보는 사이가 되었다. 어머님과 의사소통(意思疏通)이 원활하지 못하다보니 오해가 더 깊어졌던 이유였지 싶다. 그러다보니 자연스럽게 저와 대립이 자주 일어나게 되고 형제들 나름 불만들이 생겨 집안이 평화롭지 못했다. 관계 개선을 위해 저 나름 양보라는 타이틀을 걸고 형제우애를 목적으로 삼았다. 불편하게 만든 원인(原因)제공(提供)자는 바로 저라는 사실을 알기 까지는 저 또한 다소 서운한 감정에 쌓여있었던 시절도 있었다. 더구나 다른 형제들 생각은 집안 불화를 만든 자가 바로 저라고 느꼈는지 너만 말썽 부리지 않으면 우리 형제들은 조용해. 라는 표현을 썼다. 제가 엄마 뜻을 받들면서 형제로부터는 집안 분란을 만드는 말썽쟁이로 치부된 사람이 되었던 이유다. 저는 그 뉘누리(소용돌이)속에서 일어났던 난처하고 슬픈 경험들을 오롯이 저의 입장에서 이야기를 나누려한다.

　형제들과 쌓인 오해 정도는 그때 그때 풀어 가면 좋았겠지만 이 또한 때가 되지 않았는지 쉽게 풀 수 있는 기회도 없었지만 중용을 지켜 형제 우애를 도모하려는 형제가 없어 제 입장에서는 더러는 서운한 마음도 없진 않았다. 그래서 이 이야기는 반듯이 편견을 버리고 중용(中庸)을 지켜 중도(中道)로써 해석해 주기를 바라는 마음이다.

어머님을 영원히 떠나보내며

　어머니께서는 우리 곁을 떠나시기 한 달 전 떠나시는 것을 예견하셨는지 하나, 둘, 셋, 넷이라는 숫자를 손가락으로 30을 세어주시며 제게 말씀하시길 이렇게 지나고 나면 나는 이제 다 나을 것이다. 라는 말씀을 처음 하셨다. 이날은 둘째 남동생이 건보에서 나온 돈을 어머니께 드리지 않고 형제들 밀린 간병비 대신 보내준다고 하며 간병비 150만원을 저에게 붙여준 날이기도 했다. 그리고 밤 9시시가 지나니 어머니께서는 일어나 앉으시며 저에게 아주 쓸쓸한 모습으로 한 달이 되면 본인은 다 나으실 것이라는 말씀을 다시 해주셨던 날이다.

　우리는 이렇게 저렇게 지내다 보니 어머님께서 손가락으로 세어주신 25일쯤 되는 날 어머니께서는 다시 한 번 제게 손가락을 꼽으시며 하나, 둘, 셋, 넷, 다섯이라는 숫자에 악센트를 강하게 주시며 이렇게 지나면 나는 괜찮을 것이다. 라는 말씀을 다시 하셨다. 어영부영 5일을 보내고 드디어 날짜를 꼽아 주시던 30일이 되던 날 새벽 2시에 불안한 마음이 일어 전주에 사는 언니에게 전화를 걸어 어머니가 수상하니 가능한 빨리 와달라고 했었다. 언니가 전주에서 바로 출발 하더라도 3 ~ 4시간이 걸리는 거리다. 어느 정도 어둠이 걷히거든 출발하라고 했다. 사실 블랙아이스의 위험을 무시 할 수 없어 언니에게 어둠이 걷히거든 출발하라고 당부했던 이유다. 언니가 도착하기까지는 시간이 조금 남아 있었다. 하지만 그 시간동안이라도 어머님 살피는데 게으름을 피워서는 안 되는지 긴장하며 어머님 옆을 사수 중이다. 저는 어머니가 날짜를 세어 주시며 그때 다 나으신다는 말씀을 철썩 같이 믿고는 있지만 왠지 어머니를 놓칠 것 같은 예감이 있었다. 2주 동안 불안한 마음에 잠을 전혀 자지 못한 상태다. 그러나 피곤하다는 생각은 전혀 들지 않고 그저 누워 계시는 어머님만 지켜야 된다는 일념만 있었다. 어머니가 세어준 날짜를 보니 공교롭게도 친정아버지 기일과 일치하다는 생각이 들었다. 어머니께서는 평소와는 다르게 이날따라 전혀 눕지 않으시고 앉아 계시며 자주 시계를 올려다보셨다. 왠지 그 느낌은 자식들 안부 전화 오기를 기다리는 중이시라는 느낌이 들었다. 그 모습이 너무 애처로워 어머님께

"동생들한테 전화를 할까요?"

라고 물었다. 그러나 어머니께서는 냉정하게

"아니."

라는 말씀뿐이었다. 그리고 밤 12시를 넘기고 새벽 2시 이후로는 무슨 일인지 어머니께서는 아주 깊게 주무셨다. 기절 수준으로 주무신 것이다. 어머님 얼굴모습은 너무나 평온해 보였다. 스스로가 돌아눕지 못하시니 저는 두어 시간 간격으로 어머니를 돌아 뉘여 드렸다. 왜냐하면 장시간 누워계시는 환자에게는 욕창이 제일 무서운 적(敵)이 될 수가 있

어 욕창 방지 차원에서 그렇게 해야만 되었다. 두 시간 뒤 다시 어머니를 돌아 눕혀 드리는데 이상하게 어머님 고개가 힘이 전혀 들어가 있지 않고 그저 숨만 아주 편안하게 쉬고 계실뿐 미동 또한 없고 반응도 없으셨다. 이상한 것은 어머니께서 숨을 들이마시고 내쉴 때 마다. 지독한 냄새가 뿜어져 나왔다. 아마 냄새가 나는 이유는 분명 속에서 탈이 나도 단단히 나지 않았나하고 추측만 할 뿐, 제가 이 상황에서 할 수 있는 것이 없어 그저 옆에 앉아 어머님 숨소리에 귀 기울여 지켜보는 정도다. 이 상황에서 제가 할 수 있는 것이 없어 안타깝고 속만 탔다. 그러나 속 타는 저의 마음과는 상관없이 속절없이 시간이 지나고 나니 전주에서 언니가 도착했다. 아마 언니는 제 전화를 받고 자지 않고 동트기만을 기다렸다. 출발을 하였는지 이른 아침에 도착한 것이다. 언니가 오니 반갑고 크게 의지가 된다. 아무도 없는 밤사이에 어머니를 놓칠까봐 두려웠는데 언니가 이렇게 도착을 하니 조금은 위로가 되었다. 한편으로는 언니에게 미안한 마음도 일었다. 어머님을 잘 보살펴야 했었는데 그렇지 못한듯하여 언니에게 미안한 마음이 많이 들었다. 언니에게 그동안에 있었던 상황들을 간략 하게 이야기를 해주었다. 그랬더니 언니가

"아직 다른 형제들 마산에서 아버지 제사 지내고 각자의 집으로 돌아가지 않았을 텐데 엄마가 이상하다고 이야기를 해주어야 되지 않을까?"

라고 했다. 저도 당장이라도 말을 해주고 싶었다. 그렇지만 저희 어머님의 간곡한 부탁이 있었던 터라 저는 쉽게 답을 하지 못하고 그냥

"잠깐만이라도 지켜보다가 결정하기로 하자."

라고 했다. 그랬더니

"그럴까."

라고 언니는 말을 하고서 세상 시름 다 잊고 편안하게 주무시는 어머니 배를 만지며

"아이고 우리 엄마 이렇게 배가 홀쭉하게 독가스가 다 빠져서 너무 좋아요. 아무튼 엄마 모든 병 다 여의시고 빨리 꼭 일어나세요."

라는 말을 했다. 어머님께서는 들으셨는지 알 수 없다. 하지만 어머니께서는 반응이 전혀 없으셨다. 이렇게 편안하게 주무시는 모습을 오랜만에 보았다. 어머님께서는 2년 가깝게 고관절로 쓰러지신 이후로는 한 번도 편안하게 주무시지를 못했다. 너무 평온하고 평화롭게 주무시는 모습을 오랜만에 본 저희 자매는 잠시 더 지켜보기로 결정했다. 그리고 중간 중간 두 시간 간격으로 어머니를 돌아 눕혀 드린 것 외에는 아무것도 하지 못 했다. 그러나 무정한 시간은 흘러 하루를 보내고 다음날 새벽 2시가 되었다. 사실 아버지 기일날 밤 12까지는 엄마라고 불러보면서 애들 오라고 할까 라고 물었을 때 아니라는 말씀을 분명히 하셨다. 새벽 2시에 제가 엄마 하고 불렀을 때 아주 멀리서 대답한 어 엉 하고 대답을 하셨다. 그러나 그 이후론 어머님의 목소리를 듣지 못했다. 이 시간 이후부터는 어머니는 미동도 없이 너무나 편안하게 24시간 넘게 주무시기만 하고 계신 것이다. 막상 새벽 2시가 넘어 밤이 깊어가니 언니가 저에게 엄마가 일단 편안하게 주무시니 너도 잠 좀 자둬라 라고 했다. 막상 이렇게 숨만 쉬고 계시는 어머니를 옆에 두고 자는 것이 내키지는 않다. 그렇지만 만약 제가 자지 않는다면 먼 길 온 언니도 못 잘 것 같다는 생각이 들었다. 그래서 저는 언니에게 그럴까 라고하며 나는 언니에게 그러면 잠시 잠깐이라도 우리 눈을 좀 부쳤다가 4시에 일어나 엄마를 다시 돌려 눕혀 드리자 라고 하고 저희 자매도 어머님 옆에다 이불을 깔았다. 한편으로는 여러 날 잠을 자지 못한 터라 혹시 제가 잠이 깊이 들까봐 불안한 생각도 없지 않았다. 이젠 옆에 언니가 있으니 혹여 제가 깜빡 잠을 깊이 들지라도 의지 할 곳 있어 안심이고 다행이라 생각이 들었다. 저 혼자 있을 때는 어머님을 살필 사람이 없다는 생각에 아예 잠자는 것을 포기 했었다. 오늘은 언니가 옆에 있다는 생각에 나도 모르게 의지가 되는지 잠을 청하게 되었다. 돌이켜 생각해보면 우리 자매가 가장 실수한 부분이 바로 이 부분이지 싶다. 이 순간이 다시는 오지 않을 시간이며 저희 어머님과의 영원한 이별을 하는 시간인줄 알았으면 설마 잠을 청했을까 싶다. 제 인생에 있어 제일 후회막급(後悔莫及)한 사연이라 하겠다. 저희 자매가 이 부분이 바로 저희 어머님과 영원한 이별인줄 조금이라도 예감을 했었다면 당연히 눈꺼풀을 뒤집어서라도 잠을 자지 않았지 않았을까 생각한 부분이다. 그러나 미련한 딸자식들은 어머니와의 영원한 이별이 다가왔음을 예감 못하고 무심하게 잠을 자는 바람에 어머님 가신 길을 보지 못한다. 이것은 분명 나의 직무유기(職務遺棄)다. 어떠한 경우라도 어머니를 옆에서 꼭 지켜야할 의무가 있는 사람이고 어머니를 수호(守護)해야 할 소명 의식마저 가져야할 사람인데 저의 의무를 언니한테 미루고 잠을 잤으니 이것은 분명코 자식 된 도리를 다하지 못한 것이고 어머니를 지켜야 할 사명감(使命感)을 지키지 못한 처사(處事)였다. 이 상황을 어찌하면 용서 받을까 싶다. 그러니까 제가 얼마만큼을 잤을까? 갑자기 언니가 날카롭게 엄마를 부르는 소리에 나는 눈도 뜨지 않은 채 반사적으로 어머니에게로 다가가 어머니를 돌아 눕혀 드리고자 어머니 목뒤로 팔을 집어넣었다. 그러나 그 순간 아 아 어머님 몸은 이미 굳어져 있음을 느끼게 된다. 세상 모든 것이 끝나버리고 정지되어버린 느낌이다. 이 순간이 믿어지지 않아 아무런 느낌도 감정도 모든 것이 정지 상태다. 몸이 바로 굳어버린 느낌… 나는 이 상황이 너무도 믿어지지 않아 한 동안 먹먹함에 눈물도 나지 않았다. 나는 그렇게 허무하게 그리고 너무도 한스럽게 어머니를 지켜드리지 못한 죄인이 되어버린 이유다. 지금 저는 어머님을 지켜드리지 못하고 어리석어 깨닫지 못한 딸 용서해 달라고 빌고 또 빌며 살고 있는 중이다. 황망한 마음 그지없어 그저 빌고 또 빌어보지만 어머님을 다시는 만나보지 못하는 것이 현실이다. 그래서 조용히 생각을 한다. 제게 이런 일이 생겼을까 라고… 그리고 제가 어머니를 모시게 되었던 이유와 시기를 잠시 더듬어 생각해본다. 그러니까 20여 년 전 뇌경색으로 쓰러지신 이후 말씀이 어눌해지셨고 거동도 예전 같지 않으신 2005년 9월 하순부터 나는 본격적으로 모시게 되었던 사연이다. 이때 남편은 돈을 벌어오겠다고 제주도로 일하러 가고 없던 때며 마침 저에게는 늦게 낳은 늦둥이가 겨우 2돌 밖에 지나지 않아 제가 어디 나가서 돈을 벌 수 있는 형편이 아니었던 시기라 그 당시 생각하기를 이렇게 늦은 나이에 아이 키우며 시간 보내고 있을 때 차라리 성치 않으신 어머니를 내가 모시는 것이 오히려 좋을 것 같다는 생각을 갖게 되어 어머님을 모시게 된 동기다. 그 당시 어머니께서는 큰아들 집에 계셨기 때문에 표면적으로는 아주 편안하게 생활을 하시고 계셨던 터라 누가 보면 억지로 제가 어머님을 모셔갔을 것이라는 오해의 소재가 다분했다. 이면(裏面)에는 저희 어머니께서 말씀이 어눌해지셔서 다른 사람들 하고는 소통이 다소 어려운 부분들이 많았다. 성치 않으신 어머님을 마음속으로 못마땅하게 여기는 사람이 있어 어머니께서 그 마음을 읽고 큰 아들집에 오래 머문 것에 대해 아주 불편하게 여기셨던 이유다. 제 사정과 형편이 이 당시에는 유독 경제적으로 최저점을 찍고 있는 아주 재정(財政)상태가 고약한 시기에 놓여있던 시절이다. 이 때는 여차하면 법원 사람들 찾아오고 같이 일했던 인부들과 건축자재 사장님들이 매일 번갈아가면서 집으로 찾아 왔던 시기라 어머님을 모신다는 것은 오히려 어머님 마음을 불편하게 만들 것 같아 용기를 내지 못했다. 그러나 막상 남편이 제주도로 떠나버렸기에 어려운 여건이지만 어머님을 모셔오는 것이 좋을 것 같다는 생각을 했던 이유다. 비록 딸자식이라 할지라도 성치 않으신 어머님을 모시려하는데 이유가 따로 있을 수 없었고 형편 따지고 사정 따지는 것은 부모를 모시지 않으려는 핑계라 여겼다. 나이 드신 부모님은 언제 가실지 기약이 없기에 저 개인적으로는 빨리 서두르는 것이 좋을 것이라 여겼다. 그래서 나는 언니에게 이제부터는 엄마를 내가 모셔야겠다고 이야기를 하게 됐다. 언니도 나이 드신 부모님을 누군가 책임을 지고 이제는 본격적으로 모셔야 된다고 생각을 했는지 언니는 오히려 잘되었다면서 형제들끼리 의논해서 어머니 생활비 정도는 보내 줄게 라는 말을 언니가 했다. 어머니 생활비를 바라지 않았지만 그래도 형제들이 우리 집 형편 고려(考慮)해서 노모님 생활비 정도는 보내준다고 하니 저도 특별히 거절할 이유 없이 고맙고 감사했다. 이때 제 생활은 남편이 하던 건축업이 잘못되어 경제적인 부분이 사면초가(四面楚歌)라 해도 과언(過言)이 아닐 정도로 일명 빨강 딱지 9번을 동산에 붙여 놓았고 부동산에는 가압류가 5건 정도 붙여 있던 시기다. 그야 말로 애옥살이의 초절정기라 하겠다. 그렇지만 제 형편이 어렵다고 해서 성치 않으신 어머니를 모시는 것을 주저해서는 안 되겠다는 생각을 가졌던 것이고 비록 고기반찬과 진수성찬은 아니더라도 성치 않으신 어머니 모시는 것을 형편 따지고 상황 따질 여유가 없고 늦춰서도 안 될 것 같았다. 그 당시 저의 형편은 그야말로 초미지급[焦眉之急]이었다. 말 그대로 눈썹에 불이 붙은 상황이 되었던 이유다. 이 시절은 압류건 하나 어떻게 어떻게 해서 막아놓고 나면 또 다른 압류들이 붙여졌으며 설상가상(雪上加霜)으로 인부들은 밀린 인건비를 받고자 수시로 여러 사람들이 찾아와 하루 종일 마루에 앉아 있다가 가시기도 했던 시기라 하겠다. 이때 눈썹에 불붙은 사람의 심정이 어떤 것인지를 깨닫던 시기다. 언 발에 자기 오줌이라도 싸 발이 동상에 걸리지 않도록 본인 소변으로 언 발을 녹여야만 되었던 사람의 심리가 어떤 것인지 깨달은 것이라 하겠다. 이런 저런 일들로 애옥살이를 벗어나지를 못하고 살아서 그랬는지는 모르겠으나 일단 저는 형제들에게 신뢰도가 없었던 시절이다. 형제들 하고도 다소 오해가 생겨 형제들 비난에 대상이기도 한 시절이다. 더구나 몇몇 형제들은 저를 두고 사기성과 도덕성을 가진 자라는 소리도 했으니 제가 처한 처지가 어떤 상황이었는지 대강 짐작은 되리라 생각 한다. 그리고 종종 가족 모임에 가노라면 왠지 도외시 되는 기분도 들 때가 많아서 가끔 서글픈 마음도 일었던 시절이다. 형제가 다 그런 생각을 가진 것은 아니었다. 그러나 저는 유독 둘째 남동생에 시비에 대상이요 비난에 대상이 되어 있었다. 이유는 아마도 10여 년 전에 친척 소개로 네트워크 그러니까. 일명 다단계를 할 때 어떤 일 때문에 오해가 깊어졌을 것이라 짐작한다. 그 사건 이후로 오해가 깊어 신뢰가 더욱더 떨어졌지 않았을까 짐작한다. 그런데 설상가상(雪上加霜)으로 남편의 방탕생활도 제가 도외시 당하게 되었던 요인(要因) 중에 한 몫을 단단히 하였을 것이라 유추한다. 그래서 둘째 동생과의 관계가 유별스럽게 악화되었다. 오해(誤解)의 모든 원인(原因)은 내게 있다손 치더라도 진실을 알고 나면 굳이 그럴 필요 없었지 않았을까 하는 아쉬운 마음도 살면서 가지게 된다. 둘째 남동생은 그 후로 유독 저에 대해 의심이 많아졌고 모든 것을 고깝게 보는 것이 둘째 남동생의 특징이 되었다. 달리 표현하자면 오죽했으면 둘째 동생하고 나는 전생에 원한(怨恨)관계(關係)인듯 하다고 말 할 정도였으니 오해가 얼마나 깊었는지 짐작되리라 생각한다.

　나는 나로써 존재의 가치를 알고 살아가고 있는 몸이었다. 잡다한 소리에 귀 기울이며 살고 싶지 않았다. 형제간에 오해는 시간이 지나면 해결 될 것이라 생각하고 굳이 잡다한 소리에 귀 기울여보지 않고 살고 있다. 비록 여자라 할지라도 오직 수신제가(修身齊家)에 일념하려 하였던 이유이고 성치 않으신 어머님 보살피는데 주력하면서 살고자하는 마음만 있을 뿐이다. 유별나신 저희 어머님 뜻 받들어 행(行)하고 실천(實踐)해서 성치 않으신 어머님 마음이라도 편안하게 모시고자 하는 마음이 저의 마음 전부라면 전부였다. 어머니 한 사람 마음을 편안하게 해드리다 보니 여러 가족들 마음을 불편하게 하였던 부분들이 많았던 사실을 제 스스로 인정하는 바이다. 이면(裏面)에 환자이신 어머님 마음 편하게 해드리려 했던 것이 우선시 되다보니 오히려 형제들 사이에는 더욱 오해를 불러들인 화근(禍根)이었다. 어머님 뜻이 남다르셨기에 그 뜻을 따라 행하다보니 보통사람들은 이해할 수 없는 부분들이 더러 생겨 형제 간에 마음 불편하게 만들었고 우리 가족들 마음 불편하게 했던 사연들이다. 우선 힘없고 병중이신 어머님 의사를 존중해 어머님의 손발이 되어주어야 했음으로 본의 아니게 여러 사람들 마음 불편하게 했고 오해를 사게 된 사례에 대해 제가 잘했다고는 생각하지 않는 부분이라 하겠다. 어머니께서는 유독 형제들이 싫어하는 일만 제게 시키셨는지 알 수 없지만 아무튼 말 못하시는 어머님 뜻을 받들다 보니 일부 형제는 나 보기를 집안에 문제를 일으키는 사람으로 치부하게 되었다. 오랜 세월 저 보기를 아주 곱깝게 보게 되고 결국 저는 형제들 눈 밖에 나서 이제는 혐오(嫌惡)의 대상(對象)이 되었던 이유다. 우리 형제 전부의 마음은 아니다. 하지만 한 두 사람의 입김으로 가족 모임에 저는 초대받지 못한 괄호 밖 사람이 되었다. 저는 항상 어머니를 모시고 가는 입장이라 가족 모임에 참석 하는 것이 불편했지만 어머니께서는 그때마다 모른께 그런다 모르니 그러지. 라고 하시며 저를 억지로라도 참석하게 하셨다. 저 역시도 저로 하여금 저희 어머니 마음 불편하게 만들고 싶지 않아 나의 불편한 마음 접고 형제들과 어울려보려 참석하지만 역시나 마음으로 괄시하는 것을 외면 할 수 없었던 부분이다. 그림자 취급을 당하지 않은 사람은 그 기분 모른다. 하늘이 맺어준 형제가 괄시하고 증오하는 눈총을 보낼 때 그 눈총을 받지 않은 사람은 그 기분 모를 것이라 여겨진다. 저 또한 더러는 저희 어머님처럼 상대의 마음을 읽고 있어서 마음이 더욱 아팠던 이유다. 제가 보는 저희 어머님은 초인(超人)이시며 생불(生佛)이셨다. 형제들이 저를 어떻게 생각하고 어떻게 보는가. 라는 관점에 의미(意味)를 두지 않고 오직 어머님 뜻 받들며 살아 왔던 이유이라 하겠다. 저변에는 단 사필귀정(事必歸正)이란 정의(正意)개념(槪念)만 제 마음속에 남겨 두었을 뿐이다. 제가 옆에서 지켜보는 저희 어머님은 보통 분들과는 달리 타인을 이롭게 하시기 위해 자신의 고통과 불편함을 감수하시고 본인(本人)수중에 있는 돈을 아껴두었다가 곤란을 겪고 계신 분에게 성심껏 호주머니를 열어 주시는 행(行)을 주로 하셨던 부분들이라 저는 거부 할 수가 없었던 이유다. 저도 처음에는 저희 어머님의 깊으신 뜻을 잘 몰랐었다. 저는 한 날 범부의 생각으로 어머니에게 종종 왜? 남의 일에 나서요. 그냥 우리 모른 체 하고 삽시다. 라고 하며 옆에서 만류했었던 일이 종종 있었지만 그것은 단지 저의 어리석은 생각이었다는 사실을 어느 날 깨달고 나 역시나 성심성의(誠心誠意)껏 저희 어머님 뜻 쫓아 미력(微力)한 힘이나마 보태 드리고자 하는 차원이다. 저희 어머니께서는 비록 성치 않으신 노구(老軀)라 할지라도 목적이 확실하니 서 있었고 뜻 또한 강하셨으므로 나는 저희 어머님의 뜻을 거부 할 수도 없었고 거부하기도 싫었었다. 저희 어머니께서는 성치 않으신 몸인데도 불구하고 해야 할 일이 참 많았던 분이셨던 것이다. 하지만 세상사에 미혹(迷惑)한 자식들은 저희 어머님의 숭고(崇古)한 뜻을 잘 몰랐던 것이고 어머님께서는 그 뜻을 이루시고자 홀로 고행(苦行)의 길을 걸어가고 계신다는 생각을 못했다.

일부 형제들은 현실에 부합하지 않는다고 어머님 뜻을 모르는 자식들은 옆에서 반대만 할 줄 알았지 비협조적이던 자식들을 어머니는 탓 한 번 하지 않으시고 언제나 몰라서 그런다 몰라서 그러지. 라는 말씀으로 일관 하셨다. 왜 그때는 하나 같이 반대만 하였을까. 라는 생각이 들어 가끔 아쉬움이 남는 부분이다. 저희 어머니는 비록 불편하신 노구이셨지만 남 몰래 주변 분들을 이롭게 하기 위해 알게 모르게 무던히 노력을 하셨던 분이셨다는 사실이다. 저 밖에 모르기에 저는 이 사실을 이제라도 알려 어머님의 한을 풀어 드리고 싶은 이유다. 어머니께서 어떤 일을 행하매 있어 제 자존심(自尊心)을 너무도 상하게 하기도 했던 일이 많았으며 입장 또한 곤란하고 난처한 일들을 많이 만들어 주셨지만 돌이켜 생각해보면 만약 저희 어머니가 계시지 않으셨다면 제가 어찌 색다르고 다양한 경험들을 했겠는가 싶은 생각을 가져봤다. 한때는 저 역시나 어머니가 이해되지 않은 부분이 많아 더러는 제 입장 난처하게 만들며 제발 저희 어머니도 보통 어머니들처럼 평범했으면 좋겠다는 생각을 많이 했었다. 더구나 당시에는 어머니께서 저의 자존심 따윈 아랑곳 하지 않고 고약한 일들만 시킨 것 같아 정말 어머님 뜻 따르기가 정말 싫었다. 쉬운 길 나두고 왠지 험한 길만 자처해서 골라서 걸어가는 느낌 그리고 왜 곤란하고 난처한 일들을 굳이 제게만 시키시는지 아무튼 제발 남의 일이니 모른척했으면 하는 마음과 제발 저에게 난처한 일은 그만 좀 시켰으면 하는 마음이었다. 어머니 뜻을 잘 몰랐기에 한때는 어머니에 대한 불만이 일어 더러는 서운하고 속상했다. 어머님 뜻을 따르다 보니 형제들로 하여금 도외시(度外視) 당해야만 되었던 이유이고 남편의 공격 대상이 된 사연이다. 주변에서 잡다한 소리가 들릴 때면 저희 어머니께서는 언제나 다른 사람들이 몰라서 그렇다는 뜻으로 모른께 그런다 모른께 그러지. 라고 하시며 항상 네가 이해해라 라고 하셨다. 어머님 말씀처럼 몰라서 그러는데 뭐라 하겠는가 싶다. 생각 하나 바꿔보면 이렇게 어머님과 함께 할 수 있는 일이 있다는 점이 좋았다. 아무나 할 수 있는 일이 아니라 더러는 시작은 난처하고 고약했지만 좋은 결말을 맺고 나면 나름 보람이 컸다. 누가 알아주는 사람은 없었지만 어머님께서 하시는 일이 주로 사람을 살리기 위한 우리들이 모르는 방편들이라 한편으로는 의미가 컸고 가치 또한 있었던 일들이라 나름 보람을 느낀 부분이다. 하지만 이렇게 생각하는 부분 또한 제 개인의 생각에 그친다는 것이 조금 아쉬운 부분이라 하겠다. 아무나 접할 수 있는 영역이 더더욱 아니라 저는 어머니를 옆에서 받들면서 많이 깨달은 것이라 하겠다. 제 3의 세계… 다만 현실(現實)은 과학으로 증명(證明)되고 학술로써 인정을 받는 부분을 우선시하기 때문에 저는 보이지 않는 어머님의 세계를 설명 할 수 없다는 사실이 안타까운 사실이다. 그리고 대부분 사람들은 나이 들고 병중이시면 생각이 많이 없어진다고 들었다. 하지만 저희 어머님의 정신세계는 해야 할 일이 너무 많아 오히려 제가 어머님 보조를 잘 맞추지 못했지 않았나 싶은 생각을 갖고 있다. 저는 해야 할 일이 많으시고 꼭 해야만 된다는 사고(思考)를 갖고 계시는 저희 어머니가 더러는 버거웠던 부분도 있었다. 하지만 한편으로는 항상 자랑스러웠고 존경스러웠던 나의 어머니셨다. 나에게는 깨달은 존자의 실체였던 것이다. 비록 노구(老軀)의 몸이지만 의식(意識)있는 자의 증거였다. 왜냐하면 보통 분들은 나이 드시고 병이 들면 더러는 그저 약에 의존하시고 꿈도 목표도 없이 일상에 젖어 사시는 것이 통상적이다. 삶에 대한 의지가 희미해져 살아가시는 분들이 보통 분들의 노년 생활이다. 나이 상관없이 건강 유지해 자신이 제일 하고 싶었던 일이나 평소 하고 싶었지만 바빠서 여유가 없어서 라는 이런저런 이유로 이루지 못했던 꿈들을 찾아 역동적으로 사시는 분들이 요즘은 많아졌다. 자기발전 자기만족이라 하겠지만 저 개인적으로는 나이 들었다고 작은 희망마저 없이 사시는 분들 보다는 역동적으로 사시는 분들의 삶을 응원하고 젊은 우리들이 배워야 될 부분이고 존경해야 될 부분이라 생각한다. 강한 의식과 뚜렷한 이유가 있었으며 타인들이 알아주지 않더라도 타인을 이롭게 하시고자 자신의 호주머니를 털어 작은 정성이라도 아끼지 않으셨던 저희 어머님의 발자취를 사실적이며 현실감 있게 설명하기는 참 난해하다. 영계(靈界)와 밀접하고 그 세계와 관련되어 현실과는 차이가 많다. 보이지 않는 세계라 설명하기 또한 난해하다는 것이 문제. 동물들에게 김치 맛이나 피자 맛을 설명하는 것과 같다고 생각하면 되지 않겠나싶다. 우리가 알 수 없는 영역이라 설명이 더욱 어렵고 해석 또한 어려운 부분이지 싶다. 얼마 전 어느 매체를 통해 이장(移葬)전문가의 이야기를 보게 되었다. 그분도 과학으로도 증명 할 수 없고 현대의학으로도 증명이 안 되는 영역이 바로 신(神)의 영역이라는 말씀을 하셨다. 풍수전문가로써 자신이 30년 동안 경험했던 여러 사례들을 말씀 하시면서 본인도 믿을 수 없는 상황들을 많이 겪었다는 말씀을 하셨다. 그 중에 한 아주머니가 10년 동안 사지(四肢)가 마비되어 살아오셨는데 병을 치료코자 온갖 약과 이 병원 저 병원을 전전했지만 전혀 효력(效力)이 없어 마지막으로 이장(移葬)을 결심(決心)을 하게 되었다는 사연이다. 이유는 꿈속에서 조상님들이 나타나셔서 아이고 추워라 라는 말씀 하는 꿈을 자주 꾸는 바람에 가족들과 합의하에 이장 날을 잡아 이장을 하게 되었단다. 그런데 이장 하는 날 거동도 못하는 환자가 꼭 자기도 참석을 하겠다고 고집을 부려 할 수 없이 차 의자를 뒤로 펼쳐 환자가 누워 동행하게 되었고 형제들과 관을 열어보는 순간 관 속에 썩은 물이 가득 차있어 조상님 유골을 물속에서 건져 깨끗이 닦아 옆으로 이장을 마치고 나니 기적처럼 차에 누워만 있던 아주머니께서 벌떡 일어나 몸을 이리저리 움직여 보이더니 오래 동안 운전을 안했더니 운전이 하고 싶다며 자기가 운전을 하겠다는 말을 해서 남편분이 운전은 다음에 하라고 하셨다는 사연이다. 오랜 세월 지관으로 살아오신 분께서 하시는 말씀이 분명 세상사(世上事)는 눈에 보이는 것이 전부가 아니라는 것을 자신도 이장(移葬)일을 하시면서 깨달으셨다는 말씀을 하셨다. 저도 어려서부터 남다르신 어머님을 보면서 지관 사례와 같은 유사한 경험들을 겪다보니 세상만사(世上萬事)는 눈에 보이는 것만이 전부가 아니고 오히려 눈에 보이지 않은 세계가 더 무섭다는 것을 깨달은 이유다. 눈에 보이는 병은 치료하기 쉽지만 눈에 보이지 않는 바이러스를 차단하고 치료하기가 더 어렵다는 사실을 우리는 몇 년 전 많은 사망자를 낸 사스와 매리스를 통해 경험했듯 우리는 눈에 보이지 않은 세계의 공격을 그냥 단순하게 넘겨서는 안 될 것이라 생각한다. 우리나라에서 가장 널리 알려진 예언서 격암유록과 정감록에 적어놓은 내용 중에 언어도단(言語道斷)시대가 되면 찰나 바이러스로 인하여 대부분 사람들이 입신사망(立身死亡)을 하게 될 것이라는 구절이 있다. 그것을 피하는 방법은 부모에게 효하고 이웃과 적지지 말고 탐욕은 버리고 사는 사람만이 죽을 고비를 면하게 된다고 쓰여 있는 것을 볼 수 있듯이 아마도 저희 어머니께서도 그런 이유로 저희들을 일부러 힘든 고난에 행진을 시키고 계시지나 않나 싶은 생각이 들었다. 오래전부터 저희 어머니께서는 예언서(豫言書)에 기록(記錄)된 내용과 유사한 말씀을 저에게 자주 해주셨다. 우연에 일치겠지만 저 역시 소설책보다는 예언서를 주로 읽다보니 저희 어머니 말씀에 귀를 많이 기우리며 살았다. 그러다보니 자연스럽게 예언서 내용과 어머님 말씀들이 대부분 일치하는 부분이 많다는 사실을 알게 된 것이다. 이렇게 저희 어머님께서는 저희들을 혹독하게 훈련을 시키는 이유는 충효와 정의를 실천하는 사람으로 만들고자 하셨던 의도라 짐작한다. 달리 표현하자면 보이지 않은 공덕을 많이 쌓게 하여 총알을 피하는 방법 보다는 총알이 피해가는 법을 가르치시는 과정이라고 생각이 든 것이다. 남다른 행을 하시는 일의 주된 이유는 정확히 말 할 수 없으나 저는 단순히 자식 된 도리로써 소통이 어려운 어머님에 통역이 되어 드리고 싶은 마음이고 이동(移動)이 불편하신 어머님 다리 역할은 저라도 해야 된다는 의무감(義務感)에 만사(萬事)를 제쳐두고 어머님 뜻을 받들었던 이유다. 비록 자유롭지 못한 육신이라 할지라도 나름 일가친척이나 이웃 간의 도리에 치중을 많이 두셨던 부분이라 하겠다. 또 다른 부분은 신(神)에 세계와 밀접(密接)하셔서 그랬는지는 모르겠으나 정신세계가 남보다는 월등히 탁월(卓越)하시고 의지(義知) 또한 강하셔 자신이 무엇인가를 하시고자 결심이 서면 메가톤급 고집이 확실하게 나타나셨던 분이다. 나이 들고 병이 찾아오면 대부분 마음도 약해지시는데 저희 어머님께서는 떠나시기 한 달 전까지만 하여도 어머님의 뜻을 굽히지 않았지 않았나 싶다. 이런 강한 부분들을 존경했다. 이면(裏面)에는 보이지 않는 세계와 연관성이 있었는지 우리가 미처 알지 못하는 세상일을 미리 알고 계셨기에 어떤 조짐들을 미리 예견(豫見)하시고 주변사람들을 살리시고자 남모르게 노력을 많이 하셨던 부분을 나는 존중했다. 한 여자로써 저희 어머님을 인생에 큰 스승이라 여겼던 차원이다. 주위 분들에게 닥칠 나쁜 운(運)을 미리 방지 하시어 화(禍)를 막아 주시려는 의도였으므로 상대에게 초 값 명분으로 금전을 요구하시기도 하셨던 사례들이 더러 있었던 이유가 아마 상대의 재물(財物)이라도 손해를 끼치게 해서 악운(惡運)을 막아주시려는 뜻이었다는 사실이다. 지혜로운 사람은 보시(報施)로써 나쁜 액땜을 미연에 방지를 하는 것과 유사하다고 보면 될 것이다. 제가 저희 어머님을 모시면서 여러 사례를 직접 경험한 사람으로서 바로 저희 어머님이 생불(生佛)이시지 않았는가라는 생각을 많이 했다. 같은 부모님을 모시면서 이런 사실을 전혀 알지 못하고 뒷전에서 뒷담화나 읊조린 사람은 그 사람 수준이며 그 사람 안목(眼目)이라 여긴다. 그 사람 역량이지 논쟁에 소재는 아니라고 생각한다. 우리들은 같은 세대를 살면서 같은 대상하나를 두고도 호불호(好不好)로 대립되는 세상을 살아가지만 그래도 내 부모님만큼은 내가 귀하게 여기는데 목적을 두었으면 하는 의도로 이 글을 쓰는 두 번째 이유이다. 노쇠하신 어머님에게 자식된 도리로써 비록 영민하지는 못하지만 저 만이라도 비록 미력한 힘일지라도 협조해드리고 싶은 마음이 뿐이다. 가능한 어머님의 뜻을 거스르지 않고 따르려 노력하는 이유가 된 것이다. 제 스스로 생각하기를 어찌 남과 같아서야 자연의 깊고 깊은 오묘(奧妙)한 이치(理致)를 깨닫게 되겠는가라는 생각을 저변에 깔아 놓았다. 제가 자연스럽게 어머님 하시는 일에 작은 부분이라도 동참했던 부분들이 형제들 오해를 사는 결과를 초래하게 된 이유다. 저의 작은 행동 하나 일지라도 거동 불편한 어머님께서 명(命)하셨던 일들이지만 이런 사실을 정확히 알지 못 하는 형제들과는 점점 오해가 쌓여 친정집 잡음은 끊임없이 일어나게 되어 저는 형제들 비난(非難)에서 벗어나지 못해 오히려 확실한 오해 대상(對象)이 되어버려 집안을 시끄럽게 만드는 사람으로 낙인찍혀 버린 이유다. 한편 보통사람들은 저희 어머님 성품을 잘 몰라서 오해 할 수는 있는 부분도 있었을 것이라 생각한다. 그렇지만 형제들은 저희 어머님의 올곧은 성품을 헤아려 조금은 이해를 해주었으면 기대하는 마음을 가졌다. 저희 어머니께서는 집안이 시끄러워지고 누군가 바람직하지 못한 행동들을 한다든가 형제들이 잘 알지도 못하면서 저에게 모진 욕을 하노라면 어머니께서는 자리에 누워 계시다가 벌떡 일어나 앉으시며 저에게 모르게 그런다 모르게 그러지 모르게 그래. 라는 말씀을 하셨다. 가끔 저희 어머님께서 자주 쓰시는 말씀 중에 모르게 그러제. 라는 말씀을 되새겨 보노라면 이 말씀은 제 마음을 진정시켜 주는 진정제였지 않았나 생각하게 된다. 내막을 잘 알지 못하면서 욕설부터 하는 형제들에게 몹시 화가 났다가도 어머니께서 모르게 그러지. 라는 말씀을 듣고 나면 제 마음도 어느새 그래 모르니 그리하겠지. 라는 생각을 갖게 되고 그러다보면 났던 화도 사그라진 것을 생각하면 분명 어머님의 모르게 그러지. 라는 말씀은 분명 제 마음을 진정시켜주는 특효약이었다. 박복하고 고달픈 저의 삶을 위로 해주는 활력소였으며 삶의 지침서다. 그 짧은 한마디는 나를 수기(修己)하게 만들었으며 고달픈 삶을 인내(忍耐)로써 제 자신을 극복(克復)할 수 있게 만든 과정들이 되었다고 생각한다. 제가 수많은 오해로부터 마음이 자유로울 수 있도록 저를 진정시켜 준 촉매제(觸媒劑)였다. 저에게만은 우리 엄마의 모르게 그런다. 라는 말씀은 명약(名藥)중에 명약이었다. 중도(中道)를 기초로 형제들의 폄하적인 말과 냉소적인 행동들 속에서 저를 성찰(省察)하게 하였고 제가 걸어가야 하는 방향(方向)을 제시하는 이정표(里程標)였다. 특히 모르게 그러지. 라는 이 한마디 말씀으로 인하여 제 목표(目標)와 제 목적(目的)을 제 정비 하게 된 사례다. 제가 세운 목표는 특별히 내세울 목표는 아니다. 그래도 최소한 좀 더 가치 있는 사람 좀 더 인품과 인격을 겸비하고 싶은 마음을 갖게 되고 나아가 좀 더 다정함과 준엄성을 갖춘 모습이면 좋을 것 같다는 생각을 한다. 의사(意思)전달이 어려운 저희 어머님 뜻에 부합(附合)해 바른 사람이 되고자 노력하게 된다. 무엇이라 형언 할 수 없을 정도의 시련들과 풍파들 그리고 다양한 사연들을 겪으면서 불현 듯 생각하기를 나의 남다른 시련과 경험들은 오히려 저에게는 커다란 자양분이 될 것이고 훗날 더불어 살아가는 사회를 만들어 가는 데 이바지 하는 사람이 되었으면 좋겠다는 생각을 갖게 된다. 강제적인 저희 어머님 성화(成化)덕분에 오랜 세월 다양한 경험들을 하고 났더니 지금은 저 자신도 나름 사람들을 대하는 부분에 많이 겸손해졌는지 하심(下心)으로 사는 것이 자연스러워졌음을 내 스스로 느끼고 있다. 더구나 생각이라는 곳에서 파생되는 잡념들을 어느 쪽에다 두고 생각하는가에 따라 번뇌가 될 수 있고 세상을 아울러가는 지혜도 될 수 있다는 것을 깨달은 것이다. 모르께 그러지. 라는 말씀의 의미를 되새겨 해석해 보았더니 저에게 세상을 감정으로 살지 말고 마음 깊어지라는 메시지였다. 한마디로 요약(要約)한다면 자신의 존재가치를 망각하지 말고 참되게 살라고 가르치시는 저희 어머님의 큰 가르침이셨다.

나는 누구인가

사람이 죽어서도 살아있는 사람처럼 많은 사람들의 존경(尊敬)을 받고 추앙(推仰)을 받는 분들의 영광스럽고 귀감(龜鑑)이 되는 사후(死後)가 있는 반면 살아 있어도 시회에서나 가족들에게서 대우받지 못하고 아무런 의미 없이 살아가는 사람들도 많다는 사실을 우리는 무시 할 수 없다. 물론 타인에 존경을 받고 귀감에 대상이 되었다는 것은 쉽게 얻은 명예는 아닐 것이라 생각한다. 후손들에게 존중을 받는다는 의미는 어떻게 생각하며 본인의 인고(忍苦)와 고난(苦難)의 세월에 대한 보상이 아닐까 라는 생각을 한다. 나는 누구인가 라는 주제를 놓고 잠시 저는 생각에 잠겨본다. 누구에게나 자신의 생명은 중요하고 소중하다고 생각한다. 삶에 목표를 어디에 두고 살았는가라는 의미에 따라 본인에 가치성이 달라지는 것이 현사회의 특성을 고려해 볼 때 본인의 행동과 발자취에 따라 존경과 배척으로 양분 되는 것이라는 사실을 우리는 무시 할 수 없는 것이다. 그 행동들의 발자취는 물질을 추구하였는가? 아니면 사회에 기여한 부분이 만인을 이롭게 하는 일이였는가? 놓고 대체로 상대평가를 하게 되는 것이 보편적인 평가다. 제가 감히 누군가의 가치성을 운운해서는 더더욱 안 될 일이다. 제 자신에게 너는 어떠한 목표를 두고 어떠한 가치를 두고 삶을 살았는가? 라는 의문을 던졌을 때 최소한 물질은 추구하려 들지 않았으며 제 자신을 이롭게 하기 위해서 양심을 팔지는 않았다는 생각을 한다. 궁극적 나의 목표(目標)는 무엇인가? 라는 의문을 던져본다면 저는 바로 우리함께 잘 사는 세상을 꿈꾼다. 라는 말을 하고 싶다. 즉 내가 있고 이웃이 있는 게 아니고 이웃이 있고 내가 있다는 사실을 깨달은 것이다. 그래서 나는 공존공영(共存共榮)의 시대를 열망하는 이유다. 분명 세상은 바뀌어 지상이 낙원이 되는 세상 신정정치(神政政治)가 시작되는 후천세상이 열릴 것이라 저는 확신하는 이유다. 미력한 힘이라도 보태 타인과 협력해서 상생하는데 기준을 두고 살았지 않나 생각한다. 제가 자타주의(自他主義)에 목적을 두었던 이유는 너도 좋고 나도 좋다는 사실이 좋았던 이유다. 제 자신에 사고방식도 보는 사람의 각도에 따라 견해를 달리 하는 부분도 있다. 라는 생각을 한다. 그래서 각자의 삶 속에서 개인의 가치도 보는 사람의 안목에 의해 달리 해석 될 것이라는 생각이 들어 굳이 나의 사고방식이 옳다고 주장하지 못한다. 그리고 세상 사람들 입에 오르내리는 시대의 영웅호걸들도 시대의 흐름과 역사의 흐름에 따라 재평가되는 부분이 바로 역사이듯 저희 어머님을 상대평가 기준으로 평가하기 보다는 한 개인으로써 이 시대의 모든 어머님들이 그랬듯이 어머님 자신을 희생(犧牲)하고 가족을 위해 헌신적(獻身的)인 부분만큼은 그 누구보다 더 으뜸이셨다는 것만으로도 개별 평가부분에서 저희 어머니가 자랑스러운 부분이라 하겠다. 현 사회는 바로 이런 부분들이 이 시대에 와서는 많이 부족해졌는지 조각난 가정들이 많은 것이 한 개인으로써 안타까운 현상이다. 우리만이라도 우리 어머님들의 희생정신(犧牲精神)을 망각(忘却)하지 말고 각자의 어머님을 자신의 인생길에 가장 훌륭한 스승으로 삼고 이정표(里程標)삼아 평화로운 가정을 이끌고 지탱하는데 투영(投影)했으면 하는 바램이다. 각자의 어머님들의 발자취가 진리다. 라고 해석하기도 난해한 부분도 바로 이 부분이 될 것이다. 자신들 어머니의 훌륭한 부분들만이라도 답습해 보는 것도 괜찮지 않겠는가? 라는 저의 개인적인 생각만 남겨 놓는다. 아울러 이 글은 개인적인 생각에서 저희 어머니를 제 관점에서 제 경험에서 그리고 제가 겪었던 체험을 통해 관찰하고 해석하는 차원이라 오해 없기를 바란다.

시대를 풍미했던 영웅호걸들도 침략 당한 나라 입장에서나 부모형제를 잃은 입장에서 보면 침략자이며 살육자다

우리가 역사의 한 페이지를 보더라도 누구나 알고 있는 이야기 중에 콜럼버스를 역사책에서 배우기를 모험가요 탐험가로 배웠다. 제가 나이 들고 생각이 바뀌다보니 콜럼버스가 자국민인 스페인 사람들에게는 훌륭한 탐험가요 신대륙을 발견한 모험가였지만 유구한 역사를 유린당한 잉카족들에게는 부모 형제를 죽인 살인자요 나라를 멸망케 한 침략자라는 사실이다. 역사도 어떠한 시각에서 보느냐와 어떤 방향에서 보는가에 따라 판이하게 해석된다는 사실이다. 더러는 역사도 다시 재조명 해 보고 재해석 되어야 될 부분이 많다는 사실이다. 그 많은 역사들을 다 헤아릴 수 있을 것이며 그 많은 과거사를 속속들이 알아 모든 것을 바로 잡을 수가 있겠는가? 라는 주제 아래 때로는 우리는 방관자가 되기도 한다. 마땅히 어떤 역사이든 변해가는 시대 흐름에 맡기는 이유이지 싶다. 저희 형제도 나이 들고 병 깊으신 어머님을 두고 각자 보는 시선과 안목이 확실히 차이가 있었다는 사실에 우리는 주목 할 부분이다. 저희 어머니는 보통사람들이 더러는 이해하기 어려운 부분이 있었던 것이다. 더욱 우리형제들 생각이 양분(兩分)되었던 이유라 생각한다. 저희 어머님의 행동들을 곱깝게 보는 시선 쪽에서는 고집 세고 허튼 일이나 일삼는 병든 노모라 생각했다. 어머니를 옆에서 모시고 있었던 제 입장에서 바라본 저희 어머님은 보통 어머님들과는 차별 나게 다정다감(多情多感)하시고 준엄함에 있어 견줄 사람 없을 정도로 엄격하셨다. 그리고 마음 쓰시는 것이 하해(河海)와 같았으므로 저는 생불(生佛)이 바로 저희 어머님이 아닐까 라고 생각했던 부분이다.

생명을 주시고 길러주신 병든 어머님 한분을 두고 피를 나눈 형제들도 생각과 보는 시선이 서로 상반되었던 일들이 남들이 아닌 저희 형제들에게 야기(惹起)되었던 사연이다. 제 입장에서 보는 어머니는 뜻이 남들보다는 탁월(卓越)하셨다. 더구나 의지(意志)또한 너무나 강하셨던 분이셨다. 정신세계는 굳세기가 산과 같았고 다정하심이 포근한 대지와 같으셨으며 쓰시는 마음씨는 넓고 깊음이 바다와 같으셨다. 우리들이 혹여 잘못을 하게 되면 지청구 하실 때는 성난 파도처럼 그 누구도 범접할 수 없을 정도의 위엄(威嚴)이 서려있었다. 한번 역정을 내실 때는 그 기운이 하늘과 땅에 가득함을 느낄 정도로 살벌했었다. 제가 옆에서 지켜본 저희 어머니가 바로 초인(超人)이며 생불(生佛)이라 생각했던 이유다. 저희 어머니는 일반사람들과 다른 점이 있었다. 그러니까 보통사람들은 알지 못하는 또 다른 세계인 영계(靈界)와 접(接)하시고 계셨다는 것이 보통사람들 하고의 차이점이라 하겠다. 어머니는 일반인의 육안(肉眼)의 한계를 벗어나 심안(心眼)으로 보시고 계셨다는 것이 보통사람들과의 차이점이라 할 것이다. 어머님의 이런 부분들을 곱깝게만 보고 이해하는 것조차 싫어 무조건 못마땅하게 여겼던 형제가 있어서 친정집안에서 잡음이 자주 일어났던 이유다. 제가 행한 일들은 비록 작은 일들이라 할지라도 사실 어머니께서 중간에서 제게 시키신 일들이라 저 자신도 더러는 고충이 많았다. 어머니께서 뜻 있어 시키시는 일들이라 저 역시나 어쩔 수 없이 어머님 뜻을 거역할 수 없어 행하는 일들이었다. 그런데 형제간에 오해가 깊다보니 제 곤란한 입장은 전혀 고려하지 않고 뒤에서 성토대회나 열어 나를 사기꾼 도둑년이라는 프레임을 씌워놓고 보았던 이유다.

옥석(玉石)을 가려 중도(中道)로써 보는 안목이 열려 있는 형제가 있었다면 아마 이렇게 불편한 형제사이가 되는 일은 애당초 없었을 것이다. 그러나 내 운명인지 모르겠지만 아무튼 형제간에 오해(誤解)는 자꾸만 깊어져 말씀 잘 못하신 어머님을 앞장세워 비열한 짓거리만 골라서 하고 다닌다는 말을 듣게 되었다. 저 역시도 어머님 뜻이 아무리 옳고 타인(他人)을 이롭게 하는 일이라 할지라도 하기 싫은 일이 많았다. 이행(履行)하기가 쉽지 않았던 일들이 비일비재(非一非再)했다. 이런 제 입장은 아랑곳하지 않고 그저 말 못하시는 어머니를 조장해 나의 이익만 추구하고 말썽만 부리는 사람으로 낙인 찍어놓았다. 저희 어머님께서 행하신 일들이 과학적으로 증명 할 수 있는 일이라면 차라리 저 역시도 떳떳하고 수월했을 것이다. 그 무엇으로도 증명 할 수 없는 것이 영계(靈界)라 참으로 설명하기 곤란한 부분이다. 어머니께서도 설명 할 수가 없어서 그랬는지 모르겠지만 지인들에게 이유도 가르쳐주지 않으시고 갑자기 초 값을 운운(云云)하시면 생각 없이 옆에 있다가 날벼락 맞은 사람처럼 저 역시 너무 당황스런 상황들과 마주하는 격이다. 옆 사람에게 어머님 뜻을 대충이라도 설명을 해줘야 하는 입장이라 더러는 초 값을 달라는 전혀 이유를 몰라 뭐라 설명하기 곤란하여 저도 불편한 상황을 맞이한 경우가 많았던 이유다. 저희 어머님의 인품(人品)의 잘 알고 있는 저는 어머님의 이해하기 어려운 초 값 문제로 작은 갈등은 있었지만 그래도 어머님 마음을 우선 편안하게 해드리고 싶은 마음에 그런 곤란함을 견디면서 어머니께서 시키신 일들을 마지못해 받들면 살았던 부분도 많다. 이런 사실과 저의 입장을 전혀 고려하지 않고. 저의 일거수일투족(一擧手一投足)하나하나를 아주 싫어하는 형제가 생기게 된 사연이다. 저는 본의 아니게 형제들 마음을 불편하게 만들고 친정을 시끄럽게 만들었던 핵심 인물이 된 사례다. 지금 어머님 떠나시고 난 후로는 형제들 소식이 절간이 되었는지라 돌이켜 생각해보니 아웅다웅하면서 살았던 것도 관심이 있어 그랬던 것이고 서로 어머님 위하고자 걱정하는 마음에서 마찰이 일었던 것이라 생각하면 그때 그 시절이 더러는 좋았지 않았나 싶다. 병중이신 어머님 위한답시고 제가 너무나 저희 형제들 마음을 불편하게 만들었던 부분들이 지금 와 생각하니 더러는 미안하고 좀 더 내가 지혜로운 방법으로 대처하지 못했던 처신(處身)을 꾸짖는다. 제가 형제들로 하여금 상처를 받았던 피해(被害)자가 아니라 제가 오히려 형제들에게 상처를 주었던 가해자라는 생각을 했다. 더러는 오해가 증폭되어 고향에 많지도 않는 어머님 재산을 혹여 제가 넘볼까 봐 전전긍긍하며 마음불편하게 생각한 사람도 없지는 않았던 것 같다.

지금 우리 사회현실이 직면하고 있는 문제가 부모 재산 놓고 소송(訴訟)까지 하는 것이 요즘 추세이며 추태(醜態)라 여겨진다. 많은 재산은 아니더라도 다행히 어머님 돌아가신 후 장남에게 모든 재산을 모두 넘기는 것으로 마무리를 하는 것을 보노라면 그래도 우리 형제들은 작은 우애라도 남아 있는 것 같아 그나마 다행이다.

효부(孝婦)난 부뚜막에서 효부난다

　저는 어려서 외할머님께 너무나 지극정성이신 저희 어머니의 모습을 보고 자랐다. 자식이라면 의당 늙으신 부모님 봉양(奉養)하는 것을 당연하다고 생각하며 살았다. 나 역시나 늙으신 어머님을 섬기는 것이 당연했던 것이다. 저희 어머님은 오랜 세월 뇌경색이라는 지병을 달고 살아오셨던 분이셨다. 어머니는 비록 거동은 자유롭지 못하셨지만 생각이 예사롭지 않으셨던 분이시다. 이 또한 나의 운명적인 역할이었는지는 모르겠지만 일단 나는 저희 어머니께서 원하시는 일이라면 가능한 들어드리고 싶었다. 내가 자처해서 우리 엄마 발이 되고 입이 되어 드리고 싶었던 것이다. 우리 엄마 남은 인생 불편함을 조금이라도 덜어드리고 싶었던 이유다. 머리는 남들보다는 영민하지는 못하다는 것이 나의 단점이다. 나의 꾀부리지 못하는 아둔한 마음하나로 미력(微力)한 힘이나마 남은 인생 여정 길에 조금이라도 힘을 보태드리고 싶은 차원으로 동행을 결심한다. 이런 생각은 자식이라면 누구나 가져야 하는 자식의 의무(義務)이고 자식 된 도리라 생각한다. 나의 작은 행동들이 부모님께 효(孝)하리라는 생각과 지극하리라는 생각은 없었다. 그저 성치 않으신 어머님 마음이라도 편하게 해주려는 것이 저의 의도요 목적일 뿐이다.

    지금도 저희 어머님을 모셨던 부분을 효(孝)였을 것이라는 생각은 전혀 없다. 그러나 병든 어머님 모심에 있어 지극(至極)하지는 않았다하더라도 최소한 꾀는 부려보지는 않았다. 그리고 이러한 행동은 자식이라면 누구나 하는 당연한 의무(義務)요 도리에 일부분이란 것이다. 이러한 행동은 더러는 남에게도 정성을 쏟아 정(情)으로 대하는데 어찌 생명을 주신 어머님을 모시는데 아무리 내가 힘들고 괴롭다 하더라도 꾀를 부리고 소원(疏遠)했겠는가 싶다. 나의 별명 중 하나가 마마보이[mama boy]가 아니고 마마우먼 [mama woman]이었던 이유가 아마도 지인들이 저에게 엄마가 시키면 시킨 데로 한다. 라는 뜻에서 붙여준 별명이라 생각한다. 제 생각은 성치 않으신 어머님께서 시키시는 일이라면 가능한 할 수 있는 일에 한해 다 들어주고 싶은 마음이었던 것이다. 마마우먼이라는 별명 하나를 얻게 된 사연이라 하겠다. 저희 어머니께서도 아무 일이나 시키시는 분은 분명 아니셨다. 제가 아무리 곤란하더라도 어머니께서 명을 내리시면 들어드리고 싶은 것이 자식인 저의 마음이었다. 저변(底邊)에는 저를 올곧은 사람으로 만들고자 하셨던 의도가 있었지 않았나 하는 추측은 있다. 그러나 깊으신 뜻은 사실 아직도 깨닫지 못하고 있다. 분명한 것은 저희 어머님으로 인하여 인생 굽이굽이에서 도사리고 있었던 녹록치 않았던 사연들을 풀어 헤쳐보면 분명 평범하지는 않았지만 엄연히 사연들 속에는 우중에 법칙이 존재하였을 경험한다. 지금에 와서 생각해 보아도 참 이해하기 어려운 일들만 일부러 저에게 울 엄마는 골라 시키셨지만 나름 깨달음을 얻게 했던 과정이었지 않았나. 라는 생각을 했다. 어머님의 깊은 뜻을 몰라 더러는 난처한 일들만 시키시는 저희 어머니가 가끔 미워질 때가 있었다. 왜 하필이면 저에게 이렇게 난처하기 그지없는 일들과 행하기 곤란한 일들을 일부로 시키시는지 라는 의구심도 많이 가졌다. 저 혼자 가끔 이런 생각에 빠져 보기도 했다. 어머니께서 저에게 이렇게 고약한 경험들을 쌓게 하는 이유와 의도하시는 깊으신 뜻이 분명코 있지 않을까. 라는 의문을 가졌던 기억도 있다. 워낙 제가 영민하지 못해 지금도 저희 어머님의 깊으신 뜻을 깨달지 못하고 있다. 이 부분을 깊이깊이 반성하며 어머님을 떠올려 본다. 돌아가시기 5일 전 저에게 이제 5일만 지나고 나면 나는 괜찮을 것이다. 라고 손가락을 세어 주셨다. 그 말씀을 철썩 같이 믿었다. 그러나 그 말씀은 생(生)을 마감한다는 의미인줄 몰랐던 저의 어리석음을 용서(容恕)할 수가 없다. 그러기 때문에 저는 이렇게라도 어머님을 부여잡고 싶은 마음이다. 더구나 그 말씀은 우리들과의 영원한 이별을 고하는 암시였지만 저는 그 뜻을 이해하지 못하고 바로 모든 병에서 쾌차 하실 것이라는 착각 속에 살았으니 그 얼마나 제가 어리석었는지 돌이켜 생각해도 후회막급(後悔莫及)하다. 미련한데는 약도 없다고 하는 속담처럼 나는 너무도 미련했던 모양이다. 아무리 후회해도 돌이킬 수 없다. 그러나 마냥 잊고 싶지는 않다. 그래서 용기 내어 나의 어리석음과 무지(無知)함을 어머님께 용서(容恕)해달라고 빌고 또 빌며 지금 살아가고 있다. 설령 지금도 그런 상황이었다 하더라도 나는 철석같이 저희 어머님 말씀만 믿고 따랐을 것이라 생각한다. 그 당시 5일이 지나고 나면 기적(奇蹟)적으로 울 엄마만은 모든 병을 훌훌 털어버리고 홀가분하게 일어서실 줄로만 알았던 저의 어리석음을 반성하고 반성한다. 저의 무지(無知)로 인하여 어머님과의 영원한 이별 준비를 하지 못했다. 그래서 그런지 유독 아쉬움에 사무친다. 저희 어머님 하관 할 때 그때 마침 관

뚜껑이 우연히 열렸던 순간이 있었다. 그 순간 나의 상상은 기적이 일어나 관 뚜껑을 밀치고 어머니께서 일어나시는 기대도 가졌다. 물론 망상이었다. 마음속으로는 우리엄마 관 두껑이 열렸으니 잠시 관(棺)만 내려 놓고 기다려 보자. 라는 말을 외치고 싶은 충동을 느꼈다. 그 말 입 밖으로 내는 용기를 막상 하지 못했다. 저의 머릿속과 입속에서만 머물고 있을 뿐 나는 용기가 없어 굳은 입술이 열리지가 않았던 것이다. 마음속은 관 뚜껑이 이렇게 열렸으니 혹시 어머니 살아나실 수 있으니 잠시만 기다려 보자라. 는 말을 해야 하겠는데 도저히 입술이 떨어지지 않았다. 제가 그 말을 하게 되면 주변 사람들이 벌떼 같이 달려들 것 같은 두려움 때문이었다. 이런 어리석은 생각도 찰나였다. 3~4초 후 냉정한 인부들의 모진 삽질은 저의 부질없는 기대를 송두리째 뽑아버렸다. 세찬 눈보라 속에 차가운 흙이 한 삽 한 삽 떠져 저희 어머니 마지막 가시는 길을 덮었다. 아무런 저항 한번 해보지 못하고 어머니께서 지구에 오신 82생의 흔적들을 이렇게 땅 속에 묻었다. 어머니 관 뚜껑 하루만이라도 덮지 말고 기다려 보자. 라고 외치고 싶었던 이유가 아마도 저희 어머니께서 오래전 외할머니 입관 하실 때 일가친지 분들께 우리 엄마(외할머니) 입관(入棺)을 하되 못질은 하지 말고 하루만 더 기다려주라. 라는 절규를 하셨던 부분이 떠올랐던 이유였다. 그 당시 제가 많이 어렸지만 뚜렷하게 기억을 하고 있는 이유는 저희 어머니의 그런 절규를 무시하고 미친 사람 취급하였던 그 상황이 연상되어 저는 어머니처럼 용기를 내보지 못하고 속절없는 미련만 남겨 놓고 떠나 보내드리게 된 것이다. 이 순간 용기내지 않았던 제 자신이 정말 미웠던 순간이 된다. 그 이면(裏面)에는 무거운 짐을 벗은 듯한 홀가분한 마음도 순간이라 할지라도 일었던 것이다. 그 모습이 이승에서 저희 어머님과 마지막이고 영원한 이별인줄 알면서 어머니를 차가운 땅에 묻어 드리고 내려왔던 그 상황을 잊지 못하고 있는 제 모습이 너무나 초라한 모습이라 서글픔이 밀려온 것이다. 저는 이렇게 어머님을 떠나보내고 때 늦은 후회로 매일매일 어머님께 죄송하다고 빌며 살고 있는 중이다. 그 죄스런 마음을 빌고자 생불(生佛)이셨던 저희 어머니를 뭇 사람들에게 자랑스럽게 소개하고 싶다. 저는 문학을 전공한 사람이 아니다. 정규 학벌이 긴 것도 또한 아니다. 더러는 상황을 묘사하고 상황을 리얼하게 표현하는 방법이 더러는 미흡 할 것이라 생각한다. 뜻을 전하려 하는 부분들이 전문가가 보는 입장에서 보노라면 다소 미숙하고 저속하기도 하며 미흡한 부분들이 많이 띄어 눈에 거슬릴 것이라는 생각도 든다. 더욱 미사여구(美辭麗句)좋은 말로 아름답게 꾸민 글은 아니다. 다만 꾸미지 않은 마음 거짓 없고 진솔한 제 마음을 담아 쓰는 것이라 삿된 꾸임이나 짜임 속 글이 아니라는 사실에 입각한다. 제가 거짓 없는 마음으로 써야하는 이유가 어느새 우주에 주인이 되어버린 저희 어머니에 대한 예의(例義)가 아닐까 싶다.

제가 남들보다는 월등히 상상력이나 추리력이 백치수준이라 꾸며 쓰는 것은 제 머리가 영민하지 못한다는 사실이다. 분명 꾸밈과 거짓은 없다. 더구나 생전에도 말하지 않아도 알고 계셨던 분이 바로 저희 어머님이셨다. 지금은 저 높은 유계(幽界)에 계시기 때문에 인간사 모든 일을 더욱더 훤히 내려다보고 계실 것이다. 반면 꾸며서까지 저희 어머니를 세상 사람들에게 소개하고 싶은 마음은 조금도 없다는 것이 제 소견이다.

저희 어머니는 20여 년 전 뇌경색으로 쓰러지셨다

지금으로부터 20여 년 전 저희 부모님들께서는 고향에서 농사를 조금 짓고 사셨다. 그 이전에는 자식들이 6남매이다 보니 풍요롭지는 않더라도 배는 굶지 않고 다복하게 살았지만 자식들이 모두 성장해 두 딸들은 결혼을 하게 되고 아들들과 막내딸은 객지에서 직장생활 하게 된다. 고향집에는 언제부터인지 모르지만 아버지 어머니만 사셨다. 그렇게 두 분이서 사시다 어느 날 아버지께서 위출혈로 갑자기 쓰러지시는 일이 생겼다. 저 역시나 아버지께서 응급실로 실려 가셨다는 연락을 받고 부산에서 어린 아들과 갓난아이 딸을 데리고 부랴부랴 내려가게 되었다. 제가 도착할 때는 아버지는 위급한 상황을 넘기시고 중환자실로 옮겨지셨다. 우리 형제 6남매는 그곳 병원에서 만나 아버지의 결과를 기다리게 된다. 저와 형제들은 아버지 결과를 보기위해 일주일가량 고향집과 병원으로 나뉘어 머물게 되었고 나는 아이가 어려 고향집에서 집안일을 돌보며 병원 소식을 기다리는 중이다. 그 사이 아버지 간병을 2~3일 하시던 어머니께서 병원에서 필요한 물건들을 몇 가지 챙겨 가신다고 잠시 고향집에 들리셨다.

아마 그 당시 저는 둘째가 너무 어려 아버지 간병은 어머니와 다른 형제들이 번갈아 가며 했던 것으로 기억한다. 저는 시골집에 머물면서 아버지 병수발 하는 가족들 병원에서 먹을 반찬을 준비해 갖다드리는 정도 역할만 했던 것으로 기억하고 있다. 저는 어머니께서 집으로 오셔서 병원에서 필요한 생활용품들을 챙기시는 틈을 타서 병원에서 드시라고 반찬 몇 가지를 서둘러 챙기던 중이다. 어머니께서 부엌으로 오셔서 무언가를 열심히 찾고 계신 것이다. 제가 엄마 뭐해요. 라고 물으니 부엌 찬장을 밑을 뒤지시며 니그 아빠 아 라는 말씀과 동시에 갑자기 냉장고 앞으로 철썩 하고 주저앉으셨다. 그것도 바로 제 눈앞에서 그런데 운이 좋았는지 쓰러지는 충격은 그다지 크지 않았다. 만약 서 계시다가 뒤로 쓰러지셨으면 충격이 컸을 텐데 어머니께서는 냉장고 바로 옆 서랍장 밑을 허리를 수그려 뒤지시다가 갑자기 뒤로 주저앉으셨던 것이다. 저는 깜짝 놀라 어머니를 바로 일으켜 앉혀드렸다. 그런데 평소에 어머님 모습이 아니라 저는 겁이 덜컥 나서 동네 약국 약사님을 전화로 오셔달라고 부탁을 드렸다. 그랬더니 약사님께서는 자전거 타고 바로 오셨다. 어머님을 보시더니 중풍 같다며 빨리 병원으로 모셔가라고 해서 저는 부랴부랴 택시를 불러 아버지 입원해 계시는 병원 응급실로 모셔가게 되었던 사연이다. 그 당시를 회상하면 운이 참 좋았다고 생각이 든다. 첫째는 어머니 쓰러지실 때 제가 바로 옆에 있었단 것과 2차는 그냥 엎드린 상태에서 옆으로 쓰러진 경우라 충격이 없었단 것과 마침 우리 동네에 약사님이 상주하고 사셔서 빠른 판단 덕분으로 응급실로 후송됐다는 사실이 정말 천운 같다는 생각을 했다. 농촌에서 가족들 없는 곳에서 만약 쓰러지시면 발견이 늦어 사망한 경우가 시골에서는 종종 발생하는 사례이고 보면 저희 어머님 사례는 감사 할 일이다. 그 당시에 아버지께서는 중환자실에 계시고 어머님은 응급실에서 일반병실로 옮겨 며칠 치료받으시다 나오셨고 아버지께서도 차츰 건강을 회복하셔서 두 분 다 퇴원하셨지만 그 후유증으로 어머니께서는 언어에 장애가 생겨 가족들과 원활한 소통을 못 하시게 되었던 사연이다. 그리고 3~4년 있다가 아버지 돌아가시고 얼마 지나지 않아 또 다시 어머니께서 쓰러지시는 바람에 그때 후유증으로 통풍이 수반되어 종종 발가락부위로 통증이 읽어났고 수저질하시는 것이 약간 불편 하시게 된 사연이다.

저희 어머님 정신세계는 남과는 차별을 둘 만큼 멘탈이 메가톤급이셨다. 이 부분은 그 누구도 따라할 수 없을 정도의 저희 어머님 정신세계는 탁월하셨던 분이셨다. 보편적으로 보통 사람들은 두 번 뇌경색으로 쓰러지시면 일어나서 걸어 다니는 것이 어렵다고 들었다. 저희 어머니께서는 남들과는 비교 할 수 없을 만큼 회복이 빠르셔서 담당하셨던 의사선생님께서 환자분 사례는 기적에 가깝다. 라는 말씀을 하실 정도였다. 멘탈은 최강이라 할 수 있을 정도로 강하셨다. 성품 또한 남과는 확연히 다르게 탁월(卓越)하셨던 분이라 생각한다. 저희 어머님의 강한 정신력은 존경(尊敬)해 드릴 부분이라고 저는 말 하고 싶을 정도로 멘탈갑이셨다. 저는 저희 어머님 성품(性品)을 한마디로 요약(要約)하라고 한다면 주저 없이 인품이 고매(高邁)하신 분이라 말 할 것이다. 저는 거짓 없이 위풍당당하시며 굳건하게 사시는 가장 가까이서 본 사람 중에 한 사람이라 더욱 존경했던 사람이다. 저희 어머님의 성품을 조금이라도 다른 형제들 보다는 잘 알고 있다 해도 과언은 아닐 것이다.

제가 옆에서 지켜보며 살았던 저희 어머님 정신세계가 너무도 훌륭해서 저도 저렇게 늙어가는 것도 좋을듯하다는 생각을 늘 갖고 탁월한 인품과 준엄성(峻嚴性)을 배우려는 마음을 가졌던 부분이다. 아무나 범접 할 수 없는 아우라가 느껴지는 울 엄마가 유난히 자랑스러웠던 이유다.

저희 어머니께서는 세상을 마음으로 보고 계셨던 분이셨다

저희 어머님께서는 보통사람들의 경지를 벗어난 육안(肉眼)이 아니고 심안(心眼)도 아니 혜안(慧眼)으로 세상사를 보셨던 분이셨지 않나 싶다. 아마 그 세계는 보지도 말하지 않아도 아는 세계(世界)라 생각이 든다. 예를 하나 들자면 제가 밖에서 지인들과 입을 모아 남의 험담 한 마디라도 하고 집에 들어오게 되면 저희 어머니께서는 벌써 귀신처럼 알고서 벌써 화가 나계셨던 것이다. 저는 속도 없이 남의 뒷담화한 사실을 망각하고 제가 현관에 들어서는 순간 저희 어머님 특유의 불호령인 어이구 참말로 라는 불호령소리와 함께 매서운 눈으로 저를 쳐다보셨다. 저도 처음엔 그 이유를 잘 몰라서 당황했었다. 그렇지만 저희 어머님 성품을 헤아려 볼 때 분명 이러시는 이유가 있을 것 같아 곰곰이 생각하게 되고 그러다가 혹여 내가 밖에서 누군가와 대화 도중 같이 말을 섞어 흉을 보았을 수 있다는 생각을 하게 되었다. 그때 어머님께 여쭙기를 엄마 제가 혹시 누구누구 흉을 봐서 그러세요? 라는 질문을 하게 된다. 어머님께서는 화를 좀 누그리고서 말씀하시기를 그렇지. 라고 아주 근엄(謹嚴)하게 말씀을 하셨던 부분이다. 어머님께서 화내시는 이유를 잘 몰랐을 때는 저 또한 마음속으로 엄마는 또 왜 저러실까? 라는 의문이 생기고 나름 불만도 생겼지만 어느 순간 남의 뒷담화는 그리 바람직 한 행동은 아니라는 생각이 들어 저의 잘 못을 뉘우치게 되고 어머님 앞에서 반성을 하게 된 사연이다. 제 스스로 제 잘 못을 깨닫게 된 순간은 쥐구멍이라도 있었으면 눈이라도 숨겨보고 싶은 심정이 되기도 했던 경험이다. 저희 어머니의 어이구 참말로 라는 한마디 말씀은 비록 짧았지만 모든 지청구가 함축되어 있어 저를 크게 반성하게 만든 단어였다. 저에게는 저희 어머님의 커다란 가르침이 바로 이 말씀 속에 숨겨져 있었던 것이라 생각했던 것이다. 그 짧은 말씀 속에는 어찌나 강한 카리스마와 준엄(峻嚴)함이 서려있어 반박(反駁)성 변명도 하지 못한 이유다. 어머님의 어이구 참말로. 라는 그 말씀 속에는 남을 비방하는 것은 사람으로서 해야 할 일이 절대로 아니라는 뜻으로 제게 함축해서 전해진 것이다.

저희 어머니께서는 환갑이 다 되어 뇌경색으로 언어 장애가 생겨 그렇게 말씀 잘하시던 분이 고작 단어 20개 정도 구사를 하시게 되었을 때 본인은 얼마나 충격이 컷을 것이며 가족들과 소통을 하지 못했을 때 그 얼마나 괴로웠을까? 를 생각하면 정말 자식입장에서는 가슴이 저미는 부분이다. 저희 어머니는 지혜로운 분이셨다. 어머니께서는 말 못하신 부분을 실망하지 않으시고 단어 20개들을 아주 적절하게 사용하시어 더러는 호된 지청구를 더러는 다정한 위로를 유감없이 발휘를 하셨던 것이다. 이면에는 어머님 나름 소통이 잘 되지 않을 때 본인 고충은 말로 표현 할 수 없을 것이라 생각했다. 그래서 저는 생각했다. 어머니가 말문을 닫고 계실 때는 분명 이유가 있지 않겠는가? 라고 저 나름대로 어머님 마음을 조금이라도 이해해보려 어머님 말씀에 귀를 기우리게 되었고 저라도 어머님 말씀을 가능한 마음으로 들으려 노력하게 된 이유다. 그렇게 살다보니 미련한 저도 조금은 마음이 열었는지는 모르겠지만 이제는 어느 정도 어머님 깊은 의중을 알게 된 것이다. 어이구 참 말로 라는 짧은 그 한마디의 의미(意味)를 이해하게 된 사연이다. 어머니께서 어이구 참말로 라고 하시면 저는 바로 나의 행동 중에 그 무엇이 잘 못되었는가? 라는 생각을 하게 되고 그 생각 끝에 제가 어리석어 지인들과 남의 험담하는데 잘 알지도 못하면서 입을 모았던 부분이 생각나 바로 어머님께 엄마 죄송해요. 라는 말과 엄마 제가 경솔했어요. 라고 사죄를 하게 된다. 제가 깨우치면 어머님께서는 곧바로 온화한 표정이 되어 저에게 바로 그것이다잉 바로 그것이야. 라고 하시며 제 얼굴을 쓰다듬어주시곤 하셨다. 남다른 경험(經驗)들을 많이 해서 그런지 아무튼 어머님을 그리워하는 부분 또한 남다르다. 다시 말하면 어머님을 잃은 슬픔이 남과는 비교 할 수 없을 만큼 세상 것을 다 잃은 것처럼 나의 모든 것을 잃은 기분인 것이다. 나의 정신과 마음에 의처였던 것이다. 더구나 그렇게도 다정다감(多情多感)하시고 또 한편으로는 엄하시고 냉철하셨던 저희 어머님을 저는 지켜드리지 못한 죄인이 되었기에 남모르게 회한(回翰)의 눈물을 더 흘리고 있는 것이다. 주변사람들은 저에게 너무 엄마에 대한 집착이 심하다고 말을 하곤 한다. 그 말은 과언은 아니지 싶다. 그 말처럼 집착이면 어떠하고 그리움이면 어떠하리 싶다. 어린아이가 엄마 품을 그리워하듯 내가 울 엄마를 못 잊고 그리워하는 것은 당연한 것이고 흉이라 할 수 없을 것이다. 저는 떠나신 울 엄마 빈자리를 어머니와 함께 했던 추억들을 회상하고 생각하며 어머니와 함께 동행 하며 겪었던 사례와 체험들을 적는 것이다.

어머님은 제 인생에 지로(指路)인이셨다

저에게 어머니라는 존재는 하늘과 같은 존재였지 않았나 싶다. 제 인생의 이정표(里程標)이였으며 지로인(指路人)이셨다. 제가 살아갈 방향과 목적을 갖게 해주신 분이셨던 것이다. 이별에 준비도 없이 이렇게 황망(慌忙)하게 어머님을 떠나보내 드리고 보니 저의 모든 목적과 희망이 사라져 버린 것이다. 저는 어머님을 잃고 한동안 망연자실(茫然自失)하여 정신적으로 방황을 남모르게 많이 했다. 엄마를 잃은 슬픔은 다른 형제들에 비해 더 애달프지 않았을까? 라는 착각도 하긴 했었다. 부모 잃은 슬픔은 누구나 다 똑 같이 슬프고 애달프다는 것을 깨달은 것이다. 제 깊은 마음속에는 어머님을 지켜드리지 못한 죄책감이 무겁게 자리를 잡고 있어 다른 형제들과는 달리 잠 못 이루는 날들이 많았다. 공허(空虛)함과 죄스러움이 뒤섞인 미묘(微妙)한 감정 때문에 한동안 나는 방황 아니 방황을 했던 것이다. 이 미묘한 감정을 제 3자에게 설명하기란 난해하다는 것도 깨달았다.

"왜 그럴까? 왜 그렇지?"

아마도 이 부분 만큼은 자기감정에서 일어나는 파장들이라 글이나 말로써는 상대에게 100%로 설명해서 그 느낌을 전달하기까지는 적절한 표현이 마땅치 않으며 깊은 시름에서 오는 애한(哀恨)에 얽힌 감정을 설명하기란 분명 글로써 말로써 표현한다는 것은 쉬운 일이 아니라는 사실을 깨달은 것이다. 저처럼 직접 경험하지 않은 사람들에게 말과 글이 감정으로 느껴지는 설분마음을 굽이굽이 돌아가는 구곡간장(九曲肝腸) 쓰린 상처의 통증처럼 어찌 글로써 표현 하겠는가? 싶다. 춥고 배고픈 삶을 견디고 견디어온 자가 그 춥고 배고 푼 서러움을 더 알 수 있는 공감대이듯 이 또한 겪어보지 않는 사람과 쉽게 타인의 고뇌에 찬 울부짖음을 나누는 감정은 분명 아닐 것이라 생각한다. 저는 한동안 영혼 없는 발걸음과 영혼 없는 대답 속에서 여러 달 방황 아니 방황을 하게 된다. 마냥 마음잡지 못하고 의미 없이 살아가는 것보다는 새롭게 저희 어머님을 기억하는 방법을 찾는 것도 좋을 것이라 생각이 들었다. 아니 멀리 떠나계신 저희 어머님께서 방황하고 있는 제 모습을 좋아하실 것 같지 않아 정신이 바짝 든 이유다. 그리고 엄마를 지켜드리지 못한 죄책감으로 살아가는 것 보다는 제 기억들이 더 희미해지기 전 어머니와 함께하면서 겪었던 사례(事例)일부라도 기록해 놓고서 엄마가 그립고 엄마가 보고 싶을 때 수시로 꺼내 펼쳐보고 싶은 것이다. 더구나 제게 탐욕(貪慾)도 버리고 성냄도 버리고 살아라. 라고 당부하셨던 어머님 말씀을 잊지 않고자 하는 이유다. 저희 어머니는 저를 일깨워 주신 분이다. 이런 말씀은 아주 특별한 가르침이라 생각한다. 저는 어머님의 이 말씀만은 특별한 가르침이라 여기고 망각하지 않으려 노력 할 것이다.

하늘은 진정 호리(毫釐)(저울눈금)도 어긋남이 없었다

그러니까 지금으로부터 3년 전 어머니께서는 마루에서 저와 함께 주무시다 새벽에 화장실을 가시려다 넘어지시는 사건이 생겼다. 고관절이라 말하는 대퇴부 골절이다. 저는 이날 어머님 쓰러지신 이후로 벌어진 긴박했던 순간들과 쓰러지신 어머님을 간병하면서 일어난 유별난 사연들을 꾸밈없이 적어 보려한다. 오해가 깊은 형제들과의 불협화음(不協和音)에서 오는 파장의 사연(事緣)들을 조금 비춰 보려는 의도다. 지난 10여 년 동안 평범하지 않으신 저희 친정어머님을 모시면서 제가 겪게 되었던 사연들을 바탕으로 저희 모녀의 이야기보따리를 풀어 헤친다. 친정어머니께서 넘어지신 시기가 아마도 명절인 설을 보냈고 며칠 되지 않았던 것으로 기억한다. 이때 저희 어머님께서는 설 명절은 마산 큰 아들집에서 하루 밤 차례를 지내시고 설날 바로 막내 남동생이 어머님을 저희 집으로 모시고 왔다. 어머님 쓰러지시기 전에는 어머니는 아들 3형제식구들을 앞세워 고향집으로 내려가셔서 설 명절을 보내셨다. 몇 년 전부터는 어머님 연로하셔서 그랬는지 모르겠지만 고향 성묘 길에 어머님이 언제부터 배제(排除)되었다. 어머님께서 아들들과 고향 내려가셔서 명절을 지내게 되면 자연스럽게 딸들인 저희들도 각자 집안 차례를 지내고 나면 고향으로 내려가 어머님께 설 인사를 드리고자 내려가게 된다. 그곳에서 오랜만에 형제들을 만나는 즐거움도 컸다. 돌이켜 생각해보면 부모님 살아생전에 가능한 설 명절 풍경이고 형제 우애했을 때 가능했던 우리나라 민속 문화가 아닌가 싶다. 달리 표현하자면 부모님 살아계실 때 명절의 의미가 컸다. 그리고 고향집으로 형제들 모이는 것도 가능했다. 부모님 살아 계실 때 복잡한 명절 차량 정체를 뚫고 가는 것도 추억이었다. 부모님 찾아 명절 때면 고향 내려갔던 그 시절이 가장 행복했던 시절이 아닌가 싶다. 하지만 근래에 와서는 고향으로 내려가서 명절을 지내고 오는 일이 어려워진 상태다. 어머님 이렇게 쓰러지시기 2~3년 전부터 연로하셔서 그랬는지 모르겠지만 약간 거동이 불편해지신 관계로 어머님께서도 아들들과 성묘하시고 고향집만 잠깐 다녀오는 정도였었다. 이제는 어려워져 저희 집에 계시다가 명절전날 큰 아들네로 가시게 되고 명절 차례 끝나자마자 바로 어머니를 막내 남동생이 저희 집으로 모시고 오는 실정이다. 시대를 떠나 병든 부모님을 좋아 할 사람은 없을 것이다. 우리 세대는 싫고 좋고 떠나 자식의 의무감 정도는 갖고 있었으므로 병든 부모님을 남의 손에 남기는 일은 그리 흔한 일은 아니었지만 요즘 세대들은 노골적으로 거동 불편한 부모님을 거부하는 것 같아 큰 동생에게 많이 서운했던 부분이 바로 이 부분이다.

저도 시댁 찾아뵙고 산소 들렸다. 집으로 들어오면 더러는 밤이 된다.

그런데 기별 없이 아무도 없는 어두컴컴한 저희 집에 어머님 홀로 남겨두고 떠나버린 막내 남동생 사정도 이해는 되지만 그래도 홀로 어두컴컴한 저희 집에 계시는 것이 보기는 과히 좋지는 않았던 모습이었다. 저희 어머니께서는 저희 집에 오신 이후로는 저희 집 두 딸과 마루에서 주로 생활을 하셨다. 어머님께서는 마루가 편하다며 방으로 들어가 주무시는 것을 원치 않으신 관계로 어머님 생활권은 마루였다. 딸들이 할머니가 좋다며 꼭 할머니 옆에 자겠다고 하여 마루에서 세 사람이 오붓하게 자는 모습들이 참 보기 좋았다. 제 생각도 어머니께서 마루에 계시면 저희들이 오며가며 어머님께 말을 붙여보기도 하고 여러모로 살펴드릴 수 있어 오히려 좋았다. 어머니께서 마루에 계시니 저희들이 쉽게 어머님 옆에 앉아 도란도란 이야기를 나누며 TV도 같이 보면서 보내는 시간들이 많아 어머님을 홀로 지내시지 않게 되어 더욱 좋았지 싶다. 형제들 집에 가셔서도 마루에 소파는 어머님 몫이었다. 어느 날 문득 저희 두 딸들하고 주무시는 어머님 모습을 보고 있잖니 왠지 나이 드셔서 나름 밤중에 볼일이 있는데 저는 아무것도 모르고 안방에서 잠만 자고 있지나 않나? 하는 생각이 불현 듯 떠올랐다. 우리가 자고 있는 사이 혹여 어머니께서 넘어지셨는데 저희는 까맣게 모르고 자고 있지 않을까? 라는 방정맞은 생각이 불현 듯 스쳤다. 왜? 이런 생각이 갑자기 들었는지는 그 이유는 잘 모르겠다. 명절 일주일쯤 지나 2012년 2월 중순경쯤 안방에서 자고 있던 저는 왠지 방정맞은 생각이 자꾸만 들어 잠을 이루지 못했다. 어떻게 생각하면 자기 암시일 수도 있다고 생각한 부분이다. 애들하고 마루에서 아무 탈 없이 잘 주무시는 어머니가 갑자기 걱정스러워진 것이다. 이런 생각이 든 이유는 아마도 조상님들께서 앞으로 일어날 일을 미리 알려주신 경우라 저는 생각하는 부분이다. 저는 바로 그날 밤부터 어머니 옆에서 잠을 같이 자기로 결정했다. 평소에는 어머님과 애들이 응접실에서 생활을 하고 잠을 잤던 상황이라 나는 항상 어머님 기척을 듣고자 안방 문 10cm정도 열어두고 생활했다. 갑자기 그것으로는 안심이 되지 않아 저는 어머니와 함께 자기로 마음먹고 바로 이날 밤부터 어머니 옆에서 같이 잠을 자게 된 사연이다. 제가 어머님과 마루에서 잠을 자게 된 뒤 5일쯤 지나던 날 밤 새벽 1시쯤 어머니께서는 주무시다가 화장실을 가시려는지 살포시 일어나셨다. 소파 밑에서 자고 있는 저를 깨우지 않으려고 조심스럽게 한발 한발 더듬어 나가시는 것이 희미하게 보여 저는 요의주시하고 어머님 거동을 살폈다. 저는 어머님 인기척에 눈을 뜨고 있었지만 어머님께 말을 걸지 않았다. 제가 일어나 어머니께 도움을 주려하면 저희 어머니는 아주 싫어하셨다. 자기 때문에 제가 잠을 깊이 자지 않을까봐 발걸음도 아주 조심스럽게 디디신 분이셨다. 저 또한 어머님 마음 불편 하실까봐 인기척을 하지 않고 어머님 거동하시는 동선에 초점을 맞춰놓고 숨죽이고 살피고 있는 중이다. 어머니는 제가 자고 있는 줄 아시고 아주 조심스럽게 발걸음을 옮겨 딛는 모습이 희미하게 보였다. 소파에서 일어나 더듬더듬 서 너 발짝 앞으로 나가실 때까지는 아무 문제가 없었다. 평소에도 잘 다니시던 코스라 제가 어머니께서 용무 있으셔 일어나시면 저도 같이 일어나 화장실 가시게요? 라고 이전에는 물었다. 제가 그렇게 일어나 물으면 어머니께서는 잠자라고 하셨다. 어머니의 짧은 잠자라는 뜻은 자기가 알아서 할 터이니 저보고 일어나지 말고 더 자라고 하시는 뜻이었다. 이날도 저는 일부로 깨어있다는 기척을 하지 않고 어머님 발걸음 소리에 온 신경을 곤두세우고 있는 중이다. 어머님의 발길이 제 이불 근처를 밟은 느낌이 든 순간 퍽 하는 소리와 함께 제가 누워있는 이불 위로 어머님께서 넘어지신 것이다. 그때는 깊은 밤이라 응접실 전등을 다 끈 상태다. 베란다 커튼 사이로 주변의 가로등 불빛이 들어오고 있어 소등 수준이라 주변 분간이 어렵지는 않았다. 저는 희미한 불빛사이로 넘어진 어머님을 안아 앉혀 드리고 나서 마루 불을 켰다. 그리고 앉아 계시는 어머니를 살펴보았다. 그래도 다행히 어머니는 제가 누워있는 이불로 넘어지셔서 크게 다치신 것 같지 않다는 느낌이 들어 나름 안도의 숨을 쉬었다. 저희 어머니께서도 나는 괜찮다. 라고 하셨다. 푹신한 이불위로 넘어지셔서 큰 충격은 없어 보였다. 어머니께서는 화장실을 가시겠다고 일어나시려고 하시다가 다시 주저앉으시며 하시는 말씀이 아이고 아니네. 라고 하시며 제 얼굴을 쳐다보셨다. 저는 변기를 대신 할 것을 찾아 볼일을 보게 해드렸다. 그랬더니 어머니께서는 아무 일도 없었다는 듯이 소파위로 올라가서 다시 주무셨다. 저는 어머니 상황을 좀 지켜보다가 어머니 다시 잠을 드신 것을 확인하고 다시 나도 잠을 청했다. 막상 눈을 감고 생각하니 조금 전에 일어났던 일이 다시 떠올랐다. 크게 다치시지 않은 것 같아 안도하는 마음도 없다. 다시금 떠올리고 싶지 않은 순간이다. 인생을 살다보면 다양한 일들과 수많은 사연들을 겪으며 살아가곤 있지만 그래도 가장 비중(比重)이 큰 바람은 가족들이 다치는 일들만은 겪고 싶지 않은 것이 보통 사람들에 바램 일 것이라 생각한다. 저 역시도 그런 마음으로 이제껏 살아 왔을 것이다. 이런 경험은 저도 처음 겪는 일이라 다소 놀라고 당황스러웠다. 그나마 어머니 이만 하시길 천만 다행이다. 라는 생각을 하고 천지(天地)신명님들께 저희 어머님 지켜주셔서 감사하다는 인사를 드리며 다시금 잠을 청했다. 잠깐 잠을 잔듯한 느낌이 든다. 아니 잠이 모자라다는 생각도 들었다. 어느새 아침이 밝았다. 보통 저희 집 기상시간은 6시쯤 된다. 저희 어머님 기상시간이 6시인 것이다. 그래서 우리는 어머님 시간에 맞추어 생활했다. 평소 같았으면 어머니께서는 벌써 일어나서 하루 쓰실 티슈를 사각으로 곱게 접어 머리맡에 올려놓고 계신 모습을 볼 수 있었을 것이다. 이 날 아침은 평소 어머님 모습은 분

명 아니다. 저는 무거운 눈을 뜨며 평소처럼

"엄마 안녕히 주무셨어요?"

라는 인사를 일어나면서 했다. 그러나 저의 인사가 끝나기 전에 어머니께서는 일어나 앉으시며 밤에 넘어진 곳이 좀 욱신거린다며 파스를 달라고 하셨다. 저는 파스를 찾아 어머님 다리에 붙어드렸다.

어머님께서는 병원 가시는 것을 한사코 거부하신다

저희 어머님 성격상 좀처럼 아프시다는 것을 내색하셨던 분이 아니셨다. 웬만해서는 파스 따윈 찾으실 분이 전혀 아니다. 저희 어머님 삶 속에 약이 필요하지 않았지 않았나 싶을 정도로 약에 의존하지 않으셨던 분이 바로 저희 어머님이라 하겠다. 그런 어머니께서 파스를 붙여달라고 하시니 약간 염려스러운 마음이 들었다. 걱정스런 마음에 어머님께

"엄마 우리 아침 먹고 병원 가서 엑스레이 한번 찍어 볼까요?"

라고 저는 여쭈었다. 그런데 어머니께서는 대수롭지 않은 듯

"나는 괜찮다."

라고 하셨다. 하지만 옆에서 파스를 다리에 붙이고 계시는 어머니를 보고 있잖니 마음이 편하지 않아 나는 다시 아침식사 마치고 병원에 가보자고 재차 권했다. 저희 어머님 고집도 보통고집은 아닌지라 한사코 병원가신 것을 거부하시니 난감하다. 저희 6남매가 울 엄마의 완고한 고집을 이겨낸 사람은 아직까진 없다. 저희 어머니는 자기 주관(主觀)이 그 누구보다 탁월하셔서 타인의 의사(意思)가 좀처럼 반영(反影)이 되

지 않았던 부분이 허다했다. 저는 괜히 어머니와 실랑이 하는 것보다는 어머님 의사를 존중(尊重)해서 잠시 어머님 상태를 지켜보기로 한다. 말 없이 누워계시는 어머니를 보고 있잖니 속은 탔다. 지금은 뾰족한 방법이 없어 그저 옆에서 어머님 살펴드리기만 하는 정도가 저의 역할이라 조심스럽게 어머님 동태만 살핀다. 더구나 어머니는 무슨 이유인지 모르겠지만 저에게 다른 방법도 찾지 못하게 하시는 바람에 그저 지켜보며 하루를 보내게 된다. 넘어진 왼쪽다리에 파스만 잔뜩 부쳐놓은 상태다. 그야말로 파스 스타킹이란 말이 어울릴 정도로 많이 파스를 붙여 논 상태다. 저희 어머니 평생 쓰지 않으셨던 파스를 이번에 원(願)없이 덕지덕지 붙여놓으셨지 않았나 싶을 정도로 붙여 논 상태다. 그러나 마냥 지켜보기가 불편해 저는 수시로

"엄마 우리 한번만이라도 병원에 다녀옵시다."

라는 말을 읊조린다. 어머님 말씀 또한 일괄적이다.

"이제 괜찮을 것이다. 라는 말씀만 반복하신 것이다. 종종 어머니께서 더러는 자식들 의견(意見)도 좀 못 이긴 척하고 받아주시면 좋으련만 어쩌자고 자기 고집만 이렇게 부리시고 계시는지 가끔은 의학에 힘을 빌려도 괜찮을 텐데. 라는 푸념을 한다. 더군다나 일반 보통 분들하고 다른 면이 있다면 바로 이런 부분도 한몫을 하였지 않았나 싶다. 그러므로 어머님에 관계된 부분만큼은 강제성(強制性)이 있을 수 없었던 이유다. 더욱더 남들과는 다르게 조심해 어머님 의사(意思)를 존중해야만 했었던 시절이다. 자식 입장에서는 다리에다 파스만 몽땅 붙여놓고 간간히 얼굴 찌푸리시는 모습을 보기가 여간 조심스러워 병원을 한번 들려보자고 다시 권하는 상황이다. 만약에 시어머님이 이렇게 나온다면 정말 모시기가 까다로운 분이 아닐까? 라는 생각을 가끔 했다. 저희 어머님께서는 무슨 이유에서 그런지는 모르겠지만 이렇게 곤란한 상황을 저에게

주시는지 아무튼 무지몽매(無知蒙昧)하고 어리석은 저는 이 상황에서 만큼은 제발 어머니가 자식들 말을 못 이긴 척하고 병원에 한번 다녀오셨으면 좋겠다는 생각이 든다. 저희들의 소중한 어머니이시지만 이럴 땐 너무 고집스럽고 까탈스러운 부분이 있어 더러는 난감하고 곤욕스러운 부분이 바로 이렇게 자기주장을 완강하게 내세울 때이지 싶다. 평소에는 이 세상에서 제일 다정하고 자랑스럽고 존경스러운 어머니이시기에 더러는 곤란하고 힘들지만 어머님 의사를 저는 존중해드리는 차원이다. 병원가시기를 완강히 거부하시니 저는 예의주시해서 어머님 동작하나하나에 온 신경을 곤두세우고 지켜본다. 다음 날 그러니까 어머님 넘어지시고 3일째 되던 날 일요일을 맞이했다. 이날 오후가 되어 막내남동생이 손님과 함께 어머니를 뵈려고 왔다. 어머니 고절상태는 외관상 크게 도드라지지 않아 눈으로 보아서는 가름하기는 어려운 상태다. 저는 막내 남동생에게 3일전에 엄마가 화장실 가시다 넘어지셨는데 한사코 괜찮다고만 하시고 병원에 가시지 않는다고 이렇게 고집을 부리시고 계신다. 라는 푸념을 좀 했다. 옆에서 듣고 계시던 저희 어머니께서는 못마땅해 하시며 저를 쪼려보셨다. 막내아들에게 이제 괜찮을 것이다. 라는 말씀을 하신다. 저 역시도 저희 어머니 말씀처럼 정말 아무 탈 없기를 간절히 바라는 마음이다. 저희 어머님께서는 병원을 제일 싫어하셔서 가능한 병원 가지 않고 쾌차하시길 원하는 바이다. 막내 남동생도 이 부분에 대해서는 별다른 얘기를 하지 않았던 것으로 기억한다. 어머니는 병원에 대한 거부감이 다른 분에 비해 유독 심하셨는데 저변에는 다른 이유가 있었으리라 짐작만 하고 있다.

평소에도 그렇게 아파하시다가도 어머님께서 손꼽아 날을 잡아주셨고 또 그 날짜가 되면 거짓말처럼 어머님 몸 상태가 좋아지셨던 기억들이 많아 막내 남동생도 어머니 말씀만 믿고 이 상황도 대수롭지 않게 생각하고 있는 느낌이 들었다. 그리고 손님이 있어 그랬는지 모르겠지만 이 날도 어머니께서는 평소보다 더 의연하게 앉아 계셨던 터라 막내 남동생도 크게 걱정하지 않는 눈치다. 외관상 특별한 징후나 도드라진 상태는 보이지 않았다. 그러니 저희들은 어머님 말씀만 믿고 따를 수밖에 뾰족한 수는 없다. 그러나 웬만해서는 약을 찾지 않으신 분인데 파스를 다리전체에다 발라놓고 계신지라 제 신경은 온통 어머님 다리 쪽에 가 있는 것은 사실이다. 어머니께서는 멀리서 손님이 오셨으니 저녁을 꼭 사주겠다고 나가자고하신 것이다. 저희들은 어머님의 뜻을 거역하지 못하여 걷는 것이 다소 불편하신 어머님을 모시고 저녁을 먹으러 나가게 되었다. 식당에 앉아 이런저런 이야기를 하다 보니 저녁식사 시간이 길어졌고 손님과 남동생이 마산까지 내려가야 하니 갈 길이 멀다며 일어서니 어머니께서는 언제 준비하셨는지 손님 손에 차비를 챙겨주셨다. 돈을 그냥 주실 분이 아니다. 그러니까 항상 돈을 편지 봉투 속에 가지런히 챙겨 넣어주신 분이 바로 저희 어머님이셨다. 그래서 이 돈 또한 가지런히 챙겨져 주었을 것이다. 이와 같이 저희 어머님께서는 자기 몸도 성치 않으시면서 남을 존중하는 것을 보면 정말 마음에서 우러나오는 정성스러운 마음을 엿 볼 수 있다. 가끔은 자기주장이 너무 강하실 때는 황소고집인지라 옆에 있는 사람은 난감하기가 그지없다는 사실이다. 다음 날 어머니께서는 밤새 통증이 심하셨는지 일찍 일어나 다리를 매만지시고 계셨다. 제가 엄마 고집부리지 말고 제발 오늘 병원에 꼭 가봅시다. 라고 저도 강하게 주장을 했다. 어머니께서는 매서운 눈으로 저를 또 쪼려보셨다. 제가 애원 하는 눈빛으로 어머니를 바라보고 있으니 어머니께서는 온화한 표정으로 바로 바꾸시며 이제 괜찮을 것이야 라는 말씀을 하시며 씻을 물을 떠달라고 하셨다. 저는 세수대아에 물을 담아

가서 어머니를 씻겨드렸다. 어머니께서는 미안해서 그랬는지 저에게 이마 땡을 해주셨다. 제가 물을 버리려 간 사이 로션을 꺼내 열심히 로션을 바르신다. 저는 이 모습을 뒤로 하고 서둘러 어머니 조반을 챙겨 어머님 앞에 놓아드렸다. 평소대로라면 식탁에 앉으셔서 잡수셨지만 넘어지신 이후론 소파에 앉으셔서 식사를 하시게 되었다. 이날도 어머님께서는 식사를 맛있게 잡수셨다. 사실 너무도 맛있게 식사를 하시는 어머니 모습을 옆에서 보면서 가끔 이런 생각을 자주하곤 했다. 이 모습도 어쩌면 저 의에 큰 행복이라고… 어머니께서는 소박한 밥상이지만 언제나

"맛있다. 이것도 맛있고 저것도 맛있다."

라는 말씀을 잊지 않고 해주시니 정말 감사 할일이다. 어머니께서는 아침식사 마치고 얼마의 시간이 흘렀을까? 어림잡아 점심때가 된듯하다는 생각이 든다. 어머니 누워계시다 갑자기 일어나 앉으셨다. 옆에 앉아 있던 저도 깜짝 놀라 어머니 표정을 살폈다. 갑자기 일어나신 어머니께서 속이 불편하신지 헛구역질을 몇 번 하신 것이다. 이제껏 보지 못한 모습이라 일단 저는 긴장한다. 왠지 넘어지신 이후라 긴장이 더 많이 되었던 것 같다. 이제껏 어머님을 모시면서 이런 모습은 처음이기 때문에 더욱 긴장을 하게 된 것이다. 어머니께서는 여러 차례 헛구역질 끝에 아이 주먹크기마한 팥죽색 덩어리 하나를 토해내셨다. 저는 이 광경에 너무 놀라 겁이 덜컹 났다.

"엄마 이게 뭐야?"

라고 물었다. 그리고

"엄마 우리 빨리 병원 갑시다. 이렇게 마냥 시간 보내는 것은 안 되겠어요. 그러니 우리 빨리 병원가요."

라고 했다. 병원가자는 저의 말에 저희 어머니 또 매서운 눈을 흘기시

면서 저에게 호들갑을 떨지 말라고 하시는 듯 매섭게 쪼려보셨다. 그리고 하시는 말씀이

"나는 괜찮다. 나는 괜찮을 것이야."

라는 말씀을 단호하게 하신 것이다. 제 입장에서는 이렇게 손 놓고만 있는 것이 왠지 불안(不安)했다. 일단 속없고 철없던 저는

"그럼 이것은 무엇이야? 지금 내부(內部)에 있는 독(毒)을 빼고 있는 중이에요?"

라고 다시 물으니 어머니는 한 치에 망설임 없이

"그렇지."

라고 근엄(謹嚴)한 어조(語調)로 말씀을 하셨다. 그러면서 저를 오히려 위로하신 듯한. 말씀으로

"괜찮을 것이다. 나는 괜찮아."

라는 말씀뿐이다. 저희 어머님의 이 말씀은 아마도 제게 염려하지 말라는 뜻이라 생각이 든다. 그냥 옆에서 보기가 애처롭고 불안하다. 저희 어머님은 평소에도 통증(痛症)이 있으면 혼자 감내(堪耐)하시고 손가락 하나 둘 세어 제게 날짜를 꼽아주시며 이렇게 지나면 괜찮을 것이다. 라는 말씀을 자주하시며 살아오셨다. 이 상황이 낯설지는 않다. 그렇지만 넘어지신 것도 처음이고 파스를 이렇게 많이 붙이고 계신 것도 처음이고 어혈(瘀血)된 구토 물을 토하는 것도 처음이다 보니 저는 왠지 불안한 것이다. 말씀이 어눌해지신 어머니를 모시는 시간들이 이제껏 수수께끼 하나하나 풀어가듯 저는 살았다. 지금은 큰 숙제를 놓고 왠지 또 엄마와 수수께끼를 풀어야 하는 시험대 같다는 느낌이 들었다. 마음 한 구석이 왠지 큰 시험을 치루어야 될 것 같은 예감이 드니 갑자기 마음이 불안해진 것이다. 좌불안석(坐不安席)이 따로 없고 바로 이 순간이 좌불안석 가시방석이다. 어르신들은 아프시면 병원을 찾든지 아니면 약을

지어 치료를 하셨겠지만 저희 어머님께서는 어떤 연유(緣由)인지는 모르지만 종종 찾아오는 통증에 고통을 이제껏 혼자 감내하시곤 하셨다.

저희들은 미련하여 어떤 이유가 저희 어머니를 아프게 하고 있는지를 잘 모르고 살았다. 보통은 연세가 들면 찾아오는 고질병(痼疾病)이라 여기며 사는 것이 상례(常例)다. 저희 어머님은 달랐다. 약에 의존하시고 병원을 찾기보다는 아픈 이유를 찾는 것이었다. 옆에 있는 저희도 힘들었고 어떤 이유 때문에 아파야 하셨던 어머니도 고통이 따른 것이다. 제가 어머니께서 아프신 이유를 가장 빨리 찾았던 이유 중에 하나가 가족 중에 누군가 불만을 품고 있었을 때 제일 많이 아파하셨다는 사실을 깨달은 것이다. 제가 영민하지만 못하지만 이 부분만은 둔한 저도 느꼈던 이유다. 이 부분은 과학으로도 증명(證明) 할 수 없는 부분이라 강력하게 주장(主張)하지 못한 부분이다. 하지만 신(神)를 모시고 계신분이라면 공감(共感)과 이해(理解)가 되실 부분이라 생각한다. 종교적인 부분일 수 있겠으나 꼭 그렇지만은 않은 것은 저희 어머님께서는 종교 생활은 특별히 하지 않으셨다는 사실이다. 종교를 벗어난듯하지만 종교를 배제하지 못하는 이유 또한 신(神)의 세계와 밀접(密接)한 관계와 연계성이 확실히 있다는 사실이다. 저는 이제껏 어머니께서 어디가 아프시면 어머니와 이야기를 많이 나누어 아픈 이유를 알아야했다. 그 과정에서 제가 혹여 실수로 남을 험담했던 이유로 아프셨다면 저는 바로 사죄를 하게 되고 그 과정에서 남을 잘 알지 못하고서 남의 말을 함부로 하지 말아야하는 법과 그 죄 값으로 가족들에게 화(禍)가 자신도 모르게 닥친다는 사실을 저희 어머니으로부터 배운 것이다. 하늘에 이치(理致)는 털끝만큼의 오차가 없음을 어머니으로 하여금 깨닫게 된다. 저 역시나 처음에는 어눌해진 말씀인지라 어머니와 대화가 매끄럽지 못한 것이 문제라면 문제였다. 언제부터인지 저희 어머니는 저에게 상대의 말을 말로 듣지 말고 상대의 마음을 읽어 마음으로 전해 듣는 법을 배우라고 하셨지만 그 또한 쉬운 법이 아니었다. 포기하지 않고 마음으로 듣고자 노력한 결과 다른 자식들 보다는 어머니와 소통은 그래도 이제는 원만한 편이라고 할 수 있다. 저 역시나 종종 예상치 않았던 소재가 갑자기 생기면 저는 또 다시 어머니와 수수께끼 형식인 스무고개를 해야 하는 경우가 더러 있다. 어머님께서 아파하시는 이유와 합당하면 어머님 통증은 언제 그랬냐는 듯 바로 통증이 살아졌다. 이러한 사례들은 눈에 보이는 것이 아니라 남에게 이야기를 전할 소재가 못된다. 나는 분명코 이런 사례들을 여러 차례 경험했던 사람으로서 저는 열일을 제쳐두고 어머님 고통을 덜어드리고자 어머니와 대화를 많이 하게 된 이유다. 이번 일도 그런 일 중에 하나일거라는 생각도 들어 이런저런 이야기를 많이 해본 이유이다.

어머니는 이렇게 넘어지신 이유를 알고 계신 것이다. 저 역시나 어느 정도 가름한다. 그 이유를 다른 형제들에게 말해 줄 수가 없어 안타까운 마음인 것이다. 방정맞은 생각이 든다. 왠지 이번 일만은 예사롭지 않다는 느낌마저 들어 불안타. 응고된 핏덩어리를 토해내셨으니 이 또한 불안요소가 된다. 이렇다보니 옆에서 마냥 지켜보고 있는 제 마음 또한 편치 않다. 어머니께서는 무슨 깊은 뜻이 있어 그리하시겠지만 왕고집으로 병원가시는 것을 저리도 싫어하시니 옆에서 지켜만 보고 있는 제 입장에서는 불안하기 그지없는 시간이다.

결국 어머니는 의식을 잃으셨다

　2012년 2월 설 명절을 일주일쯤 지났을 때 저희 어머니께서는 새벽에 화장실을 가시려다 소파 밑에서 자고 있는 제 이불위로 넘어지시는 사고가 생겼다. 그리고 나에게는 우연을 가장한 걷잡을 수 없는 운명의 한 페이지가 열린다. 누구를 위한 서곡(序曲)이며 누구를 위한 운명의 무대인지는 잘 모른다. 그러나 이 날 이후부터 나는 기구한 운명의 주인공이 된다. 더구나 숙명(宿命)적 인연(因緣)줄을 놓치지 않으려 몸부림치는 나의 역사가 시작된 시점이다. 그러니까 저희 어머니는 이날 넘어지시고 3~4일 동안은 괜찮다고 하시며 병원가시는 것을 거부하신 체 다리에 파스만 몽땅 붙여놓고 집에서 견디시고 계신다. 옆에서 지켜보는 자식입장에서는 어머님 상태를 마냥 지켜보고 있기에는 그다지 좋은 상태가 아니라 같이 병원 좀 가보자고 어머니를 설득 중이다. 저희 어머님 고집은 메가톤급이셨다. 그러니까 감히 그 누구도 어쩌지 못하는 고집… 일단 어머님 뜻이 확고한 부분에 대해서는 우리들의 의사(意思)가 전혀 반영(反影)이 되지 않는 정말 요지부동(搖之不動)상태라 난감(難堪)하기 그지없는 상황이다. 어머님 또한 막무가내는 아니지 싶어 어머님 의사를 존중해드리고 있는 중이다. 그리고 4일째 되던 날 어머니께서는 응고된 핏덩어리를 토해내시고 좀 지치셨는지 잠시 누워 계셔 저는 그 시간을 이용해 점심 식사로 죽을 끓여 드렸다. 어머님께서는 속이 좋지 않아 식사를 못하신다고 죽을 거절하셨다.

　나는 더 이상 식사를 권하지 못하고 3~4시간을 속절없이 흘려보내게 된다. 저는 미동도 없이 누워계시는 울 엄마 모습을 옆에서 보고 있노라니 저희 어머님 젊어서 그 곱던 얼굴이 어느새 81살 연세가 된 것을 실감하게 된다. 옛말에 의하면 어린아이는 남의 집 아이라도 귀엽고 사랑스럽지만 늙으면 내 부모라도 보기 싫다는 말이 생각났다. 그렇지만 저는 이렇게 늙어버리신 저희 어머님 모습을 보노라니 그 말은 분명 공감하는 부분도 있지만 보기 싫다는 생각보다는 훗날 나의 모습이지 않겠나 하는 마음이 먼저 들어와 제 마음이 뭉클해지기도 하고 애잔한 마음이 들기도 했다. 저희 어머님 젊은 날은 분명 저보다 더 꿈이 컷을 것이라 생각한다. 그리고 기백(氣魄)또한 저보다 드높았을 것이다. 그런데 넘어지신 이후 급격하게 늙어 보이신 것이 눈에 확 띄니 겁이 덜컥 났다. 쏜살같이 흐르는 것이 세월이라는 말을 실감하는 중이지 싶다. 저희 어머니께서는 아직 해야 할 일과 하고 싶은 일이 많은 분이셨다. 그래서 저는 늘 그랬듯이 이번에도 여느 때처럼 아무 탈 없이 하루빨리 쾌차 하실 것이라 믿고 저희 어머니의 강한 의지를 믿는다. 한 참 동안 누워 계시는 어머님의 몸에 핏기가 점점 살아지는 현상(現相)이 의학상식이 무지렁이인 제 눈에도 가름 할 수 있게 허옇게 보였다. 기력도 점차 떨어지신 듯하다. 지금 이 상황은 어머님 의지(意志)만 믿고 있기에는 너무나 불안한 상황이지 싶다.

　일단 의식은 뚜렷했다. 저는 다시 어머님께 병원에 가실 것을 권해 보았다. 역시나 어머님은 아직도 병원가시기를 거부하신다. 저는 이렇게 고집불통(固執不通)이신 우리 엄마가 더러는 밉다. 지독스럽게 병원가시기를 거부하시니 이렇게 방관만 하고 있는 것이 과연 옳은 것인지? 제 자신에게 묻는다. 핏기 없이 누워 고집만 부리시는 어머니께 화가 났다. 그래서 저는 어머님께
　"아이고 참말로 고집쟁이 아줌마 미아라(미워라)"

라고 해버렸다. 어머니께서는 제 말이 어이가 없으셨는지 기력(氣力)도 없건만 껄껄껄 웃으신다. 아마 딸인 제가

"아이고 아줌마 미워죽겠네."

라는 말이 어이가 없으셨던 모양이다. 껄껄껄 웃으셨던 어머니께서는 1시간이 체 지나지 않아 결국 의식을 잃으셨다. 할 수 없이 나는 119를 부렸다. 119를 부른지 5분쯤 되어 119아저씨들께서 오셨다. 아저씨들께서는 신발을 벗지 않으신 체 들것에 어머니를 실고 현관으로 나가려는 순간 어머니는 의식이 돌아왔다. 어머니는 자신을 실고 현관을 나서려는 119아저씨의 멱살을 붙잡고 병원에 가시지 않겠다고 고래고래 소리를 지르셨다. 참으로 당황스런 상황이 바로 이 상황이 바로 아닐까? 싶다. 더 당황스런 것은 119 아저씨들께서도 거부 의사(意思)가 심한 상태의 환자는 이송을 못한다면서 냉정하게 어머님을 내려놓고 되돌아가버리셨다. 이런 상황이 개인한테는 가장 위급한 상황일 수 있는데 우리나라 법은 소란(騷亂)이 발생 시 환자 이송(移送)을 못하게 되어있다고 말씀 하시며 냉정하게 돌아가신 것이다. 참으로 어처구니없는 상황이다. 그 얼마나 벼르고 벼르다 혼절하시는 사이 부른 구급차인데 어쨌든 악법도 법(法)인지라 따를 수밖에 나라 질서는 일단 따르는 것이 국민 된 도리다. 법에 대해서는 무지(無知)한 몸이라 저는 고집불통인 우리엄마만 원망(怨望)한 경우가 된다. 평범하지 않으신 저희 어머님 때문에 저는 이렇게 저렇게 애간장 다 녹으며 지난 10여년을 살아 온 몸이다. 아마도 오늘 해프닝도 그런 일 중에 하나 일 뿐이다. 생명이 위태로운 상태 같아 불안한 마음이다. 저는 허무하게 119팀을 보내고 불안한 마음으로 어머님 발밑에 앉아 점점 흐려져 가는 어머님의 의식을 보며 하루밤을 꼬박 지새웠다. 아마 그렇게 마음을 조마조마 조이며 지내는 시간은 몇 년이 흐른 것처럼 길게만 느껴진 것이다. 고통스런 시간은 같은

시간을 두고 생각하기를 1분 1초도 길게 느껴지고 즐겁고 행복한 시간은 1시간도 너무 짧게 느끼는 것을 생각하면 참으로 인간의 마음은 간사하다는 생각이다. 이 시간이 정말 흥겹고 즐거운 시간이 되었다면 대부분 사람들은 시간이 어찌나 짧은지 금방 날이 셌네. 라는 말을 하였을지 모르겠다. 점점 희미 해져가는 어머니의 의식을 지켜보면서 지새우던 이 날 밤은 유독 저에게만은 너무나 긴 밤이었다. 결국 저희 어머니께서는 다음날 오전에 완전히 의식을 잃으시게 된다. 할 수 없이 저는 119를 다시 불러 어머니를 병원 응급실로 긴급히 이송을 하게 되었던 사연(事緣)이며 공표(公表)된 나의 어머님 간병생활의 서막(序幕)이다. 나는 어떻게 응급실까지 따라 갔는지 전혀 기억이 없다. 다만 근처병원 응급실에 어머니를 모셔놓고 응급 처치하시는 의사님들을 지켜보며 형제들에게 어머님 쓰러진 사실을 알렸다. 형제들이 놀랬을 것이라 생각한다. 더구나 오전 10시쯤이라 정상적인 근무라면 모두 출근 했을 시간이지 싶다. 응급실로 어머님을 모셔놓으니 조금은 안도의 숨이 쉬어졌다. 제가 집에서 할 수 있는 일이 없어 많이 불안했었다. 어머니를 응급실로 옮겨놓고 나니 응급실 팀의 신속한 처치(處置)가 시작되었다. 어머님 의식은 아직 돌아오지 않는 상태다. 의식 없는 어머님을 살리기 위해 의료팀들은 서두른듯하면서 질서정연하게 움직이시는 것이 보였다. 응급실에서 의료팀에게 어머니를 맡긴 체 넋을 잃고 한 시간 남짓 보낸 듯싶다. 그 시각 울 엄마 큰 아들인 마산 큰 동생이 응급실로 들어선 것이다. 큰 동생은 아마도 제 연락을 받고 바로 달려왔는지 예상보다는 병원에 빨리 도착을 한 것이다. 얼마나 속력을 냈으면 이렇게 빨리 왔나 싶을 정도다. 응급실에 도착은 큰 동생은 얼마나 놀랐는지 바로 의식 없는 어머니 얼굴에 자기 얼굴을 갖다 비비며 뜨거운 눈물을 소리 없이 흘러내리고 있다. 옆에서 그 모습을 본 저 역시도 큰 동생의 소리 없이 흐르는 뜨거운 눈물 앞에 저도 모르게 뜨거운 눈물이 저절로 흐른다. 우리 남매가 의식 없는 어머니를 옆에 두고 하염없이 눈물을 흘리고 있을 때 막내 남동생도 잇달아 들어와 어머니의 얼굴을 만지며 큰동생과는 반대로 소리 내어 엉 엉 엉 울어대니 이 또한 뜨거운 눈물이 자동으로 흘러나온다. 참으로 중년이 된 두 아들들이 이렇게 의식 없는 엄마를 붙들고 서럽게 울고 있으니 괜스레 자격지심(自激之心)인지 모르겠지만 내가 엄마를 잘 모시지 못한 것만 같아 두 동생들 보기가 미안해졌다. 의식 없는 어머니를 옆에 두고 두 동생이 우는 모습이 사뭇 다르다는 것을 느꼈다. 장남은 어머니의 첫사랑이며 보호자라는 책임감이 막중(莫重)해 소리 없이 뜨거운 눈물이 나왔을 것이다. 막내아들은 아직 사랑을 덜 받은 어린양이 엄마 잃은 듯 마냥 소리 내어 엉엉 우는 모습은 그야말로 티 없이 맑은 어린아이들의 엄마 잃은 모습 그 자체였다.

사람에게는 젊든 늙든 장남이든 막내이든 엄마를 잃어버린다는 것은 인간에게는 하늘이 무너지는 느낌이 든다는 말이 맞는 말이라 생각이 든 것이다. 이 상황에서 나는 장남과 막내아들이 어머님을 붙들고 우는 방식도 이렇게 차이 나게 다르다는 사실을 체험한 것이다. 그리고 나는 순간 깨닫는다. 더러는 소리 없이 흐르는 눈물이 더 슬프게 느껴진다는 것을 저희 3남매는 아직까지 깨어나지 못하신 어머니 곁에 둘러앉아 이제나저제나 애타는 마음으로 울 엄마 깨어나시기를 학수고대(鶴首苦待)하고 있는 중이다.

응급실에서 어머님 혈액형이 그 유명한 RH-B형이라 한다 "헉"

저희 3남매가 넋을 잃고 어머님 깨어나시길 기다리며 저는 며칠 전 어머님 화장실 가시려다 넘어진 이야기와 그동안 병원가시지 않겠다고 고집으로 일관하셨던 부분을 두 동생들에게 말 하고 있을 때 의사선생님께서 저희에게 다가오셨다. 그리고 저희에게 말씀 하시기를
 "환자분 혈액형이 RH-B형이라는 사실을 알고 계십니까?"
라고 하신 것이다. 혈액형이 RH-B형이라는 사실을 전혀 알지 못하고 이제껏 살아왔다. 어머니께서는 뇌경색으로 두 번 쓰러지신 병력이 있다. 그래서 병원 입원 경력이 여러 번 있었지만 어머니가 이런 혈액을 소유하고 계셨다는 사실을 알지 못하고 이제껏 살았던 것이다. 여러 병원에서도 이런 사실을 알려주지 않아 우리는 꿈에도 생각해보지 않았던 혈액이다.

TV 속에서나 듣던 RH-B형이라고 하신 것이다. TV속에서나 듣던 혈액형을 소유하신 분이 바로 저희 어머님이라는 사실을 어머님 80평생 동안 저희는 모르고 살았던 모양이다. 상상해보지 않았던 어머님 혈액을 듣고 저희는 좀 당황했다. 다행스럽게도 이병원에서는 이 피를 보유하고 있어 응급조치 할 수 있었다고 하신 것이 이 또한 천운이지 싶다. 의사선생님 말씀을 듣자니 다행스럽게 위급한 사항을 넘긴듯하여 우리 입장에서는 안도하는 마음이다. 우리 삼남매는 또 다시 의식 없으신 어머님 옆에 우두커니 앉아 어머님 팔에 꽂아 논 링거만 물끄러미 쳐다보며 이제나저제나 하며 애태우기를 두어 시간 가량 보낸다. 그때 다시 의

사선생님께서 저희에게 오셔서 어머니를 일반 병실로 옮겨 가라고 하신 것이다. 의사선생님 말씀을 달리 해석하자면 급한 상황은 면했다는 뜻이 될 것이다. 의사선생님 말씀에 따라 응급실에 있는 것보다는 일반병실로 옮겨 차분히 어머님 의식 돌아오기를 기다리는 것도 나쁘지 않다는 생각이 든다. 우리는 의사선생님 명으로 의식 없는 어머니를 일반 병실로 옮기게 된다. 일반 병실로 옮겨 간지 서너 시간이 흘러 오후 6시쯤 되었을 때 저희 6남매 가족들이 어머님 입원해 있는 병실로 하나둘 모여들기 시작한다. 저희 6남매식구들이 다 모이면 사실 대가족이다. 지금은 친정식구들이 다 모인 것이 아니고 급한 데로 일부만 왔지만 우리 엄마 자식들 6남매는 다 왔다. 우리 형제들은 갑자기 일어난 일이라 너무 놀랐는지 다들 혼비백산(魂飛魄散)한 모습이 역력했다. 어머님의 강한 정신력 때문에 이런 상황이 있을 것이라고는 상상을 못하고 살았지 않나 싶다. 형제들 얼굴빛이 넋이 나가 있다. 너무나 충격이 커서 그랬는지 형제들 얼굴빛이 하나같이 환자 얼굴처럼 창백하다. 친정 식구들이 10여명 넘게 오니 병실이 비좁게 느껴졌다. 우리 6남매가 한자리에 이렇게 모이니 조금 마음이 놓인 부분도 없진 않았다. 든든한 지원군이 다 모인 느낌이라고나 할까? 형제가 다 모여 있으니 왠지 뿌듯하다는 느낌도 한편으로는 든다. 형제들이 다 모이고 나니 어머니께서는 10시간 정도 의식 없으시다가 밤 7시가 되어서야 깨어나셨다. 눈을 뜨신 어머니께서는 빙 둘러 서있는 자식들을 보시고 놀라셨는지 자식들 하나하나 돌아보며 왔어? 왔어? 왔어? 라는 인사를 해주신다. 이 장면에서 유독 제 기억에 남은 장면이 하나가 있다. 그것은 바로 큰며느리의 손을 두 손으로 부여잡으시면서 몹시도 반가워하시는 모습이 왠지 내 눈에 확 들어온 것이다. 특별하게 며느리에게만은 유독 왔어? 라는 말씀을 더 마음을 두고 하신 것이 느껴졌다. 이 부분이 내게만은 가장 인상 깊은 인사로 기억된 부분이지 싶다. 그러니까 하늘이 맺어준 자식을 어머니께서는 더 마음에 두시고 반갑게 맞이해 주신 사례라 여겨진 이유다. 어머님 소식 듣고 병실에 도착한 형제들은 5일 전에 어머니께서 넘어지신 사실을 알게 되었다. 형제들은 왜 바로 연락을 하지 이제사 연락을 했어? 라는 책망도 했다. 어머님께서 워낙 형제들에게 연락하는 것을 원치 않으셨던 부분이라 연락하지 못한 이유다. 저 역시도 멀리 있고 바로 올 수 없는 입장이라면 형제들 마음이 더 아플 것 같아 알려 주지 않았던 이유이기도 하다. 그 사이 울 엄마 상태가 좋아지셨다면 더할 나위 없이 좋았겠지만 이렇게 혼절하시고 혼수상태가 되어서야 할 수 없이 알려야만 했던 제 마음도 그동안 편치만은 않았다는 사실이다. 우리는 깨어나신 어머님을 보고나니 한시름 놓았다. 어머니가 깨어나시니 병실 안이 활기가 도는 느낌마저 든다. 형제들은 어머니 가까이 다가와 어머니와 그동안의 안부를 묻는 상황이 되었다. 저희들이 어머니와 이런저런 이야기를 나누고 있을 때 의사 선생님께서 들어오셔서 엑스레이 판독 결과를 보여 주셔서 저희들은 모두가 한마음이 되어 의사 선생님의 설명을 한마디라도 흘러 듣지 않으려 귀 기울여 열심히 들었다. 저희가 예상했던 부분이지만 엑스레이를 이렇게 찍어 확실하게 부러진 부위(部位)의 선(線)을 흐릿하게나마 볼 수 있어 다행이고 부러진 부분이 칼로 자른 것처럼 간결하게 부러져 있어 불행 중 다행이라 생각이 든다. 세상사가 무지하고 무식한 저의 생각은 뼈가 산산이 부서지지 않아 다행이라는 뜻이다. 의사 선생님께서는 저희들에게 어머니께서 일단 피가 많이 모자라니 우선 수혈(輸血)을 먼저 하고 난후 어머님 상태 봐서 내일 바로 고관절 수술을 하자고 하신 것이다. 저희들도 의사 선생님 지시에 따라 수혈을 받고 내일 수술하는 것으로 결정을 보았다. 어머니께서 이렇게 깨어나셨고 밤이 늦었으니 병실에 있는 식구들을 분산시켜야만 되는 상황이라 내일 다시 모이자는 의견이 나왔다. 병실은 다른 병원보다는 새로 지어 그런지 좁지는 않았다. 다만 식구들이 많이 모여 비좁게 느껴진 것뿐이다. 우리는 내일 다시 모이기로 하고 일부 사람만 병실을 지키기로 결정했다. 나머지 가족들은 마산 큰 동생 집으로 모두 내려가기로 결정을 보았다. 우리 집은 바로 병원 옆이다 멀리서 온 동생들이 우리 집으로 가면 편리 할 것이라 생각했다. 나를 배려한 것인지 아니면 골 깊은 감정 때문인지 일단 우리 집이 아니고 마산으로 결정을 보았다. 이 많은 식구들이 마산으로 가게 되면 잠자리부분과 식사문제가 있어 이런 부분에서는 큰 며리가 언제나 수고가 많다는 사실이다. 모든 식구들이 마산으로 가기로 결정을 한 뒤 나는 큰 남동생하고 잠시 마트에 들려 병원에서 필요한 기본적인 생필품 몇 가지를 사가지고 돌아왔다. 큰 동생과 생필품을 사가지고 병실에 들어서니 언니는 저에게 그동안 엄마 지킨다고 수고 많았으니 오늘은 집으로 들어갔다가 내일 다시 병원으로 와라라고 했다. 언니 말을 듣고 보니 어쩌면 큰 자식인 언니가 어머니 옆에 잠시나마 있어주는 것도 나쁘지 않다는 생각이 들었다. 나는 언니 말을 따르기로 하고 저희 집 아이들과 함께 병원을 나오게 되었다. 집으로 돌아가는 차안에서 나는 저희 집 삼남매에게 외할머니 내일 고관절 수술 해야 될 것 같아 엄마가 외할머니를 살피고 간병을 해야 될 것 같구나. 라고 했다. 저희 집 삼남매가 이구동성(異口同聲)으로 박자하나 틀리지 않고 합창(合唱)으로 당연히 그래야죠. 라고 단호하게 말을 한다. 저는 저희 아이들의 또 같은 대답에 일단 가슴이 시원함을 느꼈다. 지난 십여 년 동안 외할머니에게 엄마를 양보하고 살았다. 나는 우리 집 아이들에게만은 언제나 미안한 마음 갖고 있음이다. 엄마로써 부모로써 자라나는 아이들에게 넉넉한 생활과 평화롭고 자유로운 공간이라 할 수 있는 가정을 만들어 주어야 할 의무가 있었다. 나는 이 부분만큼은 못해

주었던 부분이고 빵점 엄마다. 항상 엄마로써는 일단 아이들에게 가장 미안한 마음을 갖고 있다. 넉넉한 가정 평화로운 가정을 만들어 아이들의 든든한 울타리가 되어 주고 싶었는데 저는 그런 가정을 만들어 주지 못했던 부분이 제 가슴속에 한으로 남아 우리 집 아이들에게만은 항상 미안한 마음을 갖고 있었다. 우리 집은 대부분 찌든 가난과 공포 불안을 갖고 살아야만 했던 이유가 바로 대부분 주색잡기에 여념이 없는 사람들 대부분 집에 들어오면 공포분위기를 조성해서 온 식구들을 불안에 떨게 만든 것이 방탕생활 하는 사람들의 보편적 특색이듯 남편도 오랜 세월 가족들을 정말 많이도 힘들게 했다. 나의 지난 25년의 밤은 공포스러운 밤이었다. 엄마인 제 입장에서는 방탕생활을 일삼는 아빠와 숙명적 필연(必然)을 맺게 했던 이유가 아마도 아이들에게 가장 큰 미안함을 갖게 했던 이유이지 싶다. 항상 제 마음 저변(低邊)에는 남편도 언젠가는 다정하고 진솔한 아빠로 거듭 날 것이라는 기대를 않고 살고 있는 것이 남다른 나의 소견이라면 소견이다. 아마 그런 희망마저 제에게 없었다면 정말 견디기 힘든 세월이었을 것이라 생각한다. 사람에게는 자기가 견딜 만큼 시련을 준다는 말이 맞듯 전생에 원한관계였는지는 모르겠지만 내가 한 올 한 올 맺은 실타래를 풀어가듯 사노라면 언젠가는 나의 배우자도 틀림없이 거듭나리라는 생각을 버리지 않고 살고 있다. 생각이 아직 여물지 않는 아이들에게는 정신적으로 큰 상처가 되었을 수도 있어 항상 이 부분만큼은 미안한 마음을 갖고 살았던 이유다. 세상 탓하고 부모원망하며 방탕생활 하는 아빠 탓하고 사는 사람들 보다는 그런 아빠를 거울삼고 반면교사(反面敎師)삼아 자신을 바로 세우고 아빠의 단점을 포용(包容)하는 마음으로 사노라면 언젠가는 방탕생활만 했던 아빠도 언젠가는 변하고 변해 다정다감한 아빠로 거듭나게 될 것이라는 확신(確信)을 심어주며 살았던 부분이 우리 집의 교육이다. 나의 가정교육이란 내가 처해있는 환경에서 상대를 탓하고 비방하는 것보다는 가능한 상대(相對)의 상처(傷處)를 보듬어 주려는 마음에 주안(主眼)점을 두고 우리아이들에게 아빠를 이해(理解)하고 포용(包容)해 상대가 스스로 변화를 가질 때까지 배척하지 않는 마음가짐을 갖도록 했던 것이다. 그 이유는 훗날 이런 어려운 상황을 겪어본 사람만이 타인(他人)을 먼저 배려(配慮)하는 마음을 갖게 되며 사회에 나아가 모든 사람들과 어울리는데 한몫을 할 것이라 생각했던 차원이다. 사회는 어울림이다. 그리고 니가 있고 내가 있다는 것쯤은 삼척동자도 아는 이야기다. 우리는 명심해야 될 부분은 언제나 니가 있고 내가 있다는 사실을 망각하지 말아야 할 부분이다. 세상과 어울리려면 어려운 고초를 겪고 그 어려운 환경을 이겨낸 자(者)라야 만이 타인에게 감흥(感興)도 줄 수 있지 않겠는가? 라는 저 만의 생각이 저변에 깔려 있었던 이유다. 제 생각이 옳다고 주장(主張)하지 못하는 부분이 바로 이 부분일 수도 있다. 누가 저같이 일부로 험한 인생길 자청(自請)한 사람도 별로 없을뿐더러 일부로 자식들 이렇게 상식(常識)밖의 아빠를 만나게 해 참으로 고약한 경험들을 쌓게 하지는 않을 것이라 생각한다. 이 부분만큼은 의도하지 않는 코스였다. 아이들이 어려서는 사랑을 많이 받고 자란 아이들이 평균적으로 남을 많이 사랑해주는 부분도 무시 할 수 없는 부분이라 저희 아이들도 아빠의 사랑을 많이 받고 살았으면 하는 마음이 컸다.

　　남편은 타인들에게는 호인(好人)이요. 집 밖의 사람들에게는 다정다감(多情多感)함을 넘치도록 쏟고 산다. 하지만 정작 쏟아야 할 곳은 가정이라는 것을 망각하고 그저 길거리에 사랑과 정열을 쏟고 아직까지 살고 있으니 아마도 저희 집 아이들에게는 아직은 다정다감한 아빠를 맞이할 때가 아닌 모양이라 생각하고 있다. 그러나 이 시기를 잘 보내고 나면 언젠가는 다정한 아빠를 맞이할 때가 오지 않겠나 하는 생각을 하고 살아가는 중이다. 그런데 엄마인 저마져 외할머님을 보필한답시고 자식들 챙기는 것을 뒷전인 상태지만 그래도 아이들은 감사하게도 저에게

"외할머니를 엄마가 마저 살펴야죠."

라고 이구동성(異口同聲)으로 외쳐대니 미안하기도 하고 고마운 마음도 든다. 저희 집 아이들은 외할머니한테 이제껏 엄마를 양보하고 산지 오래 되었다. 이런 것들을 당연히 여기고 있는 것이다. 더욱 고맙고 미안한 마음이다. 그런데 큰딸이 더욱 강조를 해

"할머니는 엄마가 책임지고 보살피세요."

라고 명령적으로 말을 하는 것이다. 그 말끝에 나는

"아마 엄마는 할머니 간병해야 되서 당분간 집에 들어가지 못 할 것이야. 그러니 불편하더라도 참고 또 아빠 잘 챙겨드리고 알았지."

라고 당부를 한다. 그랬더니 제 말이 끝나기가 무섭게 하나같이 삼남매가

"또 우리 걱정하지 마시고 외할머님 병간호 잘해서 빨리 집으로 돌아오세요."

라고 아주 시크하게 명령조로 말을 셋이서 합창을 했다. 이제까지도 불만을 갖자면 불만도 많았을 텐데 사실 저의 인생살이가 남들보다는 참으로 사연(事緣)이 많았다. 저희 집 아이들도 그 여파로 정서적(情緒的)으로 불안정(不安定)한 환경을 같이 겪어온 사연이다. 그 와중에도 삼남매가 정(情)만은 메마르지 않게 자라준듯하여 한편으로는 감사하게 생각하는 부분이다. 제가 힘들고 고달파도 항상 웃음을 잃지 않고 살아왔던 이유도 저희 어머니가 옆에 계셨고 저희 삼남매가 비록 애옥살이 형편에도 밝게 자라주어 이 부분이 저를 이제까지 지탱해준 자양분

이며 힘에 원동력이라고 생각하고 살아가고 있다. 우리 아이들이 설분제 입장을 이렇게라도 이해해주니 마음은 편하다. 반면 하나 넘겨야 할 산이고 숙제라면 남편 의사(意思)를 무시 할 수 없다. 남편하고 따로 상의(相議)를 하기까지는 마음 한 구석이 무겁다는 사실이다. 아이들과 집으로 들어가는 마음이 조금 무겁게 느껴지는 것은 어쩔 수 없다. 생명을 주신 부모님 병수발 하는데 저의 심사(心思)를 양보(讓步)하지는 않을 것이다. 자고로 생명을 주신 부모님을 어떠한 경우라도 자식은 보필해야 할 의무가 있음을 나는 잘 알고 있고 나는 그 의무를 실천하는데 그 어떤 양보는 없을 것이다. 아직 속이 여물지 않는 아이들도 당연히 딸인 제가 할머니 병수발을 해야 하는 것이 상식(常識)이며 자식 된 도리(道理)라는 것을 알고 있다. 이런 것이 자식의 의무라는 것을 삼척동자도 아는 사실이임을 남편도 알아 줄 것이라 생각한다. 남편도 어느 정도 제가 울 엄마 전담(全擔)반이라는 것쯤은 알고 있을 것이라 생각한다. 남편도 그렇게 모진 사람은 아니라는 뜻이다. 어려운 환경(環境)에서 성장(成長)해 마음에 여유가 없어 그랬는지는 모르겠지만 일단 반사회적(反社會的)인 성향과 사고(思考)가 남들보다는 높아 만사에 부정적(否定的)인 부분에 비중(比重)이 높을 뿐이다. 비현실적(非現實的)이고 몽상가(夢想家)적인 나와 대립(對立)를 자주 하는 날이 많았을 뿐 근본적(根本的)으로 악의(惡意)가 있고 불량(不良)한 사람은 아니다. 나는 남편과 지혜롭게 이야기를 잘 풀어 서로 불편(不便)하지 않도록 방향을 잡아가는 것이 지금 나에게 떨어진 숙제라면 숙제다. 저희 집과는 병원이 멀지 않아 아이들과 이야기를 하다 보니 어느새 집에 도착한다. 우리가 집에 들어서니 남편은 벌써 퇴근해 집에 와 있었다.

나는 서둘러 저녁을 간단하게 차려 식사를 마친 후 남편에게 조심스럽게 말을 꺼냈다. 아무래도 엄마 간병을 내가 맡아하는 것이 좋을 것 같아 라고 운을 띄웠다. 그랬더니 남편도 예상을 했는지 생각지도 않게 호의적으로 할 수 없지. 라는 말을 한다. 이 상황에서 무슨 고상한 말을 원하겠는가만 그래도 이렇게라도 대답을 해주니 남편에게 그저 감사하고 미안 할 따름이다. 이 정도 말이면 승낙(承諾)한다는 표현(表現)으로도 부족함이 없는 말이라 생각이 든다. 남편이 군말 없이 나의 편리를 봐주니 마음이 한결 가볍게 느껴졌다. 편안한 마음 않고 오늘 무던히도 힘겨웠던 하루를 생각하며 잠을 청한다. 다음날 일찍 저는 병원으로 서둘러 갔다. 성치 않으신 어머니가 염려스러워서 서둘렀던 이유다. 더구나 이렇게 어머니와 떨어져 지내는 일이 거의 없었기에 어머니 안 계시는 일상이 어색했던 이유도 한 몫을 했다. 나는 나름 일찍 서두른 것이다. 나는 어떤 일을 하매있어 더러는 자기가 좋아서 하는 사람도 있을 것이고 의무감에 하는 사람도 있을 것이라 생각하는 사람이다. 그러나 나는 좋아서나 의무감 보다는 내 마음 편하게 하기 위해 한시도 울 엄마 곁을 떠나지 못하는 이유이지 싶다. 각자가 지향하는 목적이 다르고 뜻하는 목표가 다르겠지만 일단 나는 내게 주어진 일이라면 끝까지 책임을 갖고 결말을 짓고 싶은 성향이지 싶다. 내가 이 시점에서 어머니를 다른 형제들에게나 요양병원에 맡기고 싶은 마음은 아직 없다는 사실은 확실하다. 저는 뛰다시피 하여 병원 안으로 들어섰다. 지난밤에는 다른 형제들은 마산 큰 동생 집으로 모두 내려가고 언니 혼자 어머님 병실을 지켰다. 밤사이 엄마 모습을 보지 못해 마음이 조금 염려스러웠다. 저는 병실로 들어서서 어머님께 저 왔어요. 라는 인사와 함께 어머님 안색을 살폈다. 저의 염려와는 달리 지난 밤사이 어머니는 많이 호전 되셔 어머니 모습이 아주 평온해 보이시고 혈색도 돌아와 있었다. 평안해진 어머님 모습에서 그동안의 모든 시름을 잊은 듯한 느낌을 받는다.

어머니를 긴급히 대학병원 응급실로 이송한다

언니는 병실에 들어선 저를 보자마자
"뭣 때문에 이렇게 일찍 왔어?"
라고 했다. 이것도 제 병인지 몰겠지만 어머니가 제 옆에 안계시면 일단 제 마음이 편치가 않다는 것이다. 그러니까 의학 전문 용어를 빌리자면 나는 왠지 어머니와 떨어져 있으면 불안한 마음이 있다. 즉 분리불안증(分離不安症)같은 현상이 있다고 생각이 든다. 우선해지신 어머니를 보니 안도(安堵)한 마음이다. 언니와 같이 엄마 간식 챙겨드리며 옆에 앉아 그동안 있었던 이야기를 나눈다. 아침 일찍 의사선생님께서 오셔서 오늘 오전 10시에 수술하시겠다는 말씀을 하시고 가셨다는 이야기를 들었다. 어머니 수술하시기 전에 짐정리를 해두는 것이 좋을 것 같아 서랍에다 생필품들을 자리 잡아 정리를 언니와 했다. 집이 가까우니 병실에서 불편하지 않게 여러 가지 생필품을 골고루 챙겨왔기에 짐이 유독 많았다. 서랍 정리를 하다가 옆에서 나는 부산한 소리에 소리를 내고 계시는 치매환자에게 눈길이 갔다. 정상(正常)의 범주(範疇)를 벗어난 치매환자다. 육안으로 보기에는 자그마한 체구(體軀)에 촌로(村老)다. 유독 미동(微動)도 없이 누워계시는 저희 어머니와는 다르게 어머님 침상 옆에서 자꾸만 어디를 가시겠다고 보따리를 싸들고 침대에서 내려오시려 애쓰고 계신 모습이 자꾸만 나의 시선을 이끄는 것이다. 치매 환자 가족들은 보따리 들고 나가시려는 할머니를 말리는데 애를 먹는 광경이 눈에 들어왔다. 제가 눈길을 돌린 이유가 워낙 점잖으신 저희 어머님 심기 불편할까봐 소란스러운 이 상황이 싫어 신경이 곤두섰다. 병원 오시지 않겠다고 몸부림치신 저희 어머님 의사를 무시하고 혼절하실 때 모시고 왔기 때문에 어머니 눈치를 유독 심하게 보고 있는 중이다. 옆에서 나는 사소한 소리에도 신경(神經)이 곤두서있던 이유라 하겠다. 치매 환자의 보편적인 행동과는 다르게 외소(矮小)한 할머니의 모습은 어린아이처럼 해맑게 웃고 계신 것이 남다르게 느껴졌다. 적자지심(赤子之心)이라는 말이 생각나는 광경이다. 이 말뜻의 사전적 의미로는 죄악에 물들지 않고 순수하며 거짓 없는 마음이라고 적혀있다. 어린 아이가 태어날 때 가지고 온 때 묻지 않는 순수한 마음이라고 세속에서는 주로 이 말을 쓴다. 옆에 치매 할머니 현 상황이 모든 것을 놓았는지 잃었는지는 알 수 없지만 제가 보기에는 적자지심(赤子之心)라는 세계가 어울리는 분이셨다. 제가 언니에게 치매도 저렇게 이쁘게 걸리면 그 또한 다행인 듯하네. 라고 했다. 우리가 알고 있는 보편적인 치매는 대부분 벽에다 뭐 발라 놓고. 그것으로 된장이라고 국 끓여놓는다는 이야기도 들었다. 상식(常識)을 넘어선 치매도 있다는 사실에 저는 놀란다. 우물 안에 개구리가 보는 세상이 정말 우물 속에서 바라보는 하늘이 전부이듯 사람은 이제껏 자기가 보고 듣고만 했던 것이 전부인양 다들 아는 체를 하고들 살아가고 있는 현실(現實)이 현사회의 모습이지 않나. 라는 생각이 든 경우다. 옆 침대 할머니 경우는 나의 치매에 대한 고정관념을 완전히 바꿔놓았던 사례가 될 부분이지 싶다. 자매가 옆 침상에 눈길을 돌리고 있을 때 간호사님들은 저희 어머님 수술준비로 분주하게 움직이시는 모습들이 눈에 들어왔다. 그때 내과 과장님께서 보호자 호출을 급하게 하신다는 연락이 왔다. 언니가 바로 내과 과장님 부름에 병실을 나가게 되었다. 그리고 10여분 후 내과과장님과 상담을 마치고 언니가 돌아왔는데 얼굴빛이 어두워 보였다. 언니는 제게 내과과장님과 상담했던 내용을 설명했다. 상담 내용은 내과과장님이 어제부로 이곳 병원으로 부임하셨는데 어제 환자가 검은 혈변을 보셨다는 이야기를 듣고 다시 검사한 결과 고관절수술이 문제가 아니고 장기 내부에서 큰 출혈이 있어 내부가 더 심각하니 빨리 대학병원으로 가서 정밀검사를 먼저 하는 것이 순서가 될 것이라는 말씀을 하셨다는 것이다. 어제 밤 병실로 옮겨 오신 후 어머님께서 의식 없으실 때 아주 많은 량의 검은 변을 보셨다. 그 애기를 간호사로부터 들으신 내과과장님께서 언니에게 지금 고관절 수술이 중요한 것이 아니고 환자 상태가 심각해 한시가 급한 상황이니 빨리 서둘러 대학병원으로 가라고 하시면서 벌써 구급차를 불러 놓으셨다는 말을 하셨다는 것이다. 지금 어머님 상태가 심각한다는 의사 선생님 말씀 듣고 언니도 넋을 잃은 듯 언니 얼굴빛이 까맣게 되어 들어 온 것이다. 저 역시도 전혀 예상 못했던 상황이라 언니 말을 듣고 당황했는지 몸이 굳어 버렸다. 그 얼마나 급박했으면 벌써 응급차를 불러놓았다고 하는가? 싶다. 평온하게 누워계시는 어머님 겉모습만 보았을 때는 전혀 걱정할 일이 없을 것 같은데… 이 순간이 저는 이해가 되지 않아 잠시 혼란스러워 정신도 육신도 일단 정지(停止) 상태다. 정신을 차려보기는 해야겠는데 무엇을 어떻게 해야 할지? 막막한 순간이 바로 이 순간을 두고 하는 말이지 싶다. 저희에게 짐 챙기라고 주어진 시간은 단 4~5분 어찌하면 좋을지 괜스레 불안한 마음이 엄습하니 저의 모든 세포가 굳어 동작이 정지 되었는지 도대체 몸이 말을 듣지 않는듯하다. 이 병원에서만 계실 것이라는 착각으로 집에서 싸온 이불과 집기류들을 몽땅 병실로 옮겨 놓은 지 불과 한 시간 남짓 되었건만 이 무슨 날벼락인지 저희는 이 상황이 너무 당황스럽다. 아무 생각도 없고 길을 잃은 나그네처럼 당황한다. 이런 경험이 전혀 없다보니 무엇을 어떻게 해야 좋을지 전혀 방향이 잡히지 않는다. 어쩌면 어처구니없는 상황이라는 말이 아마도 이런 경우를 두고 하는 말이지 싶다. 우리 자매는 우왕좌왕 갈피를 잡지 못하니 더더욱 당황하고 있는 중이다. 어제 마산 동생이 병실에서 쓸 생활용품을 이것저것들을 몽땅 사 놓고 간 상태라 유독 다른 사람에 비해 짐이 많다는 사실에 괜히 편하게 지내려다. 오히려 불편하게 된 것 같다. 우리는 이런 경험이 제로 상태라 더 경황없이 설치는 형국이다. 위급 상황이라니 그리고 지금 당장 대학병원 응급실로 가라고 하시면서 바로 어머니를 구급차에 모시기 위해 벌써 병실로 이송 팀들이 들어와 어머님을 옮기시니 이게 현실(現實)인지 몽중(夢中)인지 구분도 어렵다. 엉겁결에 어머니는 벌써 응급 이동침대에 실려 구급차에 옮겨 타셨다. 어쩌면 좋을지 너무 경황없어 언니와 저는 어떻게 퇴원수속을 받고 왔는지 짐은 어떻게 싣고 왔는지 5분간의 기억이 아주 희미할 뿐이다. 아마 희미한 기억을 되새겨보면 언니가 구급차에 어머니와 동승해 떠났고 나는 내 차에 살림살이를 한꺼번에 병원 침대보자기에 싸왔던 것 같다는 생각만 있다. 저희 자매는 부산개금에 있는 대학병원 응급실에 도착해 그곳 의료진들의 신속한 응급조치 하시는 모습을 그저 관망(觀望)만 하는 입장이다. 저는 넋이 나간 상태라 나의 행동은 의식이 있어 하는 행동들이 분명 아니고 병원 측에서 시키니 수동적으로 움직이는 차원의 행동이다. 저희는 이제껏 살면서 병원과 친하지 않아 병원 절차를 잘 몰랐다. 저는 사회성이 부족해서 그랬는지 아니면 양가(兩家)어머니들의 유별난 종교(宗敎)관으로 병원 출입을 못하고 살았던 케이스이지 싶다. 제 상식선(常識線)에서 생각하기로는 의사라 하면 모든 병을 다 치료해 주고 낫게 해주는 것으로 알고 있는 무지렁이 수준이었던 것이다. 나의 착각 수준이 어느 정도 수준인가를 엿보노라면 대학병원 의사선생님들이라 일컬으면 분명 환자상태만 봐도 한눈에 병명(病名)을 알아보고 바로 치료에 들어 갈 줄만 알았던 무지(無知)함이 가득했던 무지렁이였다. 하지만 그렇게 생각한 제 생각이 큰 오산(誤算)이였고 큰 무지였음을 체험하는 순간이 된 사례다. 대학병원 응급실상황을 처음 본 저는 이 세계를 보고 더욱 놀라고 있었다. 유독 이 날은 다양한 응급환자가 발생 했을 수도 있겠으나 처음 본 응급실 광경은 그야말로 아비귀환이 바로 이런 세계가 아닐까? 싶을 정도로 차마 눈을 뜨고 볼 수 없는 광경이 여러 차례 펼쳐진 것이다. 유독 부상정도가 심한 환자들이 많았던 하루였지 않았을까? 싶다. 제 눈에 들어온 응급실 팀들은 분주하면서도 질서정연하게 위급한 환자들 한분 한분에게 정성을 쏟고 있는 모습들이 눈에 들어왔다. 저승길 문 앞까지 오신 분들도 더러 있는 듯하다. 그렇지만 응급실 의사선생님들의 헌신(獻身)적인 노력(勞力)덕분(德分)인지 간신히 위기를 넘기신 분들이 가끔 눈에 들어왔다. 초조하게 옆에서 기다리는 환자의 가족들이 환자가 위기의 순간을 넘긴 것을 보며 기쁨에 눈물을 보일 때 저 또한 가슴이 뭉클해졌다. 옆에서 본 저의 심정도 이러한데 환자를 직접 살려내신 의사선생님들의 보람은 어느 정도일까?라는 생각을 잠시하기도 했다. 순서를 기다리면서 평온하게 누워 계시는 저희 어머님 옆에 서서 잠시 곁눈질로 본 응급실상황에서 느낀 저의 감정이다. 얼떨결에 응급실에 도착하신 어머니께서는 김해에서 출발 할 때도 의연(毅然)하셨고 지금도 의연하게 순서를 기다리면 의사선생님들과 간호사님께 몸을 맡긴 상태다. 어젯밤에 마산으로 갔던 많은 식구들이 어머님 대학병원으로 옮겨간다는 소식을 듣고 모두가 대학병원 응급실로 모였다. 우리는 가족들이 많다보니 서로 번갈아가면서 응급실을 들락거린 상황이 되었다. 더구나 지금은 검사 중이라 어머님 상태를 자세히 알 수 없어 가족 모두가 하나같이 긴장된 모습이다. 가족들이 비록 응급실이지만 이렇게 다 모여 어머니를 염려하는 마음으로 형제가 모두 이렇게 어머님 곁에 있으니 보기는 참 좋다. 생각해 보면 몇 해 전까지만 해도 우리 형제들은 이렇게 어머님 옆에 모두모여 화기애애(和氣靄靄)하고 우애(友愛)깊은 형제였다. 그 어떤 이유인지 정확히는 알 수 없다. 그러나 몇 해 전부터 저하고 오해가 깊어지는 바람에 이렇게 같은 공간에서 누워계시는 어머니를 바라보고 있지만 마음 한 구석은 서먹하고 어색한 기분이 들며 마음 또한 많이 불편한 느낌이 있어 마음 한켠이 아려왔다. 이 또한 어머님 쾌차해지시고 말문이 열린다면 분명 깊었던 오해(誤解)들도 봄이 오면 꽁꽁 언 산골짜기 물처럼 풀려 저희들도 또다시 어머님 옆에 옹기종기 모여 앉아 옛이야기 나누며 정겹게 지내게 될 것이라 기대하고 있다. 마산에 머물렀던 가족들은 이곳으로 어머니 옮겨간다는 소식을 듣고 이곳 응급실로 다 집결한 상태다. 같은 공간에서 같은 마음으로 같은 것을 걱정하는 모습을 보니 바로 이 마음이 한마음이지 않겠는가? 라는 생각이 든다. 개인적으로 미련이 많이 남는 부분도 이 부분이라 하겠다. 진즉 우리 서로 이렇게 마음을 열고 한마음으로 어머니를 정성껏 보살펴드렸어야 했었던 것이다. 이런 마음들이 바로 생명을 주신 부모님 은혜에 조금이나마 보답하는 예의가 될 것이라 생각한다. 그동안 우리들 사이에 어디서 무엇이 잘못 되었는지 모르겠지만 근래에 들어서는 잡음이 많아 화목(和睦)하지 못해 몇 해 동안 불협화음이 이어졌던 부분이 아쉬움이라면 아쉬움이다. 이 문제가 유독 저희형제간 만의 문제가 아니고 현사회가 안고 있는 문제가 되고 있어서 한 개인으로써 마음 아픈 사회 현상이다. 우리 부모님 세대만 보더라도 넉넉지 않은 애옥살이 살림에도 늙은 부모님 모시는 것을 당연히 여겼건만 요즘은 사회가 부강해지면서 인심(人心)은 사나와졌고 자식 교육열로 가정은 풍요 속에 궁핍을 겪게 되었으니 그것은 누구의 탓만을 할 수는 없는 사회문제라 하겠다. 그 와중에도 사람이라면 누구나 해야 할 일과 해서는 안 되는 일을 구분 짓을 줄 아는 지혜도 필요하건만 시대가 오역(誤譯)시대 여서 그랬는지 모르겠지만 요즘 젊은 세대들은 병든 부모님 모시기를 자연스럽게 기꺼이 거절하는 시대가 되었는지라 통탄이 절로 나온다. 응급실 규칙은 보호자만 들어와 환자 입원 수속을 해야만 했다. 절차가 간다하다면 간단하겠지만 그래도 놀란 가슴으로 입원수속을 하는 제 입장에서는 입원수속이 만만치는 않았다. 울 엄마 병세가 우리가 모르는 심각한 상태라고 하는 말을 들어 마음이 떨고 있어 그런지 아무튼 입원 수속이 더뎌졌다. 재산을 가지고 있는 자(者)의 보증이 필요한 것이 입원 수속인 부분이 제에게는 압권이었다. 이 사회는 돈 없으면 병원에 입원하는 것도 어려운 부분이라는 것이다. 이 병원 현판에는 인술(仁術)제세(濟世)라고 써 있는 것을 얼핏 보았지만 이 또한 가난한 자(者)에게는 무관(無關)한 말이지 싶다. 나는 입원 문제는 별 어려움 없이 해결했다. 이제는 정말 어머님 옆을 사수하는 일만 남은 것이다. 응급실은 앉을 곳이 마땅치 않아 불편했다. 말 그대로 응급환자들 뿐이라 한 침대에 간이 의자 하나씩만 배치되어 있어 대부분 환자 가족들은 서 있는 모습이 보편적 모습이라 하겠다.

제가 수속을 마치고 돌아왔더니 벌써 7~8개나 되는 온갖 링거 줄이 어머니의 앙상한 팔에 줄렁줄렁 매달려 있다. 어머니께서는 벌써 지치셨는지 얼굴에 불편한 기색이 역력했다. 특히나 자기를 병원으로 데리고 왔다고 못마땅하게 여기시는지 저를 원망 섞인 눈으로 쪼려보신 것이다. 병원 절차가 울 엄마 불편한 심기하고는 아랑곳 않고 검사라고 생긴 것을 다 할 기세로 하나하나 검사가 시작 되었다. 첫 번째 엑스레이 사진을 찍으라고 해서 나는 어머님의 이동하는 침상을 붙잡고 보조간호사를 따라 영상실에서 엑스레이를 여러 장 찍었다. 이 과정은 몸을 부려 버리신 어머님에게는 너무나 힘겨운 과정이었다. 그리고 CT 내시경 MRI 혈액 검사를 기본적으로 했다. 이렇듯 장시간에 걸쳐 여러 검사를 하다 보니 저희 어머님 벌써 지치셨다. 검사 때 마다 따라다니는 저를

향해 잊지 않고 원망에 소리

"어이구 참말로"

라는 말씀을 하셨다. 아마도 어머니께서는 이렇게 자기를 데리고 다니는 저를 몹시도 못 마땅하게 여기신 모양이다. 저의 간병일기가 시작되는 시점이고 울 엄마 눈치를 본격적으로 보기 시작한 시점이 바로 이때부터 라고 해도 과언(過言)은 아닐 것이다. 나는 이 날 이후 우리에게 엄청난 고난의 행진이 이어질 것이라는 사실을 모른 체 병원 측 절차에 따라 일부 검사를 마치고 났더니 어머님 주변으로 가족들이 몰려와서 어머님 건강 상태를 살폈다. 일부 검사를 마치고 우리들이 어머님 침상 주변에 다 모여 검사결과를 기다리고 있을 무렵 의사선생님께서 저희 쪽으로 오셨다. 그리고 저희들에게

"할머님께서는 간담도암 말기입니다."

라고 엑스레이 판독 결과를 말씀 하신 것이다. 의사선생님 말씀을 나는 빨리 이해하지 못했다. 형제들은 의사선생님 말씀을 빨리 이해를 했는지 형제들 모습이 하나같이 망연자실(茫然自失)해 하는 모습을 보였다. 저는 그때서야 어머님 병명의 심각성을 깨닫고 의사선생님의 판독 결과에 귀를 기우렸다. 결론은 간담도암 말기이며 길어야 6개월이라는 선고를 하신 것이다. 저는 6개월 시한부 판정을 하시는 의사 선생님 말씀에 동의 할 수 없었다. 현실이 그렇다면 청천벽락 같은 선고다. 그러나 제 생각은 따로 있었다. 지금 우리에게 닥친 이 현상은 바로 하늘이 자식들에게 부모 은공 갚으라고 기회를 주신 차원이라 생각한 것이다. 제가 형제들에게 그랬다. 우리 엄마는 암(癌)일리 없다. 그러니 조직검사가 확실하게 나오기까지는 걱정 먼저 하지 말고 있어라. 우리 엄마는 확실하게 암은 아니다. 라는 말을 저는 단호하게 해주었다. 이런 느낌 정도는 서당 개가 3년이면 풍월을 읊듯 저 역시도 어머님을 10년 가깝

게 모시다 보니 어느 정도 어머님 의중을 읽고 있는 것이다. 제 예감(豫感)이 맞는다면 신(神)의 뜻인지는 지금은 알 수 없지만 제 가름으로는 분명 저희 어머님 병은 형제 화목 시키고자 우리들에게 이런 상황을 만들어 주신 계기라 나는 여긴 것이다. 나는 이 과정을 좀 더 슬기롭게 풀어가야 할 의무가 있음을 느낀다. 어머니가 짜 놓은 각본 속에 가시덤불을 헤쳐 나가는 비련의 주인공은 아닐지라도 형제우애의 장(場)을 열어가는 주인공이 되어 이 기회를 어떻게든 지혜롭게 풀어나 갈 생각이다.

저는 망연자실해 있는 가족들에게 다시 한 번 강조해서 엄마는 암이 아니니 너무 걱정하지 말고 엄마만 믿고 기다려보자. 라는 말을 한다. 엄마 암 아니니 걱정하지 말라. 라는 내 말에 귀를 기울고 내 말을 믿어주는 사람이 있었는지는 알 수 없다. 그러나 공신력 있는 의사선생님 판독에 근심이 생겨버린 우리형제들은 어쩔 수 없이 응급실 규칙을 준수코자 모두 대기실로 나가지만 발길이 무겁게 느껴진다. 누가 내 말을 믿겠는가? 싶다. 더구나 이제껏 사기꾼 도둑년 소리를 듣고 살아온 나의 그 말을 누가 믿어줄까만 그래도 누군가는 나의 말에 희망을 걸기도 했을 것이다. 가족들이 모두 응급실 대기실로 나가고 제가 어머님 옆에 서서 상황을 지켜보고 있을 무렵 의사 선생님께서 다시 오셨다. 그리고

"이제는 장청소를 해야 합니다."

라고 하시면 장 청소 하는데 필요한 온갖 장비들을 주변에 늘어 놓으셨다. 장(腸)청소 하시는 이유는 장기 내부(內部)중 어느 곳에서 출혈이 발생했는지를 확인하는 과정이라고 하셨다. 부득불 장청소를 해야 하다고 하시며 어머니 장 속에 식염수 반말 정도 삽입하는 작업에 들어갔다. 장청소를 위해 엄청난 양에 식염수를 장속에다. 집어넣고 났더니 바로 수염수가 밖으로 쏟아지는 현상이 나타났다. 이런 경험 없던 나는 갑자

기 주체할 수 없는 물이 쏟아지니 당황했다. 이런 일이 있을 것이라 예상
은 했지만 바로 핏물이 쏟아져 나오니 당황스러웠다. 응급실 상황이 유독
사건 사고가 많이 일어났는지 간호사님들마저 우리 쪽에 신경을 써주지
못하신 상황이라 수액 넣고 계신 분뿐이라 무방비 상태에서 쏟아진 수액
들이 어머님 누워계신 시트며 응급실 바닥으로 흥건히 쏟아져 내리는 바
람에 저는 그 핏물을 닦아내느라 곤욕을 치뤘다. 어머님은 더 고통스러웠
을 것이라 생각하니 나의 수고는 수고가 아니었다. 관장했던 많은 물이
갑자기 쏟아져 나와 어머님 침대 전체를 흥건히 적시는 바람에 어머니 뵙
기가 정말로 죄송스러웠다. 우리엄마도 이 과정이 많이 힘드셨을 것이라
생각한다. 침대가 흠뻑 젖어 어머님 환복도 벌써 다 젖어 버린 상태. 양
동이 반 정도의 차가운 물이 어머님 내부를 돌고 나왔기 때문에 체온도
급격히 떨어졌는지 한기(寒氣)까지 느끼셨다. 업친데 덥친격으로 줄렁줄
렁 매달려있는 링거줄마저도 저희 엄마 움직이시는데 방해를 많이 하는
지 자꾸만 링거줄을 넘기면서 짜증으로 일관하신 어머니 모습이 핏물을
닦고 있는 제 눈에 자주 들어온다. 어머니께서는 치료하고 검사하는 이
과정들을 몹시도 못마땅해 하시며 저를 온 힘을 다 해 쪼려보고 계셨다.
나는 우리 엄마가 나를 원망에 눈으로 쪼려보고 계시는 바람에 병원 바
닥에 핏물을 닦고 있는지 아니면 꿈을 꾸고 있는지 아무튼 내 머릿속은
정말 나는 어머니를 병원으로 모시고 오지 말았어야 했지 않았을까? 진
정 내가 선택한 이 길이 과연 옳은 일이였는지? 라는 주제로 갈등이 일
어 내 마음은 허공을 맴돌고 있다. 진정 이 상황이 꿈이라면 깨고 싶지
않은 상황이다. 매섭게 째려보시는 엄마의 눈이 너무 무섭다. 우여곡절
끝에 장청소를 마쳤다. 그 사이 나는 젖은 어머님 환복을 다시 갈아 입
혀드렸다. 그리고 바로 위내시경 검사를 실시했다. 막상 제가 어머니 따
라 여러 검사들을 받으시는 어머니를 옆에서 따라 다니다보니 병원이라

는 곳이 정말 세간에 떠도는 속담 아니 속담 작은 병 치료하려왔다가 큰 병 만들어간다. 라는 말이 과언(過言)은 아니라는 사실을 실감한다. 응급실 도착하면서 시작된 검사가 왜 이다지도 많은 것인지 검사만 하다가 명 짧은 사람은 죽을 수도 있을 것 같은 느낌도 들은 과정이다. 병원은 환자를 상대로 돈 벌이 하는 곳이 맞는 것 같다는 생각도 든다. 굳이 검사하지 않아도 되는 검사를 필요 이상으로 한다는 생각이 많이 들었다. 환자나 환자가족들에게는 선택의 여지가 없다. 우리가 급해서 응급실에 온 이상 병원 규칙과 의사선생님의 안내를 받아야만 하는 곳이기 때문에 우리에게는 선택권이 없다.

검사결과 간담도암 말기 6개월 시한부라는 선고를 받는!

검사를 마치고 얼마 지나지 않아 위내시경 결과가 나왔다며 소화기내과에서 호출이 왔다. 저는 어머님 옆에 다른 가족들에게 있어 달라하고 저는 소화기내과를 찾아 들어갔다. 소화기내과 진료실에 들어서니 왠지 분위기가 썰렁했다. 소화기내과 교수님께서 저를 보시며

"환자 위(胃)에서 출혈(出血)이 이렇게 있었습니다."

라고 하시며 모니터를 저에게 보여주셨다. 일반 사람이 봐도 분간할 수 있을 정도로 위 내부에 출혈(出血)이 났던 부위(部位)에 선명하게 혈흔 자국이 아직까지도 남아있어 의학 상식이 제로인 제 눈에도 선명하게 보였다. 교수님께서 다시 제게

"할머님께서 피가 많이 부족하여 지금 수혈을 받아야 합니다."

라고 하셨다. 그런데 피가 RH-B형이라 피가 도착하는 대로 수혈을 하시겠다고 하신다. 그리고 또 다시 다른 화면을 가르치시면

"이곳이 간담도 길인데 이렇게 까맣게 막힌 것은 간담도암 말기라 이런 현상이 나타납니다."

라고 말씀을 하시며

"환자는 길어야 6개월 정도 사실 겁니다."

라고 하신다. 교수님께서는 제가 알아듣지 못했다고 느끼셨는지 다시 제게

"환자가 사시는 기간은 길어야 6개월입니다."

라고 또 강조를 한다. 사실 교수님께서 또 다시 강조해

"길게 보면 6개월 정도입니다."

라고 말씀을 하시니 몽중(夢中)같이 느껴졌다. 모든 것이 꿈만 같다는 생각… 암이라는 병명과 시한부(時限附)라는 단어들은 사실 남의 이야기고 남의 사연인줄만 알고 이제껏 살았던 이유다. 이런 단어들이 나의 스토리의 일부가 될 줄은 상상을 못했다. 암이라는 병명(病名)과 시간이 정해진 삶이라고 말씀을 하시니 정신이 혼미해진 것이다. 나는 처음 이곳에 들어와 암이라고 말씀 하셨을 때 무모하리만큼 암 아니라고 강하게 거부했다. 정신은 어디로 가고 차트에 나타나있는 가상 세계에 흠뻑 빠져 멍하니 서 있다. 저는 교수님의 꿈같은 말씀을 듣고 한 순간 멍해진 것은 사실이다. 이 순간 나라도 정신을 차려야만 했다. 저는 교수님 말씀이 끝나자 바로

"저희 어머니께서는 간담도암에 걸릴 일이 없습니다."

라고 단호하게 반박했다. 그랬더니 교수님께서는 어이가 없으신지 아니면 못마땅하게 여기시는지 인상을 심히 찌푸리며

"임상결과를 놓고 보면 100%로 확신합니다."

라고 교수님도 단호하게 말씀 하셨다. 저를 처다 보고 말씀하시나 그 표정은 아마 원숭이에게 파자맛을 설명하는 것처럼 답답함 갖고 저를 공진원에 원숭이 쳐다보듯 보신다. 겉 얼굴은 아주 젊잖게 말씀하시나 속마음은 저를 아주 극도로 무시하는 차원이다. 저 역시

"저희 어머니가 암이 아니라는 것을 저도 100%로 확신 합니다."

"그러나 조직 검사 결과도 암이라고 한다면 그때 가서 암 환자 치료를 위한 모든 액션을 취하겠습니다."

라는 말을 남기고 나는 소화기내과를 씩씩거리며 나와 버렸다. 나의 어이없는 반응에 소화기내과교수님께서도 놀라셨을 것이고 불쾌하게 여겼을 것이라 생각한다. 엑스레이 판독 결과가 아무리 그렇게 나왔을 지라도 저희 어머님은 분명 암이 아니다 는 것이 나의 확고한 신념이다. 이 과정은 분명 저희 형제 화목(和睦)시키기 위해 자신을 희생시켜 자식들을 깨우치게 하는 과정이라는 사실이다. 보통 사람들은 그렇게 생각하지 않는 것이 보편적 상식일 뿐이다. 나는 이 부분을 어떻게 설명하고 해석하고 이해를 시켜야 할지 참으로 곤란한 부분이다. 바로 이런 부분들 때문에 형제들 오해의 대상이 되고 따돌림을 받고 있는 이유며 우리 엄마와 관련된 사연들이다. 저는 교수님께 말은 씩씩하게 하고 나왔지만 한편으로는 저희 어머니가 간담도 말기암이라는 말을 듣고 나니 이 또한 안 듣는 이만 못했는지 마음이 씁쓸했다. 이 나이가 되도록 아직까지 들어보지도 못한 생소한 간담도 암이라는 병명을 듣고 나니 나도 모르게 오만(五萬)가지 생각들이 펼쳐졌다. 간담도라는 병명이 나의 뇌를 자극했다. 다시 말해서 간담도라는 병명이 왠지 예사롭지 않게 들린 것이라 하겠다.

제 귀에 간담도라는 병명이 해석되기를 간(간사한 마음 버리고) 담

(담백한 마음으로 (깨끗하게)) 도(인간의 도리인 자식의 의무를 다하라) 라고… 그러나 이런 울림을 누가 알아주겠나 싶다. 이 병명은 나에게만은 의미가 깊게 다가 왔다. 당연히 내가 풀어가야만 하는 숙명의 숙제이지 싶은 생각이다. 나는 이런 저런 생각을 하다 보니 자연히 마음도 무거워졌다. 교수 앞에서 당당했던 모습은 어쩌면 억지를 부린 느낌이지 않나싶은 생각에 마음 한켠이 무겁게 느껴진 것이다. 나는 교수님 말씀이 되뇌어져 무거운 발걸음으로 응급실 안으로 다시 들어간다. 때마침 뇌(腦)엑스레이 판독이 나왔다며 보호자를 또 판독실로 오라는 연락이 온 것이다. 언니와 여동생이 이번에는 약속이나 한 듯 동시에 보호자를 찾는 의사선생님 앞으로 가게 되었다. 누가 먼저라고 할 것 없이 우리 3자매는 의사선생님 앞에 섰다. 의사선생님께서는 우리 자매들이 와 있는데도 불구하고 조금 전 촬영한 뇌 영상을 한참을 들여다보셨다. 결론을 내리셨는지 저희들에게

"할머님 뇌 촬영 엑스레이 검사 결과가 나왔습니다. 그런데 할머님께서는 그동안 치매가 심하셨던 모양입니다."

라고 하신다. 그러면서 엑스레이를 저희들에게 보여주시며

"이렇게 할머님 뇌가 하얀 부분이라고는 한군데도 없네요?"

라고 하셨다. 의학 상식이 전혀 없는 우리가 보아도 어머님 뇌 사진은 온통 까만 아크릴판에 불과했다. 뇌 영상이라고 하기엔 믿기질 않을 정도로 까맣다. 이 영상만 봐서는 까만 벽면을 그대로 찍어놓은 것처럼 경계도 없다. 일반 상식으로는 뇌사진이라 하면 그래도 뇌와 그 부위의 이미지 정도는 보이는 것이라 생각한다. 저희 어머님 뇌 사진은 그야말로 까만 도화지 수준이라 하겠다. 저희 어머님에 관련된 부분이 더러는 아이러니하게 상식선(常識線)을 넘어서는 경우가 많다보니 우리가 가장 의문스럽게 여기고 의학 상식으로는 이해되지 않는 부분이 바로 이런

부분들이다. 신(神)의 조화가 아니고서는 인간의 능력으로는 되지 않는 부분이라는 의미다. 엑스레이 결과로는 인지 능력이라고는 1도 없는 치매 환자라고 결론을 지으시니 바로 이런 부분을 우리 인간은 이해 못하는 영역이라 하겠다. 의학에서 치매라고 결론을 의사가 내리시니 저희 3자매는 약속이나 한 듯 이구동성(異口同聲)으로

"그렇지만 저희 어머니께서 비록 뇌경색으로 두 번 쓰러지셔서 언어장애는 있었으나 치매는 전혀 없었고 기억력을 말씀드리자면 우리보다 더 기억하심이 좋았습니다."

라고 말씀드렸다. 의사선생님께서도 고개를 갸우뚱 하시면서

"그래요? 의학상식으로는 이해가 안 되는 부분이네요"

라고 하신다. 그리고

"사실 의학상 상식으로는 이 정도 뇌사진이면 식구들도 본인도 몰라보는 상황이여야 되는데."

라고 하시며 자꾸만 고개를 갸우뚱하신 것이다. 의사선생님과 저희들 사이에 몇 초의 침묵이 흘렀다. 이 상황이 양쪽 다 이해가 안되 잠시 생각할 시간이 필요했다. 다시 의사 샘은 우리에게 말씀하시길

"사실 뇌사진이 자꾸만 까맣게 나오는 바람에 촬영이 잘못된 줄 알고 서너 번 더 찍었습니다. 자꾸만 이렇게 나와 결론을 인지(認知)능력 전혀 없는 치매 환자로 판단한 것입니다."

라고 한다. 의사선생님께서도 이 상황이 믿기지 않으신지 엑스레이 사진을 한참을 들려다 보시면서 고개를 갸우뚱해 하시는 모습을 자주 보이신다. 의사로써 본인도 이런 현상이 이해가 되지 않으신지 옆에서 보고 있는 저희들을 자주 쳐다보시며 의아해 하신 듯 연신 고개를 갸웃갸웃 하신 모습을 보였다. 그리고 이어 말씀하시길

"환자분께서 간담도암 말기라서 6개월 밖에 못사실 텐데 굳이 고관절

수술을 할 필요 있을까요?"

라고 하시며.

"특히 할머님 연세도 높으시고 하시니 집에서 맛있는 것이나 많이 사 드리고 집에서 편안하게 계시게 하는 것이 제일 좋을 듯 하네요."

라는 말씀을 하셨다. 참 자식 입장에서 들으니 기막힌 통보다. 나는 이 상황을 어찌해야 될지 막연하다. 아니 막막해서 어떤 말도 귀에 들어오지 않았다. 저희 자매가 검사결과를 듣고 나오는 사이 다른 가족들은 어머니가 간담도 말기암이라는 말을 다시 듣고 식구들이 응급실로 모두 모였다. 물론 생각지도 않았던 간담도 말기암 소식을 들어서 그런지 아무튼 가족들 표정은 하나같이 넋을 잃은 모습 아니면 믿기지 않아 멍한 모습으로 어머님 침대를 빙 둘러서서 어머님 얼굴만 하염없이 바라보고 있는 상황이다. 모두가 간담도암 말기라는 청천병력과도 같은 소리를 들어 그런지 침통한 얼굴로 서로 바라 볼뿐 말은 없다. 그도 그럴 것이 저희 어머님은 이런 병이 걸렸을 것이라 꿈에도 모두가 생각지 않을 것이다. 더 충격 컸을 것이라 생각이 든다. 아마 이런 모습이 바로 넋을 잃은 상태라는 말이 바로 이 모습을 두고 하는 말이 아닐까?싶을 정도로 다들 넋을 잃어 몽중(夢中)에 모습들처럼 반은 홀린 듯한 몰골이다.

잠시 무거운 침묵이 흘렀다. 말을 하는 상황이 오히려 더 이상 할 정도로 긴장된 순간이다. 허나 나는 간담도 암이라는 판결에 승복할 수 없었다. 침묵을 깨고 식구들에게

"우리 엄마 암 아니니 너무 걱정하지 말거라. 절대 암 아니다. 그러니 너무 속상해 하지 말고 걱정도 말고 마음 편하게 먹고 있어."

라고 말을 하고 병원 규칙을 준수해야 함으로 모두 응급실 밖으로 나가 있으라고 말을 했다. 저는 조심스럽게 어머니 옆으로 다가갔다. 모두

밖으로 보내고 난 뒤 저와 막내 남동생만이 남게 된 상황이다. 제가 어머니 옆에 바짝 다가가 앉아 말없이 어머님 얼굴만 물끄러미 쳐다 보고 있을 때.

울 엄마 이렇게 쓰러진 이유를 막내남동생은 이미 알고 있었다

그동안 옆에서 말없이 서 있던 막내 남동생이 어머니에게 다가 와 붕대에 싸여있는 다친 어머니 다리를 어루만지며 왜 외할머니께서 자식들이 엄마 용돈 한 푼 못 준다고 하니 괘씸해서 엄마 다리 걸었구먼. 이라는 말을 한다. 나는 막내 남동생이 엄마에게 하는 말에 깜짝 놀랐다. 왠지 막내 남동생이 불쑥 던진 이 말의 의미(意味)는 벌써 막내 남동생은 깨달음의 경지(境地)에 있었다는 사실이다. 저의 마음 속 깊이 묻어두고 있는 상처(傷處)의 정곡(正鵠)을 찌르는듯하여 가슴이 뭉클하니 아려왔다. 저 역시나 더러는 그동안 유난히 유별하셨던 저희 어머니 행동들이 잘 이해되지 않아 나름 고충이 많았다. 저희 어머니 행동들이 당장은 이해 할 수 없는 일이라 할지라도 시간을 지내놓고 보면 저희 어머니 말씀들이 맞아가고 있음을 깨닫고 저만이라도 어머니를 이해하고 믿으며 뜻을 따르고자 어머니와 동행을 하게 된 사연이다. 막내 남동생은 형제 가운데 유일하게 말없이 어머니를 이해해 주고 믿어주던 사람이 바로 막내 남동생이다. 이제껏 불평 한 번 나에게 한적 없는 유일한 형제이지 싶다. 어머니 관련된 말은 특별히 나눈 적은 없다. 느낌으로 막내는 나에게 우호적이라는 사실을 느꼈기에 항상 고마운 동생이라 여긴다. 막내 남동생이 어머님 이렇게 된 이유를 알고 있어 나는 정말 놀란다. 어두운 산속에서 동지를 만난 느낌이다. 막내 남동생은 그동안 유독 어머님에게 살갑게 다가왔고 어머님 말씀이라고 하면 군말 없이 따라주던 어머니에게는 특별한 막내아들이었다. 어머니께서 넘어지신 이유를 막내 남동생은 이미 알고 있었다는 사실에 저는 놀란다. 이런 경우를 그 무엇으로도 증명 할 수도 없고 말로 전하기에도 곤란한 것이 바로 이런 부분이 이제껏 엄마와 저만 알고 가고자 했던 영계(靈界)의 법이었다. 바로 이런 어머님의 특별한 부분 때문에 저와 형제와 오해가 깊어졌던 사연이다. 막내 남동생이 이렇게 말을 하지 않았다면 나는 더욱 조심스러워 어머님 쓰러진 이유를 가슴에 묻어야만 했을 것이다. 막내는 어머님 쓰러진 이유를 이렇게 알고 있었다고 생각하니 어두운 산길에 동지를 만난 듯 마음이 뿌듯해진 느낌이다. 오랜 세월 어머니를 옆에서 지켜보았던 막내 남동생도 엄마 넘어진 이유를 이미 알고 있었다니 오랫동안 어머님 나름 보이지 않은 남모르는 정성이 지극했었는지를 가름 함이다. 옛 속담 당구풍월(堂狗風月), 서당 개 3년이면 풍월을 읊는다. 라고 하더니 그 말이 진정 맞는 말이라 여긴다. 저는 이쯤에서 생각하기를 너도 이제껏 말은 하지 않았지만 그래도 알게 모르게 엄마를 보면서 깨달은 바가 많았었구나. 라는 생각이 들어 마음이 흐뭇해진다. 바로 그때 그것도 아주 근엄(謹嚴)한 중저음(重低音)으로 어머니께서는 그렇지 라고 답을 하신다. 어머니의 비록 짧은 한마디 그렇지. 였지만 그 한마디 말씀은 힘이 있다. 근엄하시며 단호했다. 그 누구도 범접(犯接)할 수 없는 카리스마와 기백(氣魄)이 응급실안에 가득함을 느끼게 했다. 막내 남동생이 어머니에게 말했던 외할머니가 자식들이 엄마 용돈 주지 않는다고 엄마 발을 걸어 버렸구만. 이라고 말 했던 이유가 얼마 전 형제끼리 모여 이제부터라도 어머니 용돈 드리자는 쪽과 어머니 용돈 줄 여유 없다며 드리고 싶은 사람은 드리라는 말이 오고갔던 사연이 있었다. 형제들 이런 소행(所行)을 밝히기까지는 저희 형제들 치부(恥部)라서 이렇게 만천하에 들춰 내놓고 말하기가 조금 조심스러운 부분이라 나름 망설였던 부분이다. 저희 형제들 사례가 어쩌면 다른 가정에 반영(反影)돼 병(病)든 부모님 정성(精誠)으로 보살펴 드려야 되는 부분이고 늙으신 부모님 용돈 드리는 부분에 대해선 인색(吝嗇)하지 말자라는 취지로 이렇게 치부를 들어낸 이유라 하겠다. 이 글을 쓰는 이유 또한 생명을 주신 병든 부모님 정성으로 모시는 것이 참된 자(者)가 의당(宜當) 행(行)해야 하는 도리(道理)임을 잊지 말자라는 뜻에서 나는 용기(勇氣)를 낸 것이다. 저희 어머님 인품(人品)을 보아 저희 형제들이 설마 병든 어머니 용돈 주는 부분에 대해 그렇게 인색 할 줄은 꿈에도 생각해보지 않은 부분이라 저 나름 충격(衝擊)도 컸고 실망(失望)도 컸었다.

이 또한 누구나 인생(人生)여정(旅程)에서 한번쯤 겪게 되는 성장(成長)통의 아픔이라 여긴다. 제 입장에선 그래도 저희 어머님은 이런 사연들은 비켜갔으면 하는 바램이 있었다. 이렇게 생각하는 것도 물론 내 착각이며 내 생각일 수도 있다지만 그래도 저희 형제들만큼은 부모님에게 용돈 주는 부분과 노쇠해진 부모님을 모시는 부분만큼은 다른 사람들과는 차이(差異)가 어딘지 모르게 있을 것이라 나는 생각했다.

말(馬)은 오래 달려봐야 그 말이 힘이 센 말인지 알 수 있고 사람은 오래 겪어 봐야 그 사람이 진실한지를 알게 된다

대저 사람은 주변 환경이나 상황에 따라 변하는 것이 더러는 사람 마음이라 생각된다. 저희 형제만은 그렇게 행동해서는 안 되는 것이다. 왜냐하면 진정 저희 어머님 성품이나 품행을 보았을 때 이제껏 몸소 효(孝)를 직접 실천하시고 이웃을 배려(配慮)하시며 살아오신 모습들을 내 형제들은 망각하지 말았어야 했다. 저희 어머니가 팔십 평생 직접 실천(實踐)으로써 가르쳐주신 훈육(訓育)들을 마음속에서 배척했던 이유였으리라 생각이 든다.

이 시점에서 비록 내 형제일망정 사람은 오래 겪어봐야 참사람인지를 알 수 있다는 말이 진리였음을 와병 중이신 어머님을 모시면서 뼈저리게 체험하는 부분이다. 옛말에 말(馬)은 오래 달려봐야 그 말(馬)이 힘 센 말인지 알 수가 있는 것이고 사람은 오랜 세월을 두고 겪어봐야 그 사람이 진실한가를 알 수가 있다. 라는 말의 의미를 이제서 나는 체험한 것이다. 고관절로 넘어지시기 며칠 전에 저희 어머님 용돈 드리는 문제로 집안이 좀 시끄러웠던 것으로 나는 들었다. 이유는 어머님 80평생 용돈 한번 제대로 드리지 못했으니 이제는 연로하신 어머님 용돈을 좀 드리자고 하는 쪽과 자기들은 어머니에게 용돈 줄 돈 없다며 주고 싶은 사람들은 주든지 말든지 알아서들 하라고 하면서 자기들은 어머니에게 용돈을 줄 수 없다는 쪽이 생겼다는 이야기를 나는 며칠 전에 들었던 것이다. 제가 직접 듣지 않아 정확한 내용은 잘 모른다. 저에게 따로 형제들과 의논이 있었던 내용을 자세히 전해주는 형제도 없었다. 간략하게 듣게 된 내용을 요약하자면 분명 기분 좋은 내용이 아니라 마음속으로 자동적으로 헛 숭헌.(흉한 모습)이라는 생각이 들었다. 형제간에 그런 일이 있고난 뒤 며칠 지나지 않아 어머니께서 이렇게 쓰러지신 것을 보면 분명 하늘은 상(賞)과 벌(罰)을 확실케 주신다는 것을 깨달은 것이다.

하늘에서 부모(父母)님을 귀(貴)하게 여기지 않고 부모에게 돈 쓰는 것을 그리도 아까워하고 있으니 너희들은 혼 좀 나봐라 라는 신(神)의 메시지라 생각이 든다. 형제들은 응급실로 다 모였다. 어머니 이런 저런 검사(檢査)때문에 시간이 많이 지체된 상태다. 여러 가족들과 늦은 점심이라도 함께하고자 우리는 어느 허름한 식당에 모여 병원비 문제를 상의(相議)하게 되었다. 병원비 문제는 어제 김해 병원에서 살짝 언급(言及)된 이야기이다. 현실적으로 병원비 문제가 어제부터 거론되는 바람에 제가 어제 말하기를 병원비는 6남매이니 6/1로 하자는 제안을 바로 내가 했었다. 제가 그렇게 말했던 이유는 다 같은 자식인데 제가 어머니를 모시고 있었다는 이유로 내 부모 위해 쓰는 돈을 아끼고 싶은 마음이 없었던 이유다. 어제는 분명 큰 남동생이 누나는 이제껏 어머니를 모시느라 고생했으니 병원비는 신경 쓰지 마세요. 라는 말을 했었다. 오늘은 병원비 문제가 나오니 마산 큰 동생은 자기도 부산까지 오고 가느라 일에 지장이 있으며 마산에서 오는 차비가 많이 든다는 말을 곁들이며 병원비는 서로 부담 없이 6/1로 내기로 하자는 말을 꺼낸 것이다. 그동안 묵묵히 옆에서 형 말을 듣고 있던 둘째남동생이 작은 누나는 어머니 옆에서 간병을 해야 하니 병원비 내는 부분은 부당(不當)하다. 병원비 내는 것만큼은 작은 누나는 제외시켜 주라. 라고 한다. 둘째 동생의 말이 이 상황에서는 공평(公平) 할 수 있을 것이라 생각이 든다. 형제 누구하나 울 엄마 병원 생활이 장기전이 될 것이라고는 예측하지 못한 상태라 우리는 병원비로 의견이 대립되지는 않았다. 둘째 남동생은 오랜 세월 어떤 이유인지는 정확히 알 수 없으나 유독 저에게만은 좋은 감정을 갖고 있지 않았던 것은 사실이다. 지금 이 상황에서 나름 공평성을 주장하니 그 마음 그 처세가 고맙게 느껴진다. 둘째 동생도 유독 나를 곱깝게 생각하고 살아 온 것도 알고 보면 다 오해에서 빚어진 갈등이라 생각하여 나는 아직 둘째 동생을 밉게 생각지는 않는다. 이 상황에 그래도 내 처지를 조금이라도 이해해주는 사람이 있다는 사실이 내심(內心)고맙다. 큰 동생이나 큰 올케가 자기들도 일 못하고 마산에서 오고가니 경비가 많이 들어 손해(損害)가 많다고 병원비 6/1을 강하게 주장(主張)을 하고 나왔다. 다른 형제들도 큰 남동생의 입장 이해하고 더 이상 반문하지 않고 병원비는 6/1로 결정을 본다. 병원비 6/1이라는 결정(決定)이 썩 내키지 않았는지 식사가 나오는 동안 식당은 잠시 무거운 침묵이 흘렀다. 저는 이런 침묵이 싫다. 구차한 것 또한 싫다. 특히나 부모위한 일인데 내가 좀 손해(損害) 보는 것이 당연하다고 생각하고 이제껏도 살아온 몸이다. 지금 이 순간 내 생각이 가장 중요한 시점이라 생각이 들었다. 그래서 나는 형제들에게

"우리 서로 부담 없이 병원비는 6/1로 하고 며칠 병원에 있어보니 병실에서 쓰는 생활비가 만만치 않은 것 같으니 조금 생활 여유 있는 사람은 작은 성의(誠意)라도 보여주면 좋겠다."

그리고 간병은 당분간 돌아가면서 우리 같이 신경을 좀 써보자 라고 했다. 제 말에 누구하나 반대는 따로 없었다. 저희들은 병원비 6/1로 하고 간병은 당분간 서로 돌아가면서 하기로 결정을 본 것이다. 인생길에서 무엇이 잘 한 일인지 무엇이 잘 못되었는지를 가름하기 앞서 우선 내가 먼저 양보하고 힘든 일일수록 형제가 합심(合心)하면서 사노라면 남

보다는 형제가 좋고 서로 의지(依支)도 되고 하는 일도 순조롭게 진행되는 것이 우리가 사는 사회의 질서이며 우주의 법칙이라 나는 생각하고 살았다. 나는 이번 기회를 빌미로 형제라도 서로 좀 더 알아가고 이해하고 형제우애 돈돈하게 쌓는 기회도 될 수 있을 것이라 나는 생각한다. 말없는 하늘은 어쩜 이 기회를 부모 위하고 형제를 위해 서로 도우며 살아가는 부분을 헤아려 보려는 과정이지 싶다. 하늘은 공명정대(公明正大)해서 호리(毫釐)도 어긋남이 없다는 것을 저는 어머니를 통해 배웠다. 모든 면에서 내 욕심을 챙긴다든가 내 자신을 이롭게 하기 위해 남을 이용한다든가 하는 생각은 아예 해보지 못하고 나는 지금까지 살아온 몸이다. 이번에도 나는 내가 조금 더 참여하는 쪽을 택한다. 형제들도 경황없겠지만 그래도 간병을 번갈아가며 하는 부분에 대해 서로 의견을 마쳤으니 그나마 보기 좋은 모습이라 여긴다. 점심 식사를 마친 형제들은 다시 응급실에서 대여섯 시간을 더 기다리게 되었다. 일반 병실이 빨리 나오지 않아서 대기실에서 유독 오래 기다리게 된 사연이다. 그러나 해는 저물고 먼 길을 가야 할 사람들이 대부분이라 마냥 응급실 대기실에서 기다리게 할 수 없었다. 나는 형제들에게 어머님께 인사드리고 어떤 결정이 나올 때까지 집에 가서 기다리라고 하며 떠나보낸다. 저는 이날부로 응급실에서 일주일가량 머물러 있어야만 했다. 이유는 일반 병실이 나오지 않아 전쟁터 같은 곳에서 달랑 플라스틱 의자 하나로 지낸다. 언니가 이틀 정도 응급실에서 같이 있었던 것으로 기억한다. 그리고 마산에서 큰 며느리와 큰아들 막내아들이 매일 응급실로 찾아와 주어 힘든지 모르고 지냈다. 지금 와서 생각해도 정말 다시는 가고 싶지 않는 곳이 바로 대학병원 응급실이지 않을까 하는 개인적인 생각만 갖고 있다. 보편적으로 응급실이라 하면 위급상황을 벗어나면 일반 병실로 간다든가 다른 병원으로 옮겨간다든가 하는 결정이 있었어야 하는 곳이다. 저희 어머니께서는 여러 검사 결과를 기다리는 중이라 다른 병원으로 옮겨 갈 상황이 아니었다.

우리는 이러지도 저러지도 못하고 무려 일주일을 응급실에서 대기를 하고 있는 상황이다. 대학병원 응급실은 24시간이 모자란 곳이라 생각이 들 정도로 경황없는 곳이 맞다. 곡소리 신음소리 울부짖는 소리가 끊임없이 이어지는 곳이 바로 이곳에 모습들이지 싶다. 일주일가량 응급(應急)실 체험(體驗)은 저로 하여금 많은 생각을 하게 했던 곳이었다. 자고로 우리 인간은 불안전체이다. 그리고 이 사회에는 안전사고(安全事故)를 가장한 불가항력(不可抗力)적인 사고와 스스로 선택(選擇)한 사고(事故)들로 환자들이 넘치는 곳이 바로 병원 응급실이라는 것을 배운 과정이 된다. 매일 다양한 환자들로 전쟁터를 방불케 하는 응급실에 하루하루는 정말 눈뜨고 보기 괴로운 광경들이 연출되었던 부분이 많았다. 내가 이곳에 있지 않았으면 보지 않아도 되는 다양한 사연과 다양한 사고로 갑자기 운명(運命)을 달리하는 사람들을 봐야 했었고, 잠시 응급실에 도착해서 아무 일도 없었다는 듯이 집으로 돌아가시는 운(運)좋은 환자들도 많았다. 그러다보니 저희 어머니께서는 본인(本人)에 의사(意思)를 무시(無視)하고 병원에 자기를 데리고 와서 이런 괴로운 광경 속에 같이 지내는 것을 몹시도 못마땅하게 여기서 저는 어머님 옆에 있는 것이 너무도 불편하여 가시 방석에 앉아 있는 기분이다. 여러 날 응급실 의자에서만 생활하기가 고역 그 자체였다. 그렇지만 저의 고생이 무슨 대수이겠는가 싶다. 그 가운데 여러 날 응급실에 있으면서 온갖 검사를 더 받아야 했으니 그 검사들 하려 다니시느라 저희 어머님께서 많이 힘들어 하셨다. 그도 그럴 것이 몸을 부려버리신 상태인데 이런저런 검사를 한답시고 환자를 짐짝 부리듯이 옮겨야 했고 억지로 일으켜 세워 이렇게 찍고 저렇게 찍어 되고 있으니 성한 사람도 지치게 하는 검사 과정들이 저희 어머님을 화나게 하신 것이다. 그래서 어머님께서는 더욱 저만 보면 원망에 눈초리로
"아이고 참 말로"
라는 말씀을 달고 계신다. 저 역시도 이렇게 힘들게 하는 것 보다는 차라리 어머님 말씀처럼 어머니를 집으로 모시고 가고 싶은 충동을 여러 차례 느꼈지만 어머님 병이 깊으신 지라 혼자 결단을 내리지 못하고 병원에서 시킨 대로 검사에 응하고 있다. 특히 6개월이라는 시한부라서 그런지 유독 검사가 계속 이어지다보니 실험 대상된 기분도 없지는 않았다. 온갖 검사가 여러 날 이어져 사람을 지치게 하는 바람에 환자이신 어머니는 이미 지칠 대로 지쳐 보이시니 그저 하염없이 나는 우리 엄마 눈치만 본다. 툭 하면 무슨 검사한답시고 금식이 이루어져 어머니는 오직 링거 영양제로 버티는 수준 이다. 더욱 온갖 링거줄이 줄렁줄렁 달려 있어 움직이시는 것이 불편해 어머님께서는
"아이고 참 말로."
라는 말씀으로 불만(不滿)을 내셨다. 제가 막상 이런 상황을 맞이하고 보니 주변 사람들이 주로 작은 병 고치려고 큰 병원 갔더니 큰 병 만들어 왔다. 라는 말씀을 하셨던 부분이 그냥 하셨던 말씀이 아니었다는 것을 체험하는 중이지 싶다. 하지만 막상 우리가 이런 일을 직면(直面)하고 보니 이런 경우를 겪어보지 않았을 때는 이 말이 가지고 있는 의미를 잘 몰라 무슨 뜻일까? 라고 의구심(疑懼心)만 있었다. 내가 이렇게 직접 경험을 하고보니 세간에 떠도는 그 말이 진정 빈말은 아니었던 것이다. 의사 선생님들께서도 환자를 좀 더 정밀하게 살피고 정확한 진단을 하기 위해서 하는 과정이라 이해도 해보는 차원이다. 개인적으로 선택에 여지가 없었지만 정말 다시는 경험하고 싶지 않고 오고 싶지 않은 곳이

바로 응급실이라는 사실이며 전쟁터 야전병원을 방불케 하는 이곳에서 탁월(卓越)한 성격과 정신세계가 남다르신 어머님과 함께한 이곳 생활은 저를 몹시도 혼란케 하였으니 저 역시 지옥을 헤매는 마음이 되어 불안하고 초조하고 불만 가득하신 어머님 옆이 너무 불안해 몸 둘 곳이 없는 상황이다. 더구나 카리스마 넘치시는 저희 어머님 눈초리는 어찌나 매서운지⋯ 다른 분과는 달리 자신을 병원에 데리고 왔다고 몹시도 못마땅하게 여기셔서 검사 하나하나 할 때 마다 살얼음판을 걷는 심정이라 하겠다. 일반 병실이 아닌 응급실에서 날을 지새우다보니 저에 대한 원망(怨望)이 하늘을 찌를듯하여 바로 이 상황이 바로 가시방석에 앉은 기분이다. 그렇지만 저 역시도 이런 상황을 만들고 싶지 않았다. 이렇게 복잡하고 더디게 이루어지는 치료 과정인줄은 꿈에도 생각해 본적 없다. 그렇다고 혼절하신 어머님을 더욱더 방치 할 수 없어 이곳까지 왔지만 너무나 여러 날 걸리는 응급실 생활이 저희를 지치게 하고 있는 것이다. 그리고 연로하셔서 그런지 치료과정은 왜 이다지도 더딘지⋯ 그런데다 매일 똑 같은 검사와 시술을 반복하고 있으니 어머니는 이런 과정이 너무 힘들어 짜증내시고 집에 가시겠고 우기시고 아무튼 옆에서 어머님 뵙기가 여간 난처했다.

이 과정은 저의 무지(無知)함과 미련함에 대한 가혹한 체험(體驗)이라 생각한다. 어머니는 화장실 가시려다 넘어지셨다. 그로인하여 고관절에 골절이 생겨 혼절하시는 바람에 저희는 응급실인 이곳까지 와야만 했던 사연이다. 넘어지시면서 충격이 컸는지 위출혈이 났고 출혈로 인해 혈변을 보셔서 일반 병원에서는 치료가 어렵다고 해서 대학병원 응급실에 도착을 해 응급조치가 마무리 되었지만 일반 병실이 나오지 않아 지금 여러 날 이런저런 검사를 응급실에서 받고 있는 중이다. 간담도 말기 암이라는 진단을 받아 놓고 아직 어머님 건강이 좋지 않아 대퇴부 수술을 하지 못하고 있으며 뇌 검사 결과로는 인지능력은 제로에 가깝다는 X-레이 판독이 나와 있어 의학적으로 볼 때 좋은 상태가 분명 아니다. 우리는 이곳 생활이 힘들어도 기다려 보는데 이곳 생활은 유독 시간도 더디게 가는지 아무튼 하루하루가 길게만 느껴졌다. 사람을 실험대 위에 생물체 대하듯 하여 각종 검사와 주사로 어머님께서는 몸서리를 치시고 계신 중이시다. 주렁주렁 달려있는 링거줄들이 불편한 몸이 움직일 때마다 감기니 노모님 짜증이 이만 저만이 아니다. 설상가상으로 골절된 다리를 움직이시면 안 된다고 하시며 부목을 대어 붕대로 칭칭 감아 묶어놓은 상태라 더욱 장시간 누워계시는 것이 어머니에게는 고역스러운 상황이다. 이쯤대면 성한사람도 견디어내기가 힘든 상황이라 생각한다. 더군다나 병원을 제일 싫어하시는 어머님께서 일반 사람도 싫어하는 응급실 생활을 여러 날 하고 있어 이곳에서 겪는 어머님 고초는 이루 말 할 수가 없을 정도라 하겠다. 환자인 어머님께서도 이런 고역은 80평생 동안 한 번도 없었을 것이라 생각이 든다. 그러나 운명에 장난인지 응급실 생활이 여러 날 되다보니 어머님 뵙기가 저로써는 미안하고 가슴이 아팠었다. 한편으로는 검사 과정들이 너무 고통스러우니 저희 어머님 말씀만 믿고 이곳으로 모시지 말고 조금 더 기다려 줄 걸 하는 때 늦은 후회(後悔)와 미련한 생각들이 자꾸만 떠올라 저의 마음을 한층 더 불편하게 만든다.

좋은 일은 남과 웃고 굿은일은 피붙이와 극복한다

옛말에 좋은 일은 남과 웃고 굿은일은 형제와 극복(克십(十)復)한다. 라는 말이 틀린 말은 아닌 듯싶다. 형제가 많으니 교대하는 것이 나에게는 많이 유리했다. 제 경험을 비추어 봐도 형제들이 많아 좋았던 일들이 많으면 많았지 굿은일은 별로 없었다. 최근에 와서 오해가 생겼을 뿐 그러나 이 또한 우리가 한번쯤은 겪고 지나가는 시험일뿐 더 이상도 더 이하도 아닐 수가 있다. 한 발짝 물러나 생각하면 이렇게 살아있는 것도 고작 100년도 못 채우고 빈손으로 가는데 굳이 내가 옳고 너는 틀리다. 라고 주장 할 필요 없다는 것이다. 그러니까 우리가 그렇게 집착해서 붙들려는 인연과 물질들은 어쩌면 모두가 다 허상이요 물거품이요 그림자라는 의미다. 지구도 우주에서 내려다 볼 때 즉 일미진중함시방(一微塵中含十方)지구는 우주에 작은 티끌에 불가하기 때문이다. 제가 우주관을 잘 아는 차원은 아니다. 본인이 어떻게 보고 어떻게 생각하는가에 따라 지구가 거대하기도 하고 티끌로도 보이기도 한다는 의미정도는 가늠해보려는 차원이다. 다른 형제들은 이 과정들을 어떻게 생각을 했는지는 모르겠으나 나는 이번 일을 겪으면서 역시 가족이 최고구나. 라는 생각을 갖게 된다. 굿은일을 같이 하는 동질감(同質感)도 들어 힘들어도 견딜 수 있었던 것이고 혼자가 아니라는 것에 큰 위로가 되었던 부분이다. 옛 속담 중 깊은 산중에 사는 호랑이도 형제는 단둘이 지나가더라도 덤비지 않지만 남남끼리 여러 명 지나가더라도 호랑이는 덤빈다는 속담은 나에게 큰 교훈을 줬다. 그러니까 위기(危機)가 닥치면 피를 나눈 형제는 형제를 살리기 위해 죽기 살기로 덤벼드는 성향 있는 것이다. 숫자가 많더라도 남남끼리는 제각기 살기위해 도망치는 것이 보편적인 성향이라는 것이다. 제 생각도 형제란 위기 때 진가(眞價)가 나타나게 되는 것이 형제라 생각한다. 저희 어머님께서 입원하신지 벌써 10여일이 지났다. 건강상태는 많이 호전 되신 상태다. 물론 치료과정은 일반 환자와는 별반 다르지 않는 듯하다. 우리가 응급실에서 일반 병실로 옮겨오기 전부터 소화기내과 교수님은 매일 회진을 오셔서 어머님 상태를 정성으로 살펴보신 것이 눈여겨진다. 정형외과 교수님은 한 번도 뵙지를 못한 것이다. 담당외과 의사선생님께서 매일 오셔서 살피시며 어머님 상태를 체크하고 가신 것이 전부였다. 어머님께서 건강이 조금 호전되시니 이 날 처음으로 외과교수님이 따로 오신 것이다. 어머님 건강 상태보시고 고관절 수술 날짜를 잡아보시겠다는 결정을 하고 가셨다. 소화기내과 교수님께서는 응급실에 계실 때부터 매일 들려주시며 살뜰히 환자 상태를 보시는데 소홀함이 없으셨다. 그렇지만 저희 어머니를 간담도 말기 암 환자라고 치부를 하셔서 그런지 아니면 제가 우리엄마 암(癌)이 아니라고 억지를 부려서 그랬는지 아무튼 교수님께서 나를 바라보시는 눈빛과 표정이 아주 경멸 수준이었다. 나의 무지(無知)함을 진정 못마땅하게 여기시는 시선(視線)이 확실하다. 소이 말하자면 억지 부리고만 있는 나의 처세(處世)가 아주 못마땅하신 것이라 여겨진다. 환자 보호자인 제가 의학지식이 최고이신 교수님 진단과 임상실험 결과 100%로 암이라는 교수님 진단을 믿을 수 없다고 하였으니 교수님 입장에서는 제가 방자하기 그지없는 보호자라 여기시고 아주 저를 마음속으로 멸시하고 계신 것이다. 교수님께서는 임상결과 100%라고 장담을 하시고 저는 저 나름 저희 어머니께서는 절대로 암이 아니다 라고 저 역시 만만치 않게 맞섰던 부분이라 사실 껄끄러운 대면이 매일 이루어졌던 것이다. 제가 소화기내과교수님께 저희 어머님 조직검사 결과보고 나서 암이면 그때 가서 서울로 올라 갈 것인지 집으로 모실 것인지 결정을 하겠습니다. 라고.

단호하게 말씀 드렸던 부분이라서 매일 아침 회진 시간에 교수님 얼굴 대하기가 불편했던 부분이다. 제가 보는 교수님 표정은 그러니까 웃다가 벼락을 맞은 사람의 표정을 매일 마주하는 격이고 교수님 쪽에서는 나를 대하시는 시선은 의학계가 100%로 증명하고 있는 데이터를 보고 암을 확신하니 무지몽매하게 굴지 말고 잔말 말고 의사인 내 말을 따르라는 뜻으로 저를 대하는 중이다. 그러다보니 교수님께서도 저희들 대하기를 차갑게 대하셨던 부분도 없지는 않다. 차가운 소화기내과 교수님 시선을 받고 있던 중 어머님 고관절 수술 애기가 나온 상황이다.

저는 형제들에게 외과 교수님께서 어머님 상태가 많이 호전되어 이제는 고관절 수술을 하자고 하시니 고관절 수술을 하자고 했다. 저희 형제들이 하나같이 학수고대(鶴首苦待)하고 기다리던 소식이라 모두 기뻐했다. 저희들은 미지(微旨)의 세계 미래(未來)에 대해선 불안전한 존재(存在)가 맞았다. 수술이 큰 불행(不幸)으로 연결 될 것이라는 것을 전혀 예상 못하고 고관절수술을 드디어 하게 된다는 사실에 저희들은 마냥 기뻐만 했으니 그 얼마나 우리는 미혹(迷惑)한 존재였나를 엿볼 수가 있는 사례다. 저희들이 이런 유사한 경험들을 주변에서 전혀 보지 못했다. 그래서 우리는 예상(豫想) 밖의 변수가 도사리고 있을 것이라는 것을 꿈에도 생각하지 않았던 부분이다. 저희들 무지(無知)는 무조건 어머니께서 고관절 수술만 하시게 되면 바로 걷게 되실 것이라는 생각을 의심(疑心)하지 않았던 부분이다. 어머님 건강 상태가 좋았더라면 이렇게 여러 날 응급실에서 고생하지 않고 수술이 벌써 끝나 회복(回復)단계이며 재활(再活)운동에 들어갔을 시기(時期)다. 그러나 우리의 예상과는 다르게 여러 날 병원에서 기다리는 시간이 많았는데 아마 이 또한 삶에서 불거지는 변수였다.

다음날 아침 외과 의사 선생님께서 회진하시고 나신 후 내일 바로 수술하자는 말씀을 남기시고 가셨다. 그리고 소화기내과 교수님께서도 회진 오셔서 담즙 나오는 상태를 눈여겨보시고 나서 담즙 량이 평소보다는 조금 늘어난 것 같다고 말씀 하시고 가셨다. 저희 어머님은 간담도 말기암이라고 진단을 받아 논 상태다. 담도가 막혀 옆구리를 절개해 가느다란 일명 돼지꼬리 호수하나를 꽂아두고 그곳으로 담즙을 받아내고 있는 상황이다. 당번 맡고 있는 우리가 의무감을 갖고 담즙주머니를 하루에 한 두 번씩 비우며 량(量)을 체크해 기록지에 기록했다. 소변 량과 색깔까지도 체크한다. 어머님께서는 무슨 생각을 그리도 골똘히 하시는지 의사 선생님께서 내일 수술 들어간다는 말씀을 듣고도 크게 반응이 없으셨다. 수심이 가득 차 있다고나 할까? 우리 엄마는 무슨 생각을 그리도 깊게 하시는지 안색이 수심으로 가득 차 있어 보인다. 어머님 안색이 밝지 않으니 괜스레 저는 어머님 눈치만 살피는 상황이다. 지난밤에는 옆 침대 말기 암환자이신 할머님께서 위급한 상황이 발생해 이쪽 병동 전체가 비상이 걸려 밤새 소란스러워 밤을 꼬박 새웠다. 본의(本意) 아니게 밤을 새워 그랬는지 이유는 알 수 없으나 몸도 마음도 천근이다. 울 엄마 기분이 좋지 않아 엄마 옆에 있는 것이 괴로운 것이다. 몸은 어머님 곁에 있으나 마음은 어머님 곁을 벗어나고 싶은 생각이 들었다. 그 순간 이 병원 근처에 사는 사촌 여동생이 지금 병원으로 오는 중이라고 연락을 한다.

드디어 조직(組織) 검사 결과(結果)가 나왔다

　이 동생은 저희 어머니를 정신적으로 많이 의지를 하고 살았다. 자주 김해로 이모 뵈려 놀러 왔었다. 얼마 전 응급실에 계실 때도 제부와 함께 다녀가면서 이모 맛있는 것 사드리라고 두둑한 봉투를 주고 갔었다. 저는 물질적으로는 몹시도 가난한 사람이다. 멘탈은 우리 엄마 닮아 그런지 아니면 우리 엄마가 옆에서 마인드 콘트롤을 해주셔서 그랬는지는 잘 모르겠지만 정신세계는 그렇게 가난을 느껴보지 못하고 살고 있다. 이 말은 가난한 자의 변명일 수 있다. 죽을 만큼 가난하지 않았으리라 생각했기 때문이 이런 말을 주제넘게 하고 있을 것이라 생각한다. 사촌 동생이 다시 병문안을 온다고 하니 반갑다. 좁은 공간 답답한 병실에서 여러 날 환자를 돌보고 있는 입장에선 방문자가 뜸해진 이 시기에 다시 가족들이 이렇게 병문안 해 주는 부분이 더러는 활력소가 될 수도 있다는 사실을 느낀 부분이다.

　사촌 동생이 도착하기 전 형제들에게 내일 어머님 고관절 수술을 하게 될 것이라는 연락을 해두었다. 어머님 점심식사 떠드리고 나니 사촌 동생이 도착한 것이다. 사촌 동생과 어머님 옆에 앉아 이런저런 이야기를 숨죽여 나누고 있는데 간호사님께서 오셨다. 소화기내과 교수님께서 보호자를 찾는다는 말씀을 해주신 것이다. 교수님이 보호자를 보자고 하신다니 약간 긴장이 된다. 조직 검사 결과가 나왔을 것이라 생각하니 마음을 단단히 먹은 것 같은데 왠지 긴장하는 마음이 자동으로 먼저 들어왔다. 아마도 이런 기분은 대부분 조직 검사 결과를 기다리는 보호자의 본능일 것이라 생각한다. 제가 옆에 없으면 극도(極度)로 불안을 느끼셔서 단 몇 분이라도 어머님 곁을 떠난다는 것이 걱정이 되었다. 의사소통(意思疏通)이 불편하셔서 더욱 불안해 하셨을 것이라 생각한다. 그래서 화장실 다녀오는 것도 저는 어머니 허락을 받고 다녀야만 했다. 소화기내과에서 호출이 있어 그곳에 잠시 다녀오겠다는 말씀을 드리고 사촌 동생과 2층에 있는 교수님 작업실로 들어섰다. 사촌 동생과 함께 들어가지만 그래도 약간 긴장감은 있었다. 나도 어쩔 수 없는 인간인지라 불안한 마음도 없지는 않다. 자기 체면인 우리 엄마는 분명 큰 병은 아닐 거야. 라는 생각으로 불안한 생각을 밀어낸다. 그래도 혹시나 하는 긴장감도 무시를 못했다. 사촌 동생과 함께 들어가니 약간 의지가 되는 부분도 없진 않았다. 저는 긴장된 마음으로 교수님께서 내민 의자에 조심스레 앉았다. 항상 표정이 밝은 면이 전혀 없으신 교수님 얼굴에 약간 미소가 있는 것이 보였다. 좋은 소식일 수도 있을 것 같다는 느낌이 들었다. 교수님께서는 컴퓨터 2대를 앞에 놓고 저희가 비교해서 볼 수 있도록 모니터 화면을 돌려주시면 1번은 응급실에 처음 왔을 때 찍어 놓은 CT영상이고 2번 영상은 어제 찍어 놓은 영상이라고 하시면 할머님께서는 분명 암(癌)이 아니시네요. 이런 경우는 아직까지 저는 보지 못한 사례입니다. 라는 말씀을 하시며 엷은 미소를 보이셨다. 아마 이곳에 와서 한 번도 보지 못했던 교수님의 미소이지 않나 싶은 생각이 철없는 제 마음에 순간 스쳤다. 교수님께서는 저희를 대해 주시는 눈빛이 180도 다르게 온화해 지셨다. 교수님께서는 지금 다른 각도로 저희를 대하신다는 느낌마저 든 것이다. 교수님께서는 두 모니터를 비교해주시며 저희에게 상세하게 간담도에 대한 설명을 해주셨다. 교수님께서 두 모니터를 비교하며 처음 들어 올 때 담도 길과 어제 찍어 본 담도길 현상을 상세히 비교분석 할 수 있게 설명을 해주시니 의학(醫學)상식이 무지(無知)한 저희들 육안(肉眼)으로 보아도 선명(鮮明)하게 식별(識別)

할 수가 있었다. 저희들이 보기에도 두 화면 속 사진은 확연히 차이를 보였다. 첫 번째 영상에서는 간담도 길이 머리카락 굵기의 아주 미세한 선(線)만 보였다. 두 번째 영상에서는 우유 빨대보다 약간 더 넓은 빨대처럼 커져있는 것이 확실하게 나타나 보였다. 교수님께서는 두 개의 모니터를 보여주시며 말씀하시길 할머니께서는 확실히 암이 아니네요. 암이라고 하면 간담도(肝膽道)길이 이렇게 넓혀지는 사례는 없는데 이렇게 넓혀지는 것은 분명 암이 아니기 때문입니다. 할머니께서는 분명하게 암이 아닌 것이 맞습니다. 라는 말씀을 뚜렷하게 해주셨다. 저는

"할머니께서는 분명히 암이 아니네요."

라는 교수님 말씀이 끝나기가 무섭게 반사적으로 하얀 분가루가 허옇게 묻어있는 교수님 손을 덥석 부여잡으며

"아 정말요? 확실히 저희 엄마는 암이 분명 아니죠."

라는 말을 되물으며 저도 모르게

"정말 감사합니다."

라는 말을 되풀이 했다. 문맥상 옳은 말은 아닌 듯싶다. 왜 저희 어머님께서 암이 아닌 것이 교수님 덕분이겠는가 싶다. 그때의 제 기분은 그 무엇으로도 표현 할 수 없을 만큼 모든 것에 대한 감사함이 격양되어 있었다. 그 누구에라도 암이 아니라는 사실에 감사하고 싶었던 마음이 컸다고 할 수 있다. 제가 교수님 손을 꼭 부여잡고 감사 인사드리니 웃음이 인색하신 교수님께서도 활짝 웃어주셨다. 그러면서

"간담도 길이 아직은 정상적인 역할을 하지 못하고 있으니 고관절 수술 마치고 난 후 할머님 건강 상태 봐서 스턴트를 삽입시켜 간담도 길을 넓혀주는 시술을 합시다."

라고 하신다. 그래서 저도

"교수님 스턴트 시술하시는 것을 따르겠습니다."

라는 말을 하고서 이 기쁜 소식을 어머님께 빨리 알려드리고 싶은 마음에 사촌 동생과 교수님 방을 성급히 빠져나왔다. 승강기를 기다리며 사촌 동생에게

"사람들이 웃을 줄 몰라서 안 웃는 것이 아니라 웃을 환경이 못 되어 웃지 못하는가봐."

라는 말을 하며 우리들은 병실로 올라와 어머님께서 이 기쁜 소식을 전해드렸다. 형제들에게도 검사결과가 암이 아니라는 사실과 내일 고관절 수술을 하게 될 것이라는 소식을 다시 전하게 된다. 저희 어머님께서는 이 소식을 듣고도 기분이 썩 좋지 않았다. 어쩌면 어머님께서는 알고 계셨던 이유라 생각한다. 자신의 의사(意思)가 반영(反影)되지 않을 것 같아. 다만 내색(內色)을 하지 않으셨던 부분이라 나는 짐작해 본다. 어머니 입장에서는 본인이 암이 아니라는 사실을 이미 알고 있는 사실이지만 시근 없는 딸이 좋아라. 하고 있었으니 그 얼마나 한심했겠는가 싶은 생각도 든다. 인간은 간사한 동물이 맞다. 암이 아니라는 사실에 어두운 긴 터널을 빠져 나온 기분이 들었다. 사촌 동생은 이모가 암이 아니라는 결과를 듣고 저녁때가 되어 돌아갔다. 사촌 여동생을 보내고 저희 어머님 조직검사 결과가 좋아 기쁜 마음에 침상에 홀로 누워계시는 울 엄마 옆에 가서 살포시 앉았다. 다리에 붕대가 칭칭 감겨있어 돌아눕는 것조차 할 수 없어 그저 힘없이 누워만 계시는 어머님을 물끄러미 바라보노라니 자식 된 도리를 다하지 못해 부처님 같으신 우리 엄마를 이렇게 고생을 시켜드리는가? 싶어 왠지 나도 모르게 죄스럽고 애잔한 마음이 들어 가슴이 먹먹해진다.

우리는 내일을 예측(豫測)할 수 없는 미혹(迷惑)한 인간이다

다음날 병실 안에서는 수술 준비로 간호사님들께서 분주하게 움직이신 것이 눈에 띈다. 어머니가 수술하신다고 하니 형제들은 미리 내려와서 가까운 마산에서 잤는지 여러 식구들이 또다시 총출동해 아침 일찍 병원으로 다 모여 들었다. 형제들의 이런 단합(團合)된 기세(氣勢)로는 이루지 못할 일을 없을 만큼 이번 일은 다들 한마음이라 보기가 참 좋은 사례다. 형제들이 이렇게 합심하는 모습은 누가 뭐래도 참 보기가 좋고 든든한 모습이라 여겨진다. 저희 어머니나 제가 바라는 모습이 아마도 이런 모습이지 않겠나 하는 생각을 가져본다. 우여곡절(迂餘曲折)끝에 고관절 수술을 이제하게 된. 이 상황도 저는 감사하다는 생각을 했다. 저희 어머님 연로(年老)하셔서 그랬는지 아무튼 회복(回復)이 다른 사람에 비해서 많이 늦어 이 병원으로 오신지 열흘이 넘어서야 고관절 수술을 하게 된 이유다. 고관절 수술은 대략 3~4시간 정도 걸릴 것이라는 의사 선생님의 말씀이 있으셨다. 많은 가족들은 수술실 앞 대기소에 10여명이 모여 긴장을 늦추지 못하고 서있는 중이다. 처음 겪은 일이라 다들 초조한지 하나 같이 서성이는 모습들이 유독 긴장해 보였다. 요즘 과학과 의술(醫術)이 너무나 발달 되어 염려 수준은 아니라 하니 수술 결과가 좋을 것이라 생각하며 긴장된 마음을 좀 풀어 보련다. 수술 시간이 되어 이미 어머니께서는 수술채비를 하시기 위해 간호사님께서 모시고 들어가신지 한 시간이 지났다. 온 가족들은 대기실 앞에서 수술실로 들어가시는 어머님의 모습을 잠깐이라도 보려고 수술실 앞을 이렇게 지키고 있는 중이다. 막상 수술실로 들어가시는 어머님 모습은 너무나 의연

하셨다. 그리고 저를 보시고서

"나는 괜찮을 것이다."

라는 말씀을 어머니께서는 저에게 다시 해주시고 들어가신다. 다소 안심을 했다. 어머니께서 수술실로 이동하시는 모습을 뒤로하고 저희 가족들은 대기소에 앉아 이런저런 얘기를 나누며 시간을 보내고는 있지만 마음은 수술실로 들어가신 어머니에게 가있었다. 가족들과 많은 대화를 나눴지만 그 당시 무슨 말을 하였지 기억이 전혀 없다. 많은 가족들과 이야기를 하다 보니 표면적(表面的)으로는 근심걱정 없는 사람으로 보였을 것이다. 마음은 왠지 편치가 않았다. 심리적으로 초조(焦燥)하고 불안(不安)해서 그랬는지 형제들과 같이 있지만 시간은 참 더디게 지나가는 것 같았다. 가끔 대기소 안에 설치되어 있는 모니터에 수술자 명단이 하나둘씩 회복실로 옮겨가는 안내 문구 보며 이제나 저제나 울 엄마 이름 석 자가 언제 써지려나? 하고 눈이 빠지게 모니터를 보는 것이 이 당시에는 우리가 할 수 있는 유일한 행동(行動)이다. 어머니께서 수술실로 들어가신지 얼마의 시간이 흘렀을까? 어림잡아 5 ~ 6시간이 경과 하지 않았나 생각된다. 바로 그때 어머님 이름이 뜨면서 중환자실로 옮겨진다는 화면 문구를 보고서야 우리들은 안심을 하게 된다. 그 당시 수술 마친 것에만 치중을 두어 안내 문구를 자세히 읽어보지를 않아 우리는 회복실이 아니다. 라는 사실을 그 당시에는 인식(認識)하지 못했다. 보통 수술이 끝나면 회복실로 가셔야 되는데 저희들은 이 부분을 잘 알지 못해서 대수롭지 않게 생각했다. 더구나 중환자실로 어머님이 옮겨지는 이유 또한 전혀 알지 못하고 당연히 수술마치면 중환자실을 거쳐 나오는 것이 통관의례라 생각했던 부분이다.

중환자실에서 어머님 면회를 마치고

분명한 것은 저의 무지(無智)로 이렇게 무서운 상황을 만들어낸 결과(結果)였다. 옛말에 무지(無知)는 큰 화(禍)를 불러일으킨다. 라는 말이 괜히 나온 말은 아니었던 것을 실감한 대목이다. 하늘은 공명정대(公明正大)하여 중환자실에 계시는 어머님 말씀에 정성(精誠)을 다해 귀를 기울이지 않고 건성으로 들은 죄(罪)로 저에게 이런 벌(罰)을 내리신 모양이지 않겠나. 라는 생각이다. 어머님께서 수술한 다리가 많이 아프시다는 말씀을 수술해서 그랬을 것이라고 어리석은 판단의 댓가는 혹독하였으니 감히 누가 베일에 싸여있는 미지의 세계 내일 벌어지는 일에 대해 감히 어찌 알겠는가 싶다. 나는 이렇게 저렇게 방관한 죗값 톡톡히 치루며 병든 부모님 섬길 때에는 꾀부리지 말아야 하고 지극해야 한다는 것을 가슴 깊이 깨달은 부분이다. 이 과정들이 제 인생에 있어 가장 힘겨운 일이요 불행(不幸)으로 가는 요인(要因)이 되었다고 할 수 있다. 저에 무지로 인하여 어머님의 폐에서는 하염없이 5~6개월 동안 물이 차는 이유가 되었던 것이고 어머님의 발뒤꿈치에 괴사(槐司)가 생기게 된 사연이다. 교수님들께서도 어머님 폐에서 물이 차는 이유를 잘 모르고 계시는 바람에 더욱 나에게는 기나긴 사투의 시간이 되어 어머님 옆구리에 두 개의 관을 항상 꽂아놓고 수시로 빼내는 과정이 되었다. 하나는 폐에서 나온 물을 받아내는 중이고 또 하나는 담도길이 좁아져서 담즙을 작은 튜브를 통해 받아내는 상황이다. 하지만 병원 규정상 일정기간 환자가 호전이 되면 대학병원에서는 일반 병실로 옮기는 것이 법으로 규정이 되어있어 우리는 규정상 일반 병원으로 옮기게 되었고 일반 병실에서는 폐에 꽂아놓은 일명 돼지꼬리 연결 관을 시술할 수 없어 우리들은 종종 일반 병원에 있다가 돼지꼬리가 막혀 물이 관으로 빠지지 않으면 폐로 물이 차 촌각을 다투는 위급한 상황이 자주 일어난다. 그 시간들은 말로써 글로써 표현하기가 난해하지만 일단 나를 혼비백산(魂飛魄散)하게 만들었던 시간들이다. 폐에 물이 차면 촌각을 다투는 시간인지라 저는 숨 쉴 시간도 없이 짐을 챙겨 대학병원 응급실을 향하는 차에 올라타 어머님 숨소리에 귀를 기우리며 구급차에 몸을 싣고 초급을 다투는 질주를 15～6번 넘게 하게 된다.

우리가 세상을 살면서 참고해야 할 것이 있다면 그것은 바로 우리가 알고 있는 상식이나 지식은 언제나 변수가 도사리고 있다는 것을 염두(念頭)에 두는 것도 괜찮을 것 같다는 생각을 하게 된다. 우리들도 어머니께서 고관절 수술만 하시게 된다면 당연히 건강도 좋아지시고 잘 걸어다니 실거라는 생각을 했다. 그러나 그 생각이 바로 착각이었으며 큰 오산이었다는 사실을 어머님 사선(死線)을 수십 차례 넘기면서 깨달은 것이다. 처음부터 단추가 잘 못 끼워졌는지 아니면 어머님 말씀 듣고 병원을 오지 말았어야 했는지 어머님 말씀을 마음으로 듣지 않았었고 어머님 의사를 마음 깊이 귀 기울어 듣지 않은 관계로 나는 평생을 두고 후회 할 일을 만든 것이다.

제가 만약 마음으로 어머님 말씀을 들었다면 2분에 면회시간도 충분했을 생각한다. 그렇지만 마음으로 듣지 못한 부분과 면회시간이 짧아 자세히 살필 시간적 여유가 없었다는 핑계는 용서 받을 수 없는 핑계며 불찰(不察)이라는 것을 인정(認定)하는 부분이다. 때 늦은 후회는 천번 만번 하여도 다 부질없고 의미 없다는 사실이다. 내게 주어진 2분이라는 면회시간에서 뵙던 저희 어머님의 모습은 너무 많이 부어있어 충격이 커다른 생각을 못했던 부분이다. 다시 말해 사람 모습이 아닐 정도로 커다란 풍선처럼 부풀어 있어 거대한 거인을 보는 느낌이 들 정도였다. 그때 간호사님께

"우리 엄마 왜 이러시는 겁니까?"

라고 여쭈었다. 간호사님께서는 아무런 응대도 해주시지 않은 상태로 자리를 피하셨던 것이 기억난다. 어머니께서는 다른 가족들이 면회를 먼저 하고 간 뒤라서 그랬는지 모르겠지만 저를 보자마자

"아이구 참말로."

라는 말씀으로 질타가 먼저였다. 저에게 수술한 다리가 너무 아프다며 시선을 발쪽으로 향했다. 저는 주제넘게 무엇을 안다고 어머니께

"조금 전에 수술을 마쳐서 많이 아프실 겁니다."

라는 말을 하였다. 막상 제 말을 듣는 어머님 얼굴 표정이 못마땅하게 여기셨는지 갑자기 아주 싸늘하고 근엄하게 굳어져 버렸다. 이 모습을 바라보는 제 마음도 굳어졌다. 근심이 밀려왔다. 과연 무엇인 문제인가? 어머님께서는 무엇이 저리도 못 마땅하신 표정일까? 원만해서는 좀처럼 화를 내시는 분이 분명 아닌데 라는 생각을 하는 순간 바로 간호사님께서 시간이 다 되었다고 나가라는 말씀을 하신다. 저는 어머니께서 못 마땅하게 여기시는 부분에 대해서 문제를 풀지 못하고 어머니의 굳어진 얼굴을 뒤로하고 중환자실에서 나와야만 하였다. 저는 시간에 쫓겨 숙제를 풀지 못하고 나왔기에 마음이 무거웠다. 평소에는 어머님과 의사소통(意思疏通)이 잘 이루어지지 않을 때 대부분 시간을 갖고 스무고개처럼 한 문제 한 문제 풀어가는 형식으로 살아왔다. 지금은 상황이 다르다. 어머님 위중하시며 손발이 꽁꽁 묶여 중환자실에 계시니 더욱 소통(疏通)이 불통(不通)이다. 그리고 정해진 시간 외에는 만나는 것이 어렵다. 그러므로 어머님 심중(心中)을 더욱 신중이 헤아려야 하는 의무가

제게는 있었다. 그렇지만 어리석게도 가장 어머님의 마음을 헤아려야 할 제가 그러지 못하고 나온 저 자신의 무지(無知)가 원망(怨望)스러울 따름이다. 중환자실에 규칙(規則)도 무시(無視)할 수 없으니 난감했다. 어떻게 생각하면 저 개인에게는 우주에 단 한분뿐인 어머님이시다. 그렇지만 담당 의료진들에게는 하루 온 종일 수십 명을 상대로 수십 차례씩 생과 사를 넘나드는 과정을 살펴봐야 하는 환자 한 사람에 불과 할 뿐이라는 사실이다. 의료진들에게는 누군가가 특별 할 것도 없고 특별해야 할일 없는 그야말로 살아있는 생물체일 뿐이다. 어떻게 보면 그럴 수밖에 없는 그분들에 마음도 충분히 이해하고 남음이다. 다만 아쉬움이라 하면은 조금만 더 어머님의 붕대를 살펴주셨더라면 하는 한 개인에 아쉬움이 남아있을 뿐이다. 중환자실은 우리에 의사[意思]가 전혀 반영이 되는 곳이 아니고 우리가 자유롭게 출입이 가능한 곳이 아니었기에 더더욱 의료진들에 관심이 조금만 더 환자에게 기울여 있었더라면 그렇게 어머니를 고통스럽게 하지는 않았지 않았을까? 하는 아쉬움과 미련만 후일 생각해봐도 남아있었다. 중환자실에서 노모님을 보고나온 저의 마음은 어떻게 생각을 하면 이제는 수술을 마쳤으니 회복만 잘하면 좋아지실 것이라는 안도하는 마음도 없지는 않았다. 그것은 아마 병원을 멀리하고 살았던 저의 무지함이 빚어낸 과오다. 괴사의 위력을 모르고 안도했던 것은 분명 무지몽매(無知蒙昧)한 마음에서 나왔던 착각이라 할 것이다.

이날 저희 형제들은 오전부터 어머니 수술하고 5시 면회 시간까지 장시간 중환자실 앞 대기소에서 모여 있었다. 가족들이 많이 모여 있으니 참 보기 좋고 든든하기도 하였다. 이 많은 가족들이 대기소에서 마냥 보내기에는 무리였다. 막내 여동생 내외가 자기들이 병원에 남아 있겠다고 자청을 하였다. 저희 형제들은 내일 다시 모이기로 하고 일부 식구들은 김해 저희 집으로 또 다른 식구들은 마산 큰 동생네로 흩어져서 밤을 보냈다. 다음날 중환자실 앞에서 저희 형제들은 다시 모였다. 막내 여동생은 지난밤에 어머니에게 위험한 고비가 여러 차례 있었다는 얘기를 해주었다. 저희가 편안하게 집에서 지내고 있을 때 어머님께서는 생사(生死)의 길에서 홀로 얼마나 힘들었을까? 라는 마음에 죄송한 마음 금할 길이 없었다. 우리 가족들은 그렇게 또 대기 상태가 되어 대기실 의자에서 긴긴 시간을 초조하게 기다리며 12시의 면회 시간에 잠시 어머님을 뵐 수 있었다. 어제보다는 부기가 좀 빠져 보였다. 어머니께서는 저에게 수술 당시 마취가 되지 않아 모든 과정들을 듣고 있잖니 무섭고 불안한 마음이 들어 혼나셨다는 말씀을 해주셨다. 중환자실 상황이 너무 심한 환자들에 고함소리가 불편하다는 의사 표시를 하셨다.

비록 짧은 면회시간이지만 어머님께서 조금은 안정된듯하여 돌아서 나오는 마음이 조금 가벼웠다. 그리고 5시간을 대기소에서 또 기다리다. 형제들은 오후 6시 면회를 마치고 일부는 형제들은 돌아갔다. 밤에는 여동생 내외가 밤을 또 지새워줬다. 그렇게 30분에 면회 시간을 보기 위해서 5시간은 기본으로 대기소 앞에서 기다렸던 것이다. 한편으로는 어머님의 상태가 어떻게 변화를 가져올지 몰라 저희들은 그 곳을 떠나 있을 수가 없었고 짧은 면회라도 해보려고. 그곳을 지켜야 했었던 기억이 있다. 그렇지만 중환자실 앞에서 2 ~ 3일을 지내고 나니 장거리에서 왔던 형제들은 모두 돌려보내야 했다.

올케와 둘이 번갈아가며 중환자 보호자 대기실에서 마냥 기다리는 신세가 되었다

어머니 수술하시고 3일째 되던 날부터 저와 마산 큰 올케하고 서로 교대하기로 하며 위층에 마련되어 있는 중환자 가족 쉼터에서 짐을 풀고 그곳에서 막연히 면회시간을 기다리는 신세가 되었던 것이다. 예측할 수 없고 기약도 할 수 없는 중환자실 상태를 혼자 보다는 올케하고 교대를 하니 한결 위로가 되었고 또 한편으로는 많이 의지가 되었다. 큰 올케도 그때까지는 싫은 내색 없이 큰며느리의 역할을 참 잘해주었던 시기다. 그래서 정말 감사했다. 그때 올케는 마산에서 차도 없이 버스를 타고 오고가느라 고생 많았을 텐데 그래도 싫은 표정 없이 시어머님 병수발에 정성을 기울이며 여러모로 잘 보살펴주고 교대해주어 그때 그 마음은 감사한 마음뿐이었다. 옛날 같으면 시부모님 병수발은 오롯이 며느리들이 도맡았다. 저 자신도 어느 한집안의 며느리 되어 시어머님 병 수발은 오롯이 혼자 했지 않았나 싶다. 종종 옆에 사시는 시누가 많이 도와주어 위로가 되었지만 그때는 며느리는 당연히 시모님 병수발을 해야 한다는 고정관념에 사로잡혀 살던 시대라 감히 시누에게 병수발을 도와달라고 말할 처지가 아니었다. 나는 그때 그 경험들을 해보았기에 가능한 올케에게 작은 힘이라도 되어주고 싶은 마음에 친정어머니를 제가 본격적으로 모셨던 동기이며 병수발도 같이 손잡아 하려는 의도다. 이 무렵 큰올케도 며느리 역할에 충실하였음을 인정한다. 요즘 추세는 딸들이 친정 부모님들을 모시는 경우가 많아졌고 병간호도 딸네들이 많이 하는 경우가 부쩍 늘어났다는 사실이다. 글쎄요? 세상이 변했나요? 아니면 시대가 여존남비(女尊男卑)시대로 변했을까요? 요즘 여자들은 남편도 무시하고 남편 가족들은 도외시(度外視)하고 시집 일이라면 무조건 짜증내고 성가시게 느끼고 귀찮아하네요! 더구나 자기에게 틀리면 무조건 맞지 않다는 이기적인 성향들이 높아만 가고 있는 것이 현 사회이지 싶다는 생각이다.

　최근 들어 주변에서 들리는 이야기들은 친정일은 적극적이나 시댁 일들은 귀찮고. 짜증나고 심술 난다는 말을 주변에서 종종 듣는 시대이지 싶다. 아무리 시대가 시대라 할지라도 분명 성숙한 사람이라면 지혜롭고 현명하여 시집과 친정을 따로 분리해서 편을 갈라 보지는 않을 것이라고 생각한다. 그것은 왜 그렇게 생각 하는가 라고 질문 한다면 저는 이렇게 답을 한다. 이유는 분명 우리네 삶에 있어 가족화목이 으뜸이라 여기기 때문이다. 바른 의식이 서있는 집안은 자식들이나 후세들에게 가족화목이 자손들 좋은 본보기의 교육이 될 것을 알고 있기 때문이다. 곧 내 자신이 바로 시댁이 될 것이고 친정이 자신이 될 것이라는 사실을 알고 있기 때문이다. 바로 집안 화목이 자신을 성장시키는 교육장이며 가족이라는 울타리가 분명 자신을 지탱해주는 자양분이며 이 사회가 바로 서는 근본이 되어 준다는 것을 알고 있기 때문이다. 결혼을 했으면 배우자 가족도 내 가족임을 잊지 않는 마음을 가지는 것이 더욱 중요하다고 생각한 사람이다. 저와 올케는 하루 이틀씩 중환자 보호자실에서 먹고 자고 교대하고 면회시간 되면 면회를 해 어머님의 상태를 살펴보고 의사 선생님으로부터 환자 진행 상황을 듣고. 또 보호자 대기실에서 다른 환자 가족들과 환자 상태를 공유하며 서로 위로하며 대기 중이었다. 그러다가 대기실에 콜이 울리면 초긴장하여 혹시나 하고 긴장했다가 나 아닌 다른 사람을 호명(呼名)하면 숨죽이는 긴장을 풀고. 중환자실에서 걸려온 콜에 온 촉각(觸角)을 세우고 지내고 있었다.

우리가 긴장하며 지내고 있다가 더러는 인터폰을 받고 나간사람들이 두고 간. 짐을 찾으려오는 얼굴이 밝으면 일반 병실로 옮겨가는 좋은 현상이고. 그렇지 않고 얼굴빛이 어둡고 눈물을 흘리면 그것은 결과가 좋지 않다든가. 아니면 벌써 먼 길을 떠나셨다는 것을 여러 날 보호자대기소 있다 보니 가름 할 수가 있는 현상이다.

드디어 어머니는 일반병원으로 가신다

올케가 떠나고 나니 엄마는 조용히 저를 부르신다. 저를 부르신 엄마 표정이 많이 어둡다는 것을 느낀다. 조금 긴장된 마음으로 조심스럽게 어머님 옆으로 가서 앉는다. 엄마는 내게 이제 이 병원에서 나가야 된다며 라는 말씀을 어눌하게 하셨다. 누워만 계시니 이런저런 걱정이 많으신지 아니면 누군가 무슨 말을 했는지 아무튼 어머니 안색이 밝지 못하고 근심으로 가득 차 있다. 엄마는 제게
 "만약에 이 병원에서 나가게 되면 어디로 데리고 갈 거냐?"
라고 물으셨다. 말씀은 보통 귀로 들어서는 알아들을 수 없는 부분이 많다. 나는 온 신경을 곤두세우고 엄마 눈을 바라본다. 제가 엄마 눈을 본 이유는 사실 울 엄마 말씀을 마음으로 듣고자 함이다. 어머님 말씀을 해석 하자면 그러니까 광주에 사는 둘째 동생이 어머님께 전화를 했다는 것이다. 전화한 이유는 이제는 다른 병원으로 옮겨가야 될 상황이니 이왕 갈려면 광주요양병원으로 가자고 했다는 것이다. 그 요양병원은

큰집 오빠가 운영하고 있는 병원이며 큰집 오빠가 특별히 엄마를 잘 모셔 줄 것이니 이왕 다른 병원으로 갈 바에는 그 요양병원으로 가자는 말을 수차례 했다고 하신 것이다. 더구나 둘째 동생이 자기들도 광주에 살고 이모도 광주에 살고계시니 자기들이 자주 찾아뵙는다고 걱정하지 말고 광주로 옮겨가자고 여러 차례 반복해서 어머니에게서 다짐을 받아냈다는 것이다. 엄마는 집요하게 광주로 가자고 하는 둘째 아들하고 소통이 잘 안 돼 그냥 광주요양병원으로 가겠다는 말을 어쩔 수 없이 했다는 뜻이다. 큰 올케도 어제 엄마 옆에 있으면서 엄마한테 광주병원으로 가자고 여러 차례 반복하며 다짐하는 바람에 엄마는 본인하고 말이 통하지 않는 상태에서 너무 집요하게 광주로 가자는 말을 하는 바람에 귀찮아 광주로 가겠다는 대답을 했다는 뜻이다. 그러니까 엄마 말씀을 대충 정리하면 둘째 아들과 큰며느리가 광주 요양 병원으로 가자고 성화가 심했다는 내용이다. 엄마는 그 성화에 못 이겨 광주로 가시겠다는 말을 했지만 사실 본인은 말을 잘 못하니 광주로 가시는 것이 싫다는 뜻이다. 본인(本人)의지(意志)와는 관계없이 광주로 보내지게 될까봐 엄마는 사실 근심(謹審)이 많아 잠을 이루지 못하셨지 싶다. 나는 이 시점에서 왜? 굳이 엄마를 광주로 모셔가려는지 그 이유는 무엇일까 라고 의문이 생겼다. 더구나 광주로 모셔가려는 의도가 왠지 고운 뜻으로 받아 드려지지 않는 이유 또한 무엇일까 라는 의문이 일었다. 인간은 감성(感性)에 동물이다. 반면 이성(異性)의 동물이기도 하다. 인간은 누구에게나 양면성(兩面性)을 갖고 있다. 우리는 감성 보다는 이성으로 어떤 일을 처리하는 것이 더러는 지혜로운 사람이라 생각한다. 나만이라도 자식의 본분(本分)을 잊어서는 안 될 것이라 생각한다. 왜 하필이면 말도 못하시는 분을 저 멀리까지 보내려 하는지 그 의도는 과연 무엇을 의미하는지 나는 이 부분이 몹시 궁금하다. 좌우지간 인간의 좋은 머리 좋게 안 쓰면 나쁜 머리 나쁘게 쓰는 것 보다 더 흉악하다는 것을 진정 모르고 있다. 엄마가 말씀은 아무런 감정 없는 사람처럼 편안하게 하고는 계시지만 왠지 엄마 얼굴에는 서글픔이 서려보이고 두려움마저 깃들여 보였다. 보이지 않는 이면(裏面)에 자기를 낯선 곳으로 보내 버릴까봐 두려운 것이라 생각한다. 수심에 가득 차 계신 울 엄마 얼굴을 보고 있잖니 오만(五萬)가지 생각이 스친다. 이렇게 위중한 환자를 광주로 모시자고 제안했던 사람은 과연 누구인지 괘씸한 마음이 든다. 과연 저 멀리 엄마를 보내려는 마음을 가진 자는 누구인지 그러나 이 시점에서 누굴 탓하겠는가. 이번 일은 정말. 어이없는 발상이다. 이 일은 아무래도 지금 엄마 건강 상태를 몰라도 너무 모르고 하는 말이라 생각하고 가능한 개인적인 감정은 갖지 않을 것이다.

지금 어머님 상태는 위급함을 이제 겨우 넘겨 집중관리가 필요한 분이다. 옆구리 호수가 막히면 겉잡을 수 없도록 위급한 상태라 나는 초를 다투는 상황을 몇 차례 겪은 경험으로 사실 내 마음은 일분일초가 불안한 사람이다. 일반 병원으로 옮기더라도 응급처치가 가능한 곳을 선택하려는 이유다. 위급한 상황을 겪어보지 않아서 터진 입이라고 엄마를 많이도 회유한 것이 괘씸하다. 말씀 잘 못 하시어 소통이 원활하지 못하신 분을 나로부터 멀리 떠나보내려는 의중(意中)은 과연 무엇인지 정말 다시 생각해도 괘씸하다. 내 입장에서는 가능한 좋게 생각하려 해도 이번 문제는 마냥 좋게만 생각하기에는 선(線)을 넘은 의도이다. 이 상황에서 내 생각이 중요한 것이 아니고 환자인 울 엄마 생각이 가장 중요할 것이다. 나는 엄마 뜻을 묻고자
"엄마 나는 뭐니 뭐니 해도 엄마 생각이 가장 중요하다고 생각합니다. 그리고 그 어떤 결정을 하시더라도 나는 무조건 엄마 뜻을 따를 것입니

다. 라고 했다. 더구나 지금 엄마는 아주 중요한 치료가 아직 남아 있고 그 치료가 필수라 엄마가 광주로 내려가시면 안 됩니다. 특히 광주는 내가 너무 멀어 엄마를 자주 찾아간다는 것 자체가 아무리 생각해도 무리 같아요. 그리고 광주 둘째 올케도 아직은 아이들이 너무 어리기 때문에 엄마를 자주 찾아뵌다는 것은 사실 불가능 하리라 생각합니다. 광주 사는 이모도 나름 바쁘신 분입니다. 그런데 매일 엄마를 찾아뵙는다는 말은 틀린 말입니다. 특히 엄마는 아직 옆에 사람이 지키고 있어야 할 상황인데 저 멀리 광주에다 엄마 모셔놓으면 책임을 지고 엄마 간병 할 사람이 없으니 엄마가 생각을 잘해서 결정하세요."

라고 했다.

"그리고 요즘 사회가 친자식도 부모님을 버리는 추세인데 동생인 이모가 엄마를 매일 찾아뵙는 것은 정말 쉽지 않은 일이라 이 말 또한 믿기 어려운 일이고 이모님 연로하셔 매일 엄마 찾아간다는 것은 누가 이 말을 꺼냈는지는 모르겠지만 이 말은 분명 큰 거짓말이 될 겁니다. 그러나 엄마가 원하신다면 광주요양병원에 한두 달 정도 계시면 내가 집 팔리면 고향으로 내려 갈 때 모시려 갈 수는 있어요. 물론 이 경우는 엄마가 많이 호전되었을 때 가능한 차선책입니다."

저희 어머니 쓰러지시기 1년 전부터인지 정확한 날짜는 모르겠지만 이때 엄마는 저보고 고향으로 내려가서 같이 살자고 성화가 너무 심했다. 집을 여러 부동산에 내놓은 상태에서 어머님 쓰러지는 불상사가 생긴 것이다. 어머니 입원 중이라도 집이 팔리면 고향으로 내려 갈 준비는 하고 있는 상황이라 일단 이렇게 말을 한 이유다. 나는 어머니와 이런 애기를 나누기 전 병원으로 오는 중에 남자 형제들끼리 엄마 병원 옮기게 되면 광주 요양병원으로 모시기로 결정을 봤다는 애기를 언니를 통해 듣고서 병원에 들어왔던 것이다. 울 엄마가 하신 말씀을 빨리 이해했던 이유다. 그때는 운전 중이라 자세한 내막은 잘 모르지만 아들들이 엄마가 다른 병원으로 옮겨 갈 바에는 차라리 광주에 있는 오빠네 요양병원으로 모셔가자고 의논을 마쳤다는 것 정도다. 언니도 광주로 엄마를 모시는 것을 원치 않고 나 역시 어머님 상황이 좋지 않아 광주로는 모시지 못할 것 같다. 지금 엄마 몸 상태는 분명 요양병원을 운운(云云)할 시기(時期)가 절대 아니다. 어떻게 보면 지금 엄마 상태는 아직도 중환자인 것이다. 의료법상 이 병원에서 나가야 된다고 하니 우선 급한 대로 치료시설이 구비된 일반병원으로 가는 것이 원칙이지 싶다. 그런데 아들들은 자주병원에 오지 않아 엄마 상태가 지금 어떤 상태인지 모르고 요양병원을 운운하고 그것도 나하고 멀리 떨어지게 하려는 의도인지 광주로 모시자고 하니 괘씸하기 그지없는 것이다. 헛 숭헌. 나는 잠시 생각한다. 아니 생각이 아니고 형제들 처사에 분개하며 멍하니 앉아 있다. 그런데 바로 그때 어머니는 나를 똑바로 쳐다보시며

"그것이 아니다 그것이 아니어."

라고 한다. 아마 울 엄마 이 말씀의 뜻은 본인은 절대로 광주 가시지 않겠다는 의사 표시라 여겨진다. 그것이 아니다. 라는 말끝에 그래요 엄마 뜻 잘 알겠어요. 그럼 엄마는 확실히 광주로 가시지 않겠다는 뜻이죠. 라고 나는 다시 물었다. 그랬더니 어머니는 바로 그렇지. 라고 하신다. 물론 그렇지 라는 말씀에 강한 의지도 깃들어 있었다. 저희 어머니 말씀 속에는 강한 의지가 있음을 나는 확실히 느꼈다. 엄마가 광주로 가시지 않겠다고 말씀하시니 나는 울 엄마 뜻에 따라 엄마가 가실 병원을 알아보는 것이 순서가 될 것이다. 광주로 가지 않는 문제로 파장은 조금 있을듯하다는 예감이 든다. 예전에도 그랬고 지금도 그 간교한 머리를 쓰고 있는 사람의 의중을 나는 잘 알고 있다. 이 작전이 먹히지 않으니 그 여파는 또 형제들을 동원해서 나를 공격 할 것이라 예상된다. 나는 어머

니를 모시게 되면서 누군가 입만 열면 세 사람 공격을 받았다. 이번 일도 여차 없이 누군가는 나에게 악을 쓸 것이다. 언니가 배제된 상황이라 악쓰는 사람이 줄어든 경우다. 울 엄마 힘 있는 대답에 나도 힘 있게

"그럼 엄마 뜻을 정확히 알았으니 병원 옮기는 문제는 내가 알아서 할 것이니 엄마는 아무 걱정하지 말고 계세요."

라고 했다. 그렇지만 왠지 내 말이 믿음이 가지 않은 듯 울 엄마 얼굴은 아직 근심으로 가득 차 있는 것이 보인다. 어머니는 자기 자는 사이 광주로 보낼까봐서 그런지 얼굴에는 근심 걱정이 아직 서려있다. 그러니까 마음이 편치 않아 눕지 못하시는 것이 내 눈에 역력하게 보인 것이다. 나는 아직도 불안해하시는 엄마에게

"엄마 엄마는 내가 책임 질 것입니다. 그러니 다른 걱정은 전혀 하지 마시고 편안하게 누우세요."

라고 다시 한 번 말씀 드렸다.

"밤이 많이 늦었으니 다른 생각하지 마시고 편안하게 주무세요."

했다. 그랬더니 어머니도 이제사 조금 안심이 되시는지

"오냐."

라고 하신다. 오냐. 라고 하신 것을 보니 이제사 조금 안심이 되신 듯 하다. 어머니는 조금 안도하는 마음이 일었는지 살포시 자리에 누우셨다. 침상 위에 켜져 있는 불을 나는 미등으로 바꿔드리고 조용히 병실 복도로 나와 언니에게 전화를 걸었다. 언니도 엄마가 어떻게 결정을 하셨는지가 많이 궁금했을 것이다. 언니에게 전화를 걸어 엄마가 확실하게 광주로는 절대로 가시지 않겠다고 했네. 그리고 나 역시도 그곳까지는 못 따라가니 광주는 우리 잊어버립시다. 큰 동생하고 다시 의논해서 큰 동생이 살고 있는 마산으로 모시고 가던지 아니면 내가 살고 있는 김해 쪽으로 모시고 가던지 일단 이 병원에서 가까운 쪽으로 병원을 정하

는 것이 좋을 것 같네. 라고 하고 언니와는 전화를 끊었다. 나는 언니 전화를 끊고 나니 불현 듯 이런 생각이 들었다. 문득 우리가 딸이다 보니 그래도 우리 엄마가 가장 좋아하는 장남인 큰 남동생 의사(意思)을 무시할 수 없다는 사실에 입각해서 엄마 병원을 마산 쪽으로 비춰보는 이유라는 것이다. 지금껏 형제 많은 집안에 큰 동생은 장남 노릇을 아주 잘 했다는 사실… 그래서 큰 동생 기분 상하지 않는 범위 내에서 엄마 병원 옮기는 문제를 상의하려는 이유다. 더구나 큰 올케가 어머니께 광주병원으로 옮겨가자는 말은 했다지만 내가 직접 들었던 말이 아니라 일단 큰 동생 마음도 엄마를 광주로 모시고자 하는 마음이 올케와 일치 하는지 이 부분을 더 자세히 알아봐야만 한다.

만약 큰 동생도 자기 마누라처럼 어머니를 광주로 모시고자 한다면 나는 주저하지 않고 김해로 어머니를 모셔 갈 것이다. 우리 엄마에게는 큰아들이다. 큰아들 체면 생각해서 마산을 운운한 것뿐이지 정녕 어머니를 자기들 손에 맡기고 싶은 마음에 마산을 운운했던 것은 전혀 아니다 라는 사실이다. 나라법이라 억지로라도 따르지만 이렇게 집중관리가 필요하신 환자를 한 달이 넘었다고 일반병원으로 옮겨가라하니. 나라법이 누구를 위한 법인지 악법도 법인지라 따르잖니 영 마음이 내키지는 않는 의료법이다. 언니와 통화를 끝내고 병실로 들어오니 엄마는 아직 주무시지 않고 계셨다. 큰 올케가 광주로 가자고 한 순간부터 불안하셨던 모양이다. 나도 김해 있을 당시 이유 없이 불안한 마음이 일어 잠을 이루지 못했다. 이틀 동안 내 마음도 이상하리만큼 불안하여 엄마에게 달려오고 싶은 충동을 일었다 하지만 워낙 남편이 쉬는 날이라도 애들 챙기고 반찬 좀 만들어 놓으라는 말을 곱게 하지 않아 엄마에게 오지 못했다. 그 사이 이런 사연이 생긴 것이다. 유난히도 어머니에게 달려오고 싶은 충동을 많이 느꼈던 날이고 제가 어머님 입원하고 나서 처음으로 어머니를 찾아뵙지 못한 날이다. 그런데 그 사이 엄마에게 엄청난 충격을 가져다 준 사건이다. 병원으로 달려오고 싶은 충동을 겨우 참고 와서 보니 엄마를 저 멀리 광주로 보내려는 아주 멋진 계획을 자식들이 세워 났다. 그래서 엄마는 저를 애타게 마음속으로 기다렸던 것이고 그 마음이 내게 파동이 되어 저 역시나 불안한 마음을 느끼게 했던 이유이다. 세속에서 말하는 이심전심(以心傳心)의 마음이 바로 이런 마음이고 과학에서 말하는 양자파동이 바로 이런 것이다. 그러나 저러나 어머니는 나없는 사이 자기를 광주로 보내 버릴까봐 이제껏 잠도 주무시지 못하시고 마음속으로 걱정을 많이 하셨던 이유인지 언니와 통화를 끝내고 병실로 들어서니 엄마 얼굴은 아직도 근심으로 가득 차 있다. 나는 어머니 옆으로 다가가 앉으며

"엄마 이제는 아무 걱정 하지 마세요. 내가 엄마를 못 보냅니다. 그러니 엄마는 이제 정말 아무 걱정하지 말고 편안하게 주무세요."

라고 다시 했다. 어머니께서는 다소 제 말에 조금 안심이 되셨는지 바로 표정을 바꾸시며

"아 그래 이제 나는 괜찮을 것이다. 이제 괜찮을 것이야. 알았지. 그것이다. 잉 그것이야."

라고 하셨다. 참 오랜만에 엄마한테서 들어본 나는 괜찮을 것이다. 라는 말씀이다. 이 말씀은 언제 들어도 희망적인 메시지다. 나는 울 엄마 이런 희망적인 메시지 때문에 오랜 세월 척박한 환경에서도 버티며 살아오지 않았을까 싶다. 이런 말씀들이 희망이 되어 나를 버티게 한 원동력이라 여긴다. 제 말을 듣고 조금 안심이 되셨는지 옆에 앉아 있는 제 이마를 따뜻한 손으로 쓰다듬어 주셨다. 나 혼자 오롯이 느껴보는 울 엄마의 따뜻한 사랑이 바로 이런 것이 아닌가 싶을 정도로 따뜻했다. 엄마

의 따뜻한 손 길 때문인지 요란스럽고 시끄럽던 내 마음도 안정이 된 기분이다. 울 엄마 따뜻한 손길이 오늘따라 유독 따뜻함이 더 했다는 사실을 깨닫는 순간이다. 우리 엄마의 이런 부분들이 사람 마음을 차분하게 만드는 마법이라 여겨진 부분이다. 나의 지난날 삶은 남들과는 비교 할 수 없을 정도로 척박했지만 그래도 울 엄마 따뜻한 손길이 나를 지탱케 한 원동력이었다. 늘 응원 해주던 손길이다. 언제나 괜찮을 것이다. 라는 말씀으로 누구에게나 따뜻한 손길을 내미신 분이다. 그 손길도 어느 각도로 보고 어떻게 받느냐에 차이만 있을 뿐이다. 엄마의 따뜻한 손길이 나의 가슴 깊이까지 느껴진 순간이다. 어머니의 사랑을 오롯이 혼자만 받고 있는 기분이다. 어머니의 존재가 너무나 크게 느껴진 순간이 바로 이 순간이다. 나는 생각한다. 양기(養氣) 다 잃고 병 깊은 울 엄마 그 어떤 일이 있더라도 우리 엄마만은 내가 책임 질 것이다. 라고 다짐 한다. 나는 여자이고 내세울 것이라곤 하나 없는 사람이다. 나에게 생명을 주신 엄마는 책임져야한다는 소명의식(김命意識)정도는 갖고 산다. 누구나 갖고 사는 마음이다. 특별히 내세울 것은 못되는 부분이라 생각한다. 현실은 늙고 병들고 능력 없어지면 그저 유행처럼 요양병원으로 모시는 것이 시대흐름인지 붐을 이루고 있는 추세다. 이 시점에서 나만이라도 그런 유행은 따르지 않을 것이라 다짐한다. 마땅히 자식이라면 이런 책임의식 정도는 갖고 살아야 됨을 잊어서는 안 된다. 나는 잠시라도 울 엄마 마음을 불안케 만든 부분에 대해 죄송스럽게 생각한다. 광주로 보내지 않을 것이라고 말을 했더니 조금 마음이 안정을 찾으셨는지 엄마는 어느새 잠이 드셨다. 나는 조심스럽게 일어나 간이침상을 꺼내 조용히 눕는다. 평온하게 주무시는 엄마 모습 보니 나도 잠을 잘 수 있을 것 같아 누웠지만 내 마음은 시끄럽기 그지없다. 오만가지 생각 속에서 생각 하나 바꾸어보니 말 못하신 어머니를 누가 감당 할 것이며 잠시잠깐이라도 내가 안보이면 불안해하시는 엄마를 나는 차마의 법칙 때문이라도 광주로 보낼 수가 없다는 것이다. 사연이 이렇게 전개되어가게 만든 것도 나의 선택이고 나의 숙명이다. 결론은 나를 위해서라도 울 엄마를 김해로 모시는 것으로 나는 마음을 굳힌다. 다음날 나는 일찍부터 병원 옮기는 문제를 병원 측과 상담을 해야 될 것 같아 어머님 담당의사 선생님을 찾아뵈었다. 의사선생님께 저희 어머님 현재 상태에서 갈 수 있는 병원을 추천해 달라고 부탁했다. 그랬더니 의사선생님께서도

"지금 환자상태로는 수시로 체크해야 되고 위급 시에는 응급처치 가능한 곳이어야만 됩니다."

라고 했다. 저는

"사실 저희들은 병원을 잘 모르고 있습니다. 그러니 의사선생님께서 책임지고 우리가 갈 수 있는 병원을 알아봐 주세요."

라고 하며

"특히 우리가 살고 있는 집 근처이면 더 좋겠습니다."

라고 부탁한다. 의사선생님께서 바로 김해병원 여기저기로 전화를 걸어 보셨다. 선생님께서 이러이러한 환자가 있는데 받아줄 수가 있는가. 라는 내용이다. 얼마 후 우리 집 근처에 있는 병원에서 우리를 받아 주신다는 말씀 듣고 우리도 그곳으로 가기로 합의를 했다. 우리가 갈 병원을 정해놓은 상태다. 나는 병실로 올라와서 엄마께 이병원에서 퇴원하게 되면 바로 김해병원으로 갈 것이라는 말씀을 드렸다. 어머니는 알았다는 듯 고개를 끄덕여주신다. 어머님 마음도 편안해 보인다. 자식들이 광주병원으로 가자는 소리를 듣고 어머님은 얼마나 불안 하셨을까? 라는 생각을 다시 하니 가슴이 뭉클해졌다. 헛 숭헌.

광주로 보내려 했던 사람의 의도가 보인다

마침 큰올케한테서 전화가 온다. 다른 형제들로부터 엄마가 광주로 못 가신다는 소식을 들은 모양이지 싶다. 올케는 내가 전화 받자마자 바로
"왜? 내가 병원에 있을 때는 분명히 어머님께서 광주로 가신다고 말씀하셨는데 왜 갑자기 안 가신다고 하시는지 모르겠네요."
라고 했다. 그러면서
"형님이 중간에 끼어 어머니를 못가시게 하는 것 같아요."
라고 한다. 그 말끝에 나는
"광주로 가시지 않겠다는 생각은 분명 환자이신 어머님 생각이네"
라고 했다. 그랬더니 올케는
"분명히 어제는 어머님께서 꼭 가신다고 약조 하셨는데요."
라고 말 한다.
"그렇지 않아도 어머니께서 말씀 잘 못하시는 관계로 엄마 생각이 정확하게 잘 전달 될 것 같지 않아 어제는 엄마가 그리 말씀 하셨다고 걱정을 크게 하고 계시네."
라고 했다. 그랬더니
"그럼 어디로 가시려고 하시는데요?"
라고 묻는다.
"그래 지금 엄마는 마산이나 김해로 갔으면 좋겠다고 말씀하시네. 그리고 나도 그렇게 했으면 좋겠네."
라고 했다. 내가 마산 쪽을 운운했던 것은 큰아들 체면 생각했기 때문이다. 큰아들 입장 생각하지 않았다면 굳이 마산을 운운하지 않고 바로 김해로 가겠다는 말을 했을 일이다. 그러나 내가 장남 체면 생각했던 부

분이 나의 큰 착각인 듯하다. 전화 속 올케는 거침없이
 "나는 죽으면 죽었지 어머니 못 모셔요."
라고 악 쓴다.
 '헛 숭헌. 누가 자기보고 귀한 우리 엄마 모셔 달라 했나 참 요즘 것들은 위아래도 없나보다 뚝하면 윗사람에게 이렇게 악을 써대니 물론 다 그렇지는 않겠지만 아무튼 큰올케는 우리 집 형제 중에서도 나를 아주 못 마땅히 여기고 고깝게 보는 인사 중에 한사람이지 싶다. 저희 어머니를 광주로 보내려 할 때는 다 그럴만한 이유가 있을 것이라는 생각을 했는데 결국 이면에는 이런 계략이 깔려 있었던 것이다. 이 일을 계기로 다른 형제들도 중간 역할을 누군가 잘 못하고 있음을 대충이라도 알았으면 하는 마음이다. 더구나 며느리의 본심을 아무리 미련한 사람이라 할지라도 자식 된 도리가 비록 인륜지대사 관혼상제(冠婚喪祭)속에는 속해있지 않더라도 자식 도리(道理)가 으뜸이라는 사실을 삼척동자도 아는 사실이건만 하물며 만물에 영장이라 일컬은 머리 좋은 인간이라는 작자들이 좋은 머리로 짜낸 지혜라는 것이 고작 자기 부모 버리는 꾀를 자낸 형국이라… 어쨌든 좋은 머리 좋게 안 쓰면 나쁜 머리 나쁘게 쓰는 것 보다 더 흉악 하거늘… 헛 숭헌. 이런 유형의 인사(人士)들은 재산이라면 남보다 먼저 달라고 앞장서서 설칠 위인이라 여겨진다. 인간의 이중성이 적나라하게 반영된 사례다. 나 역시도 올케에게 크게 바란 것은 없다. 그렇지만 이런 막말까지 하는 올케의 그 한마디는 너무 충격적이다. 충격이 커서 아직도 그 말이 귀속에서 맴돌고 있다. 더구나 자꾸만 되뇌어 지기까지 한다. 나는 죽으면 죽었지 어머니 못 모셔요. 라는 짧은 한마디는 여운을 길게 갖게 했다. 올케의 당돌한 그 한마디는 올케의 대한 인간적인 미련을 깔끔하게 정리 할 수 있는 기폭제다.

이런 말을 듣고 무슨 미련이 있겠는가? 이 말을 듣는 그 순간부터 내 마음도 어느 정도 정리를 한다. 잠시 이런 생각을 했다. 나 또한 니가 모셔줄 것이라고는 기대한적 없었지. 병든 부모 책임지지 않으려고 머리 쓰는 너의 마음을 읽은 지도 오래다. 큰며느리로써 도리는 남아 있을 텐데 라는 여운이 머문다. 나는 전화기 속에서 악 쓰던 올케의 말이 귀속에 저장 되었는지 마음에 저장되었는지 자꾸만 되뇌어진다. 요즘 젊은 사람들은 자기에게 해로운 일이라 하면 거침없이 거절하는 대답부터 하니 분명 시대가 변했다. 그것도 아주 변해 그저 이기적이고 자기중심적이다. 툭하면 고소 고발 사건이 많아지고 양보란 있을 수 없고 배려심도 찾아보기 힘들 뿐더러 위아래 개념도 상실되어 가고 있다. 분명 말세(末世)라는 의미가 이런 세상을 두고 하는 말이지 싶다. 이제는 올케의 의중을 정확히 알았으니 더 이상 긴말은 필요하지 않다. 그래서 올케에게

"자네 뜻 알았네."

라는 말을 하고 나는 전화를 끊었다. 이곳은 병실이다. 서로가 조용히 해줘야만 되는 곳이라 나는 조용히 전화를 끊었던 이유다. 그런데 올케한테서 다시 전화가 왔다. 나는 다시 받았다. 그런데 전화 받자마자

"왜 내 얘기가 안 끝났는데 전화 왜 끊어요?"

라고 따진다. 헛 숭헌. 고약한지고.

"자네 의중(意中)을 알았는데 무슨 구차한 말이 더 필요할까?"

라는 말을 하고 나는 전화를 끊었다. 요즘 현실은 병든 부모 모시는 것을 과감하게 양보하는 시대가 맞는 모양이다. 하지만 이 과정이 병든 부모가 아니고 재산이라면 저리도 과감하게 양보 할 수 있을까? 의문이다. 병든 부모 두고 서로 못 시겠다고 쟁탈까지는 바라지는 않았지만 저렇게 내 식구 입에서 저런 말이 나오리라고는 꿈에도 생각하지 못한 부분이라 나로서는 충격이 좀 크다. 나는 구차한 것은 싫다. 병든 부모 모

시는 것을 싫어하는 올케 의중 알았는데 더 이상의 말은 가치 없다. 이러쿵저러쿵 논쟁할 가치도 없다. 다만 뜻있는 자가 모시면 된다. 올케를 상대해서 싸울 가치도 없는 일이며 이런 일은 필히 복(福)있는 자만이 할 수 있는 일이라 생각한다. 하늘이 어머니에게 자식 된 도리를 다 할 수 있도록 기회를 주신 것이라 나는 생각한다. 울 엄마만은 그 어떠한 경우가 있더라도 내가 끝까지 책임 져야겠다는 다짐만 강하게 한다. 나는 올케와 전화를 끊고 나서 엄마 옆에 가서 조용히 앉았다. 우리 어머니는 언제나 한결같이 점잖으시고 도량이 넓으셨던 분이다. 나에게는 너무 존경스러운 분이 바로 울 엄마고 자랑스러운 분 또한 울 엄마라는 사실이다. 나의 롤 모델이 바로 저희 어머니다. 더구나 척박한 삶을 살면서 정말 정신적으로 존경스러운 멘토(mentor)시며 길을 가르쳐주신 나의 진정한 지로인(指路人)이 바로 우리 어머니다. 어머니는 나에게는 너무도 존경스럽고 소중한 분이다. 타인들에게는 그저 병든 노인 한 사람에 불과하다는 사실이다. 일정 부분 입장 바꿔 생각해보게 된다. 올케 입장을 십분 이해하려는 마음이 생긴 이유다. 말 못하신 분을 어찌 다른 사람 손에 맡기겠는가 싶은 생각이다. 또 다시 내가 다짐하기를 울 엄마는 어떠한 경우라도 내가 책임지고 지켜드릴 것이다. 라고…

나는 잠시 착잡한 마음을 정리하느라 어머님 옆에 멍하니 앉아있다. 그런데 주무신 줄 알았는데 주무시지 않고 계셨는지 엄마는 뜬금없이
"그것이다잉 바로 그것이야."
라는 말씀을 밑도 끝도 없이 하신 것이다. 엄마는 벌써 내 마음을 읽으신 모양이라 여겨진다. 우리 어머니는 이런 부분이 남들 하고의 차이점이다. 울 엄마는 말하지 않아도 상대방의 속마음을 꿰뚫고 계신다는 뜻이다. 내가 마음속으로 우리 엄마는 내가 끝까지 책임지고 지킨다. 라

고한 제 마음속 다짐을 어머니는 벌써 아시고 바로 그것이다잉 바로 그 것이야. 라고 하신 것이다. 전화가 다시 울렸다. 이번에는 막내 여동생 이다. 여동생도 내가 전화 받자마자

"왜 또 올케를 화나게 했어?"

라고 악부터 쓴다. 우리 형제들은 올케가 입만 벙긋하면 언니, 둘째 동생, 막내 여동생, 이렇게 세 사람은 의협심이 강해서 그런지 이유도 묻지 않고 무조건 나에게 소리부터 지른 것이다. 우리 광산김씨 유전자 가 성질 급한 것이 내력이지 아무튼 기차화통을 삶아 먹었는지… 무조 건 왜 또 올케를 화나게 해. 이다. 둘째 동생은 왜? 형수 성질 돋구는데 라는 멘트가 대부분이다. 나도 인간이다. 인간으로써 참는 것이 한계에 다다른 시점이지 싶다. 이제껏 그랬듯 여동생은 이유는 물어보지 않고 자연스럽게 왜? 또 올케를 화나게 했어? 라고 악부터 쓰니 어처구니가 없다. 아직도 무엇이 참인지 거짓인지 구분 못하고 있는 소위 지성인이 라 일컬은 인사(人士)모양세가 참으로 꼴사납다. 이제껏 나는 이렇게 이 유도 묻지 않고 악부터 써대는 형제들 뉘누리 속에 일엽편주(一葉片舟) 였다. 그러니까 말씀 못하신 울 엄마 모시고 사는 죄로 아무튼 악쓰기 전에 자초지종이나 내게 물어보고 악을 쓰던지 아무튼 이유도 모르면서 올케 역성이나 들며 악부터 쓰는 막내도 이젠 속물스럽고 실망스러워 정말 화가 난다. 이 기회가 말 할 수 기회인지도 모르겠다. 나는 이제껏 울 엄마 낫게 해드리는 열쇠가 바로 형제 화목이라 우선 먼저 형제화목 을 전제로 하다 보니 정말 조선 팔도에도 없는 가장 비굴한 사람이 되어 야만 했다. 아직까지 형제들에게 쓴 소리 한 번 못하고 살았던 이유 다. 나는 막내 악쓰는 소리를 혹시나 울 엄마 귀에까지 들릴까 싶어 얼 른 전화기를 들고 병실 밖으로 나왔다. 와병(臥病)중이신 어머니 앞에서 형제지간에 큰 소리 내며 말하기 싫었던 것이다. 이제껏 옥석(玉石)도

못 가리면서 올케 역성만 들고 살아온 여동생에게 무엇이 잘못 되었는 지? 이젠 가름했으면 싶은 마음이 들었다. 무엇이 옳고 그른지 가름 할 시기라고 생각이 든다.

   나는 어리석게도 우리 엄마 병은 우리 형제 우애하고 살면 모든 병 훌훌 털고 금방 일어나실 것이라고 지금껏 믿고 많은 것을 이해하려고만 했다. 현재 머리 쓰는 것을 보아 형제 우애는 고사하고 병든 부모 뒷치닥거리 하지 않으려고 엄마를 광주로 보내려는 속내를 보니 형제우애는 이미 물 건너 간지 오래다. 이제는 일정부분이라도 할 말은 해야 될 것이라 생각이 든다. 마냥 양상군자(梁上君子)그러니까 대들보 위 도둑을 군자라 여길 수 없는 것이다. 나는 여동생에게 아니 병든 부모 죽으면 죽었지 못 모시겠다. 라는 말을 들었는데 구차한 말이 뭐가 필요 있을까? 라고 나도 큰 소리쳤다. 그랬더니 침묵이 잠시 흐른다. 막내 여동생은 그 순간 무얼 생각했는지는 모르겠다. 하지만 조금 전과는 반대로 아주 낮은 목소리로 그건 그리어. 라는 말을 조심스럽게 하더니 하며 말없이 전화를 끊는다. 나도 구차하게 소중한 부모님을 싫다는 사람에게 맡기고 싶은 마음은 눈꼽만큼도 없다. 나는 올케가 전주에서 어머니를 잠시 모시고 살았을 때 올케의 그 마음을 읽었던 것이다. 가능한 울 엄마를 올케 집에 계시는 시간을 줄이기 위해 자주 우리 집으로 모셔오곤 했던 이유다. 이번 병원 옮기는 것을 빌미로 어머니를 멀리 보내려는 의도라는 것도 어렴풋이라도 이미 느끼고 있었다. 이젠 나는 더 이상 울 엄마 병원 옮기는 문제를 형제들과 의논 할 필요 없이 내가 결정만 하면 된다. 나는 큰 남동생이 그래도 한 집안의 장남이고 엄마한테는 큰 아들이라서 큰 동생 의사(意思)를 존중해주고 싶었다. 일부러 마산 쪽을 운운했다. 내 직접 어머니를 어디로 모실 것인지? 큰 동생 마음을 알고 싶었을 뿐인데 이젠 정말 장남 대답을 들은 것이나 마찬가지이지 싶다. 이 젠 그 누구의 의견이 중요치 않다. 울 엄마 김해로 옮겨갈 일만 남은 듯 하다. 그때 마침 언니한테서 전화가 왔다. 언니는 큰 동생에게 엄마를 어디로 모실 것이냐. 라고 큰 동생에게 물어보았단다. 자기들 생각은 엄마를 광주로 모셨으면 하는데 내가 중간에서 광주 가는 것을 반대 했다. 고 말을 했단다. 큰 동생은 누구를 죽이려고 어머니를 마산으로 모시냐. 라고 했다는 것이다. 이 시점에서 큰 동생에게 더 이상 무얼 바라겠는가 싶다. 우리 언니 말처럼 나만 잘하면 되지. 그러나 생각하면 생각 할수록 서글픈 일이 아닐 수 없다. 그것도 우리형제이고 우리엄마가 제일 좋아하는 장남 입에서 그런 말이 나왔던 것을 생각하면 너무도 슬프고 슬프다. 그 이유도 누구를 죽이려고 마산으로 오냐. 라고 했다고 하니 과히 슬프지 않니 할 수 없다. 말 뽐새 하고는… 누구를 죽여? 분명 보이지 않은 세계에서는 자식들 운명(運命)의 흠(欠)을 고쳐주고자 병든 부모에게 효(孝)하는 것을 보고자 했을 텐데… 귀하신 우리 엄마가 어느새 짐이 되어버린듯한 느낌이다. 이런 말까지 듣고 보니 인생살이가 덧없고 참으로 무정(無情)한 것이 바로 이런 부분을 두고 하는 말이지 싶다.

그 옛날 초근목피(草根木皮)하던 시절에도 부모는 자기 배는 굶을지라도 자식 입에다가는 풀뿌리라도 더 먹여주고 싶은 마음이 부모 마음이요. 부모님 생각인데 세상이 어찌 변해도 이렇게 무정(無情)하게 변했을까 싶은 생각이다. 옛 성인들 말씀처럼 여러 명의 자식들은 한 부모 모시는 것을 이렇게 저렇게 회피하는 모습 보고 있잖니 옛 말들이 하나도 틀린 말이 없다는 것을 깨닫는다. 즉 열 자식들은 한 부모님 모시기 어렵지만 한 부모는 열 자식을 어떻게 해서든 다 거둔다는 말이 참이라는 사실을 깨닫게 한 사례. 나는 언니와 통화를 길게 할 수가 없는 상황이라 간략하게 요건만 말하고 어머님께 달려간다. 제가 유독 서두른 이유가 어머니께서 찾는 느낌이 들었기 때문이다. 제가 자주 전화기를 들고 복도로 뛰어나가니 어머니 마음도 편치 않다는 느낌이 든 것이다. 통화를 끝내고 병실로 들어가는 길에 나는 혼자 독백(獨白)한다. '그래 걱정하지마라. 설마 우리에게 너무 소중한 엄마를 너희에게 맡겨 너희들을 죽게 만들겠는가?'라는 쓰븐 독백을 한다.

드디어 김해로 출발이다

며칠 후… 이제는 정말 퇴원하는 날짜가 되었다. 어머님 조용히 누워 계시는 틈을 타 이리 뛰고 저리 뛰며 병원에서 쓰던 살림살이를 벌릴 것 버리고 가져갈 것을 정리했다. 참 어떻게 생각하면 무던히도 사연 많았고 긴박했던 순간들을 보냈던 이곳을 막상 떠나려하니 시원섭섭하다는 생각이 든다. 돌아보면 우리가 일반병원으로 간다는 사실이 왠지 믿겨지지 않을 정도로 위중했었는데 막상 이곳을 떠나려하니 약간 미련이 남는 것이다. 왜 그럴까를 생각해 본다. 아마도 어머님 상태가 종종 위급을 요한 경우가 있어 불안한 마음이 있었던 것이다. 어머니께서 모든 병을 다 털고 집으로 퇴원하시는 것처럼 설레기도 하다. 집이 아니고 다른 병원으로 옮겨가는 신세라 더러는 서글픈 마음도 든다. 마냥 감성에 젖어 있을 상황은 아니라 흩어진 정신(精神)을 일도(一到)하며 나는 45일 동안 이곳에서 사용했던 살림살이 정리를 했다. 그동안 병실에서 꼭 필요해서 사두었던 물품들이 이제는 필요 없게 된 것들이 일부 있어서 굳이 이 물건들을 가지고 가야 할지 버려야 될지 망설인다. 그때 마산에서 막내 남동생이 큰 올케와 함께 병실로 들어왔다. 반가운 얼굴은 아닌 모양이다. 올케가 나와 간병을 교대하기 위해 온 것은 더더욱 아니다. 자기가 병원비를 책임지고 있어 나름 사명감이 있었는지 일단 막내 남동생 하고 같이 왔다. 이면에는 나에게 병원비 맡기기 싫어서 온 이유이지 싶다. 이 또한 밉게 보여 내가 바로 보지 못한 사례이지 싶다. 우리의 게임은 아직 끝난 것이 아니기에 함부로 판단해서도 안 되는 부분이다.

일단 엊그제 올케와 했던 말들은 잊고 오늘은 오늘 할 일에 서로 마음 합심해 어머니를 안전하게 김해병원으로 옮겨드려야 한다. 나는 삿된 망상에서 자유로워져야만 내 스스로가 힘들지 않다는 사실이다. 생각이라는 것이 추상적이라 할지라도 사람을 밝게 할 수도 있고 때로는 사람을 아주 힘들고 피폐하게 만들기도 하니 가능한 생각은 밝게 갖고 발걸음은 경쾌하고 당당하게 갖는 것이 나 자신을 위해 좋을 것이다. 사람 생각은 사람 마음과는 달리 때론 참으로 간사하다는 사실을 깨닫는다. 다시 말해 내 자신은 어느새 생각 깊은 곳에 유리벽을 쳐놓고 올케를 상대하고 있는 것을 보고 내 스스로 놀라고 있다. 과거를 잊은 줄 알았는데 과거를 잊지 못 했는지 자꾸만 올케 대함에 있어 어색하고 불편한 생각들이 쉼 없이 스쳐 간 것이다. 이번 일로 충격이 컸는지 아니면 쉽게 지워지고 쉽게 잊혀 질 일이 아니었는지 자꾸만 올케가 악쓰면 했던 말이 되뇌어지고 있으니 참으로 머릿속이 쉴새없이 시끄럽다. 나는 나를 위해서 병든 부모 과감히 버렸던 부분을 지우지는 못하더라도 되뇌어 생각하지는 말아야 한다. 기대한 봐 없었으니… 일단 올케는 뻔뻔한 것인지 아니면 결국 자기 짐을 덜어 마음속이 편한지 불편한 내색 하나 없이 어머니 퇴원한다는 말 듣고 병원에 왔다. 나와 함께 이곳저곳을 찾아

다니며 퇴원수속을 했다. 병원비는 6남매가 각자 N/1 방식으로 계산해서 큰올케에게 전달되었다. 하지만 어머니께서 암 환자가 아니라 그런지 상상했던 것보다. 병원비가 많이 나와 사실 놀랬다.

아마 1인당 3백정도 병원비를 각출했으니 적지 않은 액수다. 병원비는 걱정 없이 지불됐고 퇴원수속이 마무리 되었다. 짐은 미리 쌓아두었기에 이제는 그야말로 몸만 앰블런스에 타면 되는 상황이다. 우리가 가는 곳은 김해에 있는 일반병원이다. 좋은 점은 우리 집에서 5분 거리라는 점이 이점(利點)이라 하겠다. 더구나 가까워서 시간 나는 대로 집에 들려 우리 집 늦둥이도 챙겨줄 수 있을 것 같다는 생각을 한다. 그렇게 생각한 내 자신이 얼마나 어리석었는지를 이틀 후에 나는 또 다시 위급한 상황을 맞이하고서 깨달았다. 어머니께서 아파하시는 발뒤꿈치 괴사의 위력도 모르고 오직 어머니가 중환자실에서 살아 나오셨다는 점에 주안점을 두고 마냥은 아닐지라도 더러는 안도의 숨을 쉬었던 것이다. 병원에서는 고관절 수술도 잘되었다고 하시고 간담도 길에 스턴트도 삽입했으니 이제는 위험한 고비를 넘긴 줄 알았다. 어머니가 살아 돌아오심에 감사했다. 무지에서 오는 착각이었다는 사실을 일반병원으로 옮기고 이틀 후 다시 폐에 물이 차 혼비백산하고서 잠시 안일하게 생각한 것에 대한 후회를 했다. 정말 세상물정 모르는 사람의 무지에서 나왔던 행복감이었던 것이다. 어머니는 다른 병원으로 가기위해 옷을 갈아입으시려 할 때 그동안 어머니를 담당하셨던 여러 간호사님들께서 오셔 저희 어머님께 작별 인사를 고했다. 그리고 간호사님 한 분께서 할머니 그동안 고생 많으셨어요. 처음 할머니 이 병실에 들어오셨을 땐 할머니는 며칠 사시겠는가? 라는 마음이 있었는데 이렇게 많이 좋아지셔 나가시니 우리들 마음도 너무 좋아요. 라고 하셨다. 엄마를 간병했던 내 입장에서는 참 듣기 좋은 말이 바로 이 말이지 싶다. 그리고 많은 환자들 돌보시느라 경황없음에도 불구하고 이렇게 저희 어머님 찾아와서 특별한 작별 인사를 해주니 가슴이 훈훈해지기까지 했다. 일단 간호사님들 다 나가시고 제가 어머님 환자복을 벗겨드리고 평상복으로 갈아 입혀 드리고 있을 때 수간호사님께서 오셨다. 그리고

"할머니 이렇게 가시니 섭섭하네요."

라고 하시면서 침상 위에 널브러져 있는 짐들을 챙겨 가방에 넣어주시기까지 하신다. 그때 마침 구급차가 병실 안으로 어머니를 모시려 들어왔다. 이동침대로 옮기시기 전 어머니께선 옷을 깔끔하게 차려 입고 앉아계시니 환자 같지가 않아 좋다. 저희 어머님에게는 카리스마 넘치는 중후한 멋도 있어 보기가 참 좋았다. 저희 어머님께서 평상복을 깔끔하게 입으신 모습을 병실 문밖에서 지켜보신 여러 간호사님들이

"할머님 그렇게 입고 계시니 너무 멋쟁이시네요."

라고 이구동성(異口同聲)으로 말을 한다. 더구나 병실에서 그동안 같이 지냈던 환우들도 한마디씩 거들어 멋있는 분이라고 말씀해 주시니 왠지 내 기분도 좋다. 우리가 구급차 이동식 카와 함께 승강기를 기다리고 있는 사이 이곳 여러 간호사님들과 수간호사님께서 다시 엘리베이터 앞으로 오셔서 저희를 다시 배웅 해주시니 나름 뿌듯한 마음이 든다. 저는 이분들께서 엘이베이터 앞까지 나와 인사해주시는 것 또한 병원 측 인사라 생각했었다. 이렇게 많은 간호사님들과 수간호사님 배웅을 받는다는 것은 대학병원에서는 드문 사례라는 것을 나중에 구급차대원님께서 김해 넘어가는 도중 말씀 해주셔서 우리가 그곳 간호사님들의 아주 특별한 배웅을 받았다는 사실을 알게 된 사례다. 어머님을 보내드리고 몇 년이 흘러버린 관계로 희미한 기억을 더듬어 이 글을 쓰다 보니 더러는 끔찍하리만큼 급박했던 상황들을 표현력 부족으로 아니 문장력 부족

으로 우리가 겪은 상황들을 잘 설명하고 있는 느낌이 아니라 저 개인으로서는 아쉬움이 큰 부분이다. 더구나 문학 전문가가 아니라 더러는 현실감이 떨어진 부분이 많다는 것이 조금 내 입장에서는 많이 아쉬운 부분이라 하겠다. 문장력 부족인지 아무튼 긴박했던 상황 설명이 조금 부족한 부분이 조금 아쉽다. 제 마음을 이렇게 글로 표현(表現)하는 부분이 더러는 한계(限界)가 있다는 사실을 절실히 느끼지만 그래도 사실만을 적는 부분이라 부족하면 부족한대로 용기 낸다.

이때 우리가 겪었던 상황들을 돌이켜보면 참 숨 막힐 정도로 초를 다투는 시간도 많았고. 숨이 턱에 차오르도록 뛰었어야만 했었던 사연과 너무 위급한 상황에 당황해 몸이 움직여주지 않아 잠시 넋을 잃고 어머니만 물끄러미 쳐다만 보게 된 순간들도 있다는 것이다. 어느새 3년이라는 세월이 흘러 그런지 초를 다투었던 현실감은 어느새 다 잊혀지고 어느 기억 일부분만 남아있고 어머니 돌아가시고 첫 번째 기일 날 남편이 또 대장 절제수술을 하는 관계로 나의 기억 일부가 지워진 사연이다. 백병원에 대한 나의 기억들 대부분은 잠시 어머님을 사선(死線)에서 지켜내기 위해 치열하게 다투었던 전쟁터와 같은 곳이었다. 우리는 엄마와 영원한 이별을 하지 않으려고 형제 모두 힘겨운 시간을 보냈던 공간이요 꺼져가는 어머님 혼불을 지키려고 무던히도 발버둥 쳤던 곳으로 기억한다. 우리는 많은 병원관계자 배웅을 받으며 구급차에 몸을 실었다. 구급차에 올라타기 전 나는 막내 남동생에게 형수랑 구급차를 뒤 따라 오라고 했다. 두 사람은 주차장으로 가고 나는 구급차에 올라타서 누워계시는 어머님 옆에 조용히 앉아 엄마를 살핀다. 차는 우리가 위급한 상태인줄 알고 바로 사이렌을 울리며 출발했다. 구급차에 타신 어머니가 불안해하실 줄 알고 몹시 나도 몹시 긴장하고 있는데 내 생각과는 달리 엄마 모습은 너무도 평온해 보이신 것이다. 그래서 생각했다. 엄마가 이렇게 평안해 보이는데 굳이 사이렌까지 울리며 긴급하게 가지 않아도 될 것 같은 생각이 든다. 기사님께

"우리 사이렌 울리지 않고 조용히 병원에 들어가면 안 될까요?"

라고 여쭈었다. 기사님께서

"그리하셔도 괜찮습니다."

라고 하신다.

"그럼 우리 조용하게 지나가고 싶어요."

라고 했다. 구급차는 정말 사이렌은 끄고 견광 등만 켜고 달리셨다. 구급차아저씨께서 갑자기 우리들에게 내가 이 병원에서 근무한지 9년 차인데 대학병원 수간호사가 환자 짐을 직접 챙겨주고 엘리베이터 앞에까지 나와 배웅하는 것은 처음 봅니다. 라고 하신 것이다. 할머님께서 얼마나 병원 생활을 잘하셨는지 짐작이 갑니다. 라고 하신 것이다. 우리 모녀는 그 말끝에 반응 하지 않았다. 그냥 구급차에 몸을 실었을 뿐 감각 없이 그저 멍하니 시키는 대로 구급차에 올라탔을 뿐이다. 내 입장에서는 또 다른 낯선 환경보다는 지금 이동 중이신 어머님 상태를 가름할 수 없기 때문에 항상 내 마음은 불안했다. 우리가 이곳에 있을 때만해도 폐에서 물 빼내는 가느다란 호수가 막혀 응급처치를 몇 번 받은 경험이 있다. 나는 그 부분이 제일 두려운 것이다. 어쩌면 막연하고 아득하다는 생각이 저변에 깔려 있어 그런지 아무튼 불안한 마음뿐이다. 막상 부산에서 구급차를 타고 김해도착 했지만 엄마 상태가 안심할 단계가 아니라 살얼음판을 걷고 있는 심정이다. 얇게 언 얼음판위를 빠지지 않으려고 깨트리지 않으려고 수 억 개의 신경세포들을 곤두세우고 아슬아슬 한고비 한고비를 넘어가고 있는 상황인 것이다. 그 어려운 중환자실에서 나오셔서 이렇게 일반 병원으로 온 것에 감사한 마음이다. 내일 일을

예측 하지 못하는 어리석은 인간이라서 발뒤꿈치 괴사의 괴력도 모른 체 그 병원에서 나왔던 사실에 그저 마음 한 구석은 기뻐하고 있다. 처절했던 중환자실 탈출 그 사실 하나만으로 나는 만족했고. 안도했는지 모르겠다. 그것은 분명 세상사 경험이 부족한 나의 무지[(無知)가 불러온 큰 실수다. 우리는 병원에 한 번도 어떤 반구(反求)도 제시하지 못했고 불평도 못하고 왔던 부분을 사실 후회했던 부분이다. 이것은 분명 의료 사고가 맞는데 우리는 그 어떤 사과도 그 어떤 보상도 받지를 못했다는 것이 후회로 남은 것이다. 이 병원 저 병원으로 옮겨 다니고서야 울 엄마 괴사정도면 병원비 전액을 지불 안 해도 된다는 의견들과 의료분쟁의 소를 진행해도 된다는 말들을 많이 듣게 된다.

  우리는 큰 것을 바라는 것이 분명 아니다. 울 엄마를 너무 고생시켰으니 성의표시만이라도 있었으면 하는 아쉬움이다. 지금 와 생각해보면 의사 선생님도 환자 낫게 해드리고자 수고를 아끼지 않으셨는데 굳이 따지자면 발뒤꿈치 괴사 생긴 부분은 의사 선생님 탓만은 아니라는 결론이다. 수많은 환자들을 치료하시는 의사 선생님 잘못이 아니라 어쩌면 내가 중환자실을 들락거릴 때 울 엄마 말씀을 더 귀 기울어보지 못한 탓이 컸다는 것이다. 그리고 엄마가 자꾸 아프다는 쪽을 세밀히 살피지 못한 내 잘못이 크다는 뜻이다. 그것도 제일 가깝게 지낸 내가 엄마 뜻을 다 헤아리지 못해 생긴 것이라 내 과오(過誤)가 크므로 유난히 나만 힘든 시기를 보냈을 것이라 생각한다. 분명 이것은 전적으로 나의 실수요 나의 과오가 맞다. 굳이 변명을 하자면 이 당시 중환자실에 계신 관계로 세밀하게 살필 수 있는 여건이 아니었지만 그래도 울 엄마 말씀을 깊이 듣지 못해 생긴 괴사라 나는 이 부분을 처절하리만큼 후회하고 반성하고 있는 부분이다. 그러니까 중환자실에 계신 엄마는 나만 보면 다리가 아프다고 여러 차례 의사 표시를 해주셨는데도 불구하고 수술한 다리라 그렇게 아픈 줄로만 알았던 나의 무지(無知)가 만들어낸 가장 큰 과오다. 엄마 마음을 마음으로 듣지 않아 이런 실수를 하지 않았겠는가 싶어 내가 아주 어리석었음을 후회하게 한 사연이다. 고관절 수술한 다리에 부목까지 받쳐있는 상태에 붕대까지 칭칭 감아 피가 잘 통하지 않아 엄마는 통증을 호소했지만 그 누구 하나 혈이 통하지 않아 아플 것이라곤 생각하지 못한 것이다. 엄마가 아프다고 하시면 뼈 깎는 대 수술을 해서 아프다고만 했던 말은 정말 나의 무지(無知)가 불러온 화(禍)의 원인이 된다. 나의 무지함을 나는 용서할 수가 없다. 엄마는 면회 때마다 발이 아프다고 호소하셨건만 미련한 나는 그 고통을 알아차리지 못했으니 이 죄를 어찌 빌어야 할지 때늦은 후회로 가슴이 저민다.

모든 불행은 안일한 생각에서 비롯된다

구급차 아저씨는 간호사 안내로 입원실로 들어오셔서 엄마를 배정된 침대에 엄마를 옮겨 주셨다. 엄마가 침대에 오르시니 나는 구급차비용을 지불하고 구급차아저씨께 감사하다는 인사를 했다. 우리가 안내된 입원실은 그야말로 연로하신 노인들만 입원하고 계셨다. 요양병원에 온 기분이 든다. 나는 요양병원을 한 번도 가본 적이 없다. 그렇지만 대체로 연로하신 분들만 계신 것으로 보아 아마도 요양병원이 이런 모습이 아닐까? 라는 생각이 든다.

이 병실은 간병사 두 분이 상주해서 교대 근무 하신다고 들었다. 몸 불편한 노인 분들이라 유난히 손이 가는 환자라 상주하는 간병인이 필히 필요한듯한 느낌이다. 우리가 병실을 배정받아 잠시 병실 분위를 살피는 중 큰올케와 남동생이 뒤따라 들어왔다. 우리들은 짐을 풀고 어머니 침상에 욕창 방지용 매트를 깔아 드렸다. 매트는 아들보고 집에 있는 것을 가져다 달라고 해서 깔아 드렸다. 울 엄마는 욕창매트 까는 것을 반기지 않는 느낌이다. 강력하게 거부하시지 않고 엄마는 누우셨다. 나는 엄마가 누우신 것을 보고 큰 올케에게

"내일 모래가 우리 시아버님 기일이라 내가 제사 준비를 좀 해야 될 것 같아 그러니 모레 와서 엄마 옆에 좀 있어주소."

라고 부탁 했다. 올케도 순순히

"그리 할게요."

라고 했다. 그래서 나는

"아무튼 고맙다. 그리고 오늘 여러 가지로 고생 많았으니 막내랑 일찍 마산으로 내려가소."

라고 하며 두 사람을 보냈다. 이날도 올케는 시어머니 퇴원하신다고 하니 이렇게 와서 큰며느리 노릇하고 가느라 수고가 많았다. 큰며느리로써 도리를 다하려하는 마음이 정말 고마운 것이다. 그도 가족의 일원으로써 책임감을 갖고 이렇게라도 따라 다녀줘서 너무 감사한 일이라 생각한다. 우리가 살면서 이해 못 할 일이 뭐가 있을까? 싶다. 모시지는 않지만 올케가 이렇게 와서 힘을 합쳐주는 것을 보노라면 밉지 않은 것이다. 인간의 간사한 마음이 한몫 했지 싶다. 엊그제 감정 따윈 벌써 나는 잊은 것이다. 그런 감정을 오래 갖고 살면 나만 손해라는 사실이다. 나는 늘 좋은 것만 기억하려한 이유다. 우리 엄마 가르침중 하나이다.

나는 짧다고 하면 짧고 길다하면 긴 50여 일간의 병실 생활에서 썼던 살림들을 어느 정도 정리 해놓고 엄마 누워 계신 옆에 가서 조용히 앉는다. 막상 앉고 보니 어딘지 모르게 병실 안이 숨죽이듯 조용하다는 느낌이 들었다. 고개 들어 돌아보니 할머니 여섯 분께서 일제히 저희 모녀를 공진원에 뭐 관찰하듯 응시하고 있는 것이다. 헉 내가 무엇을 잘 못했는지? 유난히 우리의 일거수일투족을 하나도 빠트리지 않고 살피려는 눈빛들이 불편하게 여겨진다. 환자분들 시선이 왠지 불편하다는 생각이 들어 다시 고개를 돌려 엄마를 의도적으로 바라보며 엄마와 이런저런 얘기 나누면서 간간히 엄마 안색을 살핀 중이다. 아마 내가 이렇게 엄마 안색을 자주살피는 이유가 혹시나 이동 중 폐에 꽂아둔 호수가 막히는 불상사가 두려웠던 것이다. 자꾸만 혹시나 하는 노파심이 일어났다. 관이 막히면 폐에 물이 빠지지 않아 갑자기 호흡곤란이 온다. 엄마 상태는 초를 다투는 상황이 된다. 대학병원에 있을 때는 응급처치가 신속하게 이루어졌기에 그나마 대학병원 생활은 조금 의지할 곳이 있어 다행이었지만 이곳에서 호수 막힌 상황이 닥치면 나는 어떻게 해야 하나 싶고 그런 상황이 닥칠까봐 나는 너무 두렵다. 나의 온 신경이 온통 엄마 폐 쪽으로 가있는 이유다. 자주 반복된 위급상황이 나를 이렇게 불안한 심리를 갖게 하고 그 여파로 자동적으로 불안한 마음이 일어나니 나에게 생겨서는 안 되는 병 염려(念慮)병이 생겨버린 이유이다. 엄마가 이곳으로 옮겨와선 편안해 보이시니 나도 옆에서 잠시라도 쉬고 싶다는 생각이 든다. 오늘 하루를 돌이켜보면 정말로 정신없이 뛰어다녔던 하루라 생각이 든다. 내 나이도 무시 못 하는 50대중반이라 피로감이 물밀듯 밀려왔다. 현실은 이 지친 몸이 쉴 수는 없다. 내일이 시부모님 기일이다. 나물 하나라도 상에 올리려면 시장을 다녀와야 한다. 엄마가 편하게 주무시는 것을 보고 입원실 앞에 있는 간호사실에 가서 엄마를 잠시 살펴달라고 해놓고 3일 동안 못 가본 집을 잠시 들렸다. 병원과 집 거리는 도보로 5분 거리다. 올라 올 때는 언덕이라 10여분은 걸릴듯한 거리라 여겨진다. 막상 집에 도착하니 주부 없는 집은 다 그렇다고 이해는 된다. 남편은 새벽에 현장가고 애들도 새벽같이 학교 등교하니 청소할 시간이 없었을 것이다. 내가 집은 오래 머물면서 편안하게 집안 청소해놓고 갈 형편이 못된다. 청소는 못하고 식구들 저녁 반찬 좀 해놓고 났더니 벌써 1시간이 가까워 진 것을 보고 나는 서둘러 병원으로 달려 올라간다. 우리 집에서 병원하고 거리는 얼마 되지는 않다. 불과 500m정도이다. 내 몸이 넉넉하고 길은 오르막길이고 몸은 지쳐있고 마음은 급하지만 스피드는 전혀 나오지 않고 벌써 숨은 헐떡여지고. 마음은 바쁘고 날은 덥다. 병실에 두고 온 엄마 생각에 나의 몸은 더욱 경직되어 걷는 것인지 뛰는 것인지 좀처럼 일보전진(一步前進)에 이보후퇴(二步後退)가되는 것 같다. 모든 상황이 나에게는 불리하게 느껴진다. 생활이 넉넉해서 마음 편하게 엄마를 간병하는 차원이 아니라 마음 한 구석은 생활비 걱정에 한숨이 절로 나온다. 한가하게 숨 한번 제대로 쉬게 하지 않던 이 시기의 나의 현실이다. 생명을 주신 부모가 아니었다면 내가 이렇게 뛰어다니며 고생할 이유는 없다. 생명을 주신 어머니가 계시지 않았다면 이렇게 하고 싶어도 못하는 일이다. 내가 병실로 들어가니 벌써 석식(夕食)이 나와 있었다. 나는 주변 분들께 가볍게 인사하고 서둘러 어머님께 식사를 떠드린다. 서둘러 왔기 때문에 내 이마는 벌써 땀이 주르르 흘러내렸다. 이 모습을 보신 엄마는

"그랬어?"

라고 한다. 뚱뚱한 딸이 땀 흘린 모습이 안쓰러웠는지 휴지 하나 뽑아 내 이마에 흐른 땀을 닦아주셨다. 말하지 않아도 느껴지는 울 엄마의 큰 사랑을 오롯이 받고 있는 것이 느껴졌다. 비록 육신(肉身)은 고달파도

마음이 행복(幸福)한 사람이 바로 나인지 모르겠다. 우리 모녀가 이렇게 정답게 사랑을 나누고 있을 때 쯤 갑자기 병실에서 달그락 거리던 소리가 사라졌다. 왠지 무거운 시선이 느껴져 나는 밥 한술 떠서 어머님께 드리고 뒤를 돌아보았다. 이곳에 계신 환자분들이 일제히 수저를 들고 우리 모녀를 바라보고 있는 것이다. 이유는 알 수 없다. 어디지 모르게 우리 모녀를 많이들 부러워하는 눈빛이다. 할머님들 모두가 하나같이 턱받이를 하고 있는 것이 내 눈에 들어온다. 서글픈 모습이다. 분명 저 분들도 젊어서는 남에게 뒤질세라 억척같이 살아오신 분들일 텐데 나이 들어 병든 노구가 되니 같은 처지의 낯선 사람들과 수저 하나 조절 못하는 신세이고 보니 병원에서 하나같이 턱받이를 챙겨 식사 때가되면 받쳐 드린 모양이다. 턱받이 정도는 귀엽게 봐주겠는데 병든 부모들 병원에다 모셔다 놓고 홀로 식사하게 하는가? 싶은 생각에 이 각박한 현실이 너무나 싫어진다. 우리나라 사회제도가 모든 자식들을 불효자 만들어가고 있는 것만 같은 것이다. 나부터서 각종세금 직접세가 우리네 인생의 삶을 피폐하게 만들어가는 요인 중에 하나일 것이다. 가난한자의 변명일 수 있겠으나 현실은 객식구 하나 건수한다는 것은 많은 희생을 요구했다. 대부분 사람들은 늙고 병든 부모 모시는 것이 두려운 일이 되었지 싶다. 내 경험상 이 사회는 부모 모시고 살면 모든 세금을 감면 해주는 혜택을 주는 것도 괜찮을 것 같아는 생각이다. 한편에서는 이 제도를 역이용해 사회기본 법을 유린한 사람도 있겠으나 그래도 늙으신 부모님들 모시는 분들께는 많은 혜택이 돌아가는 사회가 빨리 돌아왔으면 좋겠다. 라는 생각을 가져본다. 나는 저녁식사 마치신 엄마를 씻겨드리기 위하여 엄마 목에다 수건 돌려놓고 세수를 먼저 시켜드리고 양치 시켜드렸다. 그랬더니 엄마가

"개운타."

라는 말씀을 해주신다. 엄마 로션 바르시고 계실 때 저녁 회진인지 의사선생님께서 오셨다. 의사 선생님은 어머님 관해 이것저것을 물으신 뒤 어머니 발뒷꿈치를 보시더니 짙은 갈색으로 변해있는 부위를 집도용 면도칼로 오려내야 된다고 하시면서 바로 조심스럽게 한 꺼풀 두 꺼풀 오려내시며 비지땀을 흘리셨다. 우리에게

"이렇게 괴사된 부분은 이대로 두면 계속 썩어 들어가기 때문에 빨리 걷어내야만 됩니다."

라고 하신다. 대학병원에서는 이제껏 별 말씀 없이 메디팜만 붙여주셨던 부분이다. 무지한 우리는 그냥 그대로 두면 피부 스스로 재생능력이 생겨나서 저절로 치유가 되는 줄 알고 있었다. 우리는 병원에서 그런 말씀 없이 매일 반창고 갈아주는 정도였고 육안(肉眼)으로 보아도 대수롭지 않게 색깔도 연갈색 정도라서 이 괴사가 우리에게 큰 화근이 될 것이라고는 예상 못한 분분이다. 이것이 바로 무지(無知)한 자(者)의 한계(限界)다. 자기가 아는 만큼만 보는 세상의 이치(理致)였다. 의사선생님은 30분 가깝게 조금씩 오려낸 뒤꿈치를 내게 보라고 하신다. 추측으론 깎아낸 부위 깊이가 0.2m정도다. 넓이는 2cm정도고 대략 길이는 3cm 정도 괴사된 어머님의 발뒤꿈치 실체이다. 내 육안으로 추측한 것이다. 선생님은 깎아낸 곳을 소독하시고 반창코를 붙여 마무리 하신다. 우리는 이때까지 뒤꿈치 괴사의 괴력을 실감하지 못한 상태라서 그저 단순히 에그 수준정도의 안쓰러움만 있었다. 의사 선생님은 어머님 옆구리 뚫어 호수 꼽아 놓은 부분을 보시곤 의아한 눈빛으로 살펴보시더니

"왜 폐에서 물이 멈추지 않고 계속 나오죠?"

라고 제게 물으신 것이다. 물이 나온 이유를 대학병원에서도 그 원인을 모르고 있는데 의학상식이 무지렁이 수준인 제게 묻는다. 나는

"대학병원에서도 원인 몰라 의아해하신 부분입니다."

라고 했다. 그랬더니
"아 그래요."
라고 하시며 병실을 나가신다. 막상 의사선생님 저녁 회진 마치고 나가니 왠지 나도 고단한 몸을 좀 쉬어보고 싶다는 생각이 든다. 병실 밖에서 웅성거리는 소리가 나더니 남편이 불쑥 들어왔다. 남편은 장모님이 집 근처로 오셨다고 퇴근해서 병문안을 온 것이다. 남편은 장모님께 드리려고 낙지를 탕탕이 해서 잔파도 위에다 뿌리고 깨도 뿌려 이쁘게 포장까지 해 왔다. 낙지를 참기름 장에 찍어서 장모님께 권하니 엄마는 마지못해 한 두어 점 받아 드시더니 더 잡수시는 것을 거부했다. 아마 사위가 낙지 한 접시 가져와서 생색내는 것이 못 마땅한 느낌이다. 벌써 술이 한잔 되어있다. 아마 일마치고 오니 자기도 배고파서 낙지를 다듬는 과정에서 자기가 먼저 먹으면서 술 한 잔 한 모양이지 싶다. 이렇게 병문안 오는 데에는 문제될 것은 전혀 없다. 어머니께서 사위 성의를 봐서라도 맛있게 잡수셔야 되겠지만 어머니는 낙지 사온 자(者)의 성의(誠意)에 문제가 있음을 알고 엄마는 억지로 한 점 드시고 더 드시는 것을 거부하신 것이다. 그런 이유를 모르는 사위는 여러 사람들에게 자기가 낙지를 장모님 위해 이렇게 해왔노라고 술기운을 빌려 허세를 떨고 있다. 그 모습을 본 울 엄마 눈초리가 무섭다. 나는 이런 분위가 정말 싫다. 내가 엄마를 십여 년 가깝게 모시면서 이런 분위기를 자주 접했던 것이다. 올곧은 사람과 허세뿐인 사람 사이에서 나오는 파장이 나는 제일 고통스러웠던 부분이라 하겠다. 엄마가 드시지 않는 낙지는 병실 분들이 모두 드셔서 비록 접시는 비워졌다고는 하지만 내 마음은 편치 않다. 울 엄마가 다른 분들과 다른 점이 바로 이런 부분이다. 하늘은 부모 위하는 일은 허세가 아니 정성스런 마음이라는 것을 가르쳐주시는 사례다. 남편과 애들이 가고나니 어수선한 병실 안이 조용해졌다. 나도 조용히 간이 침상을 꺼내 자리를 잡고 누우니 오늘 하루는 여러 가지 일이 겹쳐 많이 힘이 들었던 모양인지 나도 피곤함이 밀려왔다. 어머님 퇴원 가정에서 오는 긴장감이 제일 컷을 것이다. 낯선 곳에서 엄마 상태를 살피느라 마음이 고단했고 몸도 많이 힘들었다. 결론은 나도 심신(心身)이 피로하다는 뜻이다. 나는 어머니 옆 침대가 하나 비워있었지만 어머님 침대 밑에 있는 간이 침상을 꺼내 몸을 맡긴다. 갑자기 옆에 계신 환자분들께서 내 행동들을 이제껏 보고 계셨는지 이구동성(異口同聲)으로 옆 침대 비어있으니 다른 환자 없을 때는 그곳에서 자라고 여러 사람이 한 목소리를 내신 것이다. 나는 내가 사용해도 되는 침상이 아니라 망설이고 또 망설이고 있으니 또 다시 사람들이 편하게 간이 침상에서 자지 말고 비어있는 침대에서 자라고 할머님들께서 권하고 권하시니 갈등이 생긴다. 울 엄마 눈치를 살피니 엄마도 그렇게 하라고 하시니 나는 오늘 염치불구하고 편안하게 자게 되었다. 시간이 얼마나 지났을까? 나는 어느 낯선 여인이 흔들어 깨우는 바람에 눈을 크게 뜨고 잠시 멍 하니 그저 눈만 껌벅 껌벅거리며 이곳이 이승인지? 저승인지? 가름이 어려워 멍한 머리는 지금 이 상황을 판단하려 한다. 지금 무슨 상황일까? 라고 생각하려는 찰라 아주머니 아주머니께서 너무 코를 심하게 골아서 그래요. 라고 하신 것이다. 나는 그제사 눈을 번쩍 뜨며 아이고 죄송합니다. 라며 몸을 일으켜 병실 안을 돌아본다. 그러니까 환자 6분 시선이 일제히 나를 향하고 있는 중이다. 앗뿔사 이 일을 어쩌면 좋을지 나는 쥐구멍이라도 있으면 좋겠다는 생각이 든다. 울 엄마도 내 코고는 소리가 얼마나 괴로우셨는지 여러 차례 아야 아이 하고 나를 깨우셨단다. 내가 깊은 잠이라 그런지 불러도 불러도 반응이 없었던 모양이다. 엄마는 얼마나 답답하셨는지 나와 눈을 마주치는 순간 아이고 참말로. 라고 하셨다. 너무 죄송하고 미안했지만 이 날 밤은 내 몸이 내 몸이 아니었던 것이다.

나는 또다시 코를 골면서 잤던지 또 한 차례 누군가에 의해 깨워졌던 것이고 나는 그렇게 이날 밤 여러 사람 못 자게 해 놓고 나는 꿀잠을 잤다. 나는 아침에 일어나 지난밤 코골고 잠잤던 사실이 미안하고 죄송해서 고개를 들 수가 없었다. 내가 의식이 있어 의도한 것은 아니었으니까 나도 염치는 있다. 엄마 식사 떠드리면서도 환자분들을 쳐다보지 못했다. 나는 어머님 식사마치고 어제 못다 한 짐 배열을 다시 하고자 하는데 이곳에 사는 지인들이 어머님 김해로 오셨다는 소문 듣고 병문안을 왔다. 엄마 맛있는 것 사드리라고 용돈도 주고 갔다. 점심때 지나서 언니부부와 막내 여동생 부부가 들어왔다. 혈육이 찾아오니 몹시 반가웠다. 우리는 비좁은 병실보다는 밖에서 음료라도 마시는 것이 좋을 것 같아 가족 모두 엄마를 휠체어에 태워서 병원 옥상에 마련된 휴게소를 찾아 올라가는 중이다. 옥상 올라가는 승강기안에 결려있는 거울 속에 비쳐지는 울 엄마 모습은 정말로 많이 편찮으셨다는 것을 알게 했다. 매일 옆에서 보던 모습과는 사뭇 다르게 거울 속에 비쳐진 엄마 모습은 그야말로 병색이 짙어 보였다. 엄마도 거울에 비쳐지는 자신의 모습을 보시고 깜짝 놀라시며 아이고 참말로 라는 말을 하셨다. 거울 속에 비추어진 자신의 모습이 너무도 변해 병색 짙은 노인 모습인지라 엄마께서 아이고 참말로. 라고 하신 그 짧은 한마디가 왠지 어머님 탄식처럼 들려 나의 가슴을 저미게 했다. 누구라도 초라해진 자신의 모습을 보고 좋아 할 사람은 분명 없다. 울 엄마만은 이런 모습을 갖지 않을 것이라 나는 생각했는데 막상 이런 모습으로 변해있는 엄마 모습 보면서 나는 왠지 어머니가 나를 책망하고 있는 느낌이 든다. 아마 부모를 잘 모시지 못한 자격지심인지는 모르겠다. 거울 속에 비추어진 어머님 모습은 참으로 보기가 민망할 정도로 야위어 몰골이 말이 아닌지라 부모님을 잘 섬기지 못해서 이렇게 엄마를 고생시키고 있으니 변명할 여지가 없는 것이다. 울 엄마 이렇게 고생시키는 것은 오롯이 나의 잘못이다.

　우리 3자매는 일주일 만에 만나 오랜만에 엄마와 함께 병원 옥상에서 시원한 바람과 따사로운 햇볕도 쬐고 시원한 공기도 마시며 망중한의 여유를 갖고자 한다. 계절은 5월 중순이라 늦은 봄이라하기도 그렇고 이른 여름이라 하기도 예매한 계절이다. 바깥공기는 차가우면서 햇볕은 따뜻하다. 공기는 차가워 실내서만 계신 엄마를 나는 담요로 따뜻하게 감싸 올라왔었다. 참 오랜만에 어머니와 여러 식구들이 이렇게 옥상에 서라도 바깥 공기마시고 있으니 답답한 병실 보다는 기분은 좋다. 비록 짧은 옥상 나들이지만 잠시라도 시름을 내려놓은듯한 편안함도 있었다. 그것도 잠시 어머니께서 내려가자고 하시여 곧 바로 우리 가족들은 승강기가 비좁을 정도로 모두 올라탔다. 승강기에 타신 엄마는 이번에는 거울을 의도적 외면하시는 것이다. 나는 울 엄마 그 모습이 더 애잔해 보여 마음이 아프다. 거울을 외면하신 엄마모습 보면서 나는 생각이 많아졌다. 내 비록 속없이 형제들과 웃고는 있지만 노쇠해진 노모님 얼굴 보잖니 마음이 편치만은 않는 것이다. 그 옛날 우리어머니 곱디고운 얼굴이 어느새 세월을 이기지 못하고 저리도 변하실 줄 누가 알았겠는가? 싶다. 울 엄마 주름진 얼굴에서 세월(歲月)이기는 장사(壯士)없다더니 그 말이 세삼 다시 새롭게 느껴진다.

　나는 요즘 가끔 길거리에서 곱게 나이 드시고 건강하게 늙어 가신 어르신들을 보노라면 부러운 생각이 많이 들어 마음 한구석이 애잔해지기도 한다. 문득 그 옛날 울 엄마 곱던 옛 모습에 머물러 있기도 한다. 불현듯 떠오른 어머님 얼굴이 자꾸 떠올라 떠나신 어머님이 몹시도 그립고 그리워 쓸쓸함이 맴돌다 사라진다. 남다른 회한(悔恨)이 생겨 그런지 자꾸만 더 어머님을 회상하게 한다. 때늦은 후회를 하며 독백(獨白)아닌 독백을 비 맞은 중(僧)마냥 중얼거리고 있는 내 모습을 보게 된다. 미련이 많아 그런지 마음에서 어머니를 떠나보내지 못해 그런지는 알 수 없지만 거리에서 건강하신 어르신들 뵙노라면 부러운 마음이 많이 일어난다. 나의 독백은 한탄인지 남들은 저리도 부모님을 잘 모셔서 저렇게 건강하시고 저렇게 정정하신데 왜? 우리는 어머니를 빨리 떠나보내야만 했는지 왜 이렇게 우리들은 어머님과 영원한 이별을 빨리 하게 되었는지 라는 생각이 꼬리를 물고 일어난다. 나 역시 삼라만상(參羅萬像)의 주인공이 틀림이 없다는 사실을 깨닫는 중이다. 그저 울 엄마를 끝까지 지켜드리지 못한 내 자신이 너무나 못났고 한심스럽고 부끄럽다는 생각이 든다. 한편으로는 변명 아닌 변명을 늘어놓아서 이 황망함에서 벗어나고 싶다. 아무리 이렇게 생각해보고 저렇게 생각 해봐도 이 모든 것들은 바로 내가 어리석고 미련하여 빨리 깨닫지 못해 이렇게 쉽게 부처님 같으신 어머님을 놓쳐버렸으리라 생각한다. 나는 지금도 미련하고 어리석어 빨리 깨닫지 못했던 부분들을 뼈저리게 후회하는 차원이다. 어머니를 찾아오는 가족들과 손님들 덕분에 오늘은 입도 즐겁고 눈도 즐거웠으며 귀도 즐거운 하루다. 그러나 내일이 시부모님 기일이다. 그래서 잠시라도 언니와 동생 있을 때 간단하게라도 시장을 보는 것이 유리 할 것 같아 서둘러 시장을 다녀오려고 병원을 나섰다. 막상 시장을 둘러보니 마음이 온통 어머니에게 가 있어서 무엇을 사야 할지 눈에 들어오지 않아 한참 시장 구경하는 신세다. 하지만 마냥 이렇게 넋을 잃고 방황해서는 안 될 것 같아 대충 눈에 들어오는 대로 생각나는 대로 사가지고 집에 냉장고에 쑤셔놓고 서둘러 병원에 도착한다. 멀리 가는 형제들이라 이곳에서 어둡기 전에 출발해도 목적지에는 늦은 밤에서야 도착 한다. 그런데 일주일 마다 꼭 이렇게 찾아와주니 너무너무 감사하다. 가족이고 자식이라 할 수 있는 행위(行爲)이다. 나는 서둘러 병실로 들어서 니 언니가 우리가 있는데 뭐하려 힘들게 서둘고 다녀 천천히 쉬었다 오지! 라고 했다. 언니는 잠시라도 시간되면 나에게 좀 쉬라고 채근한다.

역시 모타리는 작아도 생각하는 것과 마음 씀씀이가 분명 윗사람이고 울 엄마장녀가 맞다. 나는 병실에 있는 가족들에게 멀리 가야하니 빨리 서둘러 떠나라고 재촉해서 보냈다. 두 집 식구들이 막상 떠나고 나니 병실 안 분위기가 적막하다. 같은 병실사람들도 하나 같이 조용했다. 하지만 앉아 계신 분들은 어제도 그랬듯 오늘도 우리모녀를 유심히 쳐다보고 계신 것이다. 다들 이 병실에 오래 계셨는지 찾아오는 사람이 없다. 어찌 보면 긴 병에 효자 없다. 라는 말이 맞듯이 오랫동안 부모님 병원에 계시면 자연스럽게 소원(疏遠)해지는 것이 맞다 는 것을 나는 잘 안다. 그러니까 눈에서 멀어지면 마음에서도 멀어진다. 라는 말이 괜히 나온 말이 아니라는 것이다. 하지만 못 찾아오는 자식 탓만은 할 수 없다. 현실이 각박하여 자식들도 삶의 현장에서 도태되지 않으려 몸부림치며 살아가시는 분들이 생각보다 많다는 것이 현 사회의 주소다. 우리를 공진원에 동물처럼 쳐다보신 할머님들 시선에 아랑곳하지 않고 엄마 옆구리에 꽂아둔 호수를 확인하고 받아진 물량을 체크했다. 나의 우려와는 다르게 정상적인 수치다. 엄마 안색도 괜찮아 보인다. 나도 잠시 쉬어볼 참으로 어머니 옆에 조용히 앉았다. 마산 큰 남동생에게서 연락이 왔다. 이유는 내일 큰 올케가 못 온다는 말을 한다. 어제 분명히 올케는 내일 와서 교대 해 주기로 약속을 했는데 갑자기 못 온다하니 난감하다. 올케가 갑자기 못 오겠다는 이유가 지난밤에 부부싸움을 했다는 것이다. 아마도 부부싸움하게 된 이유는 내가 며칠 전 큰 동생이 부산병원으로 어머니 뵈러 왔을 때 그때 나는 이틀 주차비 아낀다고 마침 차를 두고 병원에 갔던 것이다. 올케와 교대하면서 김해 오는 차편이 좋지 않아 그때 큰 남동생에게 마산가는 길에 나를 좀 김해에다 데려다 주고 가라고 했다. 그리고 동생 차타고 김해 넘어 오는 길에 나는 큰 동생에게 그동안 어머니 통장을 큰올케가 관리를 하면서 기초노령연금과 장애연금이 제대로 들어오지 않았던 부분을 엄마 통장 보여주면서 말을 했었다. 물론 그때 큰 동생에게 나는 기억력이 좋지 않아 과거사는 잘 모른다. 그래서 최근 통장거래 내역만 보고 말을 한다. 라고 하면서 최근 엄마통장 입출금 내역을 보여주었다. 이제껏 통장 관리를 올케가 했기 때문에 이런 사실을 어머님 말고는 자식들 아무도 모르고 이제껏 살아 온 것이다. 하지만 1~2년 전부터 엄마는 자기 통장을 올케로부터 돌려받기를 원하셨다. 하지만 올케가 관리해야 할 것이 많아 통장을 돌려줄 수 없다고 말해서 집안 불란(不亂)일으키고 싶지 않은 마음에 어머니와 나는 마산 들릴 때마다 통장 받는 것을 거절당하고 돌아왔다. 그때가지만 해도 나 자신도 왜 자꾸 올케가 나를 고깝게 보는데 통장하나 더 만들면 될 것을 굳이 올케에게 통장을 달라고 해서 내 입장을 난처하게 만드는지 이해를 못했던 것이다. 큰 동생에게 이제껏 엄마 돈을 자기 마누라가 제대로 붙어주지 않은 사실을 가르쳐 줬더니 동생도 적지 않게 놀라는 표정이었다. 그러니까 나도 얼마 전 엄마 통장을 올케한테 받고서 안 사실이다. 하지만 나 역시 형제로부터 신뢰받고 있지 않는 상황이라 알려주기가 난처했다. 이런 사실을 이제껏 형제들에게 전하지 못한 내용이다. 올케가 어떤 이유에서 그렇게 할 수 밖에 없었던 이유는 나도 잘 모른다. 그리고 나도 통장을 올케에게서 받은 지 얼마 되지 않아 정확한 사유를 모르기 때문에도 말 못했던 부분이다. 내 추측으론 내 살림살이가 애옥살이라 혹시 내가 돈 찾아서 엄마 드리지 않고 내가 쓸까봐 염려스러워서 그랬으리라 유추한다. 나라에서 어머니에게 들어오는 금액이 어느 정도라는 것을 엄마는 오래전부터 알고 계셨지만 말을 잘 못한 이유로 이제껏 따져보지 못하고 그냥 며느리한테 통장만 달라고 했던 이유고 나는 엄마 성화에 못 이겨 여러 차례 올케 찾아가 통장을 엄마가 받고 싶어 하신다고 말했던 이유다. 올케는 자기가 관리할 것이 많다면서 통장을 주지 않았던 것이고 그럴 때마다 엄마는 마산 아들집을 나오면서 아직 아니네. 라고 하시며 한숨 지어시곤 하셨다. 언제부터인지 엄마도 이젠 자기 권리정도는 찾아야 되겠다고 작심하셨는지 통장 받는 것에 적극적인 태도를 보이셨고 저를 어찌나 채근하셔서 어쩔 수 없이 여러 차례 마산으로 엄마모시고 가서 올케에게 이젠 엄마 통장 어머니에게 돌려드리면 안 되겠는가?라고 하소연까지 했던 것이다. 올케도 완강하여 자기가 관리를 해야 된다고 주지 않아서 우리 모녀는 통장을 받지 못하고 수차례 그냥 돌아왔었던 기억이 뚜렷이 남아있다. 그리고 한참 지난 후 엄마 통장 문제로 집안이 좀 시끄러워졌던 것이다. 통장 받기를 원하신 엄마 뜻을 전혀 모른 나는 그 당시 엄마에게 짜증내며 굳이 올케가 안주겠다는 통장 이제는 받으러 가지 맙시다. 라고 했다. 어머니는 내 말끝에 속이 많이 상하셨는지 그것이 아니다 그것이 아니당께. 라며 내게 크게 역정을 내셨다. 그러니까 말 못하신다고 속까지 없는 것이 분명 아니라는 뜻이다. 엄마는 내게 다시 반복해서 그것이 아니여 그것이 아니다잉. 라고 말씀 하신 이유가 분명 있어 역정을 내게 내신 이유였다. 엄마는 이제껏 말씀 잘 못하신 관계로 20여년을 묻어두고 살아오셨던 일이지만 이제 나이 80이 되고 보니 이제라도 자기 권리를 찾고 싶은 이유다. 이제는 본인 통장을 꼭 받아야겠다고 결심하신 것이다. 다른 형제들은 어머니께서 통장받기를 고집한 이유를 잘 몰라 통장 때문에 집안 시끄럽게 하지 말고 엄마 통장 하나 더 만들어 드리자고 하는 사람도 있었고 아예 하나 더 만들어 보내준 형제도 있었다. 엄마는 통장 만들어 보낸 것을 보시곤 몹시 화를 내셨다. 우리가 살면서 엄마가 그렇게 화 내셨던 일은 별로 없었을 정도로 통장 찾겠다는 엄마 뜻을 이해 못하고 속된 사람 취급해서 통장 만들어 보냈다고. 크게 화를 내셨다.

엄마가 대노(大怒)하셨던 이유를 나는 이렇게 해석한다. 나라에서준 돈은 마땅히 엄마가 받아야할 돈인데 그 돈이 본인에게 제대로 들어오지 않는 것을 자식들이 모르고 있고 그것을 엄마 스스로 바르게 잡고자 화를 내신 이유라 생각이 든다. 나는 엄마를 모시게 된 후 사기꾼 도둑년으로 낙인찍힌 몸이라 내 말은 효력이 없을 것 같아 본인이 이런 사실을 자식들에게 알리고 싶었던 이유이지 싶다. 엄마가 원하는 것은 다른 통장이 아니라 나라에서 본인에게 나온 돈인데 그 돈마저 본인 수중에 제대로 들어오지 않고 그렇다고 자식들이 따로 생활비나 용돈준 일이 별로 없어 엄마는 자기 권리를 이번 기회에 찾고 싶었던 이유이고 당연히 본인이 받아야할 돈을 구차하게 며느리한테 그 돈 좀 붙여달라고 사정사정해서 받는 것을 이젠 그만 하고 싶으신 것이다. 내가 어머니를 모시고 살면서 제일하기 싫은 일 가운데 하나가 바로 올케한테 엄마 돈 받아 주는 일이지 싶다. 그 돈을 받으려면 올케에게 사정을 하는 신세가 된듯하여 자존심이 많이 상했다. 전화를 해서 꼭 돈 보내달라고 사정해야만 통장에 넣어주고 내가 자존심이 상해서 말 하지 않으면 붙여주지 않으니 엄마도 이젠 그 말하기가 싫었던 것이다. 이런 사실을 전혀 모르는 자식들이 어머니가 돈이나 욕심내서 통장 달라고 하는 것이라 여긴지라 이런 부분을 곡해(曲解)하고 있는 자식들에게 화가 났던 이유다.

엄마가 현금 카드는 갖고 있었다. 그렇지만. 통장이 비어있는데 현금 카드 가지고 있는 것은 아무런 의미가 없었다. 어머니께서 통장을 여러 차례 달라고 했던 이유고 그 통장을 고관절로 쓰러지시기 한 달 전에 겨우 받아 놓았던 터라 엄마 통장은 현재 내가 가지고 있어 며칠 전 김해 넘어 오면서 통장을 큰 동생에게 보여 주었었던 사연이다. 큰 동생은 생각도 못한 이야기인지 적지 않게 놀랬다. 그리고 자기는 돈 관련해 전혀 개입하지 않아 이런 사실을 전혀 몰랐다고 했다. 아마 통장 문제로 부부 사이에 예상치 않는 일이 있었는지? 올케가 내일 못 온다고 하니 낭패도 이런 낭패가 없다. 그래서 나는 큰 동생에게 그럼 너라도 와라. 라고 했다. 그랬더니 그리하겠단다. 그러나 다음날 아무리 기다려도 큰 동생은 오지 않았다. 아마 기분 나빠서 못 오겠다는 것인지 아니면 회사 때문에 못 온 것인지는 알 수 없지만 일단 오지 않았다. 그렇다면 할 수 없다. 나는 산조상이 중요하지 죽은 조상이 뭐 그리 중요 할까?싶다. 제사는 간략하게 지내야 될 것 같다. 그런데 마침 마산에서 막내 남동생이 연락도 없이 병실로 다시 왔다. 막내 남동생은 언제나 엄마에게 살갑게 구는 막내아들이었다. 막내 동생은 그제 어머니 퇴원시키고 입원 시킨다고 형수랑 고생 많았다. 그런데 오늘 다시 찾아 왔다. 나에게는 구원병 같다. 나는 못 오겠다는 사람 구차하게 기다리지는 않을 것이다. 우리나라는 장남을 우선순위로 하는 문화라서 어머님 병수발은 큰며느리가 마땅히 하는 도리일진데 그것을 망각한 것인지 회피하는 것인지 알 수 없으나 일단 우리 시부모 기일이라 특별히 오늘 엄마를 부탁한다고 했건만 못 오겠다고 하니 괘씸한 마음도 없진 않다. 통장 문제로 올케 입장에서는 분명 기분이 안 좋았을 것이라 이해한다. 그러니까 자기 흉을 본 경우라 기분이 상했을 것이라 짐작한다. 우리 입장에서는 오랜 세월 무더니 참았던 사실을 자기 신랑한테 얘기를 했을 뿐이니 죄책감은 없다. 그렇게 사는 것도 자기 인생이고 병든 부모 붙들고 이렇게 사는 것도 내 인생이듯 각자의 선택대로 사는 것이 현실이다. 하지만 나라면 말 못하시고 성치 않으신 부모 기망(欺罔)은 절대로 하지 않았을 것이다. 그것은 공명정대(公明正大)한 하늘이 알고 있고 내 양심이 알고 있고 말 못하시는 우리 엄마가 알고 있으니 근본이 바로선 사람이라면 특별히 가르치지 않아도 알고 있으리라 생각한다. 그것은 바로 참된 자의 도리요 자식 된 도리다. 우리들은 영민하지 못해서 그런 머리를 쓸 줄 모른다. 그리고 참된 자(者)의 행실이 아닐뿐더러 울 엄마가 그렇게 가르쳐 주지 않아 방법을 몰라서도 못했지 싶다. 그것은 바로 자기양심이다. 그러니까 자기양심이 바로 섰을 때 얼굴빛도 살아있고 눈빛도 해맑아 사물을 대할 때나 사람을 대할 때도 꾸밈이 없으며 짜임 또한 없어서 누구를 만나도 떳떳하고 당당한 것이다. 다시 말해 이런 부분이 바로 저희 어머니가 가르쳐 주신 바른 정신이요 곧은 양심이다. 그리고 누구나 절대로 잊어서는 안 되는 것이고 속여서도 안 되는 것이 바로 자기양심이다. 울 엄마는 혹여 내가 돈 제대로 붙여주지 않는 올케를 흉이라도 볼라치면 모른 께 그러제 모른께 그런다잉. 라고 하셨다. 이날까지 따져보지 않았던 이유며 울 엄마 말씀처럼 모르니 그러겠지 하고서 바로 울 엄마 말씀이 진리여 라고 생각했다. 막내 동생에게 어머니를 부탁하고 시장으로 방앗간으로 분주히 다닌다. 나도 나이가 들어 그런지 요즘 움직임이 많이 둔해진 것을 내 스스로 느낀다. 제사 음식 해놓고 엄마에게 가야된다는 생각이 앞서니 오히려 일을 더디게 만든 것이다. 음식을 무엇부터 만들어야 되는지 생각도 잘 나지 않고 시간만 자꾸 가는 것만 같아 마음만 바쁘다. 바쁘기만 혼자 바빴지 일의 진척은 그다지 좋은 결과는 아니라 진땀이 난다. 그런데 시장 봐서 집에 들어온 지 얼마 지나지 않았는데 막내 동생한테서 전화가 왔다. 이유는 어머니께서 큰 것을 보셨다는 것이다. 나는 하던 일을 멈추고 일명 쓰리빠를 신고 달린다고 달려보지만 경사진 길이라 그런지 마음만 뛰지 몸은 별로 뛰어지지 않는다. 남자 동생이지만 남보다는 엄마 옆에 두고 온 것이 한결 마음이 편하게 느껴졌던 것은 아마도 핏줄의 힘이 아닐까? 라고 생각해봤다. 만약 낯선 간병인을 엄마 옆에 두고 왔더라면 엄마도 많이 불편했을 것이고 나도 마음이 편치 않았을 것이라 생각한다. 나는 병원에 들려 엄마 기저귀 갈아드리고 또 열심히 걸음을 재촉하여 집에 와 제사 음식을 준비했다. 우리 동서도 있지만 동서는 직장인이라 항상 퇴근해서야만 올 수 있어 내가 어느 정도 음식 준비를 해두어야 했다. 친정어머님 때문에 시부모님 제사를 소홀이 했다는 소리는 듣고 싶지 않았다. 시부모님 제사에 신경을 더 썼다. 우리 시가 쪽에서 그런 말을 할 사람도 분명 없지만 이 일은 내가 당연히 해야 될 의무요 도리기 때문에 당연히 내가 해야 될 일이다.

    나는 제사 음식을 어느 정도 준비 해놓고 제 올리는 것은 다른 식구들 보고 알아서 하라고 해놓고 나는 서둘러 어머니에게로 달려갔다. 그리고 어린애들이 기다리고 있는 막내 남동생을 보내 놓고 나는 어머니 옆에 조용히 앉았다. 내가 힘에 겨워 멍하니 앉아 있으니 엄마는 내게 수고 많았다고 그러셨는지 땀 흘리고 있는 저를 보시면서 이마 땡 하자고 이마를 내게 맞댔다. 이마를 맞대며 하시는 말씀이 그랬어. 라고 하시는 것이다. 아마 이마땡을 하시는 이유는 저보고 수고했다. 고 하시는 말씀이지 싶다. 그래서 나도 어리광 섞인 말투로 응 그랬어요. 라고 했다. 엄마와 나는 이런 재미로 이 고비를 넘기고 있지 싶다. 막내 남동생 가고 바로 저녁식사가 나왔다. 엄마 식사 떠드리면서 할머님들을 돌아봤다. 안쓰러운 마음에 돌아본 것이다. 코곤 죄로 자세히는 보지 못했지만 아침 식사 때 얼핏 보니 숟가락질을 잘 못하신 분이 계셔 마음에 걸렸다. 숟가락질을 어떻게 하시는지 돌아본 것이다. 하나같이 턱받이 하고 식판을 기다리고 계셨다. 턱받이 하고 계신 모습은 정말 어린아이들에게 어울릴 듯한 모습이다. 하지만 웃을 수만은 없었다. 이분들은 모진 세월 일만 하시다가 병든 몸이 되었고 병들고 늙은 몸은 마음대로 움직여 주지 않고 수저 잡는 손은 본인 의지와는 관계없이 수시로 흔들어 되니 밥이 제대로 입으로 들어가지 않는다. 병실 할머니들은 밥 한 술 겨우 넣으시고 우리모녀를 바라본다. 어머니 식사 떠드리는 내 모습이 낯선지 자꾸만 쳐다보는 느낌이다. 한편으로는 울 엄마를 부러워하는 모습 같기도 하다. 나는 식사를 마치신 엄마 양치 해드리고 손가락 발가락을 따뜻한 물수건으로 닦아 드리고 난 후 수건을 다시 빨아 몸을 닦아드렸더니 어머니는 아이고. 좋다. 라고 하시며 몸을 누우신다. 병실 사람들이 엄마에게 말을 많이 걸어왔다. 엄마는 말씀을 잘 못하셔 그런지 유독 옆 사람들 하고는 말을 섞지 않으셨다. 더구나 내가 병실 사람들 하고 말 섞는 것도 원치 않으셔서 나 역시 병실 사람이 말 걸어오면 엄마 눈치 보는 것이 고욕이다. 저녁식사 물리고 나니 치료사님께서 오셔서 어머님 발뒤꿈치를 보시더니 메디팜을 붙여주시며 이곳은 시간이 좀 걸릴 것 같아요. 라고 하시며 나가셨다. 내가 거즈를 떼어냈을 때 살짝 보니 괴사된 부분이 열이 오른 듯 벌겋게 달아있어 내가 보아도 많이 아려보였다. 울 엄마께서 말씀을 하지 않아 그렇지 통증이 무척 심하게 느껴진다. 얼마나 통증이 심했으면 하루 종일 발뒤꿈치를 어머니는 쥐고 계셨으니 얼마나 아팠으면 그랬을까? 싶은 생각이 든다. 울 엄마 인내심(忍耐心)은 갑이 맞다. 나는 어머니께서 잠시 눈을 붙이는 것을 보고 조용히 병실을 빠져나와 서둘러 집에 들렀다. 집에 오니 동서랑 시누가 벌써 제사 지낼 준비를 다 해놓으셨다. 아마 이렇게 제 올리지 않고 나를 기다린 느낌이 든다. 내가 도착하자마자 서둘러 제를 올리자고 하는 것을 보니 분명 나를 이제껏 기다린 느낌이다. 우리 시집식구들은 정(情)이 참 많은 사람들이다. 나도 그 마음에 답하고자 가족으로써 의무를 기본적이

나마 하려한 이유다. 제주를 따르려는 찰나 용호동에서 몸도 불편하신 시 백모님께서 오셔 나를 보시더니 친정어머니 때문에 고생이 많다 라며 저를 토닥거려주셨다. 그리고 하신 말씀이 산조상이 중요하지 죽은 조상은 중요하지 않다. 그러니 어머니 병간호하는데 소홀함이 없도록 하소. 라는 말씀을 해주신다. 이 속담은 내게 너무 합당한 말 같다. 나는 다시 한 번 더 되 뇌였다. 나에게는 큰 위안이 된다. 제사는 어떨 결에 지냈다. 허긴 며칠 전 부터 머리 무겁게 제사를 어떻게 지낼지 고민 많이 했던 부분이다. 이 또한 이렇게 시간이 해결해 주는 일인걸 왜? 미리 고민했던가 싶다. 머리 무거운 제사를 지냈으니 마음은 홀가분하다. 뒷정리는 남은 식구들에게 맡겨두고 또 다시 어머니에게 달려간다. 내가 늦은 밤이라 살포시 병실 문을 열고 들어가니 엄마는 언제 일어나셨는지 벌써 깨어있다. 나는 옆 사람들 깨실까봐 조용히 어머니에게 제사 잘 지내고 왔어요. 라고 했다. 그랬더니 엄마는 아 그래 라고 한다. 그런데 울 엄마 숨 쉬는 소리가 조금 이상하다는 느낌이 든다. 나는 서둘러 폐에서 나오는 물량을 살펴보았다. 관을 보니 받아진 물 양이 평소보다 조금 적게 받아져 있었다. 일명 돼지꼬리 사이로 물이 조금씩 샌 것이 보였다. 나는 서둘러 일자형 기저귀를 3 ~ 4겹 겹쳐서 엄마 옆구리에 덧 붙여놓고 붕대로 칭칭 감았다. 최소한 물이 덜 나오게 하려는 의도다. 대학병원에 있을 때도 종종 옆구리에서 물이 새면 옷과 이불이 다 젖곤 했다. 이불과 옷이 젖지 않도록 침대위에는 정사각형 기저귀 깔아놓고 일자형 기저귀는 돼지 꼬리중심으로 여러 겹을 겹쳐서 담당교수님 회진 때까지 버티곤 했다. 그러다가 교수님 출근하시면 바로 응급처치로 옆구리 다시 뚫고 돼지 꼬리 삽입 시술을 했었다. 지금 이 상황이 급박하지는 않을지라도 방관할 상황도 아니다. 는 것이 관건이다. 나는 비상 상태에 돌입한 상태다. 가급적 이불과 옷을 젖지 않도록 해놓고 어머님 숨소리에 나의 모든 세포와 촉각을 세워놓고 있는 상황이다. 평소 엄마 폐에서 나오는 물량은 하루 평균 1400 ~ 1500cc정도 매일 받아낸다. 그런데 오늘은 1000cc가 못 미치는 양이라 예의주시하여 추호나마 불상사가 일어나지 않도록 살펴야할 때다. 이때는 교수님이나 의료진들도 전혀 인식하지 못한 일이지만 지금 와서 생각해보니 폐에서 많은 량의 물이 배출된 부분은 아마도 어머니께서 매일 맞고 있던 링거량 하고 비슷한 량이라 아마 링거하고 연계성도 배제 할 수는 없다. 그런데 문제는 대학병원 교수님도 왜? 폐에서 계속 물이 나오는지 그 이유를 알지 못했다는 사실이다. 그런데 아이러니하게도 울 엄마는 폐에서 물이 계속 나온 이유를 이미 알고 계셨던 것이다. 늘 내게 그래서 그래 라고 하신 이유다. 울 엄마 그래서 그래 라는 말씀을 해석 하면 발 뒷쪽 괴사 때문에 열이나 폐에 물이 차는 원인이라는 뜻이다. 어머니가 이런 말씀 해주시는 이유가 이미 진행된 괴사는 어쩔 수 없이 시간을 보내야 되는 상처임을 이미 알고 계신 것이다. 우리가 믿고 의지하고 환자를 맡겼던 대학병원이나 임상실험과 의학 공부를 많이 하시는 교수님들도 전혀 모른 이 과정을 어머니는 이미 알고 계셨으니 울 엄마를 일반분이라고 하기엔 아이러니한 부분이 많다. 평소에도 어머님을 통해 나는 상식을 뛰어 넘은 경험을 여러 차례 했기에 나는 전적으로 울 엄마 의사(意思)를 존중한 부분이다. 엄마를 모시고 처음 대학병원응급실에 들어갔을 때 대학병원응급실 팀에서 신속하게 어머니 뇌 사진을 찍게 되었다. 그리고 인턴께서 찍은 뇌 사진을 우리 세 자매에게 보여주며

"할머니 뇌사진이 온통 까맣고 하얀 부분이 전혀 없네요."라며
"이 할머니께서는 치매가 심하셔서 인지능력은 제로였겠네요?"
라고 했다. 그래 우리자매들은 이구동성(異口同聲)으로
"저희 어머니는 언어장애(言語障礙)만 조금 있었을 뿐 기억력은 젊은

우리들보다 더 좋았습니다."

라고 한 목소리로 말했던 것이다. 이와 같이 의학상식에서는 분명 인지능력이 제로라고 했지만 저희 어머님 상태는 아무튼 뇌 사진 까만 것 하고는 무관(無關)했으니 분명 울 엄마는 이런 상식을 뛰어 넘은 세계에 계신 분이 맞다. 엄마가 괴사 때문에 폐에서 물이 계속 나온다고 말씀하셨으니 나는 발뒷꿈치 괴사가 빨리 아물기만을 바라며 어머님 간병에 꾀부리지 않아야 한다. 폐에서 나온 물량이 평소보다 적게 나오고 있으니 일단 예의주시해서 살펴야 했다. 나는 엄마 호흡 상태를 의사선생님께 알려야 될 것 같아 당직하고 계시는 의사선생님께 폐에서 물이 적게 흐르고 호흡도 약간 쇠 소리 기운이 있으며 물도 옆구리로 조금씩 샌다다고 말씀을 드렸다. 이때 기억 더듬어 보면 대학병원에서 퇴원 당시 폐에서 물이 자자들면 옆구리에 꽂아둔 호수를 제거하라는 말씀이 있었던 것 같았다. 호수를 뺄 때는 폐에 물이 차지 않고 정상으로 돌아갔을 때를 말씀을 하신 것이다. 그러나 엄마 숨소리를 들어보니 호전된 것은 아니고 얇은 호수가 막혀 물이 옆으로 세지 싶다. 관으로는 물이 조금밖에 받아지지 않고 옆구리에서는 탄력 없는 우리엄마 뱃살이 움직일 때마다 꽂아둔 호수가 움직이며 그 사이로 맑은 물이 나오고 있다. 나는 숨죽이며 살핀다. 얼마의 시간이 지났을까? 대략 1시간이 지났지 싶다. 나에게는 이 밤이 고비이지 싶다. 이 시각 같은 병실 할머님들 일부는 주무신다. 어느 한분은 탈이 났는지 화장실을 자주 들락거리셨다. 화장실 불이 훤하게 비쳐 병실은 밝다. 그때 상주하신 간병인께서 관리 차원에서 들어오시더니 화장실 앞 병실바닥이 물 범벅이라고 궁시렁거리시니 환자분들이 깨어나 화장실 쪽으로 고개 돌려 쳐다본다. 관리하신 분 입장에서는 귀찮은 일이지 싶다. 할머님들께서 좌욕기를 제대로 쓸 줄 아신 분은 극히 드물다. 젊은 우리도 자세히 설명서를 읽지 않고는 사용 방법을 잘 모른다. 할머님께서 정지 버튼 누르지 않고 일어나시면 물이 변기 밖으로 물총처럼 쏘아져서 걸핏하면 병실이 물 범벅이 된 이유다. 병원에 종사하시는 분들은 더러는 수고스럽지만 새로 들어오시는 환자 분께 좌욕기사용법을 기본이라도 가르쳐 주고 욕을 하시던지 야단을 치시던지 했으면 한다. 어제 밤에도 이런 유사한 사례가 있어 물난리가 나서 사실 불편한 마음으로 밤을 지냈다. 상주하시는 간병인도 힘든 일이지 싶다. 미끄러운 욕실바닥에 물까지 묻었으니 거동 불편하신 노인 분들 혹여 넘어지시면 병원 책임도 있어서 간병인들이 날카롭게 신경을 쓰신 것이라 이해는 한다. 물난리 때문에 병실안 분위기가 싸늘하다. 그 때 담당 의사님께서 옆구리로 물이 세고 있다고 했더니 걱정이 되셨는지 내과과장님을 모시고 오셨다. 아마 울 엄마 담당의께서는 재활 담당이시라 옆구리에 꽂아둔 호수에 관해서는 처음보시는 일인 듯 의아해 하신 부분이다. 과장님은 엄마 상태를 보시더니 옆구리 호수가 막혀 그런 것 같다면서 옆구리 호수를 뽑아내신다. 호수 뽑았던 자리를 마취 없이 서 너 바늘 바로 꿰매주시며

"이것은 일명 돼지 꼬리라고 하는 것입니다."

고 담당의께 말씀 하신다. 그리고 환자 상태를 더 두고 보자고 하시며 나가셨다. 엄마는 마취하지 않고 꿰매는 바람에 자지러지게 비명을 지르셨다. 나는 우리가 김해로 왔을 때만 해도 마음 한구석이 좀 가벼웠었다. 지금은 또 다시 마음이 불안(不安)다. 아무튼 초 긴장상태로 엄마 옆에 앉아 꾸벅꾸벅 졸다 정신이 들면 엄마 숨소리에 귀를 기우렸다가 관에 받아진 물량을 보다가 젖은 옆구리 기저귀 갈아가면서 까만 밤을 하얗게 지새우며 아침을 맞이한다. 의사선생님도 걱정이 많이 되셨는지 일직 오셔서 X레이를 찍자고 하셨다. 울 엄마 숨소리가 평소와는 달랐다. 그러니까 쇠 소리가 심하게 느껴진 것이다. 허나 숨이 차오를 정도

는 아직 아니다. 그래 X레이를 찍었다. 담당의께서 X레이 결과 폐에 물이 차기 시작 한다며 빨리 대학병원으로 가라고 하신다. 더구나 벌써 구급차를 불러놓으셨단다. 그러니 빨리 준비해 대학병원 응급실로 가란다. 나는 의사선생님 빨리 가라는 말씀에 정신이 멍해졌다. 아득하다고 해야 할지 그저 막연하다고나 해야 할지 그저께 대학병원에서 겨우 나와 한숨 돌리나 했더니 다시 가라고 하니 정말 기가 막힌다. 의사선생님은 나에게 짐부터 챙기란다. 나는 일단 이곳에 짐을 놓고 가면 안 되느냐고 물었다. 그것은 안 된다고 하신다. 짐을 이곳에 놓고 갈 수 없단다. 그러니까 엄마가 구급차로 옮겨질 때까지 이 짐들을 다 싸서 구급차를 같이 타야 한다. 내게 주어진 시간은 고작 4~5분정도이지 싶다. 나는 차릴 정신도 없다. 아니 어머니는 벌써 구급차에 타고 계신다. 나는 서두르지만 마음 한구석에는 이곳을 떠나 또 그 무서운 응급실로 가는 것이 두렵다. 하지만 선택에 여지는 없다. 싫어도 가야만 하기에 무탈하기만을 기도하고 바라고 소원 할 것이다. 엄마 숨소리는 엑스레이 찍기 전보다 많이 가빠 보였다. 이제는 정말 급한 상황이 된 것 같다. 난 서둘러 간호사에게 부탁해서 퇴원수속 좀 밟아달라고 부탁했다. 나는 짐을 챙길 시간이 없어서 그냥 무조건 쇼핑백에 쑤셔 넣었다. 나머지 욕창방지용 매트와 잡스런 생활 용품들은 챙겨 집에 갔다. 놓으라고 아들한테 전화를 해 두고 나는 구급차에 몸을 실었다. 아마 정신없이 서둘렀던 결과로 4~5분밖에 걸리지 않은 듯하다. 구급차는 요란한 소리와 함께 무섭게 질주한다. 우리가 응급실 도착 전에 더 위험한 일을 당할 것 같은 불안한 마음까지 겹쳤다. 그것은 구급차를 타보신분들만이 느낀 공포다. 엄마와 나는 아무 말이 없다. 대학병원에서 나 온지 이틀 만에… 아니 이게 무슨 상황인지? 꿈인지 생시인지? 내 의식은 정말 꿈이라면 빨리 깨어났으면 좋겠다는 생각이다. 아니 그것마저 가름할 여유가 없다. 그냥 나는 운명에 엄마를 맡겨야 될 것 같은 기분마저 든다. 나는 울 엄마가 잘 버티셔 아무 탈 없이 이 고비 또한 잘 넘겨주실 것이라 믿는다. 몸은 서둘고 마음은 불안하지만 마음은 울 엄마를 믿고 있는 것이다. 정신 하나 없는 가운데 마음은 평온함을 유지한다. 뭇사람들이 저를 보고

"참 침착도 하시네요."

라고 했던 것을 생각하면 아마 내가 너무 둔해 그랬지 싶다. 내 입장에서는 너무 당혹스런 일들을 내 삶에서 수 없이 겪어서 그랬는지 몰겠다. 그러나 타인의 눈에는 내가 침착하게 보였던 모양이다. 인명(人命)은 재천이라 하였다. 그러나 나는 최선이 어떤 것인지는 잘 모른다. 하지만 병든 부모님을 향한 정성(精誠)만은 소홀함이 없어야 된다는 것을 울 엄마로 하여금 배웠지 싶다. 내가 구급차에 올라 엄마를 멍하니 쳐다보고 있는데 엄마는 내게 나는 괜찮을 것이다. 라고 한다. 나는 울 엄마 이 말씀을 기다리고 있느라 그저 멍하니 앉아 엄마 의중(意中)이라도 헤아려보려 했는지 모르겠다. 엄마가 괜찮을 것이라 말씀하시니 나도 조금은 안심이 된다. 우리가 탄 구급차가 사이렌을 요란하게 울리며 십여분 달려 대학병원 응급실 앞에 멈췄다. 김해병원에서 신속하게 서둘러줘서 1분 1초가 급한 우리들을 빠르게 도착하게 했다. 응급실 앞에 우리가 도착하자마자 이곳 의료진들 체계 있고 숙련된 동작으로 엄마 내려 바로 산소 호흡기를 먼저 달았다. 그리고 다른 부수적인 절차들이 일사천리로 진행되었다. 엄마 담당의와 연락을 취해 빠르게 응급처치가 이루어진 것이다. 또다시 여러 가지 검사가 시작된다. 어제 밤 호수에 물이 흐르지 않아 빼어버렸던 호수를 다시 삽입 시키려 시술을 할 모양이지 싶다. 그런데 그것도 시간이 필요한 듯하다. 오늘 아침 엄마는 식사를 약간 하셨기에 음식물 먹은 후 8시간이 경과해야 만이 시술도 가능 하다고 한다. 우리가 응급실에 다시 오니 또 다시 접수 하라고 해서

나는 간호사님 안내에 따라 1층으로 2층으로 지하로 오르락내리락하며 검사 받을 종목마다 접수 하고 왔다. 그리고 조심스럽게 엄마 눈치 살피며 침대 옆에 앉는다.

왠지 나는 어머니 앞에만 있노라면 눈치가 보인다. 아마 이렇게 눈치 보는 증세는 엄마를 병원으로 모시고 온 날부터 이런 증상이 나타났다. 그러니까 어머니께서 병원으로 절대 가지 않겠다고 완강히 거부하신 것을 뒤로하고 엄마가 혼절하신 틈을 타 병원으로 모시게 된 경우라서 나도 모르게 엄마 눈치 보느라 정신이 없다. 더구나 병원에서 검사하는 과정이 너무 복잡하고 검사과정들이 유독 엄마를 힘들게 하니 이 모든 것이 내 잘못인 것 같아 나도 모르게 엄마 눈치를 많이 본다. 내가 응급실 작은 의자에 앉아 놀라 정신 줄 놓은 사람처럼 하고 있으니 엄마는 내가 안쓰러우신지 내게 다시 나는 괜찮을 것이다. 나는 괜찮을 것이야. 하고 또 하셨다. 그래서 나는

"그래요 나는 엄마만 믿고 있을게요."

라고 한다. 그랬더니 울 엄마는 바로

"그렇지 바로 그것이야 잉"

한다. 나는 엄마 말씀에 힘을 다시 얻는다. 어쩌면 내 마음속은 울 엄마 이 말을 듣고 싶었지 싶다. 나는 엄마 말씀 끝에

"그래요 엄마는 분명 괜찮아 지실 겁니다. 그러니 엄마도 용기 내시고요. 나는 엄마만 믿고 있을게요."

라고 하니 엄마는 또

"그렇지 바로 그것이다."

라고 하신다. 그러니까 내가 불안한 마음이 일어서 마음속으로 울 엄마 살려달라고 하느님, 부처님, 조상님들 찾아 빌고 있었던 것을 벌써

울 엄마는 아신 게다. 대체로 대부분 사람들은 위급한 상황에 처하게 되면 자동적으로 온갖 신(神)을 찾는다고 하더니만 바로 지금 내가 그 상황이 아닌가 싶다. 엄마는 벌써 내 마음을 읽으셨는지 바로 그것이다. 라고 하시니 내가 귀신을 속이지 울 엄마를 속이겠는가 싶다. 울 엄마는 벌써 내 마음을 읽고 계셨던 것이다. 엄마에게 무슨 긴 말이 필요하겠는가 싶다. 울 엄마는 말하지 않아도 벌써 내 마음을 읽고 계신 분이다. 어찌 울 엄마를 병든 노인이라 할 것인가? 싶다. 엄마와 나는 서로 믿고 의지 할 수밖에 내가 이곳저곳으로 수속을 밟고 다니는 사이 엄마 응급처치 준비가 완료 되었다. 내가 잠시 어머니 옆에 앉아 있을 때 의료팀들이 오셔서 어머니 목에 나있는 대동맥을 뚫어야 한다며 여러 가지 설명을 해주시며 사인을 요구한다. 아마 의료 사고 시 책임지지 않는다는 내용이다. 대동맥 시술은 환자분이 연로하셔 혈관이 잘나오지 않아서 하신다고 했다. 엄마가 누워계신 침대 커튼이 쳐졌다. 잠시 후 목에다 커다란 주사바늘을 꽂아놓는 중인지 울 엄마 비명소리가 자지러지게 났다. 정말 옆에서 듣기에는 괴로운 울 엄마 비명소리. 5분쯤 지났을까? 울 엄마 계신 곳 커튼이 열리며 의사선생님 여러분 나오신다. 나는 울 엄마 안위가 걱정되어 살짝 걷어진 커튼 사이로 엄마를 살펴봤다. 벌써 엄마 목에 연결된 링거들이 주렁주렁 매달려 있는 것이 한눈에 들어왔다. 환자들에게는 링거 줄을 팔목에 꽂아놓지만 대부분 대동맥에다 바로 링거하실 때는 수술한 환자들이 보통 목에다. 링거를 꽂고 계신 것을 보았다. 그러니까 목에 링거 꽂아 놓으면 한동안 수액 세는 것도 없고 환자가 동작한대도 많이 편리한 것이다. 이제 카테터 시술이 끝나 엄마 누워계신 침대가 이동을 한 것이다. 엄마 실은 침대가 이동하면 당연히 나도 따라간다. 나는 간호사님 따라 내과 시술 방으로 안내 되어 들어갔다. 여기까지가 보호자가 따라 올 수 있는 구역이다. 나는 더 이상 들어

갈 수 없는 곳이라 엄마 홀로 시술실로 보내드렸다. 막상 시술실로 엄마를 보내고 나니 마음이 불안했다. 좌불안석이라는 말이 이때 어울리는 말이지 나는 불안해서 의자에 전혀 앉아보지 못하고서 서성거린다.

 이 시술실로 우리가 들어왔던 것이 벌써 4 ~ 5차례가 되지 싶다. 오늘도 울 엄마 무탈하게 시술 잘 마치고 나오시길 빌고 또 빌 뿐이다. 시술실로 들어가신지 10여분 후 시술 실에서 한 차례 엄마의 날카로운 비명소리가 들렸다. 이번에도 연로하셔 마취하지 않고 시술을 하신 듯하다. 마취가 안 된 상태에서 시술을 받고 있는 어머니는 더 많이 아프고 더 많이 괴로울 것이다. 그렇지만 옆에서 듣고만 있는 내 마음 또한 괴롭다. 어머니가 시술실로 들어가신지 한 시간가량의 시간이 지나니 엄마는 초주검이 된 모습으로 나오신다. 시술을 마치고 나오신 울 엄마 모습은 차마 쳐다보지 못할 정도로 지치고지치신 상태로 침대에 실려 나오셨다. 나는 얼른 엄마에게 다가가 엄마 손 꼭 잡으며 엄마 고생하셨어요. 라고 했다. 그랬더니 엄마는 얼마나 힘들고 아프셨는지 아니면 병원으로 데리고 온 내가 못 마땅하셨는지? 답이 없으셨다. 우리는 다시 응급실로 안내되어 그곳에서 잠시 안정을 취하기로 하고 기다리는 중이다. 그렇지만 나에게는 아직 숙제가 남아있다. 시술 끝나자마자 엄마는 김해로 빨리 가자고 성화가 심했다. 김해로 빨리 가자고 재촉하시는 엄마 뜻을 받들지 못하니 내 입장에선 난감하다. 아무래도 이번 김해 갈 때는 응급실이 있는 병원을 알아 봐야 될 것이라 생각이 든다. 그래서 이곳 병원측과 상의 했다. 그랬더니 담당의께서 제휴병원 하나를 추천해 주셨다. 담당의께선

 "병원이 생긴 지는 얼마 안 되었지만 그래도 응급실도 있고 하니 삼성병원으로 가세요."

라고 하시며
"그곳이면 할머님께서 가도 괜찮을 듯합니다."
라며 김해 일반병원을 추천해주셨다. 우리는 병원 관련 부분은 문외한 수준이다. 그러니까 그동안 살면서 병원 출입을 전혀 안했다. 어떤 병원이 김해에 있는지 조차 모르고 살아온 것이다. 제가 이제껏 세상물정 전혀 모르는 가정의 파수꾼일 뿐이다. 나는 추천받은 병원과 연락을 취해 엄마 상태를 조금 설명 했다. 자기들 병원으로 모시고 오라고 허락을 받았다. 나는 이곳 응급실에서 간단한 조치 마치고나면 가겠노라고 하고서 엄마한테 엄마 우리 다시 김해로 갑니다. 라고 했다. 엄마는 김해로 가자는 말이 좋은지 아 그래. 라며 마음이 조금 평안해 보였다.

생과사의 갈림길에는 노소(老少)가 정(定)해지지 않는다

저는 잠든 어머님 옆에 우두커니 앉아 있다가 어디서 우는 소리에 고개를 돌려봤다. 이틀 전에 이 병실에 들어오셨던 분이다. 무슨 병으로 입원하셨는지는 모르겠다. 아직 젊은 50대 초 쯤 되어 보이는 여성분이 우리 맞은편에서 소리 죽여 울고 계시는 것이 보인다. 이유는 알 수 없다. 중병이라 서울로 가실 준비는 마친듯하다. 그런데 어제 들어오신 80대 환자 모녀께서 저희모녀를 유심히 쳐다보시며 저에게
"어머님 수발을 입속에 혀처럼 딱딱 알아서 그렇게 잘 하세요?"
고 물으신다. 저는 이 말씀이 왠지 민망하여 그냥 웃음으로 인사를 대신했다. 간병하시던 따님이 잠시 병실 밖으로 나가신다. 그 사이 할머님

께서는 저에게 조용히

"내가 암인 듯해요."

라고 그래서 제가

"왜 그렇게 생각하세요."

라고 물었다. 그랬더니

"대부분 의사들이 보호자를 밖으로 불러내 보호자와 말을 하는 이유는 환자가 암이라 불러내 애기를 하던데요. 아무튼 의사가 우리 딸을 병실 밖으로 불러내는 것을 보니 그런 생각이 들어요."

라고 하시며

"내가 TV드라마를 보면 대부분 암이 되었을 때 보호자를 밖으로 불러내서 의사들이 보호장에게 말하는 것을 많이 봤습니다."

라고 하신 것이다. 눈치가 빠르신 할머님이라 생각이 든다. 그 생각은 옆 환자 할머님 생각이고 오해(誤解)일수도 있을 것이라는 생각이 든다. 저는 옆 침대 할머님께

"할머니 그 생각은 오해에요. 저희 어머님은 암(癌)이 아니어도 가끔 의사선생님께서 저희들을 밖으로 불러내서 어머님 치료하는 과정들을 말씀 해주신답니다. 그러니 그런 생각은 절대 하지 마세요."

라는 말씀드렸다. 요즘 할머님들 TV를 너무 많이 보셔서 다문박식(多聞博識)하신 것이 맞다. 연속극을 많이 보셔서 지레짐작도 과(過)하시다는 생각을 한다. 노인 분들 집에 홀로 계실 때 TV가 친구라는 이야기는 많이 들었던 것 같다. 저는 이 시점에서 가장 주의해야할 점이 바로 옆 사람과 이야기하는 것을 삼가 해야 하는 입장이라 옆 환자나 환자 가족들이 말을 붙여오면 마음이 많이 불편했다. 담은 며칠이라도 같이 지내던 병실사람들 사연들은 가급적 관심 두지 않는다. 나의 피치 못할 사연 때문에 관심을 두지 않았다. 그래서 이 두 분 소식은 이 병실에서

헤어진 이후 전혀 모르는 것이다.

　우리가 이 병실에 온지가 3주째가 다되어 갈쯤 막내여동생이 혼자 기차를 타고 왔다. 제부를 동행하지 않고 온 것은 처음 있는 일이었다. 우리 자매는 그동안 형제간에 오해가 깊었던 부분에 대해 잠시 얘기를 나누게 되었다. 옆에서 우리 자매가 니탓 내탓하는 장면을 보신 어머니께서 갑자기 꽥 하고 고함을 지르신다. 이유는 병석에 계신 어머니를 옆에 두고 자매가 니탓 내탓을 하고 있는 꼴이 사나우셨던 것이라 생각한다. 나는 이때 우리 자매가 무슨 이야기를 했는지 엄마한테 혼이 나서 전혀 기억 없다. 병 깊으신 어머니 앞에 이러 저러 쿵 계속 이야기하는 것 자체가 꼴사나운 모습이다. 나는 엄마에게 혼이 나고서 그동안 병실에서 빨지 못했던 빨랫감을 챙겨 어머니를 여동생에게 부탁하고 나는 집으로 향한다. 막내 여동생은 하루 엄마 간병을 하고 돌아갔다. 그리고 막내는 대전 올라가서 둘째 오빠에게 전화를 걸어 오빠도 엄마 간병을 하루만이라도 직접해보라는 말을 했던 모양이다. 그래서 둘째 동생은 엄마 간병을 하룻밤이라도 직접해보겠다고 이번 주말에 아이들과 함께 광주에서 이곳으로 올 것이라는 연락이 왔다. 썩 내키지 않는 일이다. 저와 둘째 남동생 사이에는 아직 풀지 못한 오해로 인하여 견원지간(犬猿之間)과 같은 사이라고 보면 이해하기 쉬울 것이다. 바로 오늘이 주말이라 오늘밤만이라도 어머님 병수발 직접해보겠다고 광주에서 오는 중이란다. 어떻게 생각하면 둘째 동생하고 같이 생활해본 적이 없어 그런지 유독 이런저런 오해가 많이 쌓여있어 참 불편(不便)한 관계(關係)다. 나는 둘째 남동생에게 깊은 감정은 갖고 있지는 않다. 저희 어머님 말씀처럼 몰라 오해가 깊었을 것이라 생각하니 둘째 동생에게 품은 감정은 없다. 둘째 동생이 오늘 밤에는 직접 어머님 병수발 한다고 하니 기특한 생각이

들기도 한 부분이다. 둘째 동생도 사실 인정(人情)많고 의리(義理)도 많은 사람이다. 더욱 오해를 하고 있는 이유이지 싶다. 혹여 내가 엄마 돈을 나의 이익을 위해 쓰지 않았을까? 라는 염려와 내가 어머님 해로운 음식들만 드리고 있다고 생각하는 부분도 나를 미워하는 이유 중 하나이지 싶다. 어머니가 아프다고 하면 병원으로 모시지 않는다는 이유가 가장 나를 미워하는 이유다. 우리 엄마 성품을 전혀 모르고 하는 오해이고 곡해(曲解)다. 저희 어머님 말씀처럼 모르고 하는 소리라 생각하고 나는 둘째 동생을 미워한다거나 원망하는 마음을 갖지 않는다. 좀 더 깊이 생각하고 좀 더 자세히 알고서 악부터 썼으면 하는 마음은 남아 있다.

나에 대한 오해(誤解)가 깊어 둘째 남동생이 유독 저에게만은 매사 시비(是非)격이라 둘째 동생과 만남이 불편하다. 제 입장에선 둘째 동생이 중용을 지키고 옥석(玉石)을 가릴 줄 아는 안목이 되었다면 이렇게 자주 집안에서 시끄러운 소리들은 나지 않았을까? 라는 아쉬움뿐이다. 물론 울 엄마 쾌차하시면 다 사라질 분란이다. 그리고 이 또한 시간이 지나고 나면 오해(誤解)가 해소(解消)되어 예전처럼 다정한 오누이로 되돌아 갈 것이고 골 깊은 감정 따위 시간이 해결(解決)할 일이지 싶어 나는 가능한 감정을 갖지 않으려 노력 중이다. 그런데 문제는 어머니께서 둘째 남동생이 하루 밤 간병(看病)하는 부분을 심하게 거부를 하신 것이 문제라면 문제다. 저 역시도 어찌 남자에게 어머님 기저귀를 갈아달라고 하겠는가? 싶은 생각도 들어 내키지는 않는 부분이다. 한번쯤 아들들도 간병 하루정도 해봐야 이러쿵저러쿵 기 보수는(이런 저런 불만)늘어놓지 않겠는가? 라는 생각에 더러는 하루 밤 정도 수발 경험은 해보는 것도 나쁘지 않다는 생각도 든다. 둘째가 어머님 병수발 들게 된 동기는 막내 여동생이 강력하게 추천해 추진된 어머님 간병체험이 될 것이다. 둘째 아들이 온다는 말을 듣고부터 어머니는 심기가 많이 불편 하신다. 아니 어머님 안색이 벌써부터 노기(怒氣)로 가득 차 있다. 제가 중간에서 말리지 않고 둘째 아들에게 자기 병수발 들게 한다고 저에게 화가 많이 나셨다. 어머니께서는 남자에게 시킬 것을 시키지 본인 대소변을 갈아 달라고 한다고 몹시 불쾌하게 생각하고 계신듯한 느낌이다. 내 입장에서는 둘째 동생이 지나치게 뒤에서 나에 대한 성토대회(聲討大會)를 하고 있어 집안이 조용한 날이 없는 것 같아 이번 어머님 간병을 핑계로 둘째 동생과 깊은 오해가 생긴 이유나 정확히 알아보고 싶다. 엄마 간병 핑계로 둘째와 독대(獨對)을 해서 선(先)은 이렇고 후(後)는 이렇다. 라는 말 정도는 하고 싶은 심정이다. 둘째 동생 만나면 어머님 옆에 앉아 그동안 쌓인 오해나 풀었으면 하는 마음이다. 나의 이런 생각과는 달리 둘째 동생 도착 할 시간이 다 되어가니 저희 어머님 안색이 무섭게 변했다. 저는 어머님 이해를 구하고자 엄마 아들들도 한번쯤 부모님 병수발을 해봐야 형제들에게 툭하면 악쓰는 일은 하지 않을까 싶은데 라는 말을 했다. 저희 어머님 노기 가득한 얼굴로 어이구 참말로 라고 하시는데 그 모습이 너무도 무섭다. 저라고 꼼짝 못하시는 어머니를 남동생에게 맡기고 싶은 마음은 전혀 없다. 어머니에게는 그 어떤 이야기가 통하지 않은 듯 어머니와 저 사이에 보이지 않은 냉전이 흘렀다. 의견이 좁혀지지 않아 공기가 무겁게 느껴지기까지 한다. 시간은 흘러 밤 8시가 되었다. 그리고 광주에서 둘째 동생네 식구들이 병실로 들어온다. 둘째 남동생은 부산대학병원 중환자실에서 엄마를 본 뒤 3개월 만에 뵌다. 더구나 그동안 어머니에게 안부인사가 따로 없었다. 그래서 개인적으로 이 부분은 조금 괘씸하게 생각한 부분이다. 둘째 동생은 어머님께 가볍게 인사를 하고 바로 목욕탕으로 들어가서 가벼운 옷으로 갈아입고 나왔다. 특수(特殊)훈련 받을 각오(覺悟)를 단단히 하고 온 자세(姿勢)다. 둘째는 내가 오늘 하루만이라도 엄마 간병을 꼭 해 볼게 하면서 무엇을 어떻게 하면 되겠는가. 라고 한다. 둘째 동생이 엄마 간병 꼭 해 볼게. 라고 적극적(積極的)으로 나오니 보기는 좋았다. 제가 둘째에게 이것저것들을 가르쳐주며 엄마가 만약 큰 것을 보시거든 우리 집이 근처이니 전화만 주라. 그럼 20여분 안에 내가 올 수가 있으니 그때 내가 와서 처리를 할게. 일단 엄마 기저귀 갈 일이 있으면 바로 연락주렴. 이라고 말하고 나서 또 다른 주의사항들을 대충 일러준다. 하지만 엄마가 둘째 아들에게 자기 몸을 맡기는 것을 몹시도 못마땅하게 여기시니 저 역시 병실을 떠나지 못하고 망설이고만 있는 중이다. 둘째 동생이 오고 1시간쯤 지나 9시가 되었을 무렵 생각지도 않은 마산 큰 동생도 들어온다. 그것도 이 늦은 시간에 생각지도 않은 큰 아들이 오니 어머니께서는 반가우시면서도 어리둥절한 표정을 나와 동시에 짓는다. 한 달가량 연락 없던 큰 남동생이 이 늦은 시간에 찾아오니 사실 놀랜 것이다. 제가 큰 동생에게 네가 이 시간에 무슨 일이야. 이렇게 늦은 시간에. 라고 물었다. 그랬더니 큰 동생이 둘째에게 할 말이 있어서 왔어? 라고 한다. 그러면서 다짜고짜 둘째에게 둘이 나가서 애기 좀 하자. 라고 하면서 바로 둘째 동생을 데리고 나가버린다. 예상하지 못한 일이라 당황했다. 그렇지만 두형제가 애기만 하고 금방 돌아온다고 하니 기다릴 수밖에… 그런데 애기만 잠깐 하고 돌아온다고 하던 두 동생들이 3시간이 지나고 12시가 넘고 새벽 1시가 다 되어 돌아왔다. 세 시간이 넘도록 오지 않는 동생들 기다리느라 나는 지칠 대로 지쳐버린 상태다. 어머니는 제가 남동생에게 간병 시킬까봐 못마땅한 표정으로 아직도 나를 쪼려보고 계신 중이다. 기다리던 두 아들들이 막상 들어오니 어머님 표정이 굳어져있다. 그런데 큰 동생이 둘째 동생에게

"어머님 병수발 너는 할 것 없다."

라고 하면서 어머님께 대충 인사를 하고 둘째를 마산 자기 집으로 데리고 가버리는 것이다. 둘째와 그동안 쌓인 오해나 풀어 볼 심산이라 어떤 말부터 시작해서 둘째 동생과 오해를 풀어갈지 나름 고민을 참 많이 했었다. 실컷 벼르고 있던 계획이 너무나 허무하고 어이없게 끝나는 바람에 어처구니가 정말 없다. 아니 너무 허무하게 끝나버린 이 상황이 꿈인가 싶다. 왜 하필이면 큰 동생은 이때 와서 둘째에게 너는 어머니 간병할 필요 없다고 데리고 가버렸는지 도무지 이해가 가지 않는 것이다.

참 인생 어이없어 꿈인가 싶다. 특히 벼르고 벼렸던 둘째 동생과의 깊은 오해와 켜켜이 쌓인 곡해를 풀어볼 기회가 한 순간 물거품이 되어버렸다. 허무하게 게임아웃이 되어 버린 느낌이다. 인생(人生)만사(萬事)가 꿈(夢)이요. 환상(幻想)이요. 물거품(泡)이요. 그림자(影)라고 하더니 그 말이 바로 이 순간을 두고 하는 말인 듯하다.

저는 꾀부린 죄 값을 톡톡히 치루고 나서야 부모향한 마음은 언제나 한결 같아야 된다는 사실을 깨달았다

저는 이곳으로 옮겨 온 후로 유독 병실사람들이 저희 모녀를 유심히 쳐다보는 이유를 이전에는 몰랐겠다. 하지만 이제는 어느 정도 감을 잡았다. 사실 병실 사람들이 저희 모녀를 유심히 쳐다보면 가까운데서 유심히 쳐다보고 계시면 왠지 감시(監視)당하는 느낌이 들어 많이 불편했다. 특히 4인실 사람들은 대부분 병실료가 조금 비싸 그런지 길어봤자 일주일이고 대부분 2~3일 정도 머물다가는 환자들이 대부분이라 환자가 자주 바뀐 것이 흠이라면 흠이지 싶다. 그래서 대부분 하루하루 대면 대면하게 지내다 퇴원해서 떠나가는 경우가 많다. 나는 이런저런 이유로 병실 사람들에게는 대체로 신경을 쓰지 않는다. 저희처럼 장기 환자가 없어서 특별나게 기억에 남은 사람도 없을뿐더러 저희 어머니께서 옆 사람과 이야기하고 지내는 부분을 유독 싫어 하셔 저는 대부분 옆 사람이 누구인지도 잘 모르고 지낸 사연이다.

저희 모녀가 이 병실로 온지 일주일째 되었던 날. 어제 새로 들어오신 50대 초반의 아주머니가 맞은편에 앉아 유난히도 저희 모녀를 쳐다보고 계셨다. 그러다보니 왠지 감시받는다는 느낌이 들 정도로 살피는 것 같아 정말 불편했다. 하루 밤같이 지냈고 나니 오늘은 낯선 부분이 조금 사라진 것 같았다. 그래서 제가
"왜 자꾸만 저희를 쳐다보세요."
라고 물었다. 그랬더니 아주머니께서 밑도 끝도 없이
"후회(後悔)합니다! 후회해요."
라고 말씀을 하신 것이다. 그 말씀이 무엇을 의미(意味)하는지 몰라
"무엇을 그렇게 후회(後悔)하시는데요."
라고 묻는다. 아주머니께서 말씀하시기를
"저는 저희 어머님 살아 계실 때 한 번도 여사님처럼 살갑게 친정어머님을 대해본적이 없어서 너무나 그 부분을 여사님을 보고 있노라니 많이 후회스럽네."
라고 하신다. 그런데 이곳에서 여사님께서 친정어머님께 하시는 모습을 보고나니
"왜 그때 저는 부모님이 소중하고 귀한지를 몰랐는지 너무나 후회가 되네요."

라고 하신 것이다. 아주머니께서는 문득 아련하게 그리운 마음이 일었는지 벌써 눈가가 촉촉이 젖어 있는 것이 보였다. 저는 아주머님의 눈가가 젖은 모습을 보노라니 아주머니의 슬픈 마음이 느껴졌다. 저는 애써 그 모습을 외면한다. 저 역시도 훗날 이분처럼 부모님을 생각하면서 더러는 후회하는 마음이 있을 것 같아 그랬는지도 모르겠다. 그 누구라도 돌아가신 부모님을 생각하면 아련한 부분만큼은 피해가지 못 할 부분이라 생각한다. 효성스런 자식들은 나름대로 부모님을 생각하면 부모님께 쏟은 정성(精誠)이 미흡(未洽)했던 부분들이 생각날 것이며 탕자(蕩子)는 탕자 나름대로 후회(後悔)하며 부모님을 떠올리게 되지 않겠는가? 싶다. 저라고 별수 없을 것이다. 저는 항상 이런 생각 하나쯤은 늘 마음속에 두고 살았다. 그 이유는 부모님 돌아가신 후 부모님위해 진수성찬(珍羞盛饌)으로 제사상을 차려놓고 부모님을 기리는 것보다는 부모님 살아생전에 자식 된 도리(道理)로서 부모님 은혜에 조금이라도 보답해보려는 마음을 갖고 살았다. 그 마음은 비록 시래깃국에 따뜻한 보리밥 한 그릇이라도 거짓 없는 마음으로 부모님 해드리는 것이 진정한 자식의 도리(道理)라 여겼다. 나 역시나 자식 된 도리만큼은 실천(實踐)하며 살고자 하는 마음을 항상 갖고 있었던 이유다. 이 부분은 저희 어머님으로부터 배운 자식의 도리였고 누구나 성장하면 부모님을 의당 모시고 사는 것이 자식의 의무로 알고 살았다.

그 옛날 저희 어머니도 외할머님을 10여 년간 모시고 사셨다. 외할머님 아들들 그러니까 외삼촌들 두 분이 일본에서 사시는 관계로 어느 시점에서 어머니께서 외할머님을 모시게 된 동기다. 그런데 저희 어머니는 다른 분들과는 다르게 유독 외할머님 봉양(奉養)하는 부분이 남달리 정성이 지극하시다는 것을 어린 제 눈에 비춰졌고 그런 어머님 모습이 참 아름답다. 라고 느끼기까지 했다. 나의 어린 시절 어머니를 추억한다면 대부분 외할머니께 지극했던 부분들이 어머님을 떠올리게 했다. 제가 우리 어머니가 남과는 다르게 정성(精誠)이 지극하다고 느낀 부분들 중에 예를 하나 들자면 사실 우리 시골집이 산 밑에 자리 잡고 있는 집이라 유독 바람이 새찼다. 더구나 겨울은 많은 눈들이 마당에 하얗게 쌓여 대부분은 아침에 눈을 뜨면 형제들 모두 나와 마당을 쓰는 일부터 했던 것이다. 어머니는 이른 새벽 온 세상이 하얗게 눈이 쌓여있는 새벽에 일어나셔서 먼저 군불을 지펴 물을 따뜻하게 데워 외할머님 세안을 돕고자 토방마루위로 세숫물을 떠서 받치시는 모습이 어린 제 눈에 유독 정성스러워 보였다. 그 옆에는 외할머니께서 사용하시기 편하시게 정갈하게 개어놓은 수건과 양치 할 실 준비물들을 가지런하게 챙겨놓으셨던 모습이 50년이 다된 지금도 생생하게 떠오른 이유다. 항상 외할머님밥상을 따로 차리셨는데 그 당시에는 이집이나 저 집이나 먹을 것이 부족했던 시절이고 유독 쌀이 많이 부족하던 시절이라 쌀 한줌 보리쌀 속에 넣어 밥을 지으신 후 쌀밥만 따로 퍼서 할머님께만 드렸던 모습들이 늘 저희 어머님을 보고 있노라면 그 모습들이 아련하게 떠오르곤 했다. 저희 어렸을 때 시골에서는 쌀밥이 그리 흔치 않았지만 어머니께서는 항상 보리쌀을 삶아 솥 밑에다 깔고 쌀 한주먹을 따로 부어 밥을 지어 외할머님 밥상을 따로 차려드린 것을 보고 살았던 것이 저에게는 부모 봉양하는 모습들이 자식의 의무임을 알았다. 이런 부분들이야말로 바로 실천하는 큰 가르침이라 생각한 부분이다.

제 마음 속에는 어머니가 외할머니께 하시는 소소한 모습들이 감동적으로 보였다. 유독 정성이 지극했던 어머님 모습이 어린 제 가슴에 깊은 감동을 주었기 때문에 50년이 흐른 지금도 어머님의 그런 모습을 생생하게 기억한 부분이다. 가끔 저희 어머님을 생각하노라면 자동적으로 외할머님까지 연상(聯想)이 되었던 부분이고 외할머님을 연상하면 자동으로 어머님께서 외할머님께 지극하셨던 모습들이 주마등처럼 떠오른다. 어머니는 외할머님 마음 조금이라도 불편하실까봐 천둥벌거숭이 시절 개구졌던 저희들을 야단치실 때는 외할머님 듣지 않는 외진 곳으로 데리고 가서 저희들을 야단치시던 부분들이 부모를 향한 깊은 배려였지 싶다. 그 당시 저희 어머님께서는 작은 행동 하나하나가 딸네 집에 사시는 외할머님 마음 불편 하실까봐 여러 방면으로 마음을 많이 쓰셨던 모습들이 잊혀 지지 않고 생생하게 생각나는 이유 또한 어린 제 마음에 그런 어머님 모습이 어린 제 마음에 큰 감동을 주었던 부분이라 생각한다. 어째든 저희 어머님께서는 그만큼 어렵고 힘든 농촌(農村)살림 살이었지만 힘든 내색 안하시고 부모님 귀(貴)하게 여기신 부분과 형제(兄弟)간에 우애(友愛)하는 모습들은 참으로 타인(他人)에 귀감(龜鑑)이 될 부분이고 저희가 꼭 답습하고 픈 행동이었다. 형제간에는 다정하기가 친구 같아 어린 제 눈에도 이런 부분이 참 부러운 모습이 되었다. 저도 나이 들어 바라는 마음이 있다면 저희 형제들도 저런 모습을 답습(踏襲)해 형제간에 화목(和睦)하게 살아가리라 마음먹었던 부분이다. 지금에 오해(誤解)는 서로에게는 성숙과정이 될 것이고 지난날 오해들을 발판삼아 형제 우애하기를 바라는 마음이다. 이런 오해들이 형제 우애하는 자양분(滋養分)이 되었으면 한다. 우리형제들도 오해가 풀리고 나면 형제우애 깊어져 어머님 형제들처럼 살지 않겠는가 싶다. 잠시 저와 오해가 있어 불협화음속에 분열(分裂)되었지만 머지않아 옥석(玉石)을 가릴 줄 아는 안목(眼目)이 열린 형제가 생기고 나면 형제 화목은 그리 어려운 일이 아니다. 저희가 이 병실로 오게 되니 한 가지가 불편한 점이 있다. 그것은 날씨가 더워진 관계로 창문 쪽에서 들어오는 햇볕이 너무 강렬하다는 것이다. 그러다보니 어머니께서 눈이 부셔 눈을 잘 뜨지를 못하셨다. 오전에 어머니 앉아 계시면 블라인드를 전체 내려나야 된다. 막상 블라인드를 전체 내리게 되면 병실이 어두워졌다. 병실이 어두워지면 어머니께서는 바로

"아이고 참말로."

라고 말씀을 하신 것이다. 어머님 말씀의 뜻은 병실이 어두워지니 블라인드를 전체 내리지 말라는 뜻이다. 저는 블라인드를 전체내린 다음 조절 줄을 돌려 블라인드 사이를 벌려놓았다. 이 방법은 밖을 바라고보고 계시는 어머니에게는 다소 불편해보였다. 어머님에게 오전에는 반대로 누어보시라고 권했다 그랬더니 반대로 누워보시더니 이제 괜찮다고 하신다. 병실에 햇빛이 밝게 비추니 우리 입장에서는 참 좋다. 분위기도 병실 같지 않고 햇볕이 쨍쨍 들어 좋았다. 이제껏 지내온 병실마다 창문들이 작아 늘 전기 불을 켜고 살아왔다. 이 병실은 낮에는 전기를 켜지 않아도 병실 안이 훤히 밝아 좋은데 한 가지 단점은 초여름에 강렬한 햇볕이 정면으로 들어오다 보니 눈이 너무 부시고 피부가 따갑다는 사실이 굳이 불편하다면 불편한 사항이지 싶다. 하필이면 어머니께서 창문쪽에 자리 잡고 계시니 오전에는 햇빛을 등지도록 돌아앉고 오후에는 바로 앉아 계시는 방법으로 당분간 병원생활을 해야 될 것 같다. 저는 어머님 아침식사가 끝나면 새벽시장을 들려본다. 하지만 병실에서 해드릴 수 있는 것이 한계가 있어 주로 과일만 샀다. 그러나 가끔은 낙지와 소라 꼬막 정도는 사서 집에 들려 삶아오기도 하고 낙지는 탕탕이를 해서 가져오기도 한다. 저희 집 식구들이 많다보니 집 식구들 반찬도 신경을 써줘야 하는 부분도 무시 할 수 없는 저의 임무다. 이곳으로 오고부터는 하루 1시간정도 집 식구들 위해 반찬 한두 가지라도 만들어 주고 올 수 있어 그나마 다행이라면 다행이다. 오늘은 새벽시장을 들렸는데

따뜻한 옥수수가 맛있게 보여 한 봉지 사와 병실 사람들과 하나씩 나누워 먹었다. 대부분 병실에서는 환자지인들이 사들고 온 음료나 과일들을 나누어 먹는 것이 병실 문화라면 문화다. 그런데 저희는 병원생활이 장기전이 되어 이젠 찾아오는 사람들이 뜸해져 같은 병실 분들에게 자주 얻어먹은 것 같아 저는 새벽시장에 들려 가끔 먹을 것을 사들고 와 병실 사람들과 나누어 먹곤 했다. 저희 어머니께서는 옥수수를 참 좋아하신다. 어머니 사다드리는 메뉴 중에 옥수수가 단골 메뉴다. 나는 기약 없는 지루하고 답답한 병원 생활을 이렇게 몇 달을 보내고 있어 그런지 왠지 무기력해진 느낌이 들곤 한다. 어머님 발 괴사는 너무 진전 없고 폐관에 물은 하염없이 흘러나와 항상 저를 긴장하게 만든다. 치료를 소월이 할 수 없는 상황이란다. 오늘도 어김없이 발 괴사를 치료 받으셨다. 이 젊은 치료사님은 언제나 환자에게 다정하게 말을 걸어 정(情)을 놓고 가신다. 오늘은

"할머님 누워만 계시면 자꾸 힘이 없어지니 휠체어라도 타고 바람 좀 쐐다 들어오셔요."

라고 했다. 환자한테 필요한 것은 다정한 말과 정성스런 마음이 아닐까 싶다. 사람은 누군가에게 관심을 받는 다는 것은 보통사람들이나 환자에게는 정신적으로 큰 위안을 줄 수 있는 부분이다. 이 젊은 치료사님은 한결같이 따뜻한 말을 걸어 환자를 기분 좋게 하고 가신 것이 유독 진정성이 느껴지고 언젠가는 이 분은 아주 훌륭한 치료사님으로 거듭나실 것만 같은 생각이 든다. 어머님께서는 스스로 움직일 수 없으니 다른 사람 부추김을 받고라도 등에 바람 좀 쐐주는 것도 좋을 듯했다. 저희 어머니께서는 전혀 움직이시려 하지 않는 것이 문제 중에 문제다. 그렇다고 저희 어머님 고집을 이겨 낼 사람은 아무도 없을 것이다. 저희 어머님께서 움직이시지 않으실 때는 그럴만한 이유가 있을 것이라 생각하

고 운동해보자고 강요는 하지 않고 있다. 더군다나 저희 어머님께서는 다른 분과는 다르게 탁월하신분이라 마음 편하게 해드리는 것이 좋을 것 같아 운동합시다. 라는 말을 하지 않는다. 제가 한 달 전에 엄마 이젠 서서히 움직여 봅시다. 라고 했다가 크게 혼이 났기 때문에 어머님께 운동하잔 말을 이젠 못하고 있다. 마음으로는 백번이고 치료사님 말처럼 움직임을 조금이라도 가지셨으면 하는 마음이 굴뚝같다. 권하지는 못한다. 저는 울 엄마가 화내시고 인상 쓰시면 많이 무섭다. 유독 남다르게 카리스마가 넘치시는 저희 어머님 카리스마에 압도당하는 신세다.

사실 81세라는 연세가 믿기 어려울 정도로 위엄(威嚴)이 서려 있다. 지금 어머니께서는 비록 환자이시지만 위엄과 근엄함이 서려있는 카리스마가 저는 사실 아주 존경스러운 부분이다. 저는 어머님의 이런 모습을 닮고 싶다. 병 깊은 중에도 이런 카리스마가 서려있는 것은 보통 내공이 있으신 분이 아니라는 결론이다. 보통 환자들 모습은 삶에서 찌든 짜증정도다. 더러는 온화한 모습을 보이시는 분들도 더러는 계셨지만 저희 어머님처럼 위엄(威嚴)과 근엄(謹嚴)함이 서려있는 분은 아직 보지 못했다. 저희 어머님 얼굴에 서려있는 근엄함과 위엄은 아마도 어머님 정신세계의 굳건함이고 보이지 않는 세계의 위엄이라 생각한다. 그러니까 저희 어머님만의 내면(內面)에 간직하고 있는 보이지 않는 그 어떤 힘… 그리고 척박한 환경에서도 원칙(原則)을 고수(固守)하시며 살아오신 당당함과 도도함이 저희 어머님 몸짓에서 저는 느끼게 된 것이다. 어머님 평생(平生)양심(良心)을 저버리지 않고 살아오신 지난날 저희 어머님의 품행들을 거울삼고 꼭 가슴속 깊이 간직해 제 인생(人生)길에 이정표(里程標)로 삼아 저자신도 바르게 살아갈 것이며 한평생을 고

결(高潔)하게 살아오신 저희 어머님의 자랑스러운 딸로 거듭 날것이라 다짐한다. 반면 더러는 삶이 너무 힘이 들 때면 울 엄마를 원망(怨望)했던 기억(記憶)도 있다. 왜 유독 저에게만 이렇게 모진 시련(試鍊)을 주시는 것일까 라는 생각을 했던 시기도 없진 않다는 사실이다. 그래서 가끔 저 역시 별 수 없는 속물(俗物)인 인간이고 속세(俗世)의 번뇌(煩惱)를 떨쳐버리지 못한 어리석은 중생이며 삶에 찌든 나약한 중생(衆生)이라는 사실이다. 그러나 요즘은 생각이 저도 조금 바뀐 것인지 어머님께서 이렇게 혼자 고통을 감내하고 계시는 이유가 자식들 운명(運命)에 흠을 고쳐주시기 위함이라는 사실을 깨닫게 된 이유다. 그리고 다른 한편으로는 저를 다듬어 주시기 위함이 아닐까? 라는 생각도 해보았다. 눈으로 보이는 어머님 모습이 비록 지금은 노구(老軀)에 형상(形象)이라 할지라도 저희 어머님이 바로 생불(生佛)이라 느껴지는 이유다. 사람의 크기는 앞에서는 보이지 않는다. 가까이에 있는 사람은 더욱 형체(形體)만 보일뿐이다. 불교에서는 견(見)하지 말고 관(觀)하여라. 라고 하였던 의미(意味)를 좀 깨달은 것 같다. 간단히 말해서 눈으로만 보지 말고 마음으로도 보라는 의미다. 비록 어머님 형상은 병든 노구였을지 모르나 그 누구도 범접할 수 없는 존엄(尊嚴)성과 인자(仁者)함을 갖추신 바로 생불(生佛)이 저희 어머님이라는 사실이다. 평범한 일상 속에 엄연히 진리(眞理)는 존재(存在)했었고 그 평범함 속에서 깨달은 존자(尊者)들이 무수히 많다는 사실을 깨닫는 것이라 하겠다. 저에게 많은 시련과 곤란한 일들을 많이 겪게 하는 이유도 제 스스로 만행(萬行)을 겪어감으로써 만심(慢心)을 (남을 업신여기는 교만한 마음)버리는 마음을 배우게 될 것이고 제 스스로 그 과정들을 견디고 헤쳐 나감으로써 사람으로서 갖추어야 할 겸손(謙遜)함을 배우게 될 것이라는 것을 아셨던 이유이지 싶다. 저에게만은 일부러 힘든 일만 시키시는 심술쟁이 엄마였지만 내면에는 올곧은 사람으로 거듭나기를 바라셨던 것이 큰 이유라 할 것이다. 제가 많은 고난들을 겪으면서 깨달은 부분이 있다면 아마도 상대(相對)를 소중히 여기는 부분이 아닐까 싶다. 생각하기를 바로 이런 부분을 저희 어머니께서 저에게 가르치시고자 했던 의도가 아닐까? 싶은 생각이 든 부분이다. 저로 하여금 수많은 일들을 경험 쌓게 하실 때는 경험과 체험들을 축척해 그 체험들 속에서 얻은 경험들을 바탕 삼노라면 지혜과 쌓이는 것이고 그 지혜로써 만사(萬事)와 만물(萬物)을 대(對)할 때 곤란함을 덜 겪게 하시려는 의도시며 그 곤란함 속에서도 마음을 편안하게 유지하는 자유자제한 마음을 갖추라고 하신 뜻이라 생각한다. 물론 자유자재한 마음이란 좌절과 곤란함이 없는 것이 분명 아니다. 그 좌절과 곤란한 상황에서도 침착함과 평온한 마음으로 곤란함을 헤쳐 나가라는 뜻이다. 하지만 제가 다른 사람들에 비해 아주 둔한부분이 유독 탁월하다는 사실이다. 그래서 제가 깨달았다거나 자유자재한 마음을 갖추었다거나 지혜로워졌다고 할 수 없다. 그렇지만 아무리 제가 미련하고 둔한 인간이지만 그래도 최소한 좌절과 곤란을 벗어나려고 잔머리를 쓴다거나 꾀부리며 살아오지는 않았다는 사실에 주안점을 둔다. 이 병실로 옮겨 온지 한 달이 되어 갈쯤 언니가 오랜만에 들렸다. 반가웠다. 장기간 병실 생활을 하고 있다 보니 보통 나의 일과는 어머니 얼굴만 쳐다보고 있다가 집에 한 번 들려 반찬 좀 해주고 울 엄마 애타게 기다리고 계실까봐 숨 가쁘게 병실로 들어오는 것이 고작 일반적인 하루 간병인의 생활이다. 그런데 언니가 오랜만에 칙칙한 병실에 오고 나니 활기가 있다. 언니는 이곳에 올 때 나를 빨리 집으로 보내려고 작심을 하고 왔는지 언니는 오자마자 나를 집으로 쫓아 보낸다. 나도 언니의 성의에 못 이기는 척하고 집에 가서 하루 밤을 지내고 언니와 오랜만에 점심이나 같이 먹고 싶어 점심때가 다 되어 병실로 돌아왔다. 그런데 언니는 벌써 새벽시장에서 엄마 간식거리를 잔뜩 사다 놓았다. 나는 언니가 사다놓은 간식거리를 주점 부리 삼아 어머니 옆에 앉아 수다 삼매경에 들어갔다. 어머니께서는 저희 자매가 가끔 남의 흉이라도 보노라면 옆에서 간간히 아이고 참말로 라는 단어로 바로 제동을 거셨다. 그러다보니 우리 자매는 엄마 눈치 보느라 요즘 소식 없는 남동생들 흉을 보지 못했다. 그렇게 언니와 2 ~ 3시간 지내고 나니 언니는 떠나야 되었고 언니는 무거운 발걸음으로 다시 대전으로 올라갔다. 언니가 떠난 자리는 매우 허전했다. 이전에도 그랬듯이 언니가 떠난 자리는 유독 허전함이 컸다. 아마도 제가 정신적으로 언니를 많이 의지해서 그랬는지 모르겠다. 언니가 떠난 자리는 허전함이 유독 크게 느껴졌다. 이런 허전함을 어머니도 많이 느끼시는지 말씀이 없다. 우리나라 사람 7 ~ 80%는 삶이라는 부분에서 현대인은 민생고(民生苦)해결을 해야 하는 문제 때문에 하루라도 놀게 되면 다음 달 생활비가 차질이 생겨 어쩔 수 없이 벌 수 있을 때 벌어야만 한다. 그러니까 우리나라 속담 중에 물들어 올 때 노도 저어야 한다. 라고 했듯 몸 건강하고 일 할 수 있을 때 한 푼이라도 벌고자 하는 이유다. 더구나 사회 현상 대부분이 여유롭지 못한 사람들은 생활고를 겪고 있는 상황이라 어쩔 수 없이 삶속에서 하루라도 몸을 움직여 조금이라도 벌어 보려는 의도로 정말 열심히들 사시는 이유다. 사회제도가 문제가 있는지 다들 열심히 일하고 살지만 일반인들 대부분 삶이 저축은 고사하고 카드 값 막고 나면 또 마이너스 인생이다.

우리나라 여러 예언서(豫言書)대부분이 해인시대(海印時代)언어도단(言語道斷)시대이며 말세(末世)시대가 되면 하늘에서 신(神)이 직접 사람으로 나투셔 신정정치(神政政治)로써 무질서한 지구환경을 개선하고 이기적으로 변해버린 인간들을 사랑과 심판(審判)으로 이끌어 가실 것이라는 내용이다. 신(神)은 사도부도(似島不島)섬 같지만 섬이 아닌 곳 (우리나라 지도가 삼면이 바다이고 위로는 압록강과 두만강이 과로 질러 있어 위에서 보았을 때 섬같이 보임.) 한반도에 나투셔 무국경(無國境) 무종교(無宗敎) 무전쟁(無戰爭) 시대를 열어간다는 내용이다. 사람들은 처음에는 신인(神人)를 몰라보고 다들 미친놈 사기꾼이라 손가락질 하지만 나중에는 우성재야(牛聲在野) 즉 신인(神人) 소 울음소리 밑으로 사람들이 구름처럼 밀려든다고 한다. 각종 종교마다 수천 년 동안 기다리고 있던 그 분이 바로 동방에 등불이 되실 것이며 우리 모두가 확수고대하며 기다렸던 미륵이며 메시아를 넘어선 신(神)이 인간의 모습으로 강림하시니 신인(神人)이라 일컫는다. 이 혼탁(混濁)한 세상을 맞이하여 강력한 분이 아니고서는 지구질서는 잡히지 않는다는 결론(結論)이다. 지구가 형성된 이래 처음 있는 일이며 몇 천 년 전부터 예견된 일이라 아마도 현실로써 맞이하게 되면 더러는 믿지 않는 사람들이 많을 것이다. 예언서대로 세상이 돌아간다면 좋은 세상은 분명 오게 될 것이라 제 자신은 확실하게 믿고 있으며 분명 그런 세상이 전계 될 것이라 확신(確信)한다. 그 좋은 세상을 맞이하기까지는 많은 시련들을 겪어 가는 과정이 필요 할 것이다. 그때까지 우리는 수행자가 되어 몸과 마음을 깨끗이 닦는다는 정신으로 청빈(淸貧)하게 사는 것도 괜찮을 것이라 생각한다. 저는 어머님 저녁식사에 언니가 사놓고 간 음식들 위주로 어머니식사를 차려드렸다. 어머니께서 맛있게 잡수시며 맛있다. 라는 말씀을 해주셨다. 저희 어머님께서는 평소 집에 계실 때도 이것도 맛있고 저것도 맛있다. 라는 말씀을 달고 사셨던 분이다. 병원에 오신 뒤로는 이런 말씀을 전혀 하지 않으셔서 마음이 늘 아팠던 부분이다. 원치 않으셨던 병원으로 모시고 온 죄로 그저 어머님 눈치 보느라 의붓딸 심정으로 어머니 옆을 사수했었다. 어머니께서 오늘은 맛있다. 라는 말씀을 하시니 그나마 숨통이 튀는 느낌이다. 저는 어머님 저녁식사 마치고 양치 시켜드리고 폐관 물 버리고 이런저런 잡다한 일들을 해둔다. 취침 전 당연히 해야 하는 일과다. 그리고 남은 시간은 각자 책을 본다든지 TV를 보는 여가 시간을 갖기도 하겠지만 저는 보통 이시간이 되면 집으로 달려가 식구들 반찬하나라도 만들어 놓고 열심히 달려올 시간이다. 하지만 오늘은 언니가 어제와 어젯밤에는 집에서 자고 왔기 때문에 집에 가지 않아도 된 이유다. 나는 모처럼 일찍 어머니 밑에 자리를 잡고 누웠다. 때마침 전화 별소리가 울린다. 신랑이었다. 전화를 받으면서 시간을 올려다보니 9시가 다되었다. 이 늦은 시간에 무슨 일이지? 라는 생각을 하며 전화를 받았다. 전화로 신랑이 하는 말

"내가 술을 많이 먹어 운전을 못하니 아들이 참외를 깎다가 손을 베었어. 피가 너무 많이 나서 멈추질 않네. 자네가 지혈제(止血劑)를 약국에 들려 좀 사다주소."

라고 한다. 그래서 제가 남편에게

"약 정도는 애들을 시키지."

라고 했다. 그랬더니

"애들 보낼 상황이 아니야."

라고 한다. 저는 알았다고 하고서 어머님께 집에 잠시 다녀오겠다는 말을 하고서 근처 약국 들려 지혈제를 사가지고 집에 들어갔다. 속으로는 참외를 얼마나 요란하게 깎아 병원에서 꼼짝 못하는 나까지 오라고 하는가? 라는 궁시렁을 하며 안방으로 들어갔다. 안방에 들어서니 네 식구 모두가 한 곳에 앉아 일제히 나를 돌아봤다. 제가 방으로 들어가 처음으로 바라본 광경은 남편은 아들 팔을 위로 치켜들고 아들은 피 흘린 손가락에 거즈를 한 움큼 대고 있는 모습이다. 그렇지만 두꺼운 거즈사이로 피는 벌겋게 흘러내리고 있다. 두 딸들은 근심 가득한 표정으로 어

찌해야 될지 몰라 하던 중 방으로 들어선 나와 눈이 마주친다. 저는 순간 딸아이 표정들에서 분명 작은 상처가 아닐 것이라는 것을 직감했다. 남편은 저렇게 아들이 많은 량의 피를 흘리고 있는데 아들 팔만 치켜들고 있다. 순간 술에 취해 상황 판단을 못하고 있는 남편을 몽둥이로 후려쳐버리고 싶은 심정이다. 아무리 술을 처먹었다고 하더라도 지혈제를 써서 지혈만 시킬 것이 따로 있고 빨리 꿰매서 봉합(封合)해야 할 일이 따로 있건만 술에 취해 상황 판단 못하고 저렇게 피가 질질 흐르고 있는 팔만 치켜들고 있는 꼴이란 아 정말 한심스럽고 몽둥이가 허용된다면 한 대 후려치고 싶은 마음이 용솟음 쳤다. 옆에 피 범벅된 휴지뭉치를 보니 겁이 덜컹 났다. 저는 먼저 아들 손가락 상처를 살펴봤다. 거즈를 걷어내니 뼈가 훤히 보였다. 저는 아들에게

"차 가져 올 테니 나와 있어라."

라는 말을 하고 저는 서둘러 지하실로 뛰었다. 집 근처 병원응급실로 아들을 데리고 들어갔다. 당황스럽게 사건 사고가 많은 휴일이라 그런지 응급환자가 예상 외로 많다. 당직선생님이 한 분 뿐인데 공교롭게 초등학생이 놀다 넘어져서 다리를 심하게 다쳐 그 학생다리를 꿰매고 계셨다. 간호사님께서는 저희에게 약 3～40분 정도 기다려야 된다고 하셨다. 저에게는 어머님을 홀로 두고 나왔기 때문에 1분 1초가 급한 상황이라 30분이라는 시간은 나에게는 하늘이 노래지는 시간이다. 나는 여기서 3～40분지체하기보다는 차라리 어머님 입원해 계시는 응급실로 가는 것이 어머니도 살펴 볼 수 있어 더 나을듯하다는 생각을 하고 아들에게 다시 차를 타라고 했다. 저는 차를 돌려 다시 어머님 계시는 병원 응급실로 들어갔다. 마침 당직선생님이 한가하게 계셔서 기다리지 않고 바로 아들 손가락을 꿰맬 수 있는 상황이었다. 저는 아들 손가락 수술하는 동안 어머님에게 뛰어올라갔다. 어머님께 자초지종(自初至終)을 말

씀드리고 다시 응급실로 뛰어오니 벌써 아들은 손가락을 다 꿰매고 침상에 누워있었다. 아들 얼굴이 핏빛이라곤 하나 없이 누워있는 모습을 보노라니 마음 한구석이 애잔하게 아려왔다. 남편이 너무도 원망스럽게 느껴졌다. 남편이라는 사람에게서 존경(尊敬)이라곤 눈을 씻고 찾아봐도 존경할 만한 구석이 한군데도 없고 허구헛날 술에 찌들어 살면서 가족들에게 시비(是非)를 일삼고 있는 남편을 정말 나는 어떻게 이해를 하고 어떻게 받아드려야 할지? 더구나 이렇게 험난하게 사는 결혼 생활을 굳이 유지 하는 것이 맞는지… 아 정말 시름에 겨운 한 숨이 절로 나온다. 말 없이 침대에 누워 있는 아들을 보고 있잖니 서글픔이 밀려왔다. 저도 이 상황에 정신을 좀 차려야 된다는 사명감으로 버텨봐야 한다. 나도 인간이다. 아들 손가락뼈가 허옇게 보여서 좀 당황했던 모양이다. 결론은 의연한척만 했을 뿐이지 실제로는 당황했던 것이다. 남편이 술에 취해 위급(危急)상황을 대처하지 않고 줄 줄 줄 흐르는 피를 지혈해보겠다고 팔만 높이 치켜들고 있는 모습에서 소이 말하는 화가 치밀어 올라왔던 것이다. 말이 통한 사람이었다면 허구헛날 저리 술에 찌들고 저리 사랑과 정열을 길거리에다 쏟고 살았을까? 싶다. 아들 상처가 이정도로 끝난 것을 다행으로 여기며 남편 탓하지 않으려 한다. 아들 손가락 수술 받으라고 해놓고서 저는 어머님 병실로 뛰었다. 나는 피를 많이 흘러 어지럽다는 아들 말을 듣고도 손가락 꿰매는 시간에 옆에 있어주지 못했다. 어머니 혼자 계시는 시간이 많이 지체되어 나는 어머니 걱정하실까봐 아들에게 할머니 계시는 호실을 가르쳐주고 나는 계단으로 뛰어 올라갔다. 마음이 불안하니 승강기 기다리는 것도 어찌나 길게 느껴져 계단을 이용하며 뛰었다. 저의 염려와는 다르게 어머니께서는 아주 편안하게 잘 계셔서 그나마 다행스럽게 여긴 부분이다. 말은 안했지만 아들 손가락 하얀 뼈를 보고 저는 적지 않게 놀랬었다. 그렇지만 저마저 놀란 모습을 하면 가족들이 더 놀랄까봐 무심한척했다. 지금은 이정도로 끝난 것에 감사한 마음이다. 저는 걱정되어 다시 응급실로 뛰어 갔다. 막상 내려갔더니 수술은 벌써 끝났고 18바늘 꿰매다는 이야기만 들었다. 막상 어지럽다는 아들 수술할 때만이라도 옆에 있어주려 뛰어내려 왔는데 벌써 손가락에 붕대 칭칭 감고서 누워있다. 저는 누워있는 아들에게 잠시 쉬었다 할머니 병실로 올라오라고 해놓고 다시 어머님에게로 올라왔다. 그리고 어머님께 몇 바늘 가볍게 꿰맸노라고 말씀 드렸더니 걱정하셨는지 아 그래 라고 짧게 답하셨다. 아들은 제가 물 한잔마시고 있으니 바로 올라왔다. 아들은 피가 많이 빠졌는지 얼굴색이 노랗게 변해 보였다. 어머니는 외손자가 들어와 인사를 드리니 안쓰러우셨는지 손자에게 그랬어? 라고 하신다.

저에게 저희 어머님 짧은 이 한마디는 할머니의 정(情)이 가득하게 들렸다. 그러면서 외손자 손을 잡아주신다. 참 보기 좋고 따뜻한 할머님의 사랑이 가득 느껴지는 장면이 아닐 수 없다. 사실 조금 전까지만 해도 제 마음은 지옥이었다. 술이나 먹고 다니며 가족들을 방관하는 배우자(配偶者)에 대한 원망(怨望)으로 제 마음은 너무나 심란(心亂)스러웠다. 그러나 지금 저희 어머님의 애정(愛情)이 가득 깃든 짧은 그 한마디 그랬어? 라는 말씀을 듣는 순간 제 마음에 깃든 미움의 그림자가 순식간에 사라진다. 인간의 마음이라는 것이 간사하기 그지없다는 사실을 깨닫는 순간이지 싶다. 누군가 위로해준 한마디 말이 산골짜기에서 갑자기 쏟아낸 여울목처럼 시끄럽게 일어나는 번뇌들을 잠식시킨다는 사실을 체험한 것이다. 울 엄마가 손자에게 그랬어? 라고 하시는 말씀에 내 마음을 심란하게 만들었던 것들을 버린 셈이다. 원망도 탓도 부질없는 생각인줄 알면서 무슨 보호 장비처럼 내려놓지 못하고 붙들고 살았던 내 자신이 속물이었다. 그러나 이 또한 나의생각 나의집착에서 오는 번뇌다. 그래서 나는 생각이 불러온 번뇌를 살포시 내려놓는다. 내려놓으니 우선 내 마음이 가볍다. 아들이 참외를 얌전히 깎았다면 이런 깨달음을 얻지는 못했을 부분이다. 이번에도 사건 하나 만들어 나를 혼비백산 하게 만든 사연이다. 어머니가 계시지 않았다면 이런 깊은 사랑을 느껴보겠는가 싶은 생각이다. 일단 아들은 할머님 옆에 가서 조심스럽게 앉았다. 아들은 피를 많이 흘렀는지 어지럼증을 느꼈다. 아들을 바로 집으로 보낼 수가 없어 나는 아들에게 간이 침상에 잠시 누워있으라고 했다. 나는 그렇게 1~2시간 아들을 쉬게 해놓고 12시가 되어 아들을 집에 데려다주고 왔다. 조용하니 병실로 들어서니 어머니께서 주무시지 않으셨는지

"왔어."

라고 하신다. 그런데 그 말씀은 왠지 고생했다. 라는 말씀으로 들렸다. 저는 병실 사람들 깰까봐

"네 왔어요."

라는 말을 나지막이 했다. 어머니께 주무시라는 인사를 조용히 하고 간이 침상위에 몸을 부렸다. 오늘 하루를 생각하면 고달픈 하루였다는 생각이 든다. 비록 스무 바늘 가깝게 꿰맸다고는 하지만 더 큰 일에다 비교 하고보니 이정도로 끝난 것에 감사했다. 짧은 시간동안 정신적으로 많이 고달팠던 하루였다. 간이 침상에 누워 제 삶을 돌아보니 제 삶이 남보다는 참 고달픈 인생여정이지 싶다.

벼랑 끝에 선 있는 자(者) 너는 누구인가?

 이제까지 치료들이 크게 효과를 보지 못해 어머님 병세가 호전 되지 않아 의사선생님께서도 나름 고민이 많으셨던 모양이다. 의사선생님께서도 꺼내기가 어려운 말씀을 나름 용기 내셔 하셨을 것이라 이해를 해본다. 물론 의사선생님께서 그런 말씀하셨다고 나까지 침울해 할 필요는 없는 것이다. 저희에게는 아직 서울이라는 기회가 남아 있기 때문이다. 이제는 어머니와 서울로 가는 문제를 의논해야 할 시기가 된 것이라 생각한다. 저는 병실로 들어와 조용히 어머님께 이렇게 말을 꺼내본다.
 "엄마 우리 언제쯤 서울로 갈까요?"
고 조심스럽게 여쭈어 본 것이다. 그랬더니 어머님 서울 가는 이야기가 나오기를 기다렸다는 듯이 망설임 없이 예전처럼 손가락을 꼽으시며 하나, 둘, 셋, 넷을 계셨다. 제가 다시 세어 확인(確認)하니 대강 20여일이 넘은 날짜다. 그러니까 약 3주정도 날짜를 꼽아주신 것 같다. 그렇다면 어림잡아 한 달 못 미치는 날짜다. 어머님께서 날짜를 꼽아주시니 제 마음 한 구석이 후련해졌다. 저는 어머니께
 "엄마 뜻 알았어요. 그때 우리 서울 가서 빨리 완쾌되어 돌아옵시다."
고 말을 했다. 그랬더니 저희 어머니께서는 바로
 "그렇지 바로 그것이야."
 라는 말씀을 하신다. 더구나 어머님 그렇지. 라고 하시는 그 말씀에는 어떤 강한 힘이 느껴졌고 근엄(謹嚴)함까지 서려있다는 사실이다. 저는 저희 어머님 이 강한 모습을 보고 강한 목소리 듣고 풍기는 저희 어머님의 카리스마가지 느껴지니 희망(希望)이 보이는 것 같아 기분이 좋다. 그래서 저는 어머니에게

"엄마 꼭 그래야만 돼요."
나는 엄마만 믿고 이렇게
"꼭 엄마 옆에 붙어 있을 게요."
고 한다. 그랬더니 저희 어머님께서도 망설임 없이
"바로 그것이다잉 바로 그것이여."
고 하신 것이다. 저희 어머님의 강한 힘이 서려있는 이 말씀 한마디 바로 그것이다. 라는 말씀은 언제나 저에게 큰 용기(勇氣)를 불어 넣어 주셨다. 저는 이때 생각하기를 어머께서 저렇게 희망적이시고 치료시기를 예측하고 계시기까지 하시는데 그럼 되었지 그 무엇이 걱정이랴!' 라는 생각을 한다. 지금 이 상황에서 그 무엇이 필요하겠는가. 라는 질문을 던졌을 때 가장 중요한 것은 바로 환자(患者) 본인(本人)에 의지(意志)와 자식들의 협동심(協同心)만 있다면 크게 걱정할 문제는 없는 것이라 생각이 든다. 저는 다시 어머님께

"아무튼 엄마 뜻 알았어요. 그럼 우리 힘내서 얼른 일어나게 엄마 우리 파이팅 해요."

고 했다 그랬더니 저희 어머님께서는 제 말에 동조를 하신다는 의미로 웃으시며 저에게 하이파이브를 해주셨다. 그리고 이마땡까지 덤으로 해주신다. 저는 막내 여동생에게 전화를 걸어 서울행을 추진하라고 전했다. 다음날 저는 남편에게 서울 가는 문제를 의논하고 싶은 마음에 못처럼 한가한 일요일이고 하니 아이들과 함께 병원으로 와서 같이 점심을 먹자고 전화를 했다 그랬더니 남편은 싫다고 했다. 다른 볼일이 있어서 그러겠지 하고 생각을 했다. 얼마 지나지 않아 남편은 이곳 병실을 찾아왔다. 그런데 목적(目的)이 장모님 병문안이 아니었다. 그러니까 병원에 들린 이유가 내 차를 가지로 온 것이다. 오직 남편은 경마장 가기 위한 것이 이곳을 들린 이유인지라 그 마음이 너무나 괘씸하게 느껴진

다. 정말로 보통사람이라면 장모님 병문안이 기본이 되는 것이고 보통사람의 범주에 들어가는 행동이련만 상식 밖의 행동을 일삼고 있는 사람을 남편으로 둔 아내는 늘 마음이 괴롭고 부끄럽다. 남편을 바른길로 인도하지 못한 책임이 있기 때문일 수도 있을 것이다. 보통사람들은 부모님 편찮으시면 같이 걱정하고 같이 수발드는데 우리 집 양반은 강 건너 불구경 하듯 하며 제가 친정어머니 병수발 하는 것 자체를 못마땅하게 여기는 사람인지라 더 이상을 바라는 것이 무리겠지만 그래도 양심이라는 것이 있다면 병원에 들릴 때는 장모님 잡수시는 과일 하나라도 사오면 좋으련만 경마장에 가는 돈은 있어도 자식 된 도리를 하는 대해는 언제나 인색한지라 참으로 부끄러운 배우자라 여겨지고 저런 사람을 배우자라고 생각하니 앞이 노랗다. 배우자가 일반인처럼 기본만이라도 하고 살았어도 제가 어머님의 눈치나 형제들 눈치를 이렇게까지는 보지는 않았을 것 같다는 생각이 든다. 사람이란 인생을 살면서 이왕이면 정도(正道)를 걷고 의미(意味)있는 일을 행(行)하면서 살아가면 보람도 더 클 것이고 고생한 보람도 있으련만 어쩌자고 나의 배우자는 남들이 멀리하는 일에는 앞장을 서서 사는지 아이고 참말로 특히 행실이 바르면 자라나는 아이들에게 귀감(龜鑑)이 되는 부분이고 아빠로써 존중을 받으면서 살아가야 하건만… 어찌된 일인지 사랑과 정열은 길거리에다 쏟고 다니며 짜증과 성질은 가족들에게 푸는 형국이며 이제까지는 좋은 일은 멀리하고 나쁜 일은 앞장서서 행(行)하는지라 참 부끄럽고 안타까운 마음이다. 요즘 몸이 좋지 않다고 하니 억지로 현장 나가라고는 하지 못하는 처지이다. 일단은 남편에게 놀면서 검사 한번 받아 보자고 하였으니 시간나면 병원에 다시 들려 볼 것이라 생각한다.

다음날 월요일 아침 또 피검사를 하기 위해 새벽 5시에 피를 뽑아간

다. 어머님께서는 매일 이루어지는 이런 행위들이 싫으신지

"아이고 참말로."

라는 말씀을 새벽인데도 하셨다. 제가 생각을 해도 정말 지겨울 정도로 매일매일 같은 검사에 같은 링거액에 더구나 조금 부주의(不注意)이면 주사바늘이 새어 이곳저곳을 찔러놓은 바람에 여러 가지 색깔로 얼룩진 어머님 팔뚝을 보노라면 과연 병원은 굳이 이렇게까지 필요 없는 수액을 하염없이 꽂아야만 되는지 의문스러웠다. 이런 과정들이 성한 사람도 지칠 지경이다. 그러다보니 오히려 노인들에게는 병원 생활보다는 원만하면 집에서 편하게 계시게 하는 것이 더 좋은 휴식이 되지 않을까 싶다. 특히 각종 검사에 지치신 울 엄마 모습에서 문득문득 생각나는 것은 후회와 아쉬움 차라리 어머님 말씀 듣고 병원에 오지 말았어야 했는데 라는 후회뿐이다. 며칠 후 어느 때와 별 다르지 않는 아침을 맞이한다. 그리고 어김없이 의사 선생님께서 오셨다. 그런데 CT를 오늘 찍어보자고 하셨다. 왠지 황달기가 있다면서 CT를 찍은 다음 CT를 보고서 의논을 하자고 하시며 병실을 나가셨다. 그리고 CT 찍기 위해 이 시간 이후로는 무엇을 드려서는 안 된다고 하시며 금식 푯말을 어머님 침대에다 붙여놓고 가셨다. 금식 푯말이 붙고 보니 식사시간이 남았다. 그래 그 사이 어머님 머리를 잘라 감겨드렸다. 그리고 로션 바르는 부분은 울 엄마 영역이라 로션은 엄마 무릎위에 올려드렸다. 어머니는 로션을 바르시다가 짧아진 머리가 어색하셨는지 아니면 시원하신지 자꾸만 쓰다듬으셨다. 그리고 하신 말씀이

"아이구 좋다."

라는 말씀을 연거푸 하신다. 일단 제가 봐도 시원해 보여 좋다. 그런데 의사 선생님 말씀처럼 황달기가 있는지 어머님 안색이 제가 봐도 노란빛이 보인 것이다. 사실 엊그제 돼지 꼬리도 또 바꿨다 그런데. 이번

에는 폐에 물을 빼고 있는 돼지꼬리가 아니고 간담도 길에 이상이 있는 듯싶다. 지금 생각해보니 스턴트 교체시기인 3개월이 넘은 것이다. 그렇다면 스탠스를 갈기 위해 다시 대학병원을 다시 다녀와야 되는 문제인 듯하다. 이 부분은 오늘 CT 촬영 후 결과를 보면서 결정하리라 생각한다. 대학병원에서 플라스틱 관을 삽입하면서 3개월 후에 빼던지 다시 삽입시키든지 그때 가서 결정을 하자고 하셨던 것이다. 그 때가 넘은 것이다. 어머니께서는 8시간이 지나서 CT를 찍기 위해 조영제를 투입하고자 또다시 불편한 몸을 움직여 CT기 위에 눕혀졌다. 저희 어머니가 제일 불편 한 자세 중 하나가 반드시 눕는 자세다. 언제부터 울 엄마 허리가 이렇게 구부정 해지셨는지는 잘 모르겠다. 살이 많이 빠지고 나시니 허리 굽은 증상이 도드라지게 보이면서 반듯이 눕는 것이 어머니에게는 많이 불편한 자세가 되었다. 그러다보니 가장 힘든 부분이 바로 바닥에 반듯이 누워 검사 받는 것이 가장 힘들어 하신 부분이다. 더구나 가장 문제가 된 부분이 발뒤꿈치 괴사가 걷지 못하게 했고 눕는데도 많이 아파하시니 검사과정도 곤욕스럽다. 뒤꿈치 괴사로 하여금 모든 동작들을 자유롭게 할 수가 없어 여러 가지가 너무 불편했다. 이런 저런 검사들을 받을 때마다 어머니가 괴로워하시는 것을 보노라면 저는 자동적으로 괜히 어머니를 병원으로 모시고 와 이렇게 고생고생 시키고 돈은 돈대로 들어가고 식구들은 식구들대로 고생 시키고 있지 않나? 라는 후회를 하게 된 이유다. 설상가상(雪上加霜)으로 의사 선생님은 저에게 어머니를 포기(暴棄)하라는 말씀까지 하셨으며 저희 어머니께서는 아직 서울 올라 갈 때가 안 되었다고 하시며 서울행을 고집스럽게 미루고 계시니 여러 가지로 제 마음이 편치 않다. 더군다나 지금 검사하는 과정들이 아무래도 어머님 건강상태가 다시 이상 신호가 온 것 같다는 느낌이 들어 이 상황을 어찌해야 좋을지? 참으로 괴롭다. 또 다시 수렁에 빠져들어 가는 느낌마저 든다. 과연 저희 어머님 병원 생활에 끝이 있기나 하는 것일까? 라는 의구심도 일어났다. 이 날 여러 가지 검사는 아니라 할 질 라도 정신적으로 마음 적으로 힘들고 고단한 하루였다. 툭 하면 그 놈의 검사는 왜? 그리 자주하였는지? 환자 금식은 왜? 그리 자주 하는지? 물론 저도 환자와 같이 밥 굶기는 매한가지다. 환자가 식사를 못 하시는데 저 혼자 사 먹기란 참 멋쩍고 불편했던 시절이다. 어머님의 CT검사는 끝났다. 처음 눕는 과정이 힘들었던 것 말고는 오늘 검사는 순조롭게 진행되었다. 일단 병원에서 요구하는 검사는 다 마치고 다시 침실로 들어 왔다. 저희가 검사하려간 사이 다른 환자가 교체되어 들어 온 모양이다. 새로운 환자분은 저희가 병실로 들어간 순간부터 저희 모녀를 유독 유심히 보고 있다. 말은 걸어오지 않고 오직 저희 모녀 스캔만 열심히 하고 있는 것이 느껴진다. 병실을 같이 쓰게 되면 대체로 옆 사람 스토리가 궁금해지는지 자꾸만 물어오는 경우가 많다. 저는 그분들이 어디가 아파서 왔는지 제 사정이 딱해 궁금하지가 않다. 이 병실에 특징은 길어봐야 일주일정도만 머물다 가는 가벼운 환자들이 대부분이라 그다지 오고가는 부분에 대해 신경을 쓰지 않는 편이다. 저희만 이 병실을 오래 차지하고 있어 새로 들어오신 분들이 저희 어머님께 방장이라는 호칭(呼稱)을 쓰셨을 뿐 눈여겨보았던 사람은 특별히 없으며 가슴깊이 새겨둔 사람 또한 남아있지 않다는 것이 저희들 병원생활이라 하겠다. 저희가 이 병원에 입원한지 벌써 여러 달이다. 병원 시스템은 1개월이 지나면 나가야 하는데 우리는 응급실 출동을 여러 차례 하는 관계로 자동으로 퇴원 수속이 되는 것이고 응급실 갔다가 다시오면 다시 입원하는 경우가 되어 여러 달 있어도 문제 되지 않는 부분이다.

나는 이날 검사 결과를 초조하게 기다리고 있지만 결국 의사선생님은 오후에 회진을 오시지 않았다. 그래서 우리는 결과를 다음날 회진오실 때 듣기로 한다. 그런데 이날 검사하려 다니면서 옆구리에 꽂아둔 호수를 건들었는지 옆에서 또 물이 조금씩 새어나왔다. 또 난감한 상태를 겪어야 될 것 같다. 이제껏 조심한다고 조심을 해서 여기까지 왔는데 검사실에서 어머니를 들어 올려드릴 때 그곳에서 검사 하신 분들이 조심을 하지 않은 것인지 아니면 워낙 피부가 탈력이 없어 움직일 때마다 늘어났었는지 알 수는 없다. 그런데 또 옆구리에서 물이 새어나오고 있으니 낭패다. 폐관에 물고임도 평소 양보다 작으니 아 정말 저는 이 밤을 어떻게 보내야 할 것인지 참으로 난감한 일이 아닐 수 없다. 사람이라면 누구나 이런 상황을 겪다보면 저와 같은 생각이 자동적으로 들게 되지 않을까? 라는 생각이다. 더군다나 사단(事端)은 꼭 깊은 밤에 일어나듯이 밤이 되면 유독(惟獨)난감한 일이 자주 발생(發生)했던 것으로 추정(推定)된다. 저는 밤에 응급실 가는 일이 제일 두려울 따름이다. 비상시에는 어쩔 수없이 대학병원 응급실 갈 준비는 하되 이 밤은 지새우고 가고 싶은 것이다. 옆구리 물새는 것부터 해결해야 되었다. 저번에도 그랬듯이 일자형 기저귀를 다시 사와 어머님 옆구리에 갖다 대놓고 붕대로 또 다시 칭칭 감아놓는다. 기저귀를 두 겹으로 덧대 감아놓고 나니 저도 모르게 한숨이 새어나왔다. 아무리 생각해봐도 제게 내려진 신(神)의 형벌이 과혹하다는 생각이다. 무슨 일이 이렇게도 고약한 일만 나에게 일어나는지? 나는 푸념을 뒤로 한 체 일단 간호사님께 달려갔다. 옆구리에서 다시 물이 새어나오니 호수 주위를 한번 깁어 줄 수 있는지 물어 봐달라고 했다. 그랬더니 치료사님께 그렇게 전해드리겠다고 하신다. 나는 병실로 돌아와 10여분을 기다렸다. 그때 치료사님께서 오셨다. 그리고 말 그대로 응급처치로 옆구리 부분을 몇 바늘 꿰매 주셨다. 피부가 처져 옆구리호수가 축 늘어져 있었고 꿰맨 실도 곧 끊어질 듯 위태로워 보여 서너 바늘 다시 꿰매주시고 치료사님은 가셨다. 그런데 이번 치료사가 다른 분이 오셔 치료를 해주셨다. 아마 어머님을 매일 치료해 주신 분은 이미 퇴근하시고 응급실 팀 치료사인 듯하다. 어머니께서 매일 보던 분이 아니라 아니네. 라고 말씀을 하신다. 그래서 제가 맞아요. 지금은 퇴근 하셨나 봐요. 라고 하니 저희 어머님 고개를 끄덕이신다. 아마 매일 오셔서 저희 어머니에게 살갑게 말을 걸어주시며 치료를 해주셨던 그분인줄 알았는데 그 치료사님이 아니라 어머니께서는 약간 서운 하신 모양이다. 허긴 젊은 우리들도 누군가 한마디 말이라도 정겹게 붙여주면 다시금 뒤돌아봐진 경우가 더러 있다. 의지 할 곳 없는 노인들은 그런 마음이 더 있지 않을까? 하는 생각이 든다. 하물며 저희 어머님처럼 감정을 잘 표출하지 않으신 분께서 이렇게 치료사님을 찾을 때에는 그 치료사님의 친절함이 보통 범주를 넘으셨다는 것을 알 수 있다. 조금이라도 더 살갑게 해주면 그 사람을 꼭 돌아보는 것이 보통마음이지 싶다. 그리고 누구나 나이가 들면 어린아이가 되는 것은 확실하다. 그래서 누군가의 관심을 받고 싶어 하는 것이고 누군가에게서 정(情)을 받고 싶어 하는 것이 인지상정(人之常情)이지 않나? 생각 한다. 호수 주위를 서너 바늘 꿰매고 났더니 옆구리 물이 확실히 덜 나왔다. 하지만 이렇게는 안심 할 수 있는 단계가 아니다. 그러니까 물이 덜 새면 오히려 폐에 물이 고이는 현상이 되는지라 다시금 응급사항을 고려하지 않을 수 없다. 불안타… 허나 이 야밤에 응급실 가는 것만은 피하고 싶다. 내 마음은 이렇게 몇 시간을 잘 보내 날이 밝아지면 가고자 하는 마음이다. 위급한 상황 되면 나의 바램은 부질없다. 나는 잠시라도 이불과 옷이 젖는 것을 방지코자 기저귀를 옆구리에 여러 겹 받쳐놓고 붕대로 칭칭 감았다. 깊은 시름이 절로 나온다. 이미 내 마음과 몸은 지쳤다. 조심스럽게 간이 침상을 꺼내 눕는다. 그러나 이렇게 누워도 되는지? 내 스스로에게 반문

한다. 응급처치는 마쳤다. 이후에 벌어질 일은 예측불과였다. 나의 모든 세포와 저의 귀는 어머님 숨소리에 포커스를 맞추고 있는 중이다. 안심할 단계가 아니라 더욱 귀가 민감하게 어머님 숨소리에 집중했다. 나는 어머님 숨소리에 온 신경을 곤두세워야 하며 옆구리도 살펴야 되기 때문에 오늘밤은 또 특별한 야간근무가 될 것이다. 막상 눕고 보니 만약시를 대비해 짐을 대충이라도 챙겨 놓아야 될 것 같다는 생각이 스쳤다. 저는 자리에서 벌떡 일어나 대충 짐을 챙겨 머리맡에 챙겨 두고자 일어났다. 밤이 늦어 어두컴컴한 곳에서 병실 사람들이 주무시는 관계로 조심스럽게 움직이며 짐을 챙긴다. 옆 환자 깰까봐 초긴장을 하며 짐을 챙긴 것이다. 짐 챙기는 시간은 그리 길지 않았다. 날씨가 무더워 그랬는지 긴장을 해 그랬는지 잠시잠깐 움직인 것 같은데 땀이 줄줄 흘러내린 것이다. 저는 대충 짐을 챙겨놓고 조심스럽게 다시 자리에 누웠다. 어머니는 제가 어두운 곳에서 짐을 싼다고 부스럭거리는 소리에 잠을 못하셨는지 저에게 그랬어? 고 하신다. 아마 어머님의 이 말씀에 의미는 자기 때문에 고생 한다. 라는 의미인 것 같이 느껴진다. 저도 네 그랬어요. 고 답을 한다. 어머니께서는 어두운 곳에서 짐을 챙기고 있는 제가 안쓰러우셨는지 저에게 나는 괜찮을 것이다. 나는 괜찮을 것이야. 라고 위엄 서린 목소리로 말씀을 하셨다. 저는 울 엄마 나는 괜찮을 것이다. 라는 말씀은 언제나 절망(絕望)속에서 희망(希望)을 주시는 메시지가 아닌가? 싶은 생각이 한다. 또 다시 지친 저를 다시금 걷게 하고 시들어가는 나무에 물을 부어 새 생명을 불러일으키는 메시지다. 저희 어머님 말씀에 강한 힘이 들어 있어 더욱 희망을 갖는다. 대부분 사람들은 늙으신 부모님들께서 말씀 한마디라도 하시면 보통 자식들은

"어머니가 뭘 안다고 그러세요?"

고 하면 나이 드신 부모님 말씀을 무시한다거나 핀잔으로 일관 하는

경우가 허다하다. 우리 형제 가운데도 그렇게 말했던 형제도 있었다. 하지만 제 입장에서는 저희 어머님 자체가 특별하신 분이라 그랬는지 모르겠지만 제 나이 50이 넘도록 저희 어머님 말씀이 법이요, 힘이요, 진리라고 생각하면서 살아왔다. 그래서 아직까지 저는 어머님 말씀에 단 한 번도 아니요. 라는 단어를 써보지 않았다. 저희 어머님 말씀은 언제나 일반인 보다는 보이지 않는 그 어떤 기운이 서려있었던 것이다. 그러므로 특별하신 저희 어머님 기백(氣魄)을 저는 언제나 존중하며 어머니를 믿고 의지 하며 어머님 말씀이라면 무조건 따르며 살아왔던 이유다.

 제가 무조건 저희 어머님 말씀을 따르는 부분을 두고서 주변에서 저를 두고 칭(稱)하기를 마마보이가 아니 마마걸(Girl)이라고 칭 했을 정도로 저는 어머님의 말씀에 귀를 많이 기울이면서 살았다. 지인들이 마마걸이라고 놀릴 때면 저도 그래요 저는 마마우먼(woman)이에요 고 말을 했다. 저에게 그랬어? 라고 하시는 울 엄마 말씀의 의미(意味)가 자기 따라 다니느라 고생한다는 의미가 맞을 것이다. 제가 그렇게 생각한 이유는 사실 제 이마에 흐르는 땀을 불편한 손으로 어머니가 닦아 주실 때 저는 저희 어머님 손길에서 아주 특별한 사랑과 정(情)을 어머님 가슴 깊은 곳에서 우러나오는 것을 저 역시나 뜨겁게 느꼈기 때문이다. 저는 저희 어머니의 사랑을 듬뿍 받고 있는 자랑스러운 대한민국 국민에 딸이며 자랑스러운 저희 어머님의 딸이다. 그 누군가는 부모가 희망(希望)하는 자식상이 될 것이고. 국가(國家)가 요구(要求)하는 국민상(國民像)이 될 것이며 역사(歷史)가 열망(熱望)하는 인간상(人間像)이 되고자 인적 드물고 산세 깊은 곳에 숨어 피나는 수련(修練)을 하며 자신을 연단시키고 계시지 않을까? 라는 생각을 한다. 저는 나는 괜찮을 것이다. 라는 어머님 말씀에 힘을 얻어 어머님 믿고 일단 옆구리를 사수하며 이 밤을 조심스럽게 넘겨봐야 될 것이다. 그런데 또 막상 눕고 보니 짐을 어느 정도 차에다 실어 놓고 오는 것이 더 유리 할 것 같다는 생각이 들었다. 그래서 밤이 더 깊어지기 전에 보따리 두 개를 챙겨 차 트렁크에 실어놓고 병실로 들어왔다. 요즘 날씨도 날씨지만 갱년기도 심해서 더위와 시름하는 저에 일상이 나름 고충이 심했던 시기가 이때가 아니었나 싶다. 갑자기 열이 오르면 걷잡을 수 없이 얼굴에 화끈거림이 일어나고 땀이 줄 줄 줄 흐르고 보면 저 나름 고역이다. 갱년기를 겪고 계신 분들은 대부분 갑자기 손부채질을 하는 이유가 여기에 있었던 것이다. 제가 직접 이런 현상들을 겪다보니 자동적으로 손이 부채가 되기도 하니 아마도 갱년기 보다는 화병이 근원이 아닐까? 생각하게 된다. 만약 제가 이런 경험을 해보지 않았다면 갱년기를 겪고 계시는 분들의 고충을 어찌 알았겠는가 싶기도 하다. 무슨 일이든지 경험자가 스승이고 체험자가 지혜롭다는 말이 맞듯 경험을 한 사람과 경험을 해보지 않은 사람의 차이는 분명 있을 것이다. 지금 제게 닥친 상황들이 무엇 하나 순조롭지는 못한 환경이다. 온갖 고난 속에서 커다란 인생 공부를 체험을 통해서 하고 있는 상황이지 않나? 싶을 정도로 난코스에 돌입해 있는 것이 현제 상황이다. 더구나 후덥지근한 날씨마저 둔한 나의 신경을 건든다. 그러다보니 병실이 갑갑하게 느껴진 순간이다. 저희 어머님 위로가 있었다고는 하지만 사실 마음은 불안했다. 옆구리에 물이 샌다는 것은 또 폐에 물이 차오르면 위급한 상황이 연출되니 저는 그 상황이 너무 싫어 아니 불안해서 숨 쉬는 것조차 불편했다. 설상가상(雪上加霜)으로 환자인 어머님은 별 진도가 없다보니 저 역시나 어머니 옆에서 꼼짝도 못하는 신세이며 남편은 아파 현장을 나가지 못하고 집에 있다 보니 제가 빨리 집으로 돌아왔으면 좋겠다고 남편은 투정을 부리고 있는 상황이라 참 어디다 제 마음을 놓여야 할지 난감하다. 그런데 제 마음을 더 짓눌러

잠을 못 들게 하는 것은 이제껏 병실에서 썼던 생활비용과 집에 생활비 그리고 어머님 병원비 6/1을 썼던 카드를 막아야 되는 것이 오늘밤 가장 큰 고민이다. 그렇다고 누구하나 병원생활비를 따로 주는 사람은 없다. 하지만 언니나 여동생은 매주 교대를 하기 위해 먼 길을 오고 있어 더 이상 바라는 것 자체가 무리다. 아무튼 경제적인 문제가 앞을 막고 있으니 몸도 마음도 지쳐 무기력(無氣力)증이 생길 것만 같다. 더군다나 저희가 서울 갈 때 까지만 이병원에 머물러 있겠다고 하였는데도 담당 의사 선생님은 저를 볼 때마다. 할머님! 빨리 집으로 모셔 맛있는 거나 실컷 사드리 라고 권하니 아무리 저희 어머님 나는 괜찮을 것이다. 라는 희망 말씀이 있었다고는 하지만 그래도 지치고 힘든 것은 힘든 것이다. 막상 침상에 누워보니 옆구리 새는 이 밤을 어떻게 넘길 것인지… 막연했다. 저는 어머니 발밑에 누워 앞으로 닥칠 일을 어떻게 헤쳐 나가야만 과연 옳은 일인가 라는 생각에 쉬이 잠을 이루지 못한다. 만약 지금 내가 걷고 있는 이 인생길 행보(行步)가 산행(山行)이였다면 그루터기에 잠시 앉아 숨이라도 잠시 쉰 뒤 다시 오르련만 숨 한번 제대로 쉬어보지 못하는 이 상황이 너무나 서글프다. 마음 한 쪽은 저도 마냥 이렇게 살겠는가? 라는 생각도 들기도 하며 이것도 잠시 불어오는 바람일 뿐이다. 라는 생각으로 제 자신을 위로 아니 위로(慰勞)를 해보기도 한다. 그리고 이 바람이 다른 사람들에 비해 조금 세찬 것뿐이며 다만 이 고비 넘기고 나면 이 바람도 제 성질을 다하여 그렇게 세차게 불었던 바람도 멈추게 되고 이 바람 또한 시간이 지나고 나면 분명 이 또한 옛일이 될 것이고 과거가 되어 있을 것이라는 생각이 든다. 사면초가(四面楚歌)에 놓여있는 지금 제 처지와 궁색(窮色)해진 생활에서 오는 저의 초라한 모습을 가능한 긍정적인 생각들로 꽉 꽉 꽉 채워 마음에 여유를 찾아보려는 중이다. 이왕지사(已往之事)힘든 산행(山行)도 즐겁게 노래를 부르거나 즐거웠던 일들을 생각하면서 가노라면 힘이 덜 들듯이 현재 처해있는 나의 파란만장한 삶도 이와 같은 마음으로 행(行)하고 실천하노라면 분명 좋은 결과(結果)와 보람이라는 뿌듯함에 가치(價値)를 얻게 되지 않을까? 싶다. 어떠한 경우라도 저만이라도 저희 어머니를 포기(暴棄) 하지 말자! 라는 슬로건을 마음에 새기며 흔들리는 마음을 굳게 한다.

나라는 사람은 언행일치[言行一治]하여 호리(毫釐)에 어긋남 없이 바르고 정직하게 굳세게 이겨내야 할 의무(義務)를 부여 받은 사람임을 제 스스로 다짐하며 그 누가 알아주지 않더라도 힘찬 발걸음으로 오늘도 나는 나의 길을 열심히 꾀부리지 않고 위풍당당하게 걸어 갈 것이다. 이렇게 사노라면 이제껏 저에게 씌워졌던 누명도 오해도 그 어떤 편견도 그렇게 보고 그렇게 생각하는 자에 몫이요. 그렇게 생각 하는 자의 망상이요 그렇게 받아드리는 자의 척도(尺度)일 뿐이며 그 사람의 경지[境地]에서 오는 소치(所致)일 뿐 그 어떤 것도 내 것이 아니기에 나는 과감히 그런 오해와 편견들 속에서 저 멀리 벗어나 있을 것이라 생각한다. 옛말에 마음이 깨끗하면 보살이고 마음을 깨우치면 부처다. 고했다. 저희 어머님께서는 항상 저희들에게 거짓 없는 마음을 원하셨던 이유다. 그리고 공부를 잘 하는 것 보다는 마음 깊은 사람이 되라고 이르셨던 것이 저희 어머님의 특별한 교육이었다. 내 것이 아니 것은 절대로 탐하지도 말고 집착도 버리라고 하셨던 분이 바로 저희 어머님이시다. 돌이켜 생각해보면 저희 어머님 교육방식은 지식(知識)을 많이 쌓아 출세하는 청운(靑雲)에 길로 가는 것보다는 수많은 시련(試鍊)을 겪고 자신을 극기(克己)해 지혜를 많이 쌓아 마음 깊어져 자신의 마음을 자유자제로 컨트롤 할 수 있는 사람이 되라는 교육 방식이지 않았을까? 라고 생각해 본다. 저는 지금 제가 겪은 시련들을 걷고 있는 산으로 비교하자면 난이도가 높은 험준한 산을 넘고 있는 형국이라 표현 한다. 그러다보니 더욱 좋은 생각하고 좋은 것만 보고 좋은 것만 말을 하고 사노라면 언젠가는 저에게도 비운(悲運)에 먹구름이 거두어져 밝은 태양을 마중 할 것이며 굴곡진 비탈길과 자갈길을 벗어나지 않겠나? 하는 생각이다. 인간 사이클이란 것이 이것이 있으면 저것이 있기 마련이듯 제 인생사가 마냥 험준한 산행(山行)같지는 않을 것이라는 생각을 한다. 사연 많은 제 인생사를 잠시 돌아보느라 잠깐 이런저런 생각을 하다 보니 어느새 밤이 깊어졌다. 나는 일어나 잠들기 전에 한 번 더 옆구리에 칭칭 감아놓은 붕대를 다시 풀어 물젖음을 살펴보았다. 옆구리를 임시 몇 바늘 꿰매서 그런지 물의 량이 많이 줄어든 느낌이 들었다. 그러니까 조금 전 보다는 덜 흐른 것이다. 그러나 저는 안심 할 수 없어 기저귀를 새로 갈아 옆구리에 붙여놓고 다시 붕대로 칭칭 감아 놓고 이 상황을 좀 더 지켜 볼 필요가 있다는 생각을 한다. 물이 막히면 분명 다시 응급실로 가는 것은 피 할 수가 없다. 이미 짐은 일부 차에 실어두었기에 여차하면 같이 달려 갈 준비는 되어 있는 상황이다. 날이 너무 덥다는 생각이 든다. 갱년기라 덥고 긴장을 하고 있어서 그런지 유난히 덥고 이 상황을 예측 할 수 없어 더 덥다는 느낌이다. 그렇다고 마음 편히 샤워 할 수 있는 사항은 아니다. 여러 사람들이 들고 나는 곳이라 마음 놓고는 샤워를 할 수가 없어 더욱 덥다. 한편으로는 마음대로 샤워라도 시원하게 하고 싶다는 생각을 한다. 하지만 주변 환경이 여의치가 않아 용기가 나지 않는다. 에어컨이 틀여져있지만 갑자기 열 오름을 억제 할 수는 없다. 마음에 진정을 위해 눈을 감았다. 언제 잠이 들었지 모르지만 살포시 저는 잠이 들었던 모양이다. 어머니께서 깨우신다. 저는 그 바람에 깜짝 놀라 일어나니 어머니께서는 옆구리가 많이 새어 옷이 다 젖었다고 다시 갈아달라고 하셨다. 저는 젖은 옷과 옆구리에 기저귀를 갈아드리고 나서 이 밤을 어떻게 넘길 것인가? 라는 생각에 다시 불안해졌다. 이 밤을 잘 넘겨 날 밝으면 대학병원 응급실로 가기를 바라는 마음으로 또 다시 잠을 청했다. 이 시간이 새벽 3시라 다시 잠이 들었다.

아침이 밝았다. 다행스럽게도 밤을 잘 보낸듯하다. 아침 식사가 끝나고 의사선생님께서 아침 회진을 오셨다. 그리고 저희 차례가 되어 어제 찍어 놓은 CT검사 결과를 알려 주실 모양이다. 긴장감이 돈다. 수차례 경험이 있다지만 그래도 긴장이 된 모양인지 손에서는 벌써부터 땀이 베여 나온 것이다. 마주한 의사 선생님 얼굴이 심각함이 묻어있다. 그래서 속으로 최악을 그려보면서 스스로 저는 이런 말을 되뇌었다. 그래도 괜찮다 내가 얼마나 무식 용감한 사람인데 라는 생각을 했다. 그리고 어떤 어려움이 닥치더라도 절대로 포기하지 않을 것이다. 라는 생각을 했다. 의사 선생님께서는 저를 보시면서 어렵게

"어제 찍은 CT를 보니 할머님 상황이 더 안 좋아 지셨어요."

라고 하신다. 그래서

"그럼 어떻게 해야 됩니까?"

물어 보았다. 그랬더니

"지금으로서는 간담도 길이 다시 막혀 다시 옆구리로 관을 달아내서 담즙을 빼내고 폐에 물도 다시 차오르니 옆구리로 호수를 다시 삽입을 하는 시술을 해야겠습니다."

라고 하신다. 그래서 제가

"그럼 우리는 다시 대학병원으로 가야되겠네요?"

라고 물었다. 그랬더니 의사선생님

"그렇지요. 그 방법 밖에는 지금으로써는 없어요."

라고 하셨다. 그러면서 하신 말씀이 자기가 알고 계시는 의사선생님

께서 이 분야에 실력이 있으신 분이 김해에 계시는데 이곳 병원에서 거리가 얼마 되지 않은 병원에 계신다고 하셨다. 그러시면서

"그 의사선생님께 할머님 간담도 시술을 하실 수 있냐고 말씀을 한번 드려 볼까요?"

라고 저에게 물으신다. 그래서

"과장님께서 추천하신분이라면 믿고 가겠습니다."

고 했다. 그랬더니

"그럼 연락을 해놓겠습니다."

라는 말씀을 하신 것이다. 소개해주신다는 목적지가 부산이 아니고 우리가 머물고 있는 병원 근처인 것 같다. 어머님 시술을 해 주실 의사 선생님께 연락을 해본다 하시니 그 시간에 저는 남은 짐을 챙겨야하는 상황이다. 어제 밤에 짐을 일부 챙겨 차에 실어 놓았더니 한결 짐 나르기가 수월했다. 저희가 오늘 이병원에서 또 한 달이 되어 나가야되는 시점이라 아주 퇴원 수속을 마쳤다. 응급실 갈 때 마다 했던 절차다. 그러나 지금은 그렇게 위급한 사항은 아니다. 그리고 의사선생님께서 말씀해 주신 곳이 이 병원 근처라 어머님 폐에 꽂아둔 관을 바람이 들어가지 않게 칭칭 감아 놓고 어머님을 제차로 모셔가기로 결정한다. 구급차 경비가 부산응급실을 오고가고 할 때 마다 제법 들어 병원비 절약하고자 하는 마음도 있었지만 어머님의 상태가 긴급 상황이 아니라 제차로 가도 무방하다고 생각했다… 저희가 가려는 병원이 이곳 병원에서 고작 1km 이 내(內)에 있던 터라 그렇게 결정을 한다. 오랜만에 어머니를 환자복을 벗어놓고 평상복으로 갈아 입혀드리고 나서 휠체어에 앉혀 드렸다. 그리고 의사 선생님의 연락을 병원 복도에서 기다리고 있는 중이다. 어머님께서 평상복을 입고 계시니 환자 같은 모습은 없어 보기는 좋다. 어머님 상태도 대체로 안정적이다. 다만 걷지를 못해 휠체어에 앉아 계

시는 것이 환자로 보일뿐이다. 우리가 복도에서서 기다리기를 2 ~ 30분 지나니 의사선생님께서 오셨다. 친구 분께서 간담도 시술과 폐관 시술을 해주시기로 하셨다며 지금 바로 그 병원 응급실로 가라고 설명을 해주셨다. 저는 감사하다고 의사선생님께 인사를 하며 어머니 휠체어를 밀고 나오니 간호사님들께서 모두 나오셔서 저희 어머님 배웅을 해주셨다. 주차장에서 어머님을 제 차에 앉혀드리기 까지는 누군가의 도움이 절실히 필요한 상황이다. 그런데 마침 주차장관리 아저씨께서 오셔서 휠체어를 잡아주시니 어머님을 일으켜 세우기가 한결 수월했다. 어머니께서 다리에 힘을 전혀 주지 못하니 여자 혼자서는 어머니를 들어 차에 앉혀드리는 것이 사실 힘에 붙였다. 요령이 없어 그럴 수는 있겠지만 어머니께서 땅에 발을 딛지 못하시니 더욱 힘겨웠다. 힘겹게 어머니를 차에 앉혀드리고 휠체어 반납하고 운전석에 제가 앉으니 차에 타신 어머님께서 갑자기 급변(急變)하셨다. 어머니께서는 다짜고짜 집으로 가자. 라고 하신 것이다. 아무런 설명도 없이 무섭게

"집으로 가"

헉 아무래도 제가 잘 못 들은 느낌인 듯하다. 그래서

"엄마 지금 뭐라고 하셨어요?"

라고 물어보았다. 그랬더니 저희 어머님 노(怒)한 목소리로 집으로 가자! 라는 말씀을 아주 근엄한 목소리로 하신 것이다. 더구나 이 말씀만은 유독 발음이 뚜렷하셨다. 저는 너무 놀라

"엄마 지금 이 상황에서 집으로 간다는 것은 말이 안 되지요. 그리고 지금은 간담도 길이 다시 막혀 그것마저도 시술을 다시 해야 되는 상황이라 엄마 지금은 너무 위험해서 집으로는 절대로 안 됩니다. 그리고 이것은 엄마 생명과 연관되어 있어 더욱 못가요."

라고 하며 저도 차를 빼지 않고 버티었다. 그랬더니 저희 어머니

"어이구 참말로."

라는 말씀을 아주 노하신 얼굴을 하시며 저를 쪼려보신 것이다. 저를 쳐다보시는 어머님 눈빛이 너무 매섭게 느껴진 순간이 바로 이 순간이다. 아니 어머님 얼굴에 노여움이 가득해서 불안했다. 아직 우리는 병원 마당을 벗어나지 않은 상태에서 어머니와 저는 집으로 가자 아니 지금은 위험한 상태라 갈 수 없다. 라는 주제를 놓고 약간의 실랑이를 벌이는 중이라면 중이다. 어머님 기세를 보아선 절대로 물러 설 기세는 분명 아니라는 것이 관건(關鍵)이다. 어머니께서는 제가 잠시 망설이고 있는 사이 또 역정을 내시고 성질부리를 강하게 하시니 나는 좀 당황한다. 그리고 저희 어머님 고집이 메가톤급 고집이시라 고집 한번 부리시면 감당이 안 된다. 참 난감한 상황이다. 병원 오른쪽으로 방향을 틀면 시술하려 가는 방향이다. 저희 집 가는 방향도 오른쪽으로 약 100m 정도 가다가 유턴을 해서 가게 되는 코스다. 양단간에 결정을 이곳에서 해야만 하는 상황이다. 확실하게 병원입구에서 어디로 가야 할지 방향을 잡아 가야만 했다. 난처하다는 생각이 밀려온다. 정말 갑자기 급변하시는 어머님 때문에 지금 병원 정문 앞에서 방향을 잃고 어디로 가야 할지 망설인 중이다. 막상 운전대를 돌리지 못하고 망설이고 있으니 노기 띤 저희 어머님 목소리가 또 한 번 차 안을 집어 삼킬 듯 울린다. 저는 뒤를 돌아 어머니 상태를 살펴보았다. 대체로 성난 사람치고는 안정적이라는 생각이다. 이대로라면 집에 잠시 들려도 괜찮을 듯도 하다는 생각을 했다. 그렇지만 위험 요소가 다분하다. 지금 폐에 물이 차서 안 빠지고 있는데 지금 이 상황에서 집으로 가면 너무 위험하고 무모하다. 저희 어머니의 명령은 떨어진 것이다. 더구나 이 부위로는 타협점이고는 눈을 씻고 찾아봐도 없는 난감한 상황이다. 막무가내로 무조건 집으로 가자고 성화를 부리시니 참으로 난감타. 그렇다고 저희 어머님 성격상 본인 뜻을 접으실 마음은 전혀 느껴지지 않는 상황이다. 어쩌면 어머니와 타협점이 전혀 보이지 않아 더욱 아득한 마음만 있을 뿐이다. 저는 저희 어머님 고집을 이겨낼 재간이 없다는 사실이 서글프다. 저는 할 수없이 어머님 운명을 하늘에 맡기기로 하고 울 엄마 마음이라도 편안하게 해드리는 차원으로 어머니에게

"그래요 저는 엄마만 믿고 집으로 갑니다."

고 했다. 그랬더니 저희 어머님 바로

"나는 괜찮을 것이다."

고 하신다. 저는 할 수 없이

"그럼 집으로 갑시다."

고 하고 저는 차를 저희 집 쪽을 향하여 몰았다. 저희 집과의 거리도 2.km 이네라 집에 금방 도착 할 수 있는 거리다. 저는 제대하고 돌아 온 지 얼마 안 된 아들이 마침 집에 놀고 있어 아들을 급히 불러냈다. 아들은 갑자기 들어오는 우리들을 보고 놀란다. 하지만 놀래고만 있을 상황이 아니라 아들에게 빨리빨리 서두르자고 언성을 높이며 아들에게 서두르라고 재촉을 해댔다. 아들과 저는 어머니를 차에서 내리시게 한 뒤 양쪽 겨드랑 사이로 우리들 팔을 넣고 어머니를 꽉 붙잡고서 조심스럽게 어머니를 부축해 집안으로 모시고 들어갔다. 그러니까 저희 어머니께서는 집 떠나신지 6개월 만에 집으로 돌아오신 격이다. 저는 재빨리 소파 위에다 어머님 누울 자리를 만들어 드렸다. 그리고 꽁꽁 묶어 놓았던 폐관도 풀어 물이 흘러나오게 소파 밑에다 자리를 만들어 놓고서 현관 입구에 세워둔 차를 지하에 주차하고 어머님 잠시 누워있는 시간을 이용해 어머님 점심 식사를 만들어 차려 드렸다. 어머님께서는 오랜만에 집에서 식사를 하시니 좋으신지

"맛있다."

라고 하신다. 왠지 울 엄마 맛있다. 라는 말씀을 들으니 기분이 좋다. 하지만 상황이 상황인지라 저의 눈과 귀가 민감하게 어머님 숨소리를 예민하게 쫓고 있는 것이다. 그러니까 한마디로 말하면 촉각이 곤두서 있다는 뜻이다. 저는 울 엄마 숨소리와 행동 하나하나를 예의주시해 살펴보고 있어야만 했기에 제 둔한 눈은 오늘따라 날을 새워 감시카메라가 된 상황이다. 우리가 이렇게 집에서 서너 시간을 보내고 있을 때쯤 이제 올 것이 온 것이다. 어머니 숨소리가 좀 다르게 들린다. 사실 폐에 물이 차오르면 울 엄마 숨 쉬는 소리가 쇠 소리가 났던 것이다. 일반인들도 쉽게 들을 수 있는 소리다. 촉각을 세우고 있는 중 그 증세가 나타나고 있는 것이다. 겁이 덜컥 났다. 그래서 제가 어머니에게

"엄마 우리병원 갈까요?"

고 물었다. 어머니께서는 거두절미(去頭截尾)하고

"아니."

라고 하신다. 참 난감한 상황이 된 것 같다. 그럼 조금 기다려 볼 수밖에… 그런데 갑자기 어머님 호흡이 가프시다면서 자리에서 힘겹게 일어나 앉으셨다. 예상했던 일이지만 일단 어머니께서는 갑자기 숨 쉬시기가 무척 힘들어 보였다. 저는 아들을 급히 불러 어머니를 일으켜 세웠다. 그리고 119를 불렀다. 그런데 119가 출동을 다 나가 구급차가 없다고 했다. 아 이런 저는 다시 기존병원으로 전화를 해서 위급한 상황이니 구급차를 불러달라고 했다. 다른 환자 이송 중이라 올 수가 없다고 말한다. 저는 이곳저곳으로 구급차를 알아보지만 여기저기 모두 출동 중이라 올 수가 없다는 답변뿐이다. 저는 이대로 마냥 구급차를 기다릴 수 없음을 직감했다. 이렇게 마냥 구급차를 기다리고 있는 것 보다는 차라리 내 차로 어머니를 모셔야겠다는 생각에 지하실로 뛰어가서 차를 현관까지 대기시켜놓았다. 아들과 함께 어머님을 부추겨 차에 앉혀 드렸다. 이 시간

은 촌각을 다투는 위촉즉발에 상황이라 제가 숨을 쉬는 것조차 미안한 시간이다. 정말 땀이 비 오듯 쏟아졌지만 땀을 신경 쓸 수가 없어 땀이 흐른 대로 그냥 움직였더니 그 땀이 눈 속으로 들어가 그 고통은 따가움을 지나 살을 도려내는듯한 통증이 밀려와 도저히 이대로는 눈을 뜰 수가 없었다. 내 통증이 문제인가? 싶다. 나의 순간(瞬間)의 실수(失手)로 어머님을 잃을 수 있다는 생각에 긴장감이 저를 떨게 했다. 저는 아들에게 할머니 병원으로 이송하는데 도움을 받고자 함께 동행 하자고 했다. 몸을 부려버리신 분을 앉히고 세우기까지 저 혼자서는 너무 힘에 붙인 일이라 동행을 요구했다. 급한 대로 일단 집 앞을 빠져나왔다. 마음은 급한데 신호에 걸렸다. 저는 그 신호를 기다릴 여유가 없어 다른 골목길을 선택하기 위해서 핸들을 돌렸다. 그런데 아뿔사 핸들을 이미 돌렸는데 하필이면 그곳에서는 공사가 진행되어 커다란 레미콘차가 떡하니 버티고 있다. 아하 이 일을 어떻게 해야 할지. 입에서 자동적으로 아하 이건 아닌데 이런 상황을 맞이하자고 핸들을 돌린 것은 아닌데 저는 담당 의사 선생님께 전화를 걸어 위급 상황을 알렸다. 병원에 다시 들려 자기 소견서 가지고 소개해준 병원으로 가라고 하신다. 의사선생님께서는 저희들의 무모한 행동에 경악을 하셨다. 이 순간은 무슨 말을 해도 의미는 없다는 것을 의사선생님께서 아셨는지 더 이상 말씀은 없으셨다. 저는 비상 깜박이를 켜고 차를 다시 돌려 기존병원에 도착했다.

의사 선생님께서는 저희의 무모함이 걱정이 되셨는지 우리를 밖에서 기다리고 계셨다. 의사 선생님께서는 근심어린 눈빛으로 저를 보시면서 소견서를 건네주신다. 막상 저희가 병원에 도착 할 때쯤 어머니께서는 다시 호흡이 정상으로 돌아왔다. 누워계시면 물이 폐로 가서 호흡하는데 지장을 주어 쇠 소리가 났고 앉아계시면 물이 내려가 호흡하는데 무리가 없었던 이유다. 어머니는 차에 앉아 계셨던 관계로 호흡이 다소 안정적인 상태다. 저는 어머니를 모시고서 저희 집에서부터 여기까지 오는 10여분이 정말 죽을 만큼 힘들었고 괴로운 시간이었다. 그런데 막상 뒷좌석에 편안하게 앉아계시는 어머님 모습을 보고 나니 저는 숨조차 제대로 쉬지 못했던 제 모습이 어이없기도 하고 왜? 그리도 불안해하며 떨었던 것인지 허무했다. 이 현상도 일시적인 현상이라 안심 할 단계는 아니라는 것에 초점을 둔다. 다만 어머니가 누워 계실 때는 물이 기울어져 호흡을 방해 하는 요인이 되었던 것이고 앉아 계시니 어느 정도 폐에 물이 아래로 내려가 숨 차는 현상이 조금 자자 들었던 현상이라 하겠다. 저의 추측이다. 이것은 의학(醫學)상식(常識)이 전혀 없는 나의 무지렁이 소견에서 생각해 본 추측일 뿐이다. 뒷좌석에서 안정된 모습을 하고 계시는 어머님을 보니 한시름을 놓는다. 저는 의사선생님께 소견서를 받아 다시 차를 타려고 발을 올려놓고 보니 한쪽 신발은 검정색 샌들이고 다른 한쪽은 파란색 샌들이 제 발에 신겨져 있다. 아마 이런 현상은 저희가 조금 전에 겪은 상황이 얼마나 급박한 상황이었나를 집작할 수 있는 증거다. 맨발은 아니라서 다행이라 여긴다. 우선 어머니께서 숨 쉬시기가 조금이라도 편해졌다는 사실이 제게는 더 중요하다.

저는 어머니를 담당하셨던 의사선생님의 근심어린 배웅을 받으며 또 다른 병원으로 향해서 가야 하는 신세다. 일단 낯 설은 거리라는 생각에 마음이 왠지 불안하다. 저는 극심한 길치 중에 길치다. 그런데 같이 이곳까지 동석한 아들이 할머니가 조금 편해 보여 그랬는지 모르겠지만 집으로 돌아가겠다고 하면서 차에서 내린다. 아마 제가 할머니를 이곳까지 모시는 과정에서 위급하다보니 성질부리를 아들에게 많이 냈던 것은 사실이다. 그러다 보니 그 과정에서 아들이 삐진듯하다. 이 상황에 아들이 집에 간다고 하니 아무리 나이가 어리기로서니 이 상황이 나에게는 얼마나 절박한 상황이라는 사실을 모르고 있는 아들이 괘씸했다. 자기 눈으로 보는 할머니께서 지금 뒷좌석에서 편안하게 앉아 계시니 절박한 상황을 모르는 것이 당연하겠지만 그래도 그렇지 속없이 몸을 부려버린 할머니를 저 혼자 어떻게 감당하라고 집에 가겠다고 하는가? 싶어 정말 괘씸했다. 할머니 다시 입원하시는 것이나 보고 가면 제가 많이 의지가 될 터인데 할머니 상태가 좋지 않아 어쩔 수 없이 다른 병원으로 가야 되는 이 상황의 심각함을 외면한 채 집으로 가겠다고 나서는 아들에게 저는 너무너무 실망했다. 하지만 아들하고 같이 있다고 해서 특별히 뾰족한 수는 없다는 것도 잘 알고 있다. 이동시에 부추겨주고 수속 밟을 때 할머니 곁을 지켜드리면 좋을 듯해 아들이 동행했으면 하는 바람인데… 아들이 집에 가겠다고 나서는데 아들을 붙잡을 수 없어 아들에게 그냥 집으로 들어가라고 한다. 마음속으로는 괘씸하고 서운하다는 생각이 든 것은 어쩔 수 없다. 저는 아들을 내려주고 서둘러 소개해 준 병원으로 향하며 백미러로 말없이 차에 앉아 계시는 어머님의 상태를 보았다. 백미러로 보이는 어머님 모습은 안정적이다. 저희가 출발 한 지 한 5분여쯤 지났을 무렵 소개해준 병원이 보였다.

　병원은 왼쪽 건너편에 있었다. 그래도 좌회전이 가능하고 좌회전을 하면 바로 소개 받은 병원 응급실출입구다. 저는 바로 차를 꺾어 응급실 앞으로 차를 정차 한다. 연락을 받았던 의료팀들이 나오셔 신속하게 저희 어머님을 응급실용 침대를 이용해 모시고 들어간다. 제가 주차하고 오는 사이 어머니께서는 벌써 옷이 환자복으로 갈아 입혀져 있었다. 어머님 응급실 침대에 누워 계시는 그 모습을 뒤로한 체 저는 수속을 밟으려 업무실로 갔다. 어떤 서류가 있으면 병원 치료비가 혜택이 좀 있다고 한다. 저는 이 상황에서 병원비 덜 내려고 서류준비를 하고 다니지는 않았기에 이 또한 내 것이 아니겠지 하고 기억에서 지운다. 저는 이렇게 절박한 상황에서는 돈을 아끼고 싶은 마음이 없었던 것이다. 처음 오는 병원이라 절차가 복잡했다. 이 과정을 마쳐야 시술을 해주신다고 하니 시간이 지체되었지만 수속을 마치고 어머니 계시는 응급실로 내려갔다.

또 다시 찾아온 위험한 고비

환자수속을 마치는 대로 시술을 하려고 응급실 팀은 어머님에게 링거를 다 달아놓고 준비를 마치고서 시술실 앞에서 제가 오기만을 기다리고 계신 것이다. 이 광경에 당황하여 달려가서 어머니의 손을 부여잡고
"엄마 우리 또 힘냅시다."
고 했다. 그랬더니 저희 어머님 바로
"그거야잉 그것이야."
라고 하셨다. 어머님의 이 말씀 의미는 우리가 희망을 놓지 않으면 좋은 일이 있으니 다시 힘을 갖자고 하시는 말씀으로 해석된 것이다. 그러니까 희망을 버리지 않았을 때 분명 길이 있다는 말씀이다. 저희 어머님께서는 또 이곳 응급실 한 쪽에 있는 시술실로 간호사님과 들어가신다. 저희 어머님께서는 그 이전에도 의연하셨고 지금도 의연하시다는 것이다. 저희 어머님 그렇게 시술실로 들어가시니 나는 또 다시 시술실 앞에서 서성거리는 신세가 되었다. 그러다가 지루해지면 저희 소지품이 있는 침상 옆에 우두커니 앉자 하느님 부처님 조상님 저희 어머님 무탈하

게 시술 잘 돼 빨리 건강 회복(回復)하게 해주세요. 라는 기도(祈禱)를 나는 무의식(無意識)중에도 끊임없이 하고 있다. 그러다가 자판기로 가서 커피도 뽑아 마셔보기도 하며 주변을 이리저리 돌아다니며 초조하고 긴장된 마음을 진정시켜보려 나름 발악을 하고 있는 중이다. 그러다 이곳 침대에 저희 소지품을 놓아둔 곳으로 가서 앉아있으니 옆 침대에서 의식도 없는 8~90으로 보이는 노모님을 간병하신 60대 남자 분께서 자꾸만 저에게 말을 걸어 하소연을 하셨다. 저 역시 초조한 시간을 보내는 중이라 옆에서 말 걸어 오시분이 너무 불편했다. 그 분을 피해 거리를 두고 앉았다. 또 제 옆으로 다가오셔 저희 어머님 상태를 묻는 것이다. 참 불편한 시간이다. 같은 처지에 마냥 야박하게 피 할 수만은 없어 건성으로 폐에서 물이 멈추지 않아 응급실에 왔노라고 했다. 그 남자는 자기는 치매 어머님을 정부 도움을 받아 10년 넘게 모시고 있다고 하면서 90이 된 노인이라 의식도 좋지 않다고 하셨다. 그리고 60이 된 여동생이 있는데. 여동생은 자기 어머님 아프신 뒤로 8년 동안 연락을 끊어버렸다고 분개(憤慨)하셨다. 개탄(慨嘆)하시기를 이 세상에서 달랑 남매뿐인데 병든 노모님을 결혼도 해보지 못한 남자인 자기에게만 맡겨두고 연락을 아예 끊어버렸다고 넋두리를 하신다. 참 사람들 사연들을 하나하나 듣다보면 안타까운 사연 아닌 것이 없다는 생각이 든다. 요즘 가장 비중을 많이 차지하는 부분이 바로 병든 부모님을 두고 벌어지는 꼴 사나운 사연들이다. 제 사정이 편안 것이 아니고 더 곤란한 상황인지라 도움 줄 수 있는 상황은 더더욱 아니어서 마음 한 구석이 씁쓸해진 부분이다. 특히 세상이 왜 이렇게 야박해져서 병든 부모님 하나 여유 있게 보필하지 못하는 빈곤한 서민들의 안타까운 사연들이 이렇게도 많은지… 불공평한 이 사회제도가 어디서 무엇이 잘 못 되었는지 잠시 생각을 하게 한다. 이 아저씨 사연도 기구하여 저의 가슴을 저미게 한 사연이다. 나이 60이 넘었지만 병든 부모님 때문에 결혼도 못하셨다고 하시니 더욱 안타까운 사연이다. 제가 도울 수 없는 일이고 신경 쓸 일이도 아닌 듯하여 저는 건성으로 아 네. 라는 말과 참으로 고생이 많으시네요. 라는 말을 하고 자리를 피해 밖으로 나와 버린다.

    날이 무더웠다. 그리고 저녁 무렵이라 태양이 그다지 강열하지가 않아 저물어 가는 빨간 석양을 바라 볼 수가 있다. 한 낮에 햇빛은 너무 강열해 쳐다보지 못한다. 저무는 석양빛은 색깔은 더 선명해 빨갛지만 강한 빛은 없어서 석양빛을 눈으로 쳐다보는 것은 그다지 어렵지 않다. 사람들은 보통 나이 들어가는 부분을 저물어가는 석양빛에 노년기를 비유하고 있다. 아마도 그 이유는 태양빛이 강열하지 않고 서서히 지는 석양을 보노라면 사실 꿈도 목적도 없이 가시는 날만 기다리는 노인들과 같아서 지는 석양에다 비유하고 있는 것이라 생각이 든다. 대체로 아침에 솟아오르는 강열한 태양은 젊음을 뜻하는 이유가 아마도 햇살이 사방으로 흩어져 빛을 내는 모습이 젊은이들은 갈 곳이 많다는 뜻으로 비유하고 저물어가는 석양은 강열한 빛은 사라지고 오직 한줄기 은은한 빛만 비추고 있어 사람이 나이 들면 갈 곳이란 오직 한 곳뿐이라는 비유법이지 싶다. 아침에 솟아오르는 태양은 강열하면서 햇살이 사방으로 펴져 있는 것을 우리는 볼 수 있다. 그것은 아마 젊은 사람들은 그 만큼 할 일이 많고 가야 할 길이 여러 갈레이며 선택해서 나갈 방향도 많다는 의미가 된다. 석양빛은 강열함도 사라지고 햇살도 달고 있지 않다. 사람들은 그것을 나이가 들면 할 일도 없어지고 가야 할 길도 딱 한 곳으로 정해져 있다는 뜻이다. 우리가 살아있다는 의미를 뜻 할 때는 대체로 의식이 살아 있을 때 살아있다는 의미가 될 것 같다는 생각을 한다. 제가 어머니를 따라 이곳저곳을 전전하며 병원생활을 여러 달 하고보니 다양한 환자들을 이렇게 저렇게 많이 보았다. 그러다보니 직접 의식 없으신 분들을 종종 보게 된다. 대부분 의식 없는 환자 가족들은 가족대로 지치고 환자는 환자대로 의식이 없어 코로 미음을 넣으시다가. 그곳마저 헐거워지니 배속에다 관을 삽입해서 미음을 넣은 것을 보고 의식 없는 환자를 저렇게 고통스럽게 하면서까지 연명(延命)을 위한 치료를 해야 하는지? 의문스러웠던 부분이다. 사실 조금 전 응급실에서 보았던 노인은 정말 겨우 숨만 쉬고 계실뿐 의식이 전혀 없이 피골이 상접 되어 누워 계셨던 것이다. 그 모습을 보고 제가 생각하기를 만약 나라면 과연 이럴 때는 어떤 것을 선택해야만 현명(賢明)한 처사 일까? 라는 의구심을 가졌던 것이다. 의구심이 일었던 부분이 과연 의식 없고 고령이신 부모님을 위한 연명(延命)치료행위가 과연 옳은 일인가? 라는 주제를 놓고 생각을 하게 되었던 것이다. 이 문제는 당사자 본인들의 생각에 맡기는 문제겠지만 과연 나라면 의미(意味)없는 삶의 연장(延長)을 어떻게 받아드려야 할지? 저 자신도 이 부분만큼은 많이 생각해 볼 문제(問題)다. 하지만 나는 감사하게도 저희 어머니는 의식만큼은 메가톤급이시라 정말 이 부분에서 만큼은 감사하고 또 감사한 부분이라 하겠다. 연명치료 부분 문제에 대해 더 이상 생각 할 필요가 없어 내 머릿속에서 이 문제는 지우려한다. 어쨌든 저희 어머니의 정신세계는 그 누구와도 견주지 못할 정도로 메가톤급 정신세계이라 그저 우려(憂慮)하는 모든 생각들을 저희 어머니만 믿고 버린다. 사실 저는 지금까지 저희 어머님 메가톤급 그 정신세계를 믿고 여기까지 왔다. 그러나 지금 그야말로 위기(危機)의 귀로에 서있다. 그렇지만 더러 고통스럽고 험난할지라도 저희 어머니는 더 의연하게 잘 견디어 주실 것이라고 믿고 저 역시 굳건하신 저희 어머니를 지켜드리고자 정신 바짝 차리고 어머님을 지킬 것이다. 저는 어머니께서 시술실로 들어가신 정확한 시간을 기억 못한다. 이곳으로 들어

오기까지는 경황이 너무 없어 시간 볼 여유가 없었기 때문이다. 시술실로 들어가신 시간이 얼마의 시간이 흘렀는지도 정확히 모르고 있다. 그러나 벌써 사방은 어둠이 깔려 저녁식사 시간이 한참 지난듯하다. 그러면 이곳에 온지가 벌서 서너 시간이 되지 않았을까? 라는 추측만 하고 있을 뿐이다. 저는 어머님 나오시기를 기다리다 또 한잔에 커피를 뽑아들고 서성거린다. 이곳 응급실은 처음이라 매우 낯설다. 응급실규모가 작아서 그런지 대학병원 응급실처럼 응급환자가 많지 않은 응급환자들 동향(動向)들이 한눈에 다 들어온다. 그리고 응급실에 앉아있으면 시술실문이 정면으로 보여 어머님 나오시는 것이 한눈에 볼 수 있어 어머님 나오시기를 이제나 저제나 하고 학수고대(鶴首苦待)하며 기다리고 있는 내 모습 또한 초라하다. 어머니께서 시술실로 들어가신지 얼마 지나지 않아 어머님의 비명소리가 몇 차례 들렸었다. 어머니 비명소리를 여러 차례 들어서 그런지 유독 마음이 초조하고 불안하다. 나의 심리상태가 불안(不安)초조하다 보니 어느 곳에 앉아 있어도 불안한 마음이 가시지를 않아 이렇게 서성거리며 서 있는 중이다. 참으로 애간장 다 태우는 기다림이라 하겠다. 더군다나 시술실로 들어가는 길목이 유독 어둡고 추워 보여 더욱 마음이 편치가 않다. 이렇게 기다리기를 30여분 더 하고 있으니 어머님을 실은 이동용 침대가 온갖 의료용기구들을 달고 나왔다. 온 몸에 피범벅이 되신 울 엄마 모습이 말이 아니다. 더구나 파랗게 질려 나오시는 어머님 모습은 너무나 처참 그 자체다. 간담도 길도 또다시 뚫었는지 옆구리에 담도관이 하나 더 달려 있는 것이 눈에 들어왔다. 시술로 어머님 옷과 시트는 피가 흥건히 젖어있다. 정말 이런 모습을 보자니 기가 막혀 어떤 말도 나오지 않는다. 또 다시 저는 소중한 저희 어머님을 이렇게 사지(死地)에다 몰아넣고 있었던 것이다. 아 정말 이 상황은 무슨 일이란 말인가? 너무도 처참한 울 엄마 모습에 저는 할 말을 잃는다. 너무나 죄송해 어머님 얼굴을 똑바로 쳐다 볼 수가 없었다. 저는 간호사님이 밀고 가는 침대를 따라가며 어머님을 향해
"엄마 미안해요. 엄마 정말 미안해."
라는 말을 연이여 하며 침대를 따라간다. 어머니는 몹시 화가 나셨는지 대답이 없었다. 어머님은 통증(痛症)으로 일그러진 모습과 괴로워하시는 표정(表情)이 역력했다. 한편으로는 노기도 가득 차있는듯한 느낌마저 든다. 나는 다시 어머니에게
"엄마 정말 미안해."
고 한 통증에 괴로우신 것이지. 화가 나서 그랬는지는 모르겠지만 말씀이 없다. 화가 몹시 나신 것이라 생각이 든다. 저는 이 순간 어찌해야 옳은 것인지 정말 당황스럽다. 너무 당황하여 판단력도 흐려져 있다. 한편으로는 원망 가득하신 어머님의 얼굴을 어떻게 볼 것인가? 라는 생각이 먼저 스쳤다. 그렇지만 그 생각은 분명 바람직한 생각은 아닌 것이라 생각이 들었다. 다시 저는 용기 내어 어머니가 다른 침상으로 옮겨지자마자 피로 흥건히 젖은 옷을 바로 갈아 입혀드렸다. 참으로 말문이 막힌 장면이고 아직까지 겪어보지 못한 너무나도 험악한 경험이다. 그야말로 이 장면은 너무 충격적인 장면이 아닐 수가 없다. 어떻게 생각하면 대학병원에서도 이런 과정들이 분명 있었을 것이다. 하지만 중간회복실에서 어느 정도 처치를 하고 나오셨는지 아직 이렇게 험한 꼴은 보지 못했다. 이렇게 험악하게 피범벅이 되셔 나오신 광경을 보노라니 눈앞이 아득하다. 대학병원에서는 중간에서 어느 정도 피를 닦고 나오셨는지 이렇게 시술 과정이 험악한 줄 몰랐던 것이나. 오늘은 다른 병원이라 그런지 중간 과정을 생략하고 시술실에서 바로 나오시는 바람에 제가 바로 이런 광경을 보게 된 이유라 생각한다. 저는 이 상황이 너무도 무서웠다. 우리가 사실 이런 시술을 여러 차례 했던 부분이건만 이런 험악한 광경은

처음이다. 중환자실에서 온 몸이 부어 있을 때 말고는 이렇게 험상궂은 게 피범벅이 모습이 처음이라 너무도 당황스럽다. 이 모습에 마냥 머물고 있을 순 없었다. 용기 내어 다시 어머니에게

"엄마 고생하셨어요. 미안해요. 제가 미련해 엄마를 이렇게 고생 시키네요. 내가 처음부터 엄마 말 믿고 병원을 오지 말았어야 했는데."

고 했다. 그 말끝에 어머니가

"바로 그것이다잉."

고 하신다. 그리고 잠시 후 어머니는 한기(寒氣)가 들기 시작했다. 그러니까 말 그대로 감당이 안 될 정도로 덜덜덜 떨기 시작했다. 저는 너무 놀라 집도하신 의사선생님을 급히 찾아뵙고 저희 어머니께서 왜 저러시냐. 고 물었다. 그러나 답은 없으셨다. 의사선생님은 간호사님께 이불만 갖다가 덮어 주시라고 하시고 시술실로 다시 들어가셨다. 어머니의 한기(寒氣)는 쉽게 가라앉지 않고 생각 외로 한기(寒氣)의 떨림이 몇 십분 지속되니 당황스럽기 그지없다. 나는 여러 개의 이불을 구해와 어머님을 덮어 드린다. 하지만 한기(寒氣)는 빨리 자자들지를 않는다. 나는 궁여지책(窮餘之策)으로 누워계시는 어머님을 이불과 함께 꼭 껴안아 드린다. 그러니까 제 체온을 보태서라도 빨리 울 엄마 한기가 자자들기를 바라는 마음에 나는 서슴없이 어머니를 않았다. 제가 그렇게 껴않고 있기를 30여분이 지나도 한기(寒氣)가 좀처럼 사라지지 않아 한참 어머님을 부둥켜 않고 있는 중이다. 저는 30년 전 시어머님 병수발 할 당시에는 시어머니께서 대변보시는 것이 많이 어려웠다. 그 당시 저는 아이들 변기통에다 스폰지를 두껍게 깔아놓고 어머님을 앉혀드리고 5~6시간을 부둥켜 않고 시어머니 대변보실 때까지 무릎 꿇고 앉아있었던 경험이 많다. 그렇게 오랜 시간 꿇고 앉아 있노라면 다리에 감각은 전혀 없고 만져도 만지는 느낌도 없던 시절을 보냈던 몸이라 저희 어머

님을 부둥켜 않고 있는 것이 힘들다고는 생각지 않는다. 그런데 저희가 위험한 고비 고비가 많았지만 이번에는 유독 어머니께서 한기가 심하니 불안한 마음이 든 것이다. 그러나 포기하지 않을 것이다. 이 고비가 유독 힘든 과정이만 저희 어머님만 믿고 견디어 볼 것이다. 많은 피를 보아서 저는 더욱 긴장했고 한기 또한 오랫동안 사라지지 않아 많이 긴장된 시간이다. 정신일도(精神一到)하여 저희 어머니를 지켜드리고 싶은 일념(一念)밖엔 내겐 없다. 문득 이 응급실에 와서 위험한 고비를 심하게 겪는다는 기분이다. 대학병원 응급실로 바로 가지 않고 쉬운 길을 찾아 이곳으로 왔던 것이 잘 못된 일인지 좀처럼 어머님 한기가 자자들지 않으니 괜시리 잔머리 쓰다가 신명님께 혼나는 기분이 든 것이다. 유독 저희 어머님의 한기가 가시지를 않아 저를 경악하게 하고 있다. 어머님 상태가 안정 되지 않고 있어 더욱 난감하여 이 상황을 어찌해야 될지 난감하기 그지없다. 그러나 이 상황에서는 정신 바짝 차려 어머니가 희망(希望)을 놓지 않게 해드려야 하는 것이 내 의무(義務)다. 시술 실에서 나오시지 제법 시간이 흘렀다. 하지만 좀처럼 한기가 자자들지 않다가 2시간이 지나고 나니 한기가 조금씩 자자들고 어머님 혈색도 많이 돌아왔다. 그러나 한기만 가셨지 여전히 통증이 심하신지 고통스러워하신 모습이 영력했다. 그러다보니 제가 무엇을 어떻게 해드려야 옳은 것인지 마냥 이렇게 지켜보고만 있어야 하는 것이지 하늘도 천지신명님도 원망스럽다. 조금 전에 갈아놓은 시트는 어느새 다시 다 젖었다. 도대체 어디서 새어나온 피물인지 피물이 계속 흘러나와 이불을 여러 차례 갈아드리고 나니 이제는 더 갈아 달라고 하기가 미안해 저는 어머니께서 덮고 있는 이불 한쪽 끝을 잡아 당겨 젖은 부분에다 고여 놓았다. 이 방법도 그리 오래 버티지 못 할 것이다. 제가 어머님 이불을 당겨 어머님 몸을 덮어드리려고 고개를 숙이니 어머니께서 정신이 좀 드셨는지

"네가 그래서 그래."

라고 저를 책망하셨다. 이때는 울 엄마 이 말씀의 의미를 어떻게 해석해야 될지 잘 몰랐다. 그러나 세월이 흐른 뒤에 생각해보니 아마도 저희가 평소 다니던 대학병원으로 가지 않고 쉬운 길을 찾아 김해 작은 병원에서 시술을 해서 그랬지 않았나 하는 마음이 들었다. 꾀부린 죄라 여긴다. 이 부분은 저희 어머님 떠나보내고 반성을 많이 했던 부분이다. 이때나 지금이나 모든 것은 제가 어머니를 잘 보필하지 못해서 생긴 일이다. 남들처럼 제가 영민하지 못해 어머님 뜻을 잘 헤아리지 못한 관계로 저희 어머님 말년에 고생을 원(願)없이 시켜드린 것 같아 죄송한 마음분이다. 저는 또 어머님을 이렇게 고생을 시켜드렸으니 옆에 있어도 좌불안석(坐不安席)도 당연한 것이고 어머님 눈치도 곱절로 사정없이 보고 있는 상황도 당연한 것이다. 제가 넋을 놓고 어머님 옆에 우두커니 앉아 있는 시간도 제법 지났을 것 같다는 생각이 든다. 이 응급실에서 나가게 되면 기존병원으로 가야할 될 것인지 아니면 이 병원에 그냥 입원을 할 것인지 생각을 좀 해 봐야 하는 문제가 남아 있었다. 이 생각 중심에는 어머니가 계셨다. 제가 멍청하게 앉아 있어도 나름 어디로 가야 어머님 마음을 편하게 해드리는 것인지 여러 궁리를 나름 해보고 있는 참이다. 제가 어머님 옆에서 넋을 놓고 있을 때. 집도 하신 의사 선생님께서 저를 진료실로 불렀다. 집도하신 의사선생님께서는 저에게 간담도 길에 삽입해 놓은 플라스틱 관이 막혀 다시 옆구리로 호수를 꼽아두었으니 수시로 담즙을 받아 버려야 된다고 말씀을 하신다. 그리고

"상황 봐서 다시 관을 삽입시키는 시술을 하세요."

고 하시며

"폐에 물은 무슨 이유인지는 알 수 없으나 자꾸 폐에 물이 차올라 돼 지꼬리를 다시 삽입시켜놓았으니 예의주시해서 보십시오."

고 하신 것이다. 특히

"대학병원에서 고관절 수술한 다리가 CT 결과 혈액 순환이 원활하지 못해 보행(步行)에 큰 지장을 주고 있습니다."

고 하시며 저에게 고관절 수술부위 CT사진을 보여주셨다. 막상 CT사진을 보노라니 의학(醫學)상식이 무지렁이인 제가 봐도 혈액순환이 잘되지 않고 있는 것이 확연하게 차이를 보여주고 있는 것이 보였다. 이 부분에 대해서는 전혀 생각을 해보지 않는 부분이라 저는 좀 당황했다. 더구나 우리는 어머님 고관절 수술이 잘되었다고 생각했던 부분이다. 다만 아직 어머니께서 걷지 못하는 이유는 발뒤꿈치 괴사가 심해 어머님 보행에 차질이 생겼을 것이라 여겼던 부분이다. 그러나 울 엄마가 걷지 못한 이유가 혈액순환이 잘되지 않고 있어 못 걷고 있다고 하시니 제 마음이 편치 않다. 의사선생님은 저의 고민과는 무관하게 이번에 오신 김에 다리혈관확장시술을 마저 하자고 하신다. 그 분야는 자기가 전문의라고 하시면서… 저는 의사선생님께

"분명 확장시술을 해야 된다면 그렇게 해야겠지요. 저희 어머니께서 걸을 수만 있다면 뭔들 못하겠습니까? 하지만 지금 저희에게는 제일 급한 것은 폐에서 물 차오르는 것을 잡아 주는 것이 우선순위이라고 생각합니다. 그래서 다리 혈관 확장 시술은 어머님 건강 상태가 조금 차도를 보이면 그때 해도 괜찮을 것 같아요."

고 말씀을 드렸다. 제가 생각해도 생사(生死)의 귀로(歸路)에선 이 상황에 다리 확장 시술이 먼저가 아니고 발뒤꿈치 괴사와 폐에 물 차오르는 것이 관건이라 생각하기에 혈관 확장 시술은 그리 급한 문제는 아닐 것 같다. 지금 어머니께서는 몸 상태도 상태이지만 마음에 노기가 아직 남아있어 이 다리확장 시술마저 하자는 말은 저는 차마 하지를 못할 것 같았다. 그래서 의사선생님께

"이 문제는 여러 형제들과 의논한 다음에 다리 혈관 확장 시술을 결정 짓도록 하겠습니다."

고 했다. 그랬더니 의사선생님께서도

"만약 다리를 시술하게 되면 나를 찾아오세요."

라는 말씀을 하신다. 저는

"일단 알겠습니다."

라는 말을 했다. 의사선생님은 다시 저에게

"지금 가시게 되면 어디로 갈 것인지요?"

고 물으셨다.

"저희는 기존에 있던 병원으로 다시 갈 것입니다."

고 했다. 그랬더니 의사는

"환자가 어느 정도 수액도 맞아야 되고 어느 정도 시간이 되어야 하루 입원하는 케이스로 여기기 때문에 응급실 치료비가 적게 나옵니다."

고 하셨다. 응급실에 들어보면 무조건 달고 있는 수액은 환자에게 특별한 일이 생기지 않는 이상 일단 수액을 다 맞아야 보내주셨다. 이곳을 나가는 것이 중요한 것이 아니다. 피범벅이 되셨던 어머니도 어느 정도 회복 할 시간이 필요했던 것이다. 우리가 아무리 링거를 빨리 맞아도 대충 시간을 계산해보면 아무리 빨라도 밤 12시가 넘는다. 그러나 우리가 의도적(意圖的)으로 병원비 절약 차원은 이 상황에서는 분명 아니다. 수액 맞는 시간을 대략 계산 해보면 분명 밤 12시를 넘기는 시간이라 하루로 계산하기에는 충분한 시간이다. 우리는 이곳에서 빠져 나가게 될 것이다. 그런데 어디로 가야 할지? 내 마음에 숙제다. 다른 곳으로 옮겨가기보다는 있던 병원이 나을 것 같다는 생각이 든다. 그래서 잠시 망설이다가 다시 기존 병원에 연락을 했다. 여기서 두어 시간 후 그쪽 병원으로 다시 간다고 했다. 어젯밤 어머니께서 집에서 주무셨던 관계로 다시 입원하는 대는 문제가 없다. 우리나라 의료법이 한 달 입원(入院)기간(其間)이라는 제한을 두고 있어 제 입원 시 24시간이 지나야만 제 입원허락을 받는 제도다. 이 법은 누구를 위해 만든 법인지 중중(重重)환자 가족들에게는 너무나 불편한 행정업무다. 로마에 가면 로마법을 따르듯 현행법이 그러하므로 환자가족은 불편해도 이 법을 따르고 지켜야 되는 것이 현실이고 보면 누구를 위한 법인지 너무나 불편하기 그지없는 세상이다. 로마가 망한 이유 중 하나가 지켜야 할 법이 너무 많았다는 것이다. 요즘 우리나라가 너무 난무하게 법을 만들어 내고 있으니 심히 염려스럽다. 영국 같은 나라는 입헌군주제라 관례법, 판례법만 적용해 특별히 법을 우리나라처럼 만들어 국민들을 불편하게는 하지 않는다. 우리나라 입법부(立法府)가 인구대비 국회의원 숫자가 너무 많아졌고 그곳에서 세우고 있는 법이라는 것이 자기들을 위한 법만 만들고 있는 형국이다. 국민들이 법을 잘 알고 공부 잘하면 국민을 위한 정치를 할 것이라 믿고 법대 출신들을 뽑아줬지만 입법부는 자기들을 위한 법만 만들고 있는 형국이다. 제가 느낀 것은 자기가 배고파 봐야 배고픈 사람의 서러움을 알게 될 것이고 자기가 억울하게 누명을 써봐야 억울하게 누명 쓴 자의 기막힌 억울함도 알 것인데 글자로만 세상을 보고 있던 사람들을 우리가 국회로 보낸 격이라 실제로 사회와는 부합하지 않는 법들이 난무하고 있어 우선 나부터 병원행정 제도의 불편함을 겪는 중이다. 분명 이 제도는 빨리 계선 되어야 하고 시정되어야 할 의료행정이라 생각한다. 우리가 링거액을 다 맡고 나니 밤 12시가 조금 넘었다. 여러 가지로 시간이 많이 지체 되어 한 밤중이 되었지 않나 싶다. 힘든 하루를 보내서 그런지 시간에 대한 관념도 사실 없다. 어둡고 긴 터널을 겨우 빠져 나왔다는 안도감만 있을 뿐이다.

저는 간호사님께서 어머님 폐관과 간담도관을 정리해서 어머님 타고 있는 휠체어에 가지런히 놓아주시는 것을 보고 차를 가지려 주차장이 있는 곳으로 열심히 뛰었다. 주차장으로 가는 길이 너무 가파르고 오르막이며 밤이 깊어서 그런지 어두운 주차장을 향해 걸어가는 한 여름 밤이 왠지 스산하게 느껴졌다. 어떤 느낌을 느끼며 가는 것은 저에게는 호사이지 않나 싶을 정도로 마음에 여유가 저에게는 없었다. 병원 주차장은 대부분 지하 아니면 오르막길에 있어 이렇게 어머님 홀로 두고 차를 파킹 한다던가 차를 가지로 가는 경우가 저에게는 완전 고난에 행진이 된다. 일단 숨 가쁘게 언덕을 올라왔더니 두 다리가 덜덜 떨렸다. 하루 종일 굶어서 이런 현상이 일어났는지 아니면 마(魔)의 고지(高地)를 탈환해서 그랬는지 두 다리는 계속 떨림이 느껴지니 잠시 진정을 하고 마음도 가다듬어 출발 하는 것이 좋을 것 같다는 생각이 든다. 그렇지만 어머님께서 휠체어에 앉아 응급실 앞에서 저를 기다리고 계시므로 저에게는 숨 돌릴 시간이 없다. 저는 간호사님 도움을 받아 어머니를 차에 앉혀드렸다. 어머님 앉아 계시는 휠체어를 밀고 올라와주신 간호사님께 감사하다는 인사를 드리고 운전석에 앉으니 저희 어머님 갑자기

"집으로 가자."

라는 말씀을 또 하신다. 헉 이 또 무슨 말도 안 된 말씀인가? 싶다. 어쩌면 상상을 초월하신 말씀이시다. 이 상황에서는 분명 중환자실이 아니면 집중관리실 정도는 들어가야 되는 상태다. 그러나 저희 경제사정상 구급차도 부르지 못하고 제 차로 움직이고 있는 이 상황이 너무나 위험한 모험이라고 생각하고 있건만 어머님께서는 이 상황을 전부 무시하고 폐관에는 핏물이 줄줄 흐르고 있고 간담도 주머니에서도 핏물이 차오르고 있는 이 위험한 상황에 또다시 다시 집으로 가시겠다고 고집을 부리신 것이다. 아 정말 아득하다. 그저 검은 밤하늘이 노랗게 보일 뿐

이다. 어찌해야 될지 특히나 저희 어머님 고집은 메가톤급 고집이라 당해낼 자(者)없다. 아 정말 어찌해야 된단 말인가? 다른 경우라면 저도 천번만번 이해하고 양보를 하겠지만 지금 이 상황은 생과 사의 경계선(境界線)이라 할 수 있는 상황이건만. 억지도 이런 억지는 만고(萬古)일에 없을 것 같은 고집을 부리시고 계신다. 달리생각하면 저희 어머님께서는 본인(本人)자신(自身)의 생사(生死)여탈(與奪)권을 쥐고 계시는 사람 같다는 느낌이 든다. 그러나 상황이 몇 시간 전까지 피범벅 되어 나오셨던 분이고 아직도 옆구리 관들로 계속 피가 받아지고 있는 상황이다. 그래서 지금 피를 받아내는 관이 두 개요 피 주머니가 두 개다. 더군다나 커다란 폐관 쪽 관에서는 많은 핏물이 계속 흘러내리고 있는 상황이라 선뜻 결정(決定)하기가 어렵다. 저는 노여움이 가득하신 표정으로 막무가내로 집으로 가자고 재촉하신 어머님에게 어떻게 양해를 구해 병원으로 다시 모시고 가야 할지… 머리가 하야타. 아니 막연하다. 나는 이렇게 깊은 밤에 어디로 가야 될지 막막했다. 뒷좌석에 앉아계신 저희 어머님 성이 나도 보통 성난 모습이 아니다. 목소리도 평소와는 사뭇 다르다. 오한이 들 정도로 차갑게 느껴진다. 이 순간 올 엄마 모습은 너무도 냉정하고 표독스럽다. 그때 엄마는 제게 어이구 참 말로 쯧쯧쯧… 하시며 저를 노려보시는데 그 눈빛은 그야말로 레이저를 발사하셔 매섭기까지 하였다. 아무리 생각해봐도 이렇게 피범벅인 상태로 집으로 간다는 것은 정말 무모한 행동이지 싶다. 정말 황당(荒唐)하고 너무 무모(無謀)하여 선뜻 용기(勇氣)가 나지 않는다. 아니 발이 굳어 가속 폐달을 밟지 못한 것이다. 어머니는 제가 주저하고 있음을 아시고서 재차 아주 근엄(謹嚴)하고 중저음(重低音)으로

"나는 괜찮을 것이다. 나는 괜찮을 것이야."

라는 말씀을 아주 힘 있게 하신다. 엄마는 저와 살면서 이렇게 막무가

내로 한번 내리신 결정에 대해선 아주 고집불통이셨던 분이다. 난처했던 일이 참으로 많았던 이유다. 어머님 모시고 고향으로 내려가서 살려고 했던 이유도 엄마의 이와 같은 완강함 때문에 어쩔 수 없이 내려가려 했던 이유인데 큰 올케는 내가 친정 재산이나 노리고 시골로 내려간다고 오해를 해 또 한 번 집안이 시끄러웠다. 지금이라는 이 순간도 과거가 되고 있지만 지난 과거에는 엄마 생사(生死)를 다투는 갈림길은 분명 아니었기에 난감했지만 그래도 결정하는데 이렇게 막연하지는 않았던 것이다. 참으로 난감하고 고약한 현실이다. 아무리 생각을 해봐도 이 상황은 좀처럼 이해가 잘 되지 않는다. 이 꿈 같은 현실이 사실이라는 것이 너무 두렵다. 정말 이 상태로는 도저히 용기가 나지 않고 내키지도 않아 차창을 통해 깊은 밤하늘을 올려다본다. 광대무변(廣大無邊)한 우주에서는 나라는 존재(存在)는 티끌하고도 비교 할 수 없는 미생물(微生物)과 같은 존재일 것이다. 그런 내가 엄마의 생사를 놓고 결정을 못해 난감해 하고 있는 것이다. 그러나 도로변에서 마냥 이렇게 시간을 지체 할 수는 없다. 나는 용기를 내서 다시 어머니께

"엄마 이제 겨우 시술을 마쳤어요. 집으로는 절대로 안 됩니다."

고 했다. 저희 어머님 또 성질부리를 하시는 것이 보통 일은 아니다. 간담도까지 시술을 해서 그랬는지는 모르겠으나 대학병원에서는 그렇게 많은 량의 피를 흘리는 것을 보지 못했다. 이곳에서의 시술은 어머님 온 몸이 피로 범벅이 되어있어 두려운 생각도 참 많이 들었다. 어머님의 옆구리에 달려있는 세 개의 관들은 보는 이로 하여금 나는 중환자요. 라는 표시로 느껴질 정도다. 산소공급도 원활하지 않아 병실에 가서 산소도 공급을 해줘야하는 상황인데 어머니는 또 고집을 부리시니 참으로 난감한 상황이 아닐 수 없다. 이일을 어찌해야 될 것인지? 과연 나는 이 경우 어떤 선택을 해야 오른 것인지? 참으로 곤란하고 난처한 요구이다.

저는 지난 10여 년 동안 어머님을 모시고 살면서 곤란하고 난처한 일들을 수 없이 겪어온 사람이다. 하지만 그래도 이렇게 위급 상황들은 아니었기에 그런대로 견디어 낼 수 있었다. 그런데 이 경우는 생사의 갈림길을 놓고 저렇게 억지를 부리시니 참으로 말로 표현 할 수 없을 정도로 난감한 경우다. 저는 잠시 생각 할 시간을 갖는다. 그리고 조용히 어머님께 그럼 엄마 일단 여기서 숨 좀 돌려보고 집으로 갑시다. 라고 했다. 제가 이렇게 밖에 할 수 없었던 것은 저희 어머님의 별난 성화를 감당할 수가 없었기에 말은 그렇게 했지만 한편으로는 저희 어머님의 그 말씀… 나는 괜찮을 것이다. 라는 말씀에 힘을 믿어 볼 생각도 없지는 않다는 것이다. 달리 표현하자면 이것은 미계인 만이 할 수 있는 모험 중에 모험이라는 생각도 든다. 그래도 저는 선택의 여지가 없을 땐 저희 어머님 마음을 편하게 해드리는 쪽으로 선택하는 것이 옳을 것 같다는 생각을 늘 하고 살아온 몸이다.

피범벅이 되셨던 어머니를 어쩔 수 없이 집으로 모시고 들어간다

지금 나의 선택 여지를 굳이 묻는다면 하루 밤 만이라도 저희 집으로 어머니를 모시고 가야 될 운명이라는 것이다. 잠시 숨을 고르고 난 뒤 저는 집으로 전화를 했다. 지금 집으로 할머니를 모시고 가게 될지 모르니 할머니 자리 좀 준비해놓으라고… 제 전화를 받은 아이들도 하나 같이 경악을 했다. 그러니까? 어떻게 시술을 하고서 집으로 바로 올 수 있냐? 라는 것이다. 아이들 말도 맞는 말이다. 분명 이것은 무모한 모험이라 생각한다. 저는 울 엄마 말씀 나는 괜찮을 것이다. 라는 말씀만 믿고 집으로 갈 것이다. 더 이상에 다른 말이 필요 없다. 이미 내 마음 또한 집으로 가기로 결정을 했기에 더 이상 불필요한 생각과 말은 필요하지 않는다. 어머님 말씀을 믿는 그 마음이면 될 것이다. 솔직히 제 심정을 말하자면 사실 저는 아직도 옆구리 패관으로 핏물이 많이 흐르고 있으니 마음 한구석은 왠지 불안하게 느껴진 것이다. 울 엄마 막무가내이신 고집 앞에 저는 두 손 두 발 다 들은 상태다. 저는 어쩔 수 없이 어머니께
"우리 집으로 갑시다."
라는 말을 하고 만다. 어머니께서는 집으로 간다는 말에 안도하셨는지 얼굴빛이 바로 달라지셨다. 그 어떤 설명도 불허(不許)하시는 울 엄마의 완고한 고집 뉘라서 막을 손가? 싶다. 울 엄마 완고한 그 고집 때문에 둘째 딸인 제 애간장은 다 녹는 중이다. 그 누가 있어 이 애간장 다 녹는 사연을 알겠는가? 싶다. 지금 심정으로써는 누구라도 붙들고 하소연이라도 해 보고 싶은 심정이다. 저는 어머니와 타협 아닌 타협을 하고 집으로 출발하려고 시간을 본다. 그러니까 어머니와 잠시 실갱이하는 시간이 지체되었는지 벌써 시간이 새벽 1시 5분이다. 비록 집과는 짧은 거리이라 할지라도 긴장이 된다. 저는 어머님을 모시고 아무 말 없이 집으로 출발한다. 집으로 가는 도중에 집에서 연락이 왔다. 할머니 오시다고해서 식구들 모두가 초긴장 상태로 기다리고 있다고 한다. 저희 집도 초비상 상태가 된 모양이다. 그도 그럴 것이 제가 지금 얼마나 위험하고 무모한 짓을 하고 있는가를 알고 있다. 저희 어머니께서 원하시는 일이라 저에게는 선택(選擇)에 여지는 없다는 사실이다. 다른 형제들이 이 사실을 알면 아마 저를 또 다시 생사여탈권을 부여잡고 있는 사람처럼

분명히 나를 죽이니 살리니 악을 쓸 일이다. 형제들이 찾아와 악을 쓴다 해도 어쩔 수 없는 선택이다. 그렇다고 나 역시 어머님의 뜻을 이제 와서 거역할 뜻도 이젠 없는 것이다. 아니 저희 어머님 완고한 고집을 꺾을 재주가 없다. 더구나 제가 초인이라 했던 이유가 어머님 고집을 이겨낼 재간이 없고 나중에 시간을 두고 결과를 보노라면 어머님 말씀이 옳았던 경우가 많아 초인이라 했던 이유다. 저희 어머님 정신세계는 그 누구도 범접(犯接) 할 수 없음이고 한번 부리시는 주장은 그 누구도 꺾을 수 없음을 저희 형제들도 모두 인정 할 것이다. 울 엄마 성향을 잘 아는 형제들은 분명 제 선택을 어느 정도 이해(理解) 할 것이다. 울 엄마 메가톤급 고집과 확신(確信)에서 오는 아집(我執)을 저는 높이 사고 존중(尊重)할 것이다… 더구나 울 엄마에게는 제게 없는 강인함과 근엄함이 서려있다. 나는 저희 어머님을 존경한 이유이기도 하다. 자기주장 그 자체는 확고한 확신(確信)이 없고서는 나오지 않는 굳은 신념이라 하겠다. 아마 이렇게 80이 넘은 연세에도 자신의 신념을 고집하는 것은 분명 저희 어머님만이 할 수 있는 영역일 수 도 있을 것 같다. 저는 저희 어머님을 초인[超人]이라 일컫는 이유이다. 저희 모녀는 집으로 가는 동안 아무 말이 없었다. 아마도 이 상황이 너무 두려웠고 이해되지 않으며 너무 어이없어 말이 나오지 않았는지 아무튼 집으로 가는 내내 말이 없었다. 저희 집이 가까워져서 나는 전화로 아들에게 할머니를 부추겨 달라고 했다. 아이들은 벌써 현관에 나와 우리를 기다리고 있다고 하는 것이다. 집 앞에 차가 도착하고 차에서 내리시는 할머님을 부추겨 옮기려는 과정에서 벌겋게 핏물이 고여 있는 관들을 차고 오시는 할머님 모습을 보고 아이들이 경악하여 커다란 눈만 동그랗게 뜨고 그저 할머니 얼굴 한번 쳐다보고 제 얼굴 한번 쳐다보며 잠시 동작이 멈춘 상태다. 저희 어머니는 아이들이 걱정하는 마음을 알고

"나는 괜찮을 것이다."

라고 하신다. 아이들은 할머님 말씀 나는 괜찮을 것이다. 라는 말씀을 듣고서야 아이들은 말없이 할머니를 조심스럽게 부추겨 집안으로 모시고 들어간다. 나는 어머니를 내려드리고 차를 지하에 주차하고 들어와 어머님 누우실 자리를 잡아 눕혀드리고 서둘러 미음 한 그릇 끓여 드렸다. 그러나 어머님께서는 입맛이 없으신 듯 나중에 드신다고 미음을 거부하신다. 오늘 하루 힘이 많이 드셨는지 자리에 눕자마자 주무시려는지 눈을 살며시 감으셨다. 어머니께서도 낯선 곳에서 마취도 없이 시술 받으시느라 많이 고통스러웠을 것이다. 저는 어머님 주무신 틈을 타 집을 조금이도 정리를 해볼 심사(心思)였지만. 시간이 새벽 1시 20분을 가르치고 있어 엄두도 못 낸다. 더군다나 어머님 상태가 보통 상태가 아니라 긴장하고 있어 그랬는지 집안일들이 눈에 들어오지 않았다. 저 역시도 하루 웬 종일 긴장 속에서 살았던 몸이라 막상 집에 오니 온 몸이 말을 듣지 않았지만 폐관에 핏물을 보고 있자니 너무 걱정되어 피곤함을 느낄 수가 없는 상황이다. 저는 자주 어머님 안색을 살피게 된다. 다행스럽게도 주무시는 어머님 숨소리는 걱정과는 다르게 안정적으로 들려 다소 안도감은 있다. 지친 제가 혹여 잠이 들면 깊은 잠이 들까봐 두려워 잠을 자지 않으려 억지로라도 어머님 옆에 앉아 있는 상황이다. 저의 경험상 대체로 불상사(不祥事)는 항상 깊은 밤에 일어났던 경우가 많아서 저는 잠을 자지 않으려고 억지로 눈을 부릅뜨고 이 밤을 지켜볼 심산이다. 제가 그렇게 한 시간 쯤 앉아 있을 때 어머님께서 눈을 떠보시더니 제가 옆에 앉아 있는 것을 보시고선 저의 얼굴을 매만지시더니 나는 이제 괜찮다. 라는 말씀을 또 하셨다. 눈짓으로 저에게 누워서 자라는 의사표시를 하신 것이다. 어머님께서 자라는 명령이 떨어졌으니 염치없지만 어머님 옆에서 잠을 청한다. 긴장한 탓인지 쉽게 잠을 이루지는 못했다. 아마 잠을 자지 못한 이유는 지금 저희가 있는 곳이 병원이 아니다 라는 사실이 두려웠던 것이다. 이곳은 응급사항 발생(發生)시 믿을 사람 없어 더욱 어머니를 살펴야 할 의무가 병원에 계실 때 보다는 두 배라고 생각이 들었다. 어머님께서는 미동도 없이 3~4시간 주무셨다. 저는 소변 줄까지 체크를 해야 하므로 중간 중간 일어나 관들을 살피는 상황이다. 그러나 저희 가족 모두의 우려(憂慮)와는 다르게 이렇게 아무 탈 없이 집에서 어머니와 아침을 맞이하는 사실이 기적 같다. 그렇지만 집에 오래 머물러 있어서는 안 되는 것이다. 날씨가 워낙 더워 이곳에 있으면 핏물들이 부패 할 염려가 있기 때문에 집에서 많은 시간을 지체해서는 안 되는 이유다. 저는 서둘러 어머니에게 아침 미음을 드리고 나서 다시 병원으로 모시고 갈 준비로 바빴다. 그래서 폐관에 물을 비우고 다시 관을 고무줄로 칭칭 감아 두었다. 부주의로 여차하면 폐에 바람이 들어가면 큰일이다. 담즙도 빠져 나온 것을 버리고 옆구리에 소변 줄과 함께 꽉 졸라매어 두었다. 그리고 지하로 내려가서 차를 먼저 현관 입구에 대기시켜 놓고 다시 아들을 불러 어머니를 차로 앉혀드렸다. 저 혼자서는 전혀 걷지 못하신 어머니를 감당 할 수 없다 그러나 다행스럽게 아들이 전역한지 얼마 되지 않아 집에 있어 이렇게 도움을 받으니 다행이지 싶다. 저는 어머니를 모시고 집을 벗어나 병원으로 출발 했다. 기존 병원에 다시 연락하여 새로 입원하는 방식으로 수속을 밟았다. 바로 들어 올 수가 없다고 하시며 응급실을 통해서 입원 수속을 하라고 또 하시는 것이다. 무슨 놈의 법이 이리도 복잡한지… 저는 할 수 없이 기존병원 응급실에 들려 잠시 기다리는 상황이 되었다. 어머님을 이제껏 담당하셨던 내과 과장님께서 저희 모녀의 행방을 두고 많이 걱정을 하셨는지 응급실까지 내려오셔서 저에게 어제 밤 어디에 계셨냐고 물었다.

"어머님께서 어찌나 성화를 내시며 집으로 가자고 하셔 어쩔 수 없이 어제 밤에는 저희 집에서 잤습니다."

라고 말씀을 드렸다. 그랬더니 의사 선생님께서 우리 보고 큰일 낼 사람들이라고 하시면서 다시는 무모한 행동은 하지 말라고 나무라셨다. 제가 생각해도 이런 행동은 보통 사람들은 이해(理解)가 불가(不可)할 것이다. 나 역시 이 일은 너무도 무모하고 위험했던 일인지 왜 모르겠는가. 세상사(世上事)라는 것이 사실상 부득불(不得不) 어쩔 수 없는 상황이 언제나 주위(主位)에 도사리고 있음을 우리는 알아야 하는 이유이다. 의사선생님도 너무 걱정하신 나머지 나에게 그리 말씀 하셨으리라 이해함이다. 그러나 내가 그럴 수밖에 없었던 점을 이해해줬으면 한다. 그러니까 참 남의 속도모르면서… 역정부터 내신 의사선생님이 야속하게 느껴져 나 역시 기분이 상해 독백하는 탄식이 남의 속도 모르면서… 라는 말이 절로 중얼거려진 사연이다. 역정 내신 이유 또한 의사선생님의 관심어린 말씀이라 생각한다. 저 역시 집으로 모시고 갈 때는 그 얼마나 많은 고민과 마음속에 갈등이 많았다는 사실만 헤아려주면 좋겠다. 엄마를 응급실로 옮겨 놓고서 접수처에 가서 기존에 있는 4인실을 원했다. 병실에서 밖을 내다보면 새벽시장에서 활기차게 장사하시는 사람들과 역동적으로 바쁘게 사시는 사람들 모습 속에서 건강한 마음을 찾고자 함이다. 탁 트인 김해평야 모습이 너무도 싱그럽게 보인다. 파릇파릇하게 자란 모들의 질서정연한 파란 물결이 이 답답한 병실생활을 견디게 하는 요소였던 것이다. 다행히도 우리가 그동안 머물던 그 병실 그 자리가 그대로 비워있어 낯설지 않아 좋다.

서울로 올라가자

우린 다시 그 병실 그 자리에 와서 또 다시 그 침대를 배정받았다. 기존 침대에 그대로 누우신 어머니께서는 햇빛이 너무 눈이 부시다고 하시며 블라인드를 내려 달라는 표시를 하셨다. 저는 블라인드를 내려드리고 발뒤꿈치에 베개를 받쳐드렸다. 제가 제일 신경 쓰는 부분은 바로 옆구리 호수다. 저는 어머니 옆구리를 최대한 사수를 해 어머니를 옮기고 일으켜 드린다. 제 입장에서는 최대한 이곳을 수호해 다시는 옆구리를 뚫은 일을 없어야 한다. 나는 어머니를 조심스럽게 눕혀드리고 간호사님께 링거 맞을 준비가 다 되었다고 했다. 간호사님들이 오셔서 신속하게 또 다시 줄렁줄렁 링거들을 달아놓고 나가셨다. 이놈의 링거는 병원만 들어오면 주기장창 달아 놓으니 저희 어머님의 팔과 손들은 주사 바늘이 내고 간 흔적들로 파랗고 노랗고 자주색을 띠어 하나의 그림판에 색칠해 놓은 듯이 얼룩 달룩 판이 된지 오래다. 그것도 병중(病中)이신 노구(老軀)라 살이라곤 일도 없어 뼈에 초배(初褙) 입혀놓은 듯한 앙상한 팔인데 이 무슨 운명(運命)에 장난인지 알 수는 없지만 남들은 고관절 수술은 아주 간단하다고 하던데 우리는 그 간단한 수술로 인하여 이렇게 겪어서는 안 되는 일들만 겪고 있는 상황이라 하겠다. 그렇다고 지금 상태가 호전(好轉)되셨다고는 볼 수가 없는 상태(常態)라 방심(放心)은 금물(禁物)이다. 간호사님들의 링거 작업이 끝이나니 바로 치료사님이 오신다. 치료사님은 옆구리 소독을 해주시면서 독백(獨白)처럼

"할머니 옆구리에 주머니 하나가 더 달렸네요."

라는 말을 하시며 발뒤꿈치치료를 해주셨다. 그리고 다시

"할머니 고생 많이 하셨어요."

라는 말과

"할머님께서 빨리 나으셔야 할 텐데 이곳이 쉽게 낫지를 않네요."

라는 말씀을 하셨다. 왠지 이 말씀은 발뒤꿈치 차도가 쉽게 보이지 않으니 걱정이 되신 듯 안타까워하시는 마음이 엿보였다. 제 가슴에 이 치료사님께서 환자가 차도가 없어 자기 일처럼 안타까워하시는 마음의 진정성이 느껴졌다. 환자를 대하는 이 모습이 바로 우리 사회가 요구하는 인간상이 아닐까? 라는 생각이 든다. 사람이란 원래 간사한 동물이라 자기에게 조금 살갑게 굴면 그 사람이 좋아보이듯 워낙 이 치료사님은 저희 어머니를 살갑게 대하시니 왠지 나도 모르게 이 치료사가 자식처럼 예뻐 보인다. 누구나 사람은 상대에게 예뻐 보이는 것도 밉게 보이는 것도 다 자기 할 도리에 달려있는 것이다. 천성이 착한 것인지 유독 이 어린 치료사님은 누구에게나 살갑게 구는 것을 보면 예뻐하지 않을 사람 없을 것이라 생각한다. 이 치료사님과 같은 마음 씀이 바로 훌륭한 인술(仁術)이지 않을까? 싶다. 환자의 마음을 같이 공감해 환자를 위로하고 용기를 주는 모습과 상처부위를 치료함에 있어 정성을 다 하는 모습이 바로 참된 인술이지 않을까? 라는 생각을 가져 보았다. 치료사님 말씀처럼 참 애간장 녹이는 발뒤꿈치 괴사는 저로 하여금 수많은 고통을 겪게 하였던 가장 큰 원인이다. 괴사만 아니었다면 아마도 우리는 지금쯤 집으로 돌아갔을 것이다. 그리고 물이 차서 응급실을 이렇게 자주 들락거리지도 않았을 것이며 울 엄마를 이렇게 고통스러운 사지(死地)로 내 몰지 않았을 부분이다. 울 엄마 생과사의 갈림 길에서 나로 인하여 우리엄마 놓칠까봐 너무도 긴장 되었고 두려웠다. 울 엄마 말씀 듣지 않고 병원 모시고 왔던 부분이 나로 하여금 제일 많이 후회하게 만든 사연이다. 더구나 위급한 상황으로 응급실로 가는 바람에 툭하면 구급차에 올라타야 했던 사연은 어찌 글이나 말로 표현할까? 싶다. 이때는 정말 피를 말리는 시간이 된다. 그러니까 아마도 육체의 고달픔이 아니고 분명 이 부분은 울 엄마 생과사의 귀로라 정신적인 충격이 큰 것이다. 괴사 때문에 너무도 많은 일들을 겪다보니 더러는 중환자실 부주의(不注意)로 괴사가 생긴 부분에 대해 원망하는 마음도 더러는 생겼다. 어쨌든 괴사로 수십 번 짐을 싸고 풀어야 하는 번거로움과 수차례 반복되는 입, 퇴원 수속 밟는 수고도 없을 뿐더러 식사도 다리를 쭉 펴시고 본인 스스로 수저질 하시며 드셨을 것이다. 그리고 어머님 일어나고 누우실 때 다리를 붙들고 일으키고 눕혀드리지 않아도 되지 않았을 것이다. 매일 수 없이 발밑에다 따리를 틀어놓고 베개를 받치고 빼내는 일도 반복하지도 않았을 것이다. 아무튼 발뒷꿈치 괴사로 기저귀 가는 것도 베개를 두 개씩 겹쳐 지지대를 만들지 않고는 갈아 드릴 수가 없어서 항상 베개와 이불을 돌돌 말아 다리를 괴 놓고서 기저귀를 갈아 드린다. 괴사만 아니었다면 고관절 수술한지 4 ~ 5개월이 되었으니 지금쯤은 어느 정도 호전돼 재활을 시작해도 벌써하지 않았을까? 하는 미련 남은 아쉬운 생각들을 유독 오늘따라 많이 하였다. 이런 생각은 다 부질없는 생각이라는 것도 잘 알고 있다. 최소한 폐에 장기간 물이 차는 일은 없었지 않았을까? 하는 부질없는 푸념이 늘어졌다. 치료사님의 관심어린 말 한마디에 저희 어머님 기분이 조금 나아지시니 나도 긴장했던 마음도 잠시 내려놓는다.

　오늘은 어제 피를 많이 흘려 그런지 의사선생님 처방으로 우유색을 띤 영양제가 링거와 함께 투입되었다. 식사도 제대로 못하시고 피를 많이 흘리셔서 원기(元氣)회복차원으로 맞는 영양제다. 매번 응급실 다녀오게 되면 늘 이렇게 맞았었다. 저는 어머님 기분이 조금 나아지신 것을 보고 서울로 가는 시기가 어느 정도 되어가는 것 같아 어머님 처분만 기다리고 있던 서울행을 여쭈어보고 싶은 생각이 절실했다. 어제처럼 위험한 고비에서 빨리 벗어나고 싶다는 이유다. 어머님께서 말씀해 주시는 날짜도 다 되어가는 중이다. 저는 용기 내어 조용히 어머니에게
"엄마 이제는 우리 서울로 가야되지 않을까? 싶네요."
라고 조심스럽게 물어보았다. 저희 어머니께서 바로
"그래 가자."
라고 말씀을 하신 것이다. 그동안 이 말씀을 그 얼마나 듣고 싶었는지 모른다. 어머님께서 서울로 가자. 라는 말씀에 저는 힘을 얻어
"그래요 그럼 어머님 말씀에 따라 서울행을 추진하겠습니다."
라고 했다. 저희 어머니께서도
"오냐 그래라."
라고 말씀 하셨다. 서울 가시겠다는 어머님 말씀 듣고 저는 바로 막내 여동생에게 전화를 걸었다. 이런저런 애기 끝에 우리가 어제 또 응급실에 가서 엄마 다시 놓칠 뻔 했다는 얘기도 했다. 막내 여동생이 그런 일이 있었어? 라고 의아해 하는 반응이다. 어제 같은 겨우는 형제들이 모두 멀리 살고 있어서 우리가 급한 상황으로 응급실을 다시가게 되었다는 말이 쉽게 나오지 않아 여러 형제들에게 알리지 않고 진행(進行)되었던 시술(施術)이다. 긴병에 효자(孝子)없듯이 여러 달 어머님 병원에 계시니 이제는 조금 모두가 소원(疎遠)해져 자주 연락을 하지 않은 탓도 있었던 이유며 또 알면 바로 오지 못하고 걱정하는 마음만 커질 것 같아 알리지 않았던 이유다. 막내 여동생에게 이제는 어머니께서 서울로 올라가신다고 했으니 서둘러 서울행을 추진하라고 했다. 막내 여동생도 알겠다고 하면서 전화를 끊었다. 막내도 자주 이곳을 다녀가면서 이렇게 마냥 시간을 보내는 것에 대해 불만도 있었고 한계도 느낄 시기다. 어머니께서 흔쾌히 서울행을 허락을 하셨으니. 또 다시 새로운 세계에 도전하는 마음이다. 큰 병원이라서 보편적으로는 예약을 하게 되면 빨

라도 두 세 달이라 들었다. 저희 어머님은 왠지 한 달이네로 결정이 날 것 같다는 예감이 들었다. 예약은 막내 여동생이 맡을 것이다. 저는 그 동안이라도 어머니 병간호하는데 소홀함이 없도록 더 노력 해야만 했다. 점심시간이 조금 지나니 막내 여동생에게서 연락이 왔다. 어머님 예약 날짜를 6월 중순으로 잡아 두었다고 한다. 헉 이렇게 빨리 아무튼 빨라서 좋다. 어쨌든 이곳에서 마냥 기다리며 보낸 시간이 벌써 3~4개월이지 싶다. 일단 6월 15일쯤이라고 하니 남은 날짜는 10일 정도 남았다. 나는 막내 여동생과 전화를 끊고 바로 어머니에게 엄마 우리 서울 가는 날짜가 잡혔어요. 라고 전했다. 엄마는 아 그래 라고 하시면서 조용히 눈을 감으시고는 한참을 말없이 누워계셨다. 어머니께서는 무슨 생각을 그리도 골똘히 하셨을까 싶다. 아마도 저희 어머님께서는 분명히 또 다른 희망을 품으셨을 것이다. 우리 엄마는 언제나 긍정적이시고 희망적이신 분이셨다. 분명 또 다른 세계와 통하신 분이셨다. 어머니가 깊은 생각에 잠겨계시면 저희 어머니께서는 언제나 그랬듯이 항상 긍정적이신 분이셨다. 좋은 생각을 분명 하셨을 것이라 생각한다. 어머니는 꼭 나으실 것이라고 희망을 가지셨을 것이고 꼭 다시 걸으실 거라는 기대도 했을 것이라고 생각한다. 다음날 어느 때와 마찬가지로 저희 어머니 세안(洗顔)을 시켜드리는 것으로 또 다른 하루를 맞이했다. 그런데 어머님 얼굴을 씻는 저의 손끝에 느껴지는 느낌이 어제보다는 왠지 다르게 느껴졌다. 수건으로 어머님 얼굴을 닦아드리면서 자세히 어머님의 얼굴을 보았다. 저희 어머님 얼굴이 하루 밤 사이에 잔주름이 부척 늘어나신 것이 보였다. 이틀 전에 응급실에서 받은 시술이 그만큼 고통스러웠다는 표시를 얼굴의 살갗들이 표시를 한 것이라 생각이 든다. 모진 고통을 참아 내시느라 내색은 안하셨지만 많이많이 힘겨웠음을 알 수 있는 어머님 안색이다. 우리 엄마도 우리가 알게 모르게 잔주름이 많이 생겨버렸다. 지난 몇 개월이 우리 엄마를 이렇게 급격하게 노구로 만든 것이다. 그야말로 쪼글쪼글한 노인의 모습으로 변해가고 있는 엄마 모습을 옆에서 보니 안타깝다는 생각뿐이다. 그 옛날 곱디고운 우리엄마 모습은 어디에다 감추어 두고 이렇게 쪼그랑 할머니가 되셨는지… 어머니 지금 모습은 그저 초라한 노구에 불과한 모습뿐이고 병색 짙은 환자에 불과하다. 이런 어머님 모습에서 어머니가 저에게 어떠한 인간상이 되라고 하시는지 그리고 저에게 그 어떤 것을 가르치려 하시는지는 아직 깨닫지 못해 잘 몰겠으나 그래도 자신(自身)을 이렇게 희생하시면서 왠지 저를 다듬어주시는 과정인 것만 같아 그저 죄송하고 미안한 마음뿐이다. 무릇 사람은 자기를 낳아주시고 길러 주신부모님 은혜에 보은(報恩)하는 것이야말로 의당 자식 도리라 생각한다. 현대에 와서는 대부분 자식의 의무를 망각하고 사는 사람들이 늘어나는 추세이고 보면 참 씁쓸한 기분이 든다. 이 문제가 가장 심각한 사회문제이고 젊은이들은 이런 책임을 지지 않으려고 결혼을 기피하는 현상이 나타나고 있지 않나 싶다. 그 옛날 풀뿌리 캐서 먹고 살 때는 늙은 부모님들 홀대 않고 극진히 모시고 사는 것이 우리나라 전통문화이며 아름다운 동방예의 국가였다. 요즘은 핵가족 여파로 늙으신 부모님 모시고 사는 가정들이 많이 줄어들고 있는 상황이다. 오히려 늙으신 부모에게 기대어 살아가는 생각 없는 사람도 많아졌다는 것이 관건이다. 가능한 부모님 모시는 것을 회피하려 요양원으로 모시는 것을 선호하는 추세다. 아니 거침없이 병든 부모님을 사회에 양보한다. 그것은 좋은 머리 좋게 안 쓰면 나쁜 머리 나쁘게 쓰는 것보다 더 흉악한 것임을 모르고 하는 행동이라 생각한다. 그리고 짖은 죄(罪)와 쌓은 덕(德)은 항상 대가(代價)가 따르게 된다는 진리(眞理)를 모르고 하는 행동일 것이라 생각한다. 사람들에게 억지로 시켜서야 될 일은 분명 아니다. 스스로가 깨우쳐 자식의 도리와 인간 도리의 근본(根本)이 무엇인가를 깨우치게 된다면 우리 사회는 다시 예전처럼 부모님 공경(恭敬)하며 서로 배려(配慮)하는 세상이 다시 올 것이라 생각한다. 인간이 가장 기본 시 되어야 하는 일 중에 하나가 바로 병든 부모님 봉양(奉養)하는 것이라 저는 생각하는 사람이다. 특히나 병든 부모님에게는 아무리 호화로운 요양시설도 자식이 해준 보리밥만 못 하시기에 우리는 이 부분을 명심하고 명심해서 아무리 힘들고 괴롭더라도 생명을 주신 부모님을 마땅히 자식이 봉양하는 것을 원칙으로 삼고 살았으면 좋겠다는 생각을 갖는다. 나라도 늙으신 부모님을 모시는 가정에 대해선 특별한 해택이 넉넉하게 주워질 것이라 나는 믿는다.

　우리나라는 조상숭배(祖上崇拜)사상의 후예(後裔)들이라 늙으신 부모님을 봉양하는 것이 자손의 의무이며 우리나라 풍습 중에서도 가장 으뜸이 되는 풍습이라는 사실이다. 옛말에 효자 낳은 집에 효자 나고 죄는 짓은 데로 가고 덕은 쌓은 데로 간다고 하였으니 분명 이 말은 하늘에 뜻이고 인간세상에서 가장 으뜸이요 기본이 되는 아름다운 법칙이다. 적덕지가(積德之家)필유여경(必有如慶)이라는 말이 내포 하듯 반듯이 덕을 쌓은 집은 경사스러운 일이 있다고 하였으니 우리들은 이 말을 잊지 말고 실천하며 살아가는 것도 참다운 인간의 자세가 되지 않겠는가 싶다. 저는 진리가 분명 멀리 있는 산속에 있는 것이 아니다 라는 사실을 알았다. 분명 도(道)는 자신의 생활 속에 있다는 것을 깨달은 것이다. 대부분 사람들은 진정한 진리를 모르고 진리를 산중에서 찾고 있으며 가나안을 찾아 나서는 나그네들이 넘친다는 것이 아쉬움이라면 아쉬움이다. 저는 잡자기 주름진 어머님의 얼굴이 왠지 안쓰러워 영양크림을 넉넉하게 발라 드렸다. 저희 어머님께서

　　"그랬어?"

라고 하신다. 그래서 저도

"네 그랬어요. 우리 이제 서울 올라가야하니 얼굴 좀 관리 합시다."

고 했다. 영양크림을 듬뿍 발라 드려서 그런지 울 엄마 기분이 왠지 좀 낳아지셨다는 기분이다. 오전에 행해지는 여러 가지 일들을 마치고 시간이 남아 저는 서투른 가위질을 해서 울 엄마 머리를 깔끔하게 커트 해드린다. 이렇게 머리를 자르면서 조금 변화를 느꼈다면 지난번에 머리를 잘랐을 때는 침대에 누운 상태에서 머리를 잘라 드렸다. 이번에는 어머님께서 휠체어에 앉아계셔 머리 자르는 것이 한결 수월해졌다는 사실이다. 어머님께서는 단정해진 머리를 손으로 쓰다듬어 보시더니 저에게

"그랬어?"

라고 하신다. 아마 이 말씀은 머리를 잘라서 시원하고 좋다고 하시는 뜻으로 그랬어. 라고 하시지 않았나 해석한다. 깔끔해진 울 엄마 모습에서 저는 또 다시 새로운 희망을 갖는다. 저희가 병실생활 함에 있어 남다른 부분이 있었는지 유독 저희 모녀를 병실사람들이 관심을 갖고 쳐다보는 경우가 많다. 그런데 어제 밤에 새로 입원하신분이 저희 모녀를 또 유심히 쳐다보고 있음을 느꼈다. 이런 경우가 허다해서 이젠 신경도 쓰지 않고 있다. 그런데 새로 오신분이 저에게 적극적으로 말을 걸어오니 답을 안 할 수가 없다. 이 여성분은 5~60대 나이 정도로 보인 분이시다. 대뜸 이분은 저에게

"어떻게 하면 그렇게 행동 할 수가 있어요?"

라고 묻는다. 입안에 혀처럼 어머니 마음을 헤아려 척척 알아서 그렇게 행동하는가? 고 묻는 것이다. 제가 답하기를

"제가 무엇을 어떻게 하였는지는 잘 몰겠지만 주위 분들께서 그렇게 잘 봐주시니 부끄럽습니다."

그리고 제가 크게 하는 일도 없답니다. 고 했다. 아주머니께서는

"아니요. 그런 행동들은 아무나 그렇게 못 합니다."

라고. 하신다. 과분한 칭찬이라 생각이 든다. 제가 또 답하기를

"사실 그 옛날 저희 어머님께서 저희 외할머님을 지극(至極)정성(精誠)으로 섬기셨답니다. 그때 제가 그 모습들을 보고 자랐기 때문에 저희 어머님 만큼은 못하지만 조금이라도 어머님 흉내라도 내보려고 하는 중입니다. 특히 저희 어머니가 외할머니를 섬기셨던 부분이 남들과는 확연히 다르게 정성이 지극하셔서 어린 제 마음에 감동이 되었던 부분이고 이렇게 부모님 섬기는 것이 당연히 자식의 의무라 생각합니다. 그러나 저는 어머님과 비교한다면 새발에 피 수준입니다."

고 했다. 아주머니께서는 제 말을 듣고 지난날을 회상하시는지 어느새 눈가가 촉촉이 젖어있는 것이 보인다. 아주머니께서는 눈물을 닦으시며 저에게

"마냥 어머님께서 제 옆에 계실 줄 알았었는데 어머님 돌아가시고 난 후에서야 어머님의 빈자리가 크게 느껴졌습니다."

"왜 저는 진작 그것을 깨닫지 못했을까요?"

"사느라고 바빠서 그랬다고는 하지만 지금에 와서 보니 그렇게 허둥대면서 사느라 부모님 한번 제대로 모셔보질 못하고 찾아뵙지도 못하고 거의 어머니를 외면하다시피 하며 살아왔네요. 그렇다고 그다지 이루어 놓은 것도 없이 지금에 와서는 내 몸에 병만 들었습니다."

고 하셨다. 각자의 이야기보따리를 풀어 놓고 보면 한(恨)없는 사람 없고 서글픈 사연 없는 사람 없다. 누구나 피해 갈 수 없고 누구나 겪어가는 인생 중간지점에서 느껴보는 부모 잃은 자(者)의 회한(悔恨)이 바로 이 부분일 것이라 생각이 든다. 먼 훗날 저도 이런 후회 정도는 당연히 할 부분이다. 가능한 후회스런 부분만큼은 덜 만들고 싶은 마음이다. 누구나 사연 없는 사람 없을 것이다. 부모 안 계셨던 분은 없을 것이다.

누구나 부모님을 모시고 사셨던 것은 아닐 것이다. 저는 부모님을 모실 수 있어서 행복한 사람이라고 생각하며 살아가는 사람이다. 소중한 부모님을 오래오래 모시고 사는 사람들은 어떠한 면에서는 불편함도 다소 있을 수 있다. 한편으로는 부모님과 함께 라서 든든한 부분이 컸을 것이라 생각한다. 그리고 자연스럽게 자식들에게 참된 도리를 가르치는 가정교육의 현장이 되었을 것이다. 가정이라는 공간에서 행해지는 실천(實踐)이야말로 자연스럽게 자식들 마음속에 스며들게 되는 부분이고 정신에는 자연스럽게 깃들어 습득이 되는 이것이야말로 참다운 가정교육(家庭敎育)에 장(場)이지 싶다. 바로 이런 모습들이 부모님 섬기며 옹기종기 살아가는 인간의 삶의 참 모습이지 않을까? 고 생각해본다. 자식들 중 누군가는 병들고 연로하신 부모님을 받들고 섬겨야 되는 것이 사람이 사는 사회의 으뜸이며 자연의 순리이지 않나 싶다. 요즘 추세 대부분이 부모님께서 큰 병을 앓다 조금 쾌차하시면 집으로 가는 것이 아니다. 부모님들은 쾌차하셨으니 당연히 집으로 가시는 줄 알고 마음 놓고 계시다가 요양병원으로 옮겨지고 나서야 비로소 본인이 요양병원으로 옮겨졌다는 사실을 알고 많이들 서글퍼하시는 분들을 제가 직접 여러분을 보았던 사례이다. 현 사회에서 소이 말하는 신종 고려장이 바로 요양병원이지 싶다. 그러나 자식들만 탓 할 수 없다는 것이 현실이고 보면 분명 우리나라도 이 시점에서 낡은 헌법을 개정해서라도 나라가 이렇게 부강하도록 자기 몸을 아끼지 않으셨던 노인 분들에 대한 사회 제도가 특별히 강구(講究)해야만 되는 시점이라 여긴다. 사회적으로나 제 개인적으로 나라를 위하고 가정을 위해 헌신하신 어르신들을 병들면 요양병원으로 내 모는 것 같아 서글프다. 핵가족시대에서 양상(樣相)된 사회문제라 그런지 요양병원이 우후죽순처럼 주변에 너무 많이 생기는 이유 또한 시대의 흐름인지 아무튼 현대인들은 요양병원 문화를 너무 빨리 흡수 하는 것 같다. 옛날에는 상상도 할 수 없는 일이었다. 그러니까 옛날에는 지옥문이 좁은 문이었다면 지금은 천국 문이 좁은 문이 되어버린 샘이다. 사회가 보편적으로 자기중심적으로 사람들이 변해가고 있는 것이다. 천륜인 병든 부모님을 거침없이 요양원으로 보내고 거침없이 거절하고 거침없이 양보하는 시대다. 유산이라고 하면 거침없이 달려들 인위들의 소행이란? 전형적인 에고이즘(egoism)의 성향들의 저속한 행동이다. 하지만 시대가 변해가고 있지만 저만이라도 그런 유행은 굳이 따르지 않아도 될 것이라 생각한다. 사실 저희 형제들도 저희 어머니 대학병원에서 퇴원 하실 무렵 요양병원을 형제들이 운운(云云)해서 울 엄마는 내가 책임질 것이다. 고 단호히 말해 여기까지 왔다. 그런데 일부는 병원비가 많이 나온다고 투덜거리는 형제들도 있었다. 그래서 혼자 독백(獨白)하기를 내 형편이 원만했으면 너희들에게 어머니 병원비 정도는 청(請)하지도 않았을 텐데. 라는 빈자(貧者)의 씁쓸한 독백을 읊조렸던 기억이 있다. 옛말에 이르기를 누군가는 소유(所有)하고자 탐욕(貪慾)을 부리고 누군가는 베풀기 위해서 소유(所有)를 한다. 고 한다. 만약 둘 중 하나를 택하는 귀로(歸路)에 서있다면 저는 분명 전자(前者)보다는 후자(後者)를 택할 것이다. 나의 좌우명(座右銘)중에 하나가 최소(最小)한 독식(獨食)하려는 마음은 갖지 말자다. 최소한 독식하려는 마음을 버리고 산지 오래다. 저희 어머님의 특별한 가르침이 저에게는 따로 있었다. 그 가르침이 바로 탐욕(貪慾)도 버리고 성(怒)냄도 버리고 사노라면 분명 하늘을 보게 될 것이다. 라는 말씀이다. 아마 이 말씀은 제가 어렸을 때 외할머니 돌아가시고 얼마 지나지 않아 어느 날 마루에서 외할머니 유품정리를 하시면서 제게 해주신 말씀이라 잘 기억을 한다. 그 당시에는 탐욕(貪慾)이라는 말의 의미와 성냄의 의미를 깊이 새겨보지를 못했다. 자아(自我)가 성립되고 인생길 방향(方向)을 정(定)할 때서야 저희 어머님의 이 말씀의 깊이를 바로 알게 되었다. 의미를 깨닫기까지는 다소 늦은 감은 있었으나 제게는 너무나 소중한 우리 어머님께서 일러주신 가르침이라 제 가슴 깊숙이 간직했던 교훈이다.

우리가 막상 서울행을 결정하고 보니 걱정되는 일들이 한두 가지가 아니라는 것이다. 과연 나는 서울로 가는 문제를 어떻게 풀 것인가?를 놓고 나름 고민 중이다. 이 무렵 유독 저희 집 경제 사정이 좋지 않아 이런 고민을 하는 제 자신이 무척 초라하게 느껴졌던 시기다. 설상가상(雪上加霜)으로 남편이 아프다는 이유로 놀고 있는지 두 달이 되어 생활비도 계속 카드 돌려가며 살고 있는 형편이라 남에게 말은 하지 못하고 속앓이를 몹시 하고 있는 상황이라 얼굴은 웃고 있으나 속마음은 편치가 않다. 환자를 모시고 서울 올라가는 입장이라 비어있는 제 호주머니가 제 마음을 가장 무겁게 하는 부분이다. 우리가 서울 올라가게 되면 어느 정도 현금도 필요 할 것 같아 저는 어디 가서 서울 올라가는 경비를 어떻게 마련 할 것인가? 라는 생각에 남모르게 고민이 많은 것이다. 김해에서 구급차를 이용 할 때 경비 가서울가는 대만 6~70만원을 달라고 한다. 그래서 이 부분도 상당히 저에게는 부담이다. 나는 구급차보다는 장애자 차량을 빌려 가보려고 알아봤다. 그랬더니 장애 차량은 차량등록지역을 넘어서는 안 된다는 규정이 있었다. 서울 가는 경비가 적게 드는 방법을 여러 방면으로 찾아보는 것이 지금으로서는 급선무가 된다. 이렇게 절박 할 때 느끼는 것은 정말 옛 선조들 말씀처럼 소도 언덕이 있어야 등을 비빈다는 말씀을 뼈저리게 공감한 부분이다. 그런데 울 엄마만 괜찮으시다면 우리차로 올라가는 것도 나쁘지 않을 것 같은 생각이 든다. 우리가 서울로 올라가는 날짜는 열흘정도 남아있으니 미리 걱정 할 필요는 없다지만 그래도 어느 정도 준비를 하나씩 해두는 것이 나쁘지 않을뿐더러 가능한 서로에게 편리하고 부담 없는 방법을 찾아 두는 것도 나쁘지 않다는 생각아래 나는 이런저런 궁리를 해본다. 서울 올라가서 치료를 받는다 하더라도 그 치료가 언제 끝나게 될지도 모르는 상황이라 우리로선 예측(豫測)할 수 없는 기간이고 보면 병원으로 가지고 가야 하는 짐도 제법 있을 것이다. 차라리 우리차로 가는 것이 오히려 나에게는 더 유리 할 수도 있다는 생각을 한다. 수시로 변하는 것이 어머님 상태다. 떠나는 날 어머님 건강 상태가 좋지 않으면 어쩔 수 없이 빚을 내서라도 구급차를 이용해야만 한다. 이 문제는 그때 가서 의논해도 늦지 않을 것이다. 이 문제를 뒤로 한 체 무엇을 먼저 해야 할지 잠시 어머님 옆에 우두커니 앉아 나름 생각을 해본 중이다. 그런데 남편이 갑자기 불쑥 병실로 들어왔다. 처음에는 남편일 것이라 생각하지 않아 그저 물끄러미 쳐다본 경우다. 생각지도 않은 낯익은 사람이 연락도 없이 불쑥 들어오니 긴가민가하고 순간 멍하니 나는 쳐다보았다. 병실로 들어선 남편 모습이 너무도 초라해 보였다. 설상가상(雪上加霜)으로 살도 많이 빠져 까칠해 보이고 마누라 없이 살아 그런지 초췌해 보이기까지 했다. 나는 놀라 남편에게

"웬일로 왔어요?"

고 물었다. 남편은

"요즘 계속 항문이 아파서 검사 한 번 받아보고 싶어서 왔어."

라고 했다. 그렇지 않아도 요즘 집에 들려보면 남편이 많이 아프다고 큰 베개 안고서 끙끙대는 것을 보고 병원으로 돌아오노라면 마음이 많이 불편했었다. 그렇지만 어머님 간병이 우선인지라 어머니 옆에서 꼼짝도 못하는 신세라 통증에 괴로워하는 남편을 보며

"많이 아프면 이쪽 병원으로 와서 검사 한 번 받아 보게 시간 내서 병원으로 오세요."

라고만 했었다. 그런데 남편은 벌써 진찰을 받고 왔단다. 하지만 의사 샘이 보호자와 함께 오라고 했다고 저를 데리려 왔다는 것이다. 나는 남편과 함께 의사샘을 만나기 위해 어머니를 병실 사람들에게 잠시 부탁하고 1층 대장담당 의사선생님 앞에 앉았다. 저희 부부를 보신 의사 선생님께서 바로하시는 말씀이

"조금 빨리 오시지 왜 이제 사 오셨어요."

라고 하신다. 그러면서 암이 의심된다며 당장 입원해서 CT와 대장내시경 검사를 하자고 하신 것이다. 저희는 의사선생님 지시대로 하겠다고 어떨 결에 말하고 진료실을 나왔다. 저는 남편에게 집에 가서 며칠 입원할 준비를 해서 오라고 해놓고 나는 무거운 발걸음으로 어머니 계시는 3층으로 향하며 남편이 암이 의심된다는 의사선생님 말을 되뇌어 본다. 참으로 난처한 상황이 된 듯하다. 드라마 속에서나 듣던 암이라는 소리가 들리니 마음이 무겁다. 그러나 어쩔 수 없다. 다만 깊은 병이 아니기를 바라는 수밖에…

남편 본인은 암이라는 소리에 얼마나 놀라고 있을까? 라는 생각을 하고보니 미안한 마음도 일었다. 남편이 병원 나선지 2시간가량 지나고 나이 남편은 자그마한 가방하나를 들고 어머니가 계시는 병실로 들어왔다. 그리고 옆 병실에 자기는 있게 될 거라고 애기를 하고 나갔다. 성별이 다르니 병실이 다르겠지만 그래도 같은 층이니 그나마 다행이다. 그러나 한편으로는 정녕 남편이 암이라면 어머님 모시고 서울로 가는 것을 어떻게 진행해야 될지 아득해졌다. 저녁이 되니 남편은 우리가 있는 병실로 환자복으로 갈아입고 팔에는 어느새 링거를 꼽고 링거대를 밀고 찾아왔다. 그도 가족이라고 이렇게 찾아오는 것을 보니 가족은 맞는 듯하다. 남편이 저희 쪽 병실로 들어와 제 옆에 앉아 있지만 딱히 할 말은

없다. 어머님께서 큰 차도를 보이지 않고 계시니 한결 더 조심스러운 부분이라 남편과의 대화가 멋쩍다. 어머님께서는 환자복을 입고 온 사위를 보시고선 고개만 끄떡하시고선 따로 말씀이 없으셨다. 속으로는 사위가 암이 걸렸다고 하니 많이 안타까워 하셨을 것이라 생각한다. 저는 밤이 되어 간이 침상에 누웠지만 나의 삶의 무게가 너무 무거워 이 날 밤은 뜬눈으로 밤을 지새웠다. 남들이 알까봐 부끄러웠다. 무슨 팔자가 이다지도 사나워 친정어머님은 의사선생님이 포기하라고 하고 남편은 암이라고 하는지 정말 무슨 팔자가 이다지도 박복한지 환자는 울 엄마 혼자여도 다른 분과는 달리 버거운 상태인데 왜 이렇게 험난함에 연속인지 제가 제 인생길을 돌아봐도 저 나름 바르고 올곧게 살아온다고 살았는데 전생에 나는 무슨 죄를 그 얼마나 지었던지 제게 불어온 비운(悲運)의 바람은 숨조차 쉴 수 없을 정도의 강풍 같은 느낌이다. 내가 내 자신을 돌아봐도 참 기구한 운명이라는 생각이 든다. 이 상황은 제가 생각해도 이해가 안 되는 부분이다. 남편이 만약 암이라면 정말 암이라면 너무 기구한 운명 같다는 생각이 들었다. 그러나 아직 판단하기에는 이른 것이다. 설령 남편이 암이라고 한다 해도 마냥 한숨이나 쉬고 있지는 않을 것이라 굳게 생각을 가져본다. 인생사라는 것이 분명 문제가 발생되면 해결 방법도 있을 것이다. 오히려 암(癌)이란 것이 누군가에게는 육체에는 독이 되겠으나 다른 한편으로는 정신적으로 약(藥)이 되지 않겠는가? 싶은 생각이 든다. 저는 이 고비를 잘 넘기고 나면 저의 삶은 반듯이 전화위복(轉禍爲福)이 되지 않을까? 라는 생각을 하며 제 스스로 이 기회를 빌미로 전화위복을 꾀하려 하는 마음이 생긴다. 남편 나이 49세를 기점으로 암을 앞세워 자신의 인생 설계를 이제부터 바르게 세우는 삶에 전환점(轉換點)이 되어 남들처럼 바람직한 사람으로 바뀌어 갈 것이라 믿어보는 것도 괜찮을 것이다. 그렇다. 바로 이것이 인생인 것이다.

경솔하게 살아온 자에게 내려진 벌(罰)그러나 분명 쉽지는 않겠지만 포기하고 실망 할 필요는 없는 것이다. 저는 지금 이 위기(危機)를 지혜롭게 극복(克服)해서 전화위복을 꽤하려 함이다. 다음날 남편은 아침부터 대장내시경검사가 이루어진다는 연락을 받고 어제 밤부터 금식이다. 그래서 저도 어머님 아침식사를 드리고 나면 1층 검사실로 가봐야만 되는 상황이다. 저는 아침식사를 마치신 어머니에게 조심스럽게

"엄마 조 서방 내시경검사가 있어 1층에 잠시 내려갔다 올게요."

라고 했다. 어머니께서는

"오냐."

라고 하신다. 어머님 허락을 받고 남편 CT촬영 준비가 되었는지 확인차 남편 병실로 들어갔다. 그런데 남편 혼자 있을 줄 알았는데 언제 왔는지 아들이 일찍 와서 남편 수발을 들고 있어 보기가 참 좋았다. 든든한 아들이 옆에서 수발 들어주고 있으니 그 나마 남편 모습이 덜 초라해 보여 좋다. 남편은 촬영 시간이 되어 조영제를 투약하고 CT 실로 들어갔다. CT촬영 시간은 대략 20여분 걸린다고 한다. 그래서 저는 20여분이라도 어머님 병실로 올라가보는 것이 좋을듯하여 어머니에게 올라왔다. 어머니께서는 제가 없는 사이 잠깐 눈을 부치시려는지 눈을 감고 계셨다. 어쩌면 주무시는 것 같기도 하고 명상 중이신 것 같기도 하여 방해하지 않으려 조심스럽게 보조침상에 앉았다. 조용히 지금 내게 일어난 일들이 내가 이겨낼 수 있는 일들이기를 바래본다. 저는 시간을 보고 다시 1층으로 내려갔다. 남편은 벌써 CT실에서 나와 내시경 검사실로 들어갔다. 나는 아들과 함께 내시경 실 앞에 설치 되어있는 모니터 앞으로 가서 내시경 검사 과정을 보고자 앉았다. 저 역시도 남편 차례가 되니 약간 긴장감이 든다. 저희 모자가 숨죽이며 모니터를 응시하고 있을 때 얼마 지나 않아 남편 이름이 모니터에 나왔다. 이번 모니터 화면은

남편 차례라는 뜻이다. 저희 모자가 유심히 모니터를 쳐다보고 있으니 모니터로 내시경이 항문을 통과하면서 빨갛게 부어있는 항문 안쪽 그러니까 직장 쪽을 반복해서 보여줬다. 다시 내시경이 천천히 들어가는 도중에 대장 용종들이 보이니 의사선생님께서는 그 용종들을 하나하나 제거를 하며 대장 통과(通過)하는 장면들이 보였다. 용종이 암의 근원이라 내시경 하는 과정에서 도드라진 용종들은 일부 제거를 하신다고 보면 이해가 쉬울 것이다.

　마지막으로 내시경이 내려오면서 빨갛게 부어있는 직장(直腸)쪽을 다시 비추어서 보여준다. 아마 그 부분이 암(癌)인 듯 의학(醫學)상식(常識)이 전혀 없어도 알 수 있을 정도로 정상적(正常的)이지 않게 부어있는 것이 눈에 확 띄었다. 모니터를 보고나니 남편이 조금 측은(惻隱)한 마음이 들어왔다. 남편 식습관을 보면 저 정도면 신(神)께서 많이 봐 주시지 않았나 싶다. 남편의 일과를 볼라치면 1년 365일 허구헛날 술과 함께였으며 하루 24시간 남을 비방하고 원망하면서 살았으므로 사실 혼 좀 나서 이번 기회가 인생 터닝 포인트가 되어 바르게 희망차게 살아가기를 바란다. 내시경 끝나고 10여분쯤 흘렀을까? 검사를 마친 남편이 초라한 모습으로 검사실을 나왔다. 저희는 다시 병실로 올라가 의사선생님의 판독결과를 기다리게 되었다. 아들은 남편 내시경 검사했던 모니터를 휴대폰으로 촬영을 해 남편에게 보여주고 있다. 저는 남편 병실에 있지만 어머님 생각 때문에 남편과 있다는 사실 그자체가 그저 불안하고 초조했다. 이 심리가 바로 불리불안증이면 강박증이 아닐까? 싶다. 더군다나 마음이 편치 않으니 남편이 옆에서 의사가 뭐라고 하였는가. 라고 묻고 있다. 하지만 내 생각은 아무래도 다른데 있다 보니 남편에게 건성으로 답을 하게 된다. 그러니까 이 순간만큼은 동문서답에 귀재로써 저의 닉네임 사오정임을 여과 없이 발휘하는 순간이라 하겠다. 그래서 이렇게 동문서답이나 하고 있을 바엔 차라리 어머님께 다녀오는 것이 오히려 저 자신에게 안정을 줄 수 있을 것 같아 저는 어머니 병실로 서둘러 왔다. 그런데 어머니는 나의 우려(憂慮)와는 다르게 깊이 잠이 드셨는지 얼굴표정이 편안하게 주무시는 것이다. 다행이다. 저는 어머님 깨실까봐 발소리를 죽이며 남편병실로 다시 왔다. 남편 병실에 다시 들린 이유는 암이라는 확실한 결과는 아니지만 본인 입장에서는 다소 충격이 컸을 것 같아 그래도 옆에 마누라가 있다는 사실을 위로 삼으라는 차원이다. 힘들 때 누군가 옆에 있다는 사실은 큰 용기를 주기 때문이다. 제가 미련하지만 엄마를 지키고 있는 자식들이 있다는 사실이 어머니에게는 위로가 되었듯 그래도 어딘지 모르게 마누라가 옆에 있다는 점이 남편에게는 많은 위로가 될 것 같아 다시 찾은 이유다. 남편 혼자 있었다면 많이 초라했을 텐데 그래도 아들이 든든하게 옆을 지켜주고 있으니 조금 위안은 된다. 현실이 갑갑해서 그런지 비좁은 병실에 더운 날씨에 셋이 같이 있잖니 답답함이 느껴진다. 의사선생님 판독이 있을 때까지 기다려야 함으로 저는 수시로 어머님 병실을 들락거리고 시간을 보낸다. 아마 이런 심리는 불안(不安)증세(症勢)가 중증(重症)에서 나타나는 증세이지 않나 생각한다. 제가 저를 생각해봐도 보통 심각한 불안증세가 아니다. 저 나름 안정을 취해보려 하지만 그리 쉽게 안정이 찾아와주지 않는 것이 문제다. 나라도 이 시점에서는 정신 바짝 차려야 이 고비를 슬기롭게 넘길 수 있을 것이라 생각이 들어 가능한 침착하려 노력중이다. 나의 불안증세가 도를 넘은 듯. 마음 둘 곳을 찾지 못하고 방향 하는 신세다. 제 스스로 아무리 생각해도 진정이 되지 않는 이유는 사면초가에 놓여 있는 내신세가 한탄(恨歎)스러워 그랬지 않나 싶다. 나는 정신일도(情神一道)해서 흩어지려는 정신 줄 꼭 부여잡아야만 했다.

저희가 검사 결과를 초조하게 기다리기를 30여분쯤 진료실에서 저희 부부를 찾는다는 연락이 왔다. 일단 연락을 받고 저희부부는 말없이 1층 진료실로 들어가 다소곳이 담당의사 선생님 앞에 앉는다. 막상 의사 선생님 부름을 받고 마주하고 앉아 있자니 약간 긴장감이 돈다.

어머니의 숨결

김 선 희

어머니의 숨결은 봄날의 꽃바람처럼 환희로운 웃음 웃게 하시고
가슴 깊이 스며든 향기가 되었습니다

"괜찮다." 그 한마디 가르침에 험난한 세상을 넘어
어머니만큼 사는 세월로 가는 지도기 되었습니다

그 묵언의 눈빛은 저를 포근히 감싸주었고
어둠 속에서도 길을 밝혀주는 밤하늘 별빛이었습니다

어머니의 마음은 우리 삶의 시작이자 끝이었어요
영원히 꺼지지 않는 사랑의 등불이었고 불꽃이었습니다
어머니라는 이름 하나로 제 인생의 큰 힘이었고 버팀목이었습니다

어머니의 은혜는 갚지 못할 꿈이 되었지만
이 생애 다하도록 어머니처럼 살겠습니다

언젠가 만나 뵐 그날을 위하여...

모른께 그러지. 하시던 우리 어머니

김선희

어머니의 손은 가슴시린 바람손이었습니다
거친 세상 살아오면서도 늘 자식들 감싸던 그 손길,
어머니의 표정하지 않던 눈은 밤별이었습니다
깊은 밤에도 길을 잃지 않게 비춰주던 그 빛으로 달빛까지 친구되었습니다

어머니의 마음은 세찬 파도치는 하얀 바다였습니다
모든 슬픔과 기쁨을 품고도 고요히 나를 지켜보던 그 품으로
어머니의 사랑은 태양이 뜨는 하늘이 되었습니다

"괜찮다잉 괜찮을 것이여" 늘 안심한 마음을 갖도록 하시고
세상을 평정히 바라보시며 끝도 없이 넓고 따스하게 안아
그 마음 내어주시던 온기였습니다

아 아 이제야 깨닫습니다
어머니라는 이름 속에 담긴 무게와 깊이를 하늘 보며 깨닫는 불효자입니다
어머니, 그 이름을 부를 때마다 가슴에서 울리는 종소리에 눈물을 머금습니다

어머니의 모습이 가슴에서 물결 칩니다
어머니, 당신은 우리 생의 시작이었고 나의 생에 끝이었습니다
그 품에서 자라나 당신의 마음이 깊게 배였습니다
어머니, 어머니처럼 누군가를 품을 수 있는
사람으로 여생을 걸어가려합니다

오늘도 당신을 떠올립니다

제2장

남편은 직장암 3기가 넘었다는 판결이다

　의사 선생님께서 거두절미(去頭截尾)하게 자기들 임상결과 100%로 직장암(直腸癌)이라고 말씀을 하신다. 그리고 유추컨대 3기가 넘어 보인다고 하시며 자기가 잘 아시는 의사 선생님께서 대장암 수술에서는 권위(權威)있는 교수님인데 그분을 소개 해 줄 수 있다는 말씀을 열변하신 것이다. 저는 왠지 이 상황에 남편 얼굴을 순간 빤히 쳐다보았다. 물론 빤히 이유는 정확히는 모르겠다. 가슴 깊은 곳에서 우러나오는 원망과 비웃음이 섞인 나의 조소(嘲笑)의 눈빛이 확실했다. 그러나 남편은 의사선생님의 암이라는 말씀에 놀랐는지. 얼굴빛이 노랗게 변해 있는 것이 눈에 들어왔다. 저는 직장암이라는 소리에 놀라 노랗게 변해져 있는 남편 모습을 본 순간 이런 생각이 번쩍 스쳤다. 헉 진즉 바르게 살지 왜? 하늘을 거슬러 젊은 나이에 암이라는 병을 얻었는가? 한편으로 생각하면 오히려 암(癌)은 육체적(肉體的)으로는 독(毒)이 되겠지만 정신적으로 좋은 약이 될 것이며 바르게 살 수 있는 좋은 기회가 될 것이다. 라는 생각이 든다. 암이라는 주제로 이 작은 공간에 모인 세 사람 의사 남편 저… 세 사람의 생각이 이 순간에는 너무 달라도 너무 다르다는 사실이다. 의사선생님께서는 소개해줄 교수에 대해 설명을 열심히 하신다. 물론 보이지 않는 모정의 리베이트가 존재 할 수도 있단 뜻일 수 있다는 의미가 된다. 의사선생님의 대장암교수님 소개건 말씀은 왠지 먼 나라 이야기 같아 귀에 들리지 않았다. 그 이유는 확실히 모르겠다. 저변에는 의사들의 이속 연계(連繫)성을 배제하지는 못 할 것이다. 의사는 열심히 추천할 교수님 소개에 여념이 없다. 제 머리는 벌써부터 상상에 나래를 펼친다. 제게 닥친 현실에 무게가 너무 무겁다는 느낌이다. 현실

상황을 돌아보니 중과부적(衆寡不敵)이고 사면초가(四面楚歌)가 나의 현주소다. 참 내가 생각해도 처량한 처지(處地)라는 생각이 든다. 이때 마침 제 전화가 울렸다. 막내 여동생이었다. 막내 여동생은 대뜸 엄마는 요즘 어때? 라고 물었다. 자기는 지금 영국이라고 말을 한다. 헉 여동생과 엇 그제 전화통화를 해서 서울행을 의논하였는데 언제 갔는지 영국이라고 했다. 이 상황을 멀리 있는 동생에게 굳이 알릴 필요는 없는 것이다. 괜히 멀리 있는 사람 걱정시킬 필요는 없는 것이다. 동생에게 알려본들 걱정 할 것이고 걱정한들 뾰족한 수가 생기는 것이 아니기에 굳이 동생에게 형부가 암 진단을 방금 받았다는 사실을 알릴 필요 없었다. 지난번 부산대학병원에 어머님 계실 때도 형제들이 안부 전화 오면 멀리 있는 사람들 당장 달려오지 못 할 텐데 괜히 멀리 있는 사람들 마음까지 불안하게 하고 걱정시킬 필요가 없어서 형제들이 안부전화가 오면 나는 엄마는 그만 그만하신다는 말로 일관했다. 막내 여동생이 병원생활 한 달이 지나고 나서 저에게 이런 말을 했던 말이 생각났다. 언니에게 전화를 해 엄마 안부를 물으면 그래도 일이 손에 잡히네. 라고 했던 것이다. 이제 사 언니의 말과 올케의 말 사이에는 알 수 없는 어떤 차이가 있다는 사실을 이제사 느끼네. 라고 했다. 그러므로 더욱 더 동생에게 지금 이 사실을 전할 수가 없다. 아무튼 막내 여동생에게 별다른 상황 없이 서울 가는 날만 기다린다고 하고서 나는 전화를 끊었다. 저는 전화 받는다고 의사 선생님께서 무슨 말씀을 하셨는지 기억이 없다. 제 자신도 남편이 직장암(直腸癌)이라는 판독(判讀)에 충격(衝擊)이 컸던 모양이라 생각한다. 내게 닥친 사연이 흔한 일은 분명코 아니다. 그리고 살면서 한 번도 바란 적 없고 생각해 본적 없던 일이 저에게 일어난 사연이다. 그렇다면 남편 본인은 그 얼마나 놀랬을까? 싶다. 지금 암이라는 판정을 받은 남편의 심정은 무슨 생각으로 가득할까? 그동안 얼마나 아팠을까? 싶다. 조직검사가 나와야 확실하게 알겠지만 저는 며칠 후면 어머님 모시고 서울로 올라가게 되면 언제 김해 내려올지 모르는 상황인데~ 남편이 암이라고 하니 그저 아득함만이 전해졌다. 이 상황에 저마저 실의에 빠져 슬픈 마음을 가진다면 환자인 두 사람은 더욱 더 슬퍼질 것이다. 일단 저라도 이 상황에선 마음을 밝게 가져 보는 것이 바람직하지 않겠나 싶은 생각으로 저는 의연해 져야만 한다.

    진료실을 나오기 전 까지는 꿈을 꾸는 듯한 느낌이었다. 나는 진료실 문을 닫고 남편 얼굴을 먼저 쳐다보았다. 남편은 암이라고 들으니 충격이 컸는지 얼굴색이 창백해져있다. 지금 나이 49세이고 몇 개월 후면 50이다. 하지만 나이 50이 되도록 가족들에게 존경에 대상은 분명 아니었다. 도덕적으로 윤리적으로 더구나 가장으로써도 올바른 행동들을 하지 못했기에 분명 존경심이라고는 눈을 씻고 찾아보려고 해도 한군데도 찾을 수 없는 배우자다. 그렇다고 하나밖에 없는 남편인데 이대로 두고 서울을 올라 갈 수는 없다는 것이 나의 숙제이지 싶다. 갑자기 생각이 복잡해졌다. 좋은 방법을 찾아봐야 한다는 생각은 갖고 있다. 그렇지만 생각과는 달리 남편을 원망하는 마음이 나도 모르게 저변에 깔려있었는지 남편과 진료실을 나오면서 남편을 향해 비아냥거리는 말투로
  "왜 툭하면 죽고 싶다고. 말하며 허구헛날 살더니 막상 암이라고 하니 죽기는 싫은가봐."
  고 말을 남편에게 서슴없이 해버렸다. 그동안 남편이 가정을 돌보지 않고 살아온 숨은 감정이 제 가슴 속 저변에 앙금처럼 깔려있었던 부분이 나도 모르게 비아냥으로 나온 것이다. 오랜 세월 술만 먹으면 죽고 싶다는 말을 일삼고 살아왔던 남편 말들이 제 깊은 마음속에 감정으로 남아있지 않았다면 그것은 거짓말 일 것이다. 제 말이 비아냥거렸지만

하나 밖에 없는 남편이고 소중한 아이들에 아버지이다. 더더욱 저는 존중해주면서 아름다운 동행을 하고자 바르게 살자고 읊조리며 살아왔던 나의 결혼 생활의 지난날들이다. 세상을 비관하면 살아온 남편이 지금은 암 환자가 되어버린 상황이다. 남편은 저의 비아냥거림에 이렇게 답한다.

"막상 암이라고 하니 살고 싶다는 생각이 먼저 들어오네."

라는 말을 했다. 저는 그 말끝에

"정녕 살고 싶다면 이전과 같은 삶을 살아서는 절대로 안 될 것이야."

라고 했다. 왜냐하면 인간으로써의 최소한의 도덕과 윤리를 지키며 사는 것이 보통 사람에 기준이었지만 남편은 이제껏 보통사람들 범주를 벗어나 아예 도덕성을 배제를 하고 살았던 사람이다. 배제뿐이겠는가? 망나니짓을 솔선수범(率先垂範)하고 살았다. 그러니 이 기회를 빌미로 이제는 완전히 달라져 바르게 살아야 할 의무가 있는 사람임을 잊지 않았으면 좋겠다는 생각을 했다. 저는 남편이 지난날을 후회하고 반성하는 기미가 보여

"앞으로 바르게 산다면 나는 당신을 죽게 나두지 않을 것이야."

라고 했다. 그랬더니 남편이

"이제껏 내가 인생을 잘못 살아왔네! 그리고 너무나 허송세월을 보냈 듯 하여 지금은 후회가 많네."

라고 하는 것이다. 그렇다면 저는 지난 결혼 생활 25년에 세월은 잃어버린 인생이었다면 앞으로 4~50년은 얻은 인생이 되지 않겠는가? 한다. 남편이 지난날에 과오(過誤)를 반성하고 변화(變化)를 자처(自處)하니 저는 이 절박한 상황에서 또 다른 희망을 갖는다. 어떤 부분에서 나의 배우자는 정신지체가 심했다고 표현하고 싶다. 세상만사(世上萬事)를 시비(是非)로만 보는 사람과 산다는 것은 참으로 정신적으로 고통이

따랐던 부분이다. 그리고 도성성과윤리성을 강조하는 저와는 대조적으로 기분 내키는 대로 살아온 바깥양반과의 마찰은 기상천외 하였다고 표현하고 싶다. 그러다보니 저는 저희 부부의 스토리를 운운 할 때면 주로 부부애(夫婦愛)로 살아 왔다는 말 보다는 치열한 대접전 속에서 살아 왔던 과거를 주로 부부애(夫婦愛)로 표현하지 않고 전우애(戰友愛)로 부부사이를 표현 하게 된 이유다. 그래서 보통 지인들에게 우리부부를 소개하게 되며 항상 투쟁과 대치(對峙)속에서 대접전을 벌이며 살았기에 전우애로 살고 있다고 하는 이유다. 관심이 있으니 투쟁도 하고 살지 않을까? 싶다. 그러다보니 저희 부부는 대치와 대립에서 생긴 스토리가 참 남들보다는 많다. 남편이 지난날에 일들을 반성을 한다고 하니 이 또한 기쁜 일이라 생각한다. 방탕생활을 즐기는 인간들에게는 스스로 깨우치지 못하고 사니 신(神)에 한 수… 아니 신(神)의 충격(衝擊)요법인 정문일침(頂門一鍼)이 필요했다. 암이라는 병이 사람에게 주는 고통이 때론 누군가를 깨우치게 해 삶의 질을 다르게 인도하는 처방전이라 생각한다. 육신(肉身)에게는 독(毒)이 될지라도 정신적으로는 암(癌)이라는 병이 오히려 약(藥)이 될 수 있다는 사실을 깨닫는 부분이다. 저는 이제껏 남편의 방탕 생활을 참아주고 용서하고 이해하다가 그것마저 효험이 없어 맞불작전까지 쓰면서 온갖 수단과 방법을 동원해 남편을 바른 길로 이끌어 보려고 무던히 애간장 녹이면 살았던 지난날의 나의 역사다. 헛된 나의 수고는 남편을 변화시키기에는 너무나 역부족이었다. 암이라는 일침(一針)이 이렇게 간단하게 남편을 변화를 시켜버리니 아 정말 신의 조화는 분명 있고 신의 한 수는 너무도 기가 막혔다. 신(神)의 한수가 남편의 정곡(正鵠)을 찔러 남편을 바르게 세우고 있는 과정이다.

저는 변화를 꿈꾸는 남편에게 병실로 가서 쉬라고 하고서 저는 어머니계시는 병실로 들어왔다. 남편이 암이라고 하니 나름 의연한척은 하였지만 그래도 걱정이 되었던 것은 사실이다. 저는 모두가 잠든 늦은 밤이 되서야 조용히 홀로 누워 내게 무슨 일이 일어났는가? 하고 오늘 있었던 일을 되새겨 생각해본다. 시름에 겨워서인지 밤은 깊은데 잠은 쉽사리 오지 않는다. 막상 침상에 누워 지금 내 처지를 생각하고 있잖니 아무리 생각해 봐도 너무 기가 막힌 현실이라 여겨지는 순간이다. 지금 이 상황이 막연하다는 표현이 적절할까? 내게 닥친 기막힌 사연들을 생각하니 뜨거운 눈물이 소리 없이 흘러 볼 사이를 가르며 귀 밑까지 따뜻하게 흘러 내린다. 내가 아직까지 살면서 뜨거운 눈물이 어떤 느낌인지를 가늠하기 어려웠다. 지금 바로 내 얼굴을 타고 뜨겁게 흐르는 것이 바로 뜨거운 눈물이지 않나 싶다. 스스로 생각하기에 저라는 사람은 눈물이 없는 사람이라 여겼었다. 막상 삶에 무게가 무겁게 느껴지고 사연이 깊어가니 눈에서 열을 먼저 올려놓고 반응을 한 것이다. 삶의 무게가 너무 무거워 눈물이나 질질 흘리면서 살아온 내 인생은 분명 아니었을 텐데 이렇게 자연스럽게 뜨거운 눈물이 양 볼을 타고 흐르는 것을 보니 제게 닥친 일들이 분명 보통일은 아닌 듯하다. 나의 현실이 마냥 좋은 쪽으로만 생각하기에는 벅찬 부분이라 하겠다. 이렇게 저절로 뜨거운 눈물이 흐르지 않았나 싶다. 이 시점에서 저마저 나약한 생각을 해서는 안 될 것이다. 나라도 정신만 바짝 차려서 헤쳐나간다면 분명 길은 열릴 것이라 생각한다. 엊그제 다른 병원 응급실에서 만난 늙은 총각은 결혼도 못하고 의식 없는 노모님 병수발을 홀로 몇 십 년째 하고 있는데 그래도 나는 여러 형제들이 옆에서 여러 방면으로 협조를 해주고 있으니 그 얼마나 다행스러운 일인가 싶다. 옛말에 이르기를 좋은 일들은 남들과 함께하고 궂은일은 형제들과 함께한다고 하였다. 다행스럽게 저희 어머니가 6남매를 낳아주셔 어머니 병원비 걱정 하지 않게 각자 분담을

N/1 해주니 금전적으로나 정신적으로 형제가 많아 많은 힘이 되고 있다는 사실을 새삼 느끼며 형제들에게 함께 라서 행복하다고 말하고 싶다. 저는 지금 이 고약한 상황에 직면한 사람으로서 해야 할 일과 해서는 안되는 일을 구분지는 지혜(智慧)를 얻고자 함이다. 며칠 지나면 어머님 모시고 서울 올라 갈 텐데 남편을 이대로 방치하게 되면 병은 더 깊어지면 깊어졌지 더 좋아 질리는 만무(萬無)하다는 생각이 든다. 어머님 모시고 서울 올라가는 것은 기정사실이라 이 시점에서 암에 걸린 남편을 어떻게 홀로 두고 갈 것인지를 두고… 이런저런 생각들이 밀려 와 남모르는 고민으로 잠을 못 이루고 있다. 지금 이 시점 이 상황에서 가장 문제가 되는 것은 돈도 돈이지만 암 환자가 되어버린 남편을 이곳에 혼자 두고 서울을 올라 갈 것인가? 아니면 남편이랑 같이 올라가서 공신력 있는 곳에서 종합검사를 다시 받아 다른 곳으로 암이 퍼졌는지 전위 여부를 확인하고 진정 암이라면 우리는 어떻게 치료를 시작 할 것인가를 놓고 공신력 있는 곳에서 의논해 보는 것도 좋을듯하다는 생각이다. 다음날 아침 저는 아침식사를 마치신 어머님께 조용히 말씀을 드렸다.

"엄마 조 서방이 암이라고 하네요."

라고 한다. 저희 어머니께서는 이미 알고 계신 듯 대수롭지 않게

"괜찮을 것이다."

라는 말씀을 해주신다. 나는 어머님 말씀 끝에

"그래요 저도 엄마만 믿고 있을게요. 아무튼 조서방 아무 탈 없게 해주세요."

라는 부탁을 드렸다. 어머님께서도

"바로 그것이다잉 그것이야."

라고 하신다. 아마도 울 엄마 이 말씀 의미는 제가 어머님께 남편 아무 탈 없게 해주세요. 라고 부탁을 하므로서 남편 병이 그리 어렵지는

않다는 의미로 해석 된다. 어머니께서는 다시 한 번 강조하신 듯

"괜찮을 것이다."

라고 하셨다. 저희 어머님의 이 말씀은 저에게는 큰 위안이라 하겠다. 그래서 저도 어머니께

"그래요. 철없는 조서방 엄마가 지켜주세요."

라는 부탁을 다시 드린다. 제 말 끝에 또 다시 어머니께서는

"바로 그것이다잉 바로 그것이야."

라는 말씀을 연이어 하셨다. 그래요 저는 언제나 곤란한 일들이 생기면 이렇게 어머니께 부탁을 드려 큰 탈 없이 넘기며 이제껏 살아왔다. 그래 저는 언제나 저희 어머님을 신앙(信仰)처럼 믿고 따르며 내 마음의 이정표(里程標)라 여기고 이제껏 살아온 인생이다. 더구나 저는 다른 형제들 보다는 저희 어머님에 대한 믿음이 언제나 확고했었던 것이다. 제가 느낀 저희 어머님 세계는 광대무변하게 느껴졌던 것이다. 그러니까 어머님에게는 저희가 모르는 어떤 보이지 않는 강한 힘이 있으셨는지 몰겠지만 더러는 어렵고 곤란한 일들이 생기면 이렇게 어머님께 부탁을 드렸고 그 부탁들은 조금은 더딜지라도 어느새 큰 탈 없이 순조롭게 풀어졌던 것이 바로 지난날의 어머니와 나의 역사라 하겠다. 남들이 뭐라고 하든 말든 저는 이렇게 저렇게 어머님께 많은 의지를 하면서 살아가는 이유다. 아니 나에게 어머니란 신앙이며 종교였던 것이다. 제 경험상 저희 어머님만의 특별한 힘을 믿었다. 그러니까 저희 어머니는 남과는 분명 다른 부분이 있었던 분이고 그 누구도 알지 못하는 그 어떤 힘도 가지고 계셨던 분이 바로 저희 어머니셨던 것이다. 어머니의 특별한 그 부분을 인정하고 그 부분을 존경스럽게 여겼던 부분이다. 요즘 사람들은 대부분 눈에 보이는 부분만 인정하려 들고 과학적으로 증명된 것만 인정(認定)하려는 차원이라 눈에 보이지 않는 세계를 설명할 수가 없어

아쉬움이 많이 남는 부분이 바로 이 부분이라 하겠다. 그러니까 신(神)의 영역을 이해(理解)시키기란 동물들에게 김치 맛을 설명하는 것처럼 어려운 부분이다. 다시 말해 김치 맛은 고춧가루와 여러 양념을 잘 배합해야만 우리 입맛에 맞는 김치다. 그저 단순히 배추와 소금만 가지고는 깊은 맛을 내는 우리 전통 김치 맛을 못 내듯 우리가 눈에 보이는 세계만 가지고는 우리들의 매래 인생의 삶을 한치 앞도 내다 볼 수 없다는 뜻이다. 도처에 도사리고 있는 보이지 않는 위험성과 전생에서 가져온 업보를 무시 할 수 없다는 사실을 알았으면 한 것이다. 육안(肉眼)으로 증명(證明) 할 수 있는 세계가 아니라 더욱 설명하기가 난해(難解)하고 이해시키기 어려운 영역(靈域)이지 싶다. 이 영역은 그러니까 아는 자(者)만이 아는 영역이고 접신된 무당 그것도 상급 귀신과 접신된 분만이 아는 세계다. 우리가 신앙을 갖고 종교를 갖게 된 이유가 이 부분을 좀 더 알고자 하시는 분들이 대부분 종교에 귀의해서 살아가시는 분이라 여긴다. 저희 어머님께서는 우리가 알지 못하는 세계와 연결 되셔서 그런지 우리가 알지 못하는 그 어떤 힘이 분명 있다는 사실이다. 나는 그 힘은 어머니께서 오랜 세월 바르게 살아오셨던 분에게 주어진 하늘이 주신 영성(靈性)이지 싶어 저희 어머니가 자랑스럽다. 그리고 저희 어머니가 바로 생불(生佛)이라 생각한다. 십 여 년 전 저는 언니에게 이런 말을 했었던 것이다. 그러니까 제가 언니에게 언니는 좋겠다. 부처님을 엄마로 두었다고 했었다. 언니는 그때 바로 나는 부처님엄마가 필요 한 것이 아니라 평범한 엄마를 원해 그저 평범한 엄마 그리고 아프면 병원가고 그러시는 보통 엄마를 원한다고… 라는 말을 쏟아냈던 기억이 있다. 이런 말이 언니에게서 나왔던 이유는 저희 어머니께서는 뇌경색으로 쓰러지셔 그때 병원 가신 것 외에는 아무리 아파도 일절 병원 가시기를 거부하셨기에 자식들 입장에서 보면 통증에 시달리면서 일절 병원을 가지 않으신 어머니가 원망스럽기도 하고 옆에서 보기가 마음이 많이 안타까웠던 부분이라 말을 언니는 그리했던 것이라 이해한다. 저 역시도 더러는 아프시면 병원이라도 어머니가 다니셨으면 하는 마음도 있었던 것은 사실이다. 그렇지만 어머니께서는 아파도 병원가시지 않고 한사코 그것이 아니다. 라고 하시면서 완강히 병원 가시는 것을 거부하셨다. 아무것도 모르는 저희들에게 모르께 그런다. 라는 말씀만 읊조리시니 자식들 입장에서는 어머니께서 아프시는 이유는 단순이 나이가 들어서 병이 왔을 것이라 생각하고 병원가시길 원하고 바랬다. 어머니께서는 가족 중에 누군가가 잘못 생각을 하고 있다든가. 아니면 누군가 불만을 가지고 있으면 심하게 아프셨다는 점을 늦게라도 되짚어보면 가족들이 대체로 불만을 하고 있으면 엄마가 많이 아프셨다는 사실이다. 이런 사실을 우리들은 인정하지 않아 어머니가 겪으신 고초가 더욱 컸던 것이다. 우리는 인간이다 보니 어머님의 깊은 뜻을 잘 몰랐고 아프시면 병원가시지 않고 참고 계시는 어머니가 한때는 저도 이해를 못했던 부분이다. 말씀이 어눌하신 관계로 그저 저희들에게 모르께 그러지 라고만 하시니 저희들은 애간장만 타던 시절이 많았던 것이라 언니가 일반적인 엄마를 원했던 이유다. 언제부터인지는 잘 모르겠지만 어머니를 아프게 하는 이유를 빨리 찾아보려고 우리 나름 노력도 많이 했었다. 종종 어머니 아프신 이유를 못 찾으면 어머니께서 여러 날 동안 앓고 계셨던 사례도 종종 일어났다. 저도 가끔은 저희 어머니가 평범한 어머니였으며 좋겠다는 생각도 많이 가졌던 이유다 반면 저희들이 빨리 어머니 아프게 하는 이유를 알아차리고 잘못을 빌면 어머니께서는 바로 그것이다. 라고 하시면 얼마 지나지 않아 언제 아팠는가 싶을 정도로 말끔히 나으셨으니 우리가 이것이 조화가 아니고 무엇이겠는가. 라는 생각을 많이 했던 사연이다. 저희 어머니가 일상생활에서 보통 분들하고는 차이가 있다 보니 저희 어머니를 보통사람의 마음으로 모신다는 것은 무리가 있었다. 가끔 한 두어 달 큰 아들집에서 계시다 오시는 것은 별문제가 되지 않는다. 하지만 같이 살다가 누군가 불만을 가지노라면 바로 어머님 몸이 아프다보니 이런 사실을 이해 못하는 자식들은 어머님 모시기가 어려웠던 큰 이유다. 이러한 이유를 모르는 형제들은 저에게 큰 아들집에서 어머니를 모시겠다고 하는데

"왜 큰 아들집으로 어머니를 보내드리지 않느냐."

라고 저에게 불만도 많이 했었다. 평범하시지 못한 어머니 때문에 형제 우애는 이렇게 꼬이고 저렇게 꼬였지만 그래도 저만이라도 어머니를 조금이라도 이해하려고 하는 차원이라 제가 어머니를 모실 수밖에 없었던 사연이다. 언니가 저에게 하는 말이 있다. 그 말은 너는 엄마 전담반이야 라는 말을 종종했다. 마냥 엄마 뜻을 받들지 말고 거절도 하면서 살어. 라고 했었다. 저희 어머니께서 제 옆에 계시는 것을 고집하셨던 이유도 바로 이런 문제 때문이라 생각한다. 저 역시나 탁월하신 어머님 덕분에 곤란한 일들을 너무 많이 겪다보니 지금은 이골이 난 정도이지만 더러는 울 엄마가 자식들 운명의 흠을 고쳐주시고자 감내하시는 경우라 여기고 나는 울 엄마 편에 서서 엄마를 이해하려 노력중이다. 우리 어머니를 이해하려다보니 조선팔도에서 떠도는 육두문자는 둘째 남동생한테 원 없이 듣게 된 사연이다. 내 평생 그렇게 심한 욕은 둘째 남동생한테 처음 들었던 것으로 기억하지 싶다. 그 이유를 생각해 보면 어머님께서 소통이 원활하지 못해 더욱 오해가 깊어 그랬으리라 생각한다. 전화상으로 둘째 동생이 저에게 맹공격을 하노라면 저희 어머니께서는 옆에서 가만히 듣고 계시다가 저에게 모르게 그런다 모르게 그러지. 라는 말씀으로 저를 참 많이 위로해주셨다. 저는 친정어머니를 모시면서 저의 수난(受難)시대가 열렸고 저는 그 수난시대를 겪으면서 어

느 시점에서 나 자신을 바르게 세우라는 하늘에 말씀이라 생각한다. 나는 나를 더 바르게 세우고 더 깨끗한 마음을 갖고자 나를 더 연단했고 더 담금질해서 역사가 열망(熱望)하는 인간상(人間像)이 되고자 한다. 끝까지 내 자신을 올곧게 갈무리 잘해서 우리 엄마가 희망(希望)하는 자식상이 되고자 함이다. 이런 저런 이유로 오해도 많았고 탈도 많았으며 유독 둘째 남동생하고는 곡해(曲解)가 태산처럼 쌓여 있어 서로에게는 큰 상처다. 전생(前生)에 원한(怨恨)맺은 원수(怨讐)관계가 아닌가? 싶을 정도로 나보기를 역겨워 하는 동생이 맞다. 둘째 남동생은 유독 저에게만은 매사(每事)를 곱깝게만 보는지 일체 고운시선으로 보지 않고 무조건 시비(是非)의 눈으로 보는 것 같아 저 자신도 편한 마음으로 둘째 동생을 대하지 못하고 사는 부분이 제일 마음 아픈 부분이다.

제 인생 반백년을 돌이켜보면 특별히 누구와 대립을 한다던가? 마찰을 갖고 살지는 않았는데 유독 둘째 남동생과 큰올케와의 관계에서 원만하지 못한 것이 어쩌면 제 인생에 있어 가장 큰 숙제이며 오점이라면 오점이다. 둘째 남동생도 이 또한 오해(誤解)의 소치(所致)에서 일어나는 감정(感情)일 뿐이지 별다른 감정이 내제되어 있지는 않을 것이라 생각한다. 저희 어머님 돌아가시고 얼마 지나지 않아 언니가 저에게 그동안 엄마 병수발 하느라고 고생 많았다며 둘이 여행이나 갔다 오자고 해서 우리 자매는 어느 하루 계획 없이 언니와 울릉도를 갔다 오게 되었다. 기억하고 싶지 않은 배 멀미의 고통이 있었지만 그래도 언니가 저에게 수고 많았다고 여행을 선물로 준 사례다. 울릉도 가기 하루 전 저희 자매는 막내 남동생 집에 들려 엄마 잃은 슬픔을 같이 나누고자 세 사람이 술 한잔하는 자리를 가졌었다. 그 자리에서 막내 남동생이 저에게 이런 말을 했었다. 둘째형이 작은 누나에 대한 불신(不信)이 콘크리트 다져

놓은 듯 강하니 시간을 좀 더 가져야 될 것 같아요. 라고 했다. 막내 남동생에게 나도 그 불신(不信)이 얼마나 강한지 충분히 느끼고 있는 부분이다. 라고 했었다. 둘째 동생과 나 사이에 쌓인 오해는 하늘을 치른 수준이라 하겠다. 나는 둘째 동생하고의 문제는 순리(順理)에 맡겨 둔 차원이라 서두르지 않을 것이다. 옛말에 이르기를 세상만사 사필귀정(事必歸正)이라는 말에 의미를 저는 잘 알고 있기에 서두르지 않는다.

"제아무리 힘 쎈 장수라 할지라도 지략(智略)이 뛰어난 사람, 이길 수가 없고 제아무리 머리 영리한 사람이라 할지라도 마음 깊은 사람, 이길 수가 없다."

라고 하였으니 나는 이 순리를 믿고 기다릴 것이다. 세상사(世上事) 모든 이치가 다 그러 할진데 굳이 성급하게 서둘러 오해를 풀어보려 하지 않을 것이다. 저는 어머니께서 남편 암(癌)에 대해 괜찮을 것이다. 라는 말씀을 해주셨으니 울 엄마 그 말씀에 희망을 갖고 두 환자에게 소홀함이 없도록 방법을 찾아 볼 것이다. 저는 일단 아산병원에 근무하고 있는 이종사촌동생한테 전화를 걸었다. 그리고 형부가 이곳 병원에서 암이라고 진단을 받았으니 그쪽 병원으로 가서 정밀 검사를 받고 싶다. 라는 애기를 했다. 그리고 이번 서울 올라 갈 때 이모랑 형부를 모시고 같이 서울 올라가려고 한다. 이곳에서는 형부가 직장암 3기가 넘었다고 하니 공신력 있는 곳에 가서 정밀검사를 다시 해서 다른 부위로 전이가 되었는지 지금 상태를 정확하게 확인(確認)한 후 그 결과(結果)에 합당한 액션을 취하고 싶다. 그러니 그 예약은 네가 알아서 이모 예약 날짜와 비슷하게 잡아주었으면 좋겠다. 라고 했다. 그랬더니 사촌동생은

"언니 알았어요. 너무 걱정 말고 이모 예약날짜에 맞추어 그때 봅시다."

라고 한다. 독불장군(獨不將軍)은 없다. 라는 말을 실감하는 사례다. 우리는 이렇게 저렇게 서로 연결되어 살아가는 것이 인생이지 싶다. 네

가 있으므로 내가 있다. 라는 뜻을 다시 되새겨 봐야 되는 이유가 너와 나 서로 의기투합해 상부상조하여 상생(相生)하는 것이 우리가 사는 세상의 참 모습이며 바로 이런 사회가 아름다운 사회라 생각한다. 이런 일을 당하면서 깨달았던 부분은 형제란 친형제이든 사촌이든 많으면 많을수록 더 좋다는 것이다. 핏줄이라 그런지 남보다는 내일처럼 걱정해 주고 편리를 봐주는 부분들이 많아 더러는 의지가 많이 되어 제 개인적으로는 너무 좋았던 사례라 하겠다. 이제 우리에게는 서울이라는 갈 곳이 생겼고 희망이 생겼다. 저는 서울 가는 그날까지라도. 어머니 옆구리를 사수해서 다시는 응급실 가는 것을 막아야한다. 이런저런 이유로 제 마음은 벌써 비상 상태로 돌입한다. 반면 제아무리 마음을 편하게 가지려 해도 파고드는 고민은 어쩔 수 없다는 사실이다. 저에게는 숙제하나가 더 생겼으니 어떻게 해서 이 숙제를 풀어야 할 것인가가 문제다. 그중에 남편 문제가 제 마음을 무겁게 한 가장 큰 문제다. 마음으로는 남편과 함께 서울 가는 것으로 내 혼자 결정 내렸지만 일단 경비 문제가 발목을 부여잡고 있어 참으로 난감하기 그지없다. 우선 사람 목숨이 더 중요한지라 어디서 돈을 융통(融通)하기는 해야겠다는 생각이 든다. 우리가 막상 서울 올라가는 날짜가 다 되어 가다보니 형제들끼리도 의논이 있었는지 마산 큰 아들이 회사 결근(缺勤)하고 어머니를 모시고 서울 올라가기로 결정을 보았다는 연락이 왔다. 큰 며느리는 이날 동행(同行)하지 않는다고 했다. 큰아들이라 회사 결근까지 해 어머님을 서울로 모셔다 드린다고 하니 기특하다는 생각이 든다. 암 환자가 되어버린 남편을 어찌 두고 갈 것인가? 막상 형제들은 제 고민은 고려하지 않은 듯하다. 저도 남편을 데리고 간다는 생각만 있을 뿐 확정된 일은 아니라 서울 모시고 갈 사람을 확실하게 정한바가 아니라 큰 동생이 어머니를 모시고 서울 간다고 자청을 한 것 같다. 그렇지만 저 역시 남편과 서울 올라갈 문제를 의논하지 않아 형제들에게 우리 부부가 어머니 모시고 서울 갈 것이다. 라는 확답을 줄 수 없는 상황이다. 약간 서운한 마음이 일어났다. 분명 형제들도 남편이 암이라는 소식을 들었을 텐데 하나같이 암 환자를 홀로 두고 어떻게 서울로 올라가느냐 라고 누구하나 물어본 사람이 없었다는 것이 조금은 제 입장에서는 서운 하게 느껴졌다. 서운한 감정이 일어났던 것은 단순히 이 상황이 너무나 기막혀서 일어난 저의 속 좁은 생각일 뿐이다. 지금은 오직 어머님을 쾌차시켜드리고자 하는 일념(一念)하나로 임(任)하면 될 것이다. 저는 어머님 잠든 시간을 이용해 남편이 있는 옆방 병실로 찾아갔다. 쓸쓸하게 홀로 병실에 누워있는 남편을 보니 애처로운 마음이 들었다. 병들지 않았을 때는 밤만 되면 술과 함께 온 세상이 자기 것인 양 고래고래 소리 지르고 쨍그랑 소리와 더불어 피를 자주 보여주던 남편이다. 막상 병들어 보호자 없이 좁은 공간에 홀로 누워있는 모습이 참 초라해 보인다. 남편은 제가 자기를 찾아주니 위로가 조금 되는지 저를 바라본 얼굴색이 밝아 보인다. 저는 남편에게 거두절미(去頭截尾)하게 서울 같이 가자고 했다. 그곳에 가서 정확하게 정밀검사를 받아보자고 제안을 했다. 남편은 내 말이 내키지 않은지 선뜻 대답을 하지 않는다. 잠시 침묵이 흐렸다. 남편이 침묵을 깨고 하는 말 돈이 없는데 어떻게 가냐? 라는 말을 하는 것이다. 나는 그 와중에 속으로 진즉 철들어 돈 좀 아껴 쓰지 인생 30년 동안 주색잡기에 여념이 없더니 이제는 병이 들었네. 라는 원망(怨望)하는 마음이 용솟음 쳤다. 지금 지난날들을 탓하고 들추어 봤자 다 부질없음을 나는 잘 알고 있다. 나는 남편이 경비 걱정을 하는 말끝에

"돈 걱정은 하지 말고 앞으로는 지난날처럼 살아서는 안 되는 것이고 이제는 정말 바른 마음 바른 정신으로 살아 아름다운 동행을 하자."

라고 했다. 남편은

"알았어."

라고 한다. 남편에게 암이라고 병원에서 판명을 해 지금은 정말 암 환자가 되어 버렸는데 막상 남편 혼자 보호자 없이 쓸쓸하게 누워있는 모습을 보고 있잖니 차마의 법칙으로 남편을 혼자 그냥 두고 서울 올라가기란 괴로운 일이다. 돈이 좀 들더라도 서울 같이 가는 방향으로 저는 확실하게 결론을 내린다. 어머니를 모시고 가는 저의 서울행은 언제 내려온다는 기약이 없어 더욱 남편을 데리고 가려는 차원이다. 만약 다른 사람들은 이런 상황에 직면했을 때 어떤 선택을 하였을까? 하고 의구심도 든다 하지만. 지금 나의 입장에서는 나의 확실한 선택만이 중요한 것이라 생각했다. 제가 남편하고 같이 가자고 하는 것이 잘했던 결정(決定)이라 생각한다. 이제 남편을 데리고 서울 가는 것으로 결정을 봤으니 경비를 어디서 융통 할 것인가가 문제라면 문제다.

일단 서울 같이 가는 것으로 남편하고 결정을 짓고 저는 남편 병실을 나왔다. 한편 서울을 남편과 같이 가기로 결정을 해서 그런지 남편을 병실에 홀로 두고 나오지만 그래도 마음은 가볍다. 일단 고민된 부분이 해결이 되고 보니 마음이 가벼워 힘찬 발걸음으로 어머니가 계시는 병실로 들어왔다. 어머님께는 이번에 서울 올라갈 때 남편 데리고 가서 정밀 검사를 다시 받아 치료를 해야 될 것 같다고 말씀을 드렸다. 어머니께서는 다시 제게 괜찮을 것이다. 고 또 해주셨다. 저희 어머니의 괜찮을 것이다. 라는 말씀을 듣고 나니 지친 제 마음에 큰 힘을 얻은 느낌이 든다. 저는 어머님 말씀이라면 무조건 믿고 따르는 사람으로서 저희 어머니 말씀이 곧 나에게는 신앙(信仰)과 같았으며 한편으로는 희망가(希望歌)요 용기(勇氣)를 얻는 원천(源泉)이다. 울 엄마 괜찮을 것이다. 라는 말씀 끝에 그래요. 저는 엄마 말씀만 믿고 따르겠습니다. 고 했다. 그랬더

니 역시나 어머니께서는 바로

"그렇지 바로 그것이다."

라는 말씀을 또 하신다. 더러 사람이 절망(絕望)에 빠졌을 때 믿을 곳이 있다는 것은 커다란 의지처가 있다는 느낌이 들어 다소 위안이 된 부분이다. 사람들은 삶이 힘이 들 때면 기댈 곳이 필요 하다는 생각이 든다. 그 기댈 곳을 찾다보니 그곳이 바로 종교(宗敎)라는 곳이 아닐까? 라는 생각을 한다. 저는 어머님 말씀 때문인지 남편이 암이라고 하는데도 크게 걱정되지 않다. 저변에는 울 엄마의 남다른 힘을 믿었고 어머님 괜찮을 것이다. 라는 말씀 또한 큰 위로(慰勞)가 되어준 것이다. 반면 걱정을 한들 이 마당에 무슨 의미가 있을까? 싶다. 문제가 발생되었으면 그 문제를 해결할 생각을 먼저 가져야 하는데 걱정부터 한다는 것은 내 사전에는 없다. 다만 문제라면 내 자존심을 어느 정도 구기면서 일처리를 할 것인가. 라는 저 개인적인 자존심 문제다. 사람을 살리는 부분만큼은 절대로 나의 자존심을 내세우지 않을 것이라는 생각이다. 다음날 아침 식사를 마치고 남편이 일찍 저희병실로 찾아 왔다. 저는 남편에게

"오늘 퇴원해서 서울 갈 준비를 좀 하고 있어요! 퇴원 수속은 내가 밟아 놓을게요."

고 했다. 남편은

"알았어."

라고 한다. 남편은 말이 끝나기 무섭게 짐 챙기려 자기 병실로 향했다. 그리고 서너 시간 후 어머님 점심 식사를 마치고 남편 퇴원 수속 밟아 집으로 데려다 주고 왔다. 남편은 자기가 암(癌)이라고 하는데 자기를 살펴주지 않나 하는 섭섭한 마음도 한편으로는 들었을 것이다. 대체로 일반 사람들은 암이라는 큰 병이 들면 모든 식구들의 관심(關心)대상이 되어 온 식구들 보살핌을 받았겠지만 남편은 불행(不幸)하게도 그 누구

하나 신경(神經)써 준 사람이 없다는 것이 관건이다. 아마 그 이유는 어머니께서 5개월 전부터 생사(生死)를 넘나드는 과정(過程)을 수십 차례 겪다 보니 식구들이 지칠 대로 지쳤고 놀랠 만큼 놀랬던 터라. 암이라는 병을 대수롭지 않게 생각하는 차원이지 싶다. 더군다나 식구들은 어머니로 하여금 수십 차례 놀래다 보니 이제는 감각들이 대부분 무딜 대로 무디어졌고 감정마저도 둔해져 있는 상태라 남편 암이라는 소식에 형제들은 반응이 없다. 시기적으로도 그랬다. 형편적으로도 곤란한 이 상황에 남편은 암이 걸린 것이다. 주변으로부터 환자의 대접을 전혀 받지 못한 상황이다. 대체로 주변사람들은 암이라는 병이 큰 병으로 여기겠지만 우리 식구들은 대체로 대수롭지 않게 생각을 하지 않았나 싶다. 다음 날 주말이 되어 언니가 왔다. 언니가 말은 안했지만 제부가 아프다고 하니 걱정이 제일 많은 것 같아 보였다. 언니는 조심스럽게 제게

"조 서방을 어쩐다야."

라고 묻는다. 그래서

"이번에 같이 서울 올라가려."

라는 말을 했다. 그랬더니 언니가

"그럼 서울 올라 갈 때 대전에서 만나 우리같이 올라가자."

라고 하는 것이다.

나는 언니에게 그렇게 하자고 약속을 하고서 언니에게 어머니를 부탁하고 주말이라 집으로 왔다. 집에 들어오니 남편은 또 통증이 오는지 큰 베개를 끌어안고 궁둥이를 쳐들고 어찌 할 바를 모르고 있다. 통증으로 괴로워하는 남편을 보니 마음이 무겁다. 남편은 마누라 없는 지난 한 달 동안 이렇게 아파했을 것이다… 통증으로 괴로워 몸부림치는 모습을 보잖니 가슴이 짠하다 못해 시리다. 남편과 천적(天敵)처럼 살아왔지만 부부인연을 맺고 살아 온지 어언 26년째이고 보면 미운 정이라도 남아 있

을 것이다. 전우애(戰友愛)인지 연민(憐憫)인지 있겠지만 남도 아니고 남편이라 내심 측은(惻隱)한 마음이 든다.

    남편은 저희 어머님 보다는 젊다. 그래서 암도 잘 견디어 줄 것이라 믿고 저는 진통제를 찾아 갖다 준다. 그리고 집식구들 반찬을 좀 해주어야 될 것 같아 냉장고를 뒤져 이것저것을 만들어 놓고 아들에게 집안 사정을 애기를 하려 한다. 아들은 제대하고 몇 개월 동안 알바를 다녔지만 구제역 파동으로 다니던 회사에서 알바 직들은 자동으로 실직되는 사태가 된 것이다. 일자리를 아직 구하지 않고 있는듯하여 아들에게
  "아빠가 암이라서 당분간 집안을 너와 내가 이끌어 가야될 것 같다."
  라고 말했다. 아들은
  "벌써 이력서를 내놓고 왔어요."
  라고 하는 것이다. 다만 첫 출근 하는 날이 정해져있어 기다리는 중이라고 했다. 아들에게 이런 말을 하고 있는 제 자신이 아들에게 더 미안한 마음이 일었다. 보통 집 부모라면 복학을 권했을 것이다. 그런데 학업을 다 마치지 못한 상태에서 일자리 먼저 알아보라고 하는 부모 마음은 더 미안하고 더 안타깝기만 한 것이다. 한편으로 아들이 이미 아버지 역할을 자기가 하려고 했다는 생각하니 기특하다는 생각이 들었다. 아들은 말이 없는 성격이다. 그러니까 남편하고는 아주 대조적인 성품이라 하겠다. 이제껏 말이 없어 아들 깊은 속마음을 몰라 마냥 놀고 있는 줄 알고 알바라도 해야 되지 않겠냐는 말을 했는데 아들은 벌써 일자리를 구해놓고 있었으니 그저 생각 없고 곰팅인줄로만 알고 있었던 제 자신이 부끄럽게 느껴진다. 아들이 제게 직장 구했다고 말을 하지 않고 있어서 속도 없는 줄 알았는데 가정사정을 알고서 벌써 일자리를 구해났다고 하니 한시름 놓는다. 아들은 복학해야 하는 시기다 그런데 집안 사

정이 이렇게 되고 보니 복학은 미루어야 될 형편이 되었고 어쩔 수 없이 나는 벌써부터 아들에게 집안 생활비를 부탁하는 신세가 된 것이다. 이 또한 아들과 내가 이겨내야 하는 업보(業報)이지 싶다. 이 고비를 나는 아들과 함께 슬기롭게 헤쳐 나가 볼 작정이다. 어린 아들보기가 엄마로서 미안하고 미안한 마음뿐이다.

우리 아들을 생각하면 가슴이 먹먹해진 부분이 있다. 그러니까 방탕생활의 귀재인 남편 건축업이 잘 못되어 아들은 고 3때부터 나에게 경제적인 부분을 해결해 주었다. 늦둥이로 인하여 나는 일을 할 수 있는 상황이 아니라 어쩔 수 없이 경제적인 부분을 아들에게 의지를 하게 된 것이다. 그래서 이번 복학이 미뤄진 부분에 대해 더 애잔하게 느껴지고 마음이 서럽게 느껴진다. 그렇지만 인생살이가 마냥 비탈길이고 절벽이겠는가? 싶다. 더구나 하늘도 마냥 먹구름만 끼어있고 세찬바람만 불 것인가? 싶은 것이다. 그리고 인생(人生)은 분명 역(易)이라 했다. 더구나 나는 이 시점에서 분명 인생역전(人生逆轉)을 꾀하려함이다. 어쨌든 밝은 생각 고운생각… 나는 이런저런 생각들 때문에 늦은 밤이 되어서야 잠자리에 들었다. 오랜만에 집에서 자는 잠이라 그런지 아니면 남모르는 고민이 많아 그런지는 알 수 없으나 잠이 쉽게 오지 않지만 그래도 잠을 청해보지만 그러나 쉽게 잠이 오지 않아 이리 뒤척이고 저리 뒤척이기를 한 두어 시간 한 듯하다. 어느새 저도 모르게 잠이 들었다. 오랜만에 두 다리를 뻗고 자는 잠자리라 편해 그랬는지 잠이든지 모르게 나는 잠이 들고 말았다. 그렇게 얼마나 잤을까? 어디서 신음소리가 들렸다. 비몽같지만 눈을 번쩍 떴다. 그리고 신음소리가 들리는 안방으로 들어갔다. 남편은 통증이 다시 시작되었는지 또 궁둥이를 쳐들고 몸부림을 치고 있다. 참 이럴 땐 어떻게 해줘야 하는 것인지 옆에서 혼자 끙끙

앓고 있는 남편을 보고 있노라니 불쌍도 하고 안타까운 마음만 있을 뿐 옆에서 해줄 수 있는 것은 아무것도 없었다. 통증에 괴로워 할 때는 해줄 수 있는 일이 별로 없어 옆에서 보는 마음 또한 괴로운 일이었다. 나는 다시 진통제를 찾아 갖다 주며

"이거라도 먹자."

고 하며 진통제를 건넸다. 진통제를 먹은 남편은 얼마 지나지 않아 진통이 멈추었는지 바로 누워 잠을 잔다. 그 모습을 보노라니 정말 안쓰러운 생각이 든다. 암(癌)이 걸려 이렇게 고통스러워하는 것일까? 집안 환경이 가난하면 몸이라도 건강해야지 아프려면 옆에 안사람이라도 간병할 수 있을 때 아플 것이지 하필이면 나 없는 이 시기에 암이 걸렸는지 어머니 병환 깊어 엄마 옆에서 꼼짝도 못하는 내 신세인데 하필이면 왜 이때 신(神)은 저에게 참으로 견디기 힘든 혹독한 시련과 마주하게 하신 것 같아 그저 설분 생각만 든다. 나는 두 사람을 포기 할 수는 없다. 이럴 때 일수록 나라도 정신을 바짝 차려 두 사람에게 소홀함이 없도록 해야 하는 것이 나의 임무이지 않나 싶다. 오후가 되면 언니는 또 다시 대전으로 올라가야 된다. 나는 집안일을 대충 해놓고 병원으로 달려갔다. 병실로 들어서니 언니는 어느새 새벽시장을 들려 삶은 옥수수를 사왔는지 엄마랑 옥수수를 맛있게 먹고 있다. 저는 옥수수를 맛있게 먹고 계시는 두 모녀의 모습이 너무도 평화로워 보여 나도 모르게 모든 시름 잊고 그 평화로움 속으로 들어간다. 이 모습이 너무도 좋아 아이고 우리 엄마 이 모습은 다 낳으신 모습 같습니다. 라는 말을 했다. 아부 섞인 이 말은 지난 밤 저는 어머니를 잊고 편안하게 잠을 자고 온 것에 대한 미안한 마음에 이런 말을 했지 싶다. 저희 세 모녀가 모처럼 화기애애(和氣靄靄)한 시간을 보내고 났더니 이제는 언니를 보낼 시간이다. 떠나는 언니나 보내는 저나 생각은 다르겠으나 기분이 묘하게 쓸쓸한 것은 같지 싶다.

언니와는 서울 올라가는 날 조치원 IC에서 만나서 서울 같이 가기로 약속을 잡았다. 주말 언니 덕분에 모처럼 저희 아이들하고 여유로운 시간을 보냈다. 집에서 편하게 지내고 와서 그랬는지는 모르겠지만 자꾸만 어머님 눈치 보느라 마음이 피곤하다. 제가 집에서 모처럼 잘 지내고 와 미안한 마음이 들어 자꾸만 어머니 눈치를 살피지 않았나 싶다. 엄마 눈치 보느라 쩔쩔 매는 내 모습이 너무 초라해 보인 것이다. 편하게 지내고온 사실이 너무 미안해 어쩔 줄 몰라 하는 나의 이 증세도 아마도 병이지 싶다. 오랜 세월 병수발로 오는 불안증이 고질병처럼 고착(固着)되었는지 심해도 너무 심하게 어머니 눈치를 나는 보고 있는 중이다. 저희는 서울 올라가려면 일주일 정도의 날짜가 남아 있다. 발뒤꿈치의 괴사는 좀처럼 변화가 없다. 내부적으로는 어떠한 변화가 일어나고 있는지는 잘 모르겠지만 육안으로 볼라치면 상처가 깊었으면 깊어졌지 호전된 변화를 발견 할 수가 없다. 나는 매일 드레싱 하면서 발뒤꿈치를 보호하고 사수하는데 정신일도(精神一道)이었지 않았나 싶다. 이때 저의 의무는 발뒤꿈치가 바닥에 가급적 닿지 않게 하기 위해서는 수단과 방법을 가리지 않았던 시절이라 할 것이다. 하물며 어떤 날은 어머님의 다리를 제 어깨위에 한참을 올려놓고 있기도 했다. 괴사된 부위가 조금이라도 짓눌리지 않게 하려는 의도다. 이러한 모습들을 담당과장님은 회진하실 때 종종 보셨는지 저희 자매에게 어느 날 가족들이

"참 지혜로우시네요. 그리고 정성(精誠)도 남다르시고요."

라는 말씀을 하시기도 하셨던 것이다. 저희는 어머님 발뒤꿈치 괴사를 사수하기 위해서 무던히 돌아가지 않은 머리를 썼던 기억이 희미하게 떠오른다. 발뒤꿈치는 어머니 누워 계실 때나 앉아 계실 때 항상 짓눌리는 부위라 유독 진물이 자주 흘러나왔고 회복도 더딘 부분이다. 그러므로 저희는 돌아가지 않는 머리지만 그래도 이렇게도 해보고 저렇게

라도 해서 최대한 발 뒤쪽을 보호하려는 노력을 정말 많이 했다. 때론 저희 자매는 그 상처부위를 보호하고자 똬리를 틀어서 받쳐 놓기도 하였고 베개를 고여 놓기도 하였으며 가끔은 이불을 받쳐 놓기도 하고 수건을 돌돌 말아 괴어 놓기도 하면서 발뒤꿈치를 수시로 살폈다. 저희 생각으론 그 상처를 아물게 하는데 큰 방해했던 요인은 바로 짓눌려서 나오는 진물이라 생각하고 가능한 진물이 덜 흐르게 하기 위해 온갖 방법을 고안(考案)했던 이유다. 신비한 인체(人體)는 재생(再生)능력(能力)이 탁월하다는 것을 어머니 괴사를 통해서 체험(體驗)을 한다. 인체는 상처가 짓눌리지 않은 요건(要件)만 갖추게 되면 바로 엷은 막이 형성(形成)되어 건조한 상태면 바로 딱지가 생겨 곧 아물 것 같은 현상이 나타나곤 했다. 우리는 뒷꿈치를 짓눌리지 않게 하려고 이 부분을 제일 신경 썼고 노력을 많이 했던 부분이다. 저는 악착같이 상처부위에 자극을 주지 않고 건조한 상태를 유지(維持)하고자 무던히도 애를 썼었다.

저는 언니를 대전으로 올려 보내드리고 짐정리를 대충이라도 챙겨두는 것이 좋을 듯해 막간을 이용해 소리 죽여 하나하나 짐정리를 한다. 사실 이틀 전 의사 선생님께서 회진 오셔서 옆구리 담도에서 담즙이 받아지게 되면 그것이 영양제이니 담즙을 어머님께 다시 드리라고 하셨다. 이틀 동안 담즙을 받아 어머니를 드렸다. 오늘은 어머니께서 담즙 드시는 것을 거부하셨다. 담즙을 받아 드리는 것이 역겨울 것 같아 이틀 요쿠르트를 섞어 드렸는데도 불구하고 거부하신 것이다. 제 생각에도 담도 길에 이상이 생겨 옆으로 받아 내고 있는 담즙이라 썩 내키지 않는 부분이다. 담즙을 받아 드시게 하라고 말씀 하시니 썩 내키지 않는 부분이지만 의사선생님 시키는 대로 했다. 어머니께서 답즙 잡수시는 것을 거부하시니 난감하다. 울 엄마가 거부하시니 나도 어쩔 수 없는 일이라 강요하지 않는다. 제가 어느 정도 짐정리를 하고 있을 쯤 친형제처럼 지낸 동생이 병실로 찾아왔다. 이 동생은 언제나 제가 경제적(經濟的)으로 곤란에 처해있을 때면 천사처럼 나타나서 경제적으로 많은 힘이 되어주었던 정말 딸 같은 고마운 동생이다. 이 동생에게서 어제 안부를 묻는 전화가 왔었던 것이다. 어제 일주일 후 우리는 서울병원으로 올라가게 되었다고 얘기를 했다. 우리가 서울 가기 전에 얼굴 한 번 더 본다고 일부로 병실로 찾아 왔다. 이 동생은 두어 달 전 저희가 대학병원 응급실에서 긴급 시술을 마치고 새벽에 이 병원 응급실을 통해 입원수속을 받고 있을 때. 이 병원응급실에서 우연히 마주쳤던 동생이다. 이 동생은 병실로 찾아와 저에게

"언니가 제일 고생을 많이 하네."

고 했다. 저에게 서울 올라 갈 때 옷이나 하나 사 입고 가라고 큰돈을 준 것이다. 저는 이 동생의 마음씀씀이가 너무나 고마웠다. 아니 정말 고마웠다. 이렇게 찾아와 병문안 해준 것도 감사한 일인데 금일봉이라 정말로 마음이 울컥 했다. 마음이 통(通)하는 동생이다. 아니 속 깊은 사람이다. 내가 서울 올라갈 경비가 없다는 것을 마음으로 느꼈는지 이렇게 고마운 걸음을 해주었다. 저희 형제들은 어머님 병원비 6/1씩 내고 있는 상황이라 다들 경제적으로 여유도 없고 피장파장으로 모두 어려운 형편이라 그 누구에게도 이런 사정을 이야기 할 수 없는 입장이다. 더구나 형제들은 제게 엄마 간병비까지 챙겨주느라 요즘 형제들 경제사정은 고달파서 제 형편까지 살필 여유가 없다는 사실을 저는 잘 알고 있다. 저는 더더욱 형제들에게 그 어떤 것도 도움을 청하는 마음을 갖지 못한 이유다. 이 동생은 제가 처한 이 상황이 안타까워 그랬는지 모르겠으나 이렇게 많은 돈을 주고 간다. 이 동생에게 감사하는 마음이 크다. 저는 이 감사하는 마음 가슴 깊이 새겨둘 것이다. 옛말에 이르기를 적덕지가

필유여경 (積德之家 必有如慶)이라 하였듯이 이 말은 덕을 쌓고 사노라면 반듯이 경사스러운 일이 일어나니 사람이라면 누구나 덕(德)쌓는 것을 주저하지 말라고 하는 메시지다. 이 동생은 나중에 큰 복을 받을 런지 아무튼 이렇게 수렁에 빠져있는 나에게 큰 덕을 베풀고 갔다. 우주법칙 또한 인과관계(因果關係)를 확실하게 구분 짓고 있다는 사실을 나는 잘 알고 있다. 언제나 덕을 베푼 사람에게는 상(賞)을 그리고 죄를 짓는 사람에게는 벌(罰)이 수반 된다는 사실을 저는 내 경험에서 체험했던 부분이다. 인(因)에 대한 과(果)는 바로 나타났던 것을 보고 제 인생길을 함부로 지르밟지 않으려 노력했던 이유다. 저는 어머니께

"엄마 ㅇㅇ이가 우리 옷 사 입고 서울 올라가라고 돈을 이렇게나 많이 주고 갔어요."

고 했다. 저희 어머니께서 바로

"나도 없다."

고 하신다. 며칠 전부터 여름옷이 없다. 라는 표시를 약간 비추셨던 부분이다. 그래서 저 나름 시간을 쪼개 어머니 옷을 사려고 생각하고 있던 차 남편이 암이라는 검사를 받아 경황없었다. 어머니 옷을 못 샀던 것이다. 그래 본인도 서울 올라갈 옷이 없다고 하시면서 자기 옷도 사달라고 하신 이유다. 저는

"당연히 엄마 것도 사 드려야줘."

고 했다. 참 어떻게 생각하면 저희들 서울 올라 갈 경비가 생겼다. 정말 인생 길 죽으란 법 없다더니 여비 걱정했던 제 고민이 해결된 것이다. 저는 가끔 이런 생각을 해 볼 때가 있다. 그것은 제가 수많은 고비 고비를 겪어 갈 때마다 하늘은 저에게 바늘구멍 정도 크기라도 숨 쉴 수 있는 기회를 주셨다는 사실이다. 저에게는 기적이라 하겠다. 옛말에 산입에 거미줄 치지 않는다. 라는 속담이 진정 맞는구나. 고 생각하게 된 이

유다. 인생살이가 대부분 아무리 힘들고 괴로운 일이 생기더라도 바르게 행동(行動)하고 바르게 마음먹으면 분명 살 길이 생겼다는 뜻이다.

다음날 저희는 서울행을 6일정도 남겨두고 있는 상태다. 별반 다르지 않게 병원생활을 순조롭게 보낸 중이라 하겠다. 아침 평소처럼 치료사님 오셔 드레싱을 해주시고 가셨다. 폐 물량은 여전히 흘러나와 아침에 가득 찬 폐관을 비웠다. 그리고 담즙관도 비워두었다. 이제 남은 일은 링거가 다 들어가면 링거교체만 하면 오전 의료행위는 마무리 된다. 그런데 저희 어머니께서 저에게 이제는 링거를 빼도 된다고 하시며 링거를 빼달라고 하신 것이다. 저 역시도 느낌이 왔다. 어머니께서 링거를 빼달라고 하시는 이유도 알고 있다. 저희 모녀는 일부 마음으로 통(通)한 부분이 있다. 어머니께서 눈빛으로 표시 하셨지만 저는 어머니께서 링거를 쳐다보시는 마음을 이해한 것이다. 병원 규칙(規則)은 잘 모른다. 환자가 입원과 동시에 수가를 올리려고 하는 것인지 알 수 없지만 혈관이 잘 나오지 않는 환자 온 몸에 바늘자국으로 도배를 하면서까지 주야장천(晝夜長川)링거를 꼽는 이유를 못마땅하게 나는 여긴 부분이다. 위독한 환자가 아닌 대도 병원에서는 입원만 하면 자동으로 링거를 필수로 딸려 꼽게 하니 병원 처사가 곱게 보이지는 않았다. 이와 같은 의료(醫療)행위를 일반인들은 병원에 오면 당연히 링거 맞는 것을 인정하게 된 것 같아 씁쓸하다. 조금은 합리적이지 못한 이 부분을 저는 아주 못마땅하게 여긴 부분이다. 어머니께서는 링거가 다 들어가 링거를 교체해야 되는 상황인데도 불구하고 링거 맞는 것을 완강히 거부하신 것이다. 저 자신은 어머님 의중(意中)을 잘 알고 있다. 어머님 의중을 존중해 어머님에게 링거 맞는 것을 권하지 않는다. 병원 규칙도 있고 간호사님 입장도 있어 조금은 난처한 상황이다. 간호사님과 어머님께서 실랑이를 하고 있을 때 이 소식을 접한 의사선생님께서 놀란 눈으로 달려 오셨다. 저희 어머니께서 링거 맞는 것을 완강히 거부하신다는 간호사님 말씀을 듣고서 한걸음에 달려오신 듯하다. 일단 링거를 완강히 거부하시는 저희 어머니를 향해 담당선생님 하시는 말씀이

"할머니 이러시면 정말 위험합니다."

고 하신다. 저희 어머님 또한 만만치 않은 고집이셨다. 의사 선생님 설득이 통(通) 할리 만무했다. 당혹스러워 하시는 쪽은 당연히 의사 선생님이다. 당혹스러워 하시는 의사 선생님께 제가 조건(條件)을 걸었다.

"지금 저희 어머님 말씀은 폐에 물이 차는 이유는 이 링거만 뽑아 버리면 더 이상 폐에 물이 차지 않을 터이니 이제 그만 링거를 맞자고 하시는 뜻입니다."

고 나는 말했다. 의사 선생님께서 당황하신다. 어처구니없고 난감하신지 잠시 멍하니 말씀이 없으셨다. 제가 생각해도 환자가 이런 주문을 한다는 것은 이해가 되지 않는 부분이다. 제가 생각해도 황당한 주문이다. 우리의 당혹스런 조건을 듣고 의사 선생님께서 몹시 당황스럽고 곤혹스러운 표정으로 저희를 아주 어처구니없는 표정으로 우리를 쳐다만 보시고 계셨다. 의사 선생님께서 어이없어하시는 표정을 나는 이해한다. 의학상식으로서는 이해가 안가는 부분이라 더 기막힌 상황이라 여긴 것이다. 링거가 저희 어머니에게 영양 공급을 하고 있다고 생각하기는 것도 의사로서 당연한 생각이라 생각한다. 말 못하시는 저희 어 머님 말씀도 일리가 있는지라 제가 중간에서 조건을 걸어 합의점을 찾아보려는 이유다. 다시 제가 의사선생님께 저희 어머님 말씀 믿고 3일만 링거를 놓지 말자고 제안을 했다. 링거를 제거해도 폐에서 물이 다시나올 경우 다시 링거를 꼽겠다는 조건을 붙였다. 의사선생님께서

"그러면 할머니 말씀처럼 그렇게 해봅시다."

고 하신다. 의사선생님과 합의하에 어머니께 달린 모든 링거를 제거하게 된다. 의사선생님 허락 하에 간호사님은 모든 링거를 제거 하셨다. 참으로 오랜만에 자유로운 몸이 되신 울 엄마이시다. 울 엄마 양팔은 오래전부터 온통 멍들로 노랗고 파랗고 짙은 자주색으로 변해있어 옆에서 보기가 가엾고 안쓰러웠다. 모든 링거를 제거하고 간호사님과 저는 폐관을 깨끗이 씻어 비워두고 물이 나오는지를 서로 수시로 체크하기로 한다. 물론 3일간 물이 폐에서 나오는지 실험(實驗)기간이라 하겠다. 담도주머니는 빼지 않고 그대로 두기로 결정했다. 저는 실시간으로 폐관 물이 떨어지는지를 살피게 된 사연이다. 의학상식으로는 우리의 요구조건이 너무 허무맹랑한 조건이다. 이 또한 시기가 도래했기에 3일간의 조건을 단 이유다. 병원 규칙을 벗어난 경우라 나는 될 수 있으면 담당 선생님 말씀을 가능한 따르려하지만 받아내고 있는 담즙은 더 이상 어머니 드리고 싶은 마음이 없다. 의학 상식이 전혀 없는 무지렁이 생각에는 옆구리로 배출된 담즙이 보기에는 녹즙처럼 보이지만 먹기에는 좀 거북스럽게 느껴졌다. 어머님께 드릴 때는 야쿠르트와 섞어 드리기는 했지만 영 찝집한 생각이 들어 썩 내키지 않고 상식적으로도 몸속에서 문제가 있어 밖으로 배출 되는 과정인데 굳이 먹을 필요 있겠는가? 싶다. 무더운 여름 날씨에 장시간 걸쳐 받은 담즙이라 왠지 찝찝하기도 했다. 어머님께서 링거 빼는 부분과 담즙을 드시지 않는 부분이 의사 선생님 기분을 상하게 했는지 의사선생님께서 저를 밖으로 불러낸다. 의사선생님도 남편마저 암 진단을 받았다는 사실을 알고 계실 것이다. 왜냐하면 저희가 이병원에 온지도 벌써 4개월이 넘었던 것이다. 우리 모녀가 이 병원에 관심 대상이 된 이유다. 이 작은 병원에서 저희들에 관한 소문이 퍼져 분명 남편 이야기도 전해 들으셨으리라 짐작한다. 의사선생님 부름에 따라 저는 복도로 나왔다. 의사 선생님 표정은 아주 근심어

린 표정이다. 의사선생님께서는 저를 보시고선 아주 근심어린 표정으로
"할머님은 연세도 높으시고 병세도 좋지 않으시니 아주머니께서는 할머님은 포기하시고 할머님을 다른 형제분들에게 맡기시든지 아니면 요양병원으로 옮겨 드리시고 남편이나 서울 가서 치료 잘 받고 오세요."
고 하신 것이다. 그리고 제 처지가 안쓰러우셨는지 내 어깨를 토닥거리시며 애잔한 눈빛으로 저를 바라보셨다. 달리 생각하면 의사 선생님께서도 말씀은 이렇게 하시지만 마음은 안타깝게 생각하는 뜻에서 이런 말씀을 하셨을 것이라 이해는 한다. 그렇지만 저만큼 고민은 아닐 것이라 생각한다. 그래 제가 의사 선생님께 그랬다.
"마음 써주셔서 감사합니다. 저는 두 사람 다 놓지 않을 겁니다."
분명히 두 사람 다 살릴 수 있는 방법도 있을 겁니다. 고 했다. 이 무식한 자신감은 어디에서 나왔는지는 모르겠다. 왠지 나만은 이 고비를 슬기롭게 잘 헤쳐 나갈 것 같은 예감이 든 것이다. 저는 담당 의사쌤께 단호하게 말씀드렸던 이유다. 제 말끝에 의사 선생님께서 그러신다.
"일단 알겠습니다. 그럼 용기 내십시오."
라고하시면서 다른 방으로 이동을 하셨다. 의사 선생님 이 말씀은 왠지 이 병원사람들의 관심대상이 바로 우리가 된듯하다는 생각이 든다. 좋은 일로 관심대상이면 좋으련만 어찌되었건 남편마저 암이라는 소문은 이 작은 병원 퍼졌을 것이다. 그렇지 않아도 어떤 이유인지는 모르겠지만 이곳 사람들에게 저희가 관심대상이었는데 남편까지 암(癌)이라는 진단을 받았으니 더러는 기보수(이러쿵 저러쿵)정도는 있지 않겠나 싶다. 저에게 팔자 사나워 궂은일을 패키지로 받고 있다고 소근 되지 않을까? 더러는 염려스러운 부분도 없지 않다. 남의 말은(소문)길어봐야 석 달 열흘이란 말이 있듯이 저희 어머니와 남편이 났고 나면 이 험난했던 과정은 다 옛말이 될 터이니 주변 소문에 저는 민감하지 않을 것이다.

오후가 되니 어머니께서 컨디션이 좋은 것 같아 간호사님들께 어머님을 살펴 봐 달라고 부탁 해 놓고 어머니 서울 가실 때 입을 옷을 사로 잠시 병원 밖으로 나왔다. 저는 막상 병원을 나와 이곳저곳 가게들을 들려 옷들을 구경을 하고 있지만 마음은 병실에 계시는 어머님 옆에 있는 것과 다름없다. 잠시 나왔지만 마음은 온통 저희 어머님 혼자 괜찮으실까? 라는 생각들뿐이라 몸은 밖에 있어도 마음은 어머님 그늘에서 벗어나지 못하는 사람이 바로 나이지 싶다. 아무튼 시내 나와 옷들을 보고 있어도 온통 어머니 생각뿐이다. 마음이 급하니 옷을 제대로 골라보지 못하고 시간은 째각째각 흘러가고 있으니 마음이 벌써 급해진다. 저는 옷 고르는 센스가 없어 대부분 깨끗하고 돈 좀 주고 사는 것이 제가 옷을 사는 방법이다. 그러니까 왠지 나이 드신 분들 옷 스타일이 보통 비슷비슷하여 잘 고르지를 못할 뿐더러 평소에도 그랬듯이 천이라도 좋았으면 해서 유명 브랜드는 아니더라도 그래도 조금 이름 있는 메이커로 주로 사게 된 이유다. 저희 어머니 옷 스타일이 까다로워 보통 서 너 번은 바꾸러 다녔던 사연이 있어 저 나름 신중에 신중을 더해 고른다고 고르지만 불안한 마음은 가시지는 않는다.

"제발 이번에 고른 옷이 울 엄마 마음에 꼭 들게 해주세요."

라는 기도를 천지신명님께 할 정도로 옷 고르는 것이 어려운 것이다. 사실 오직했으면 제가 이런 기도를 했을까? 싶다. 옷 고르는 것을 제가 기도하고 다닐 정도면 그 얼마나 까다로우셨는지 짐작하시리라 생각한다. 이제껏 울 엄마 옷사드리는 전담반은 막내 여동생이었다. 유명 브랜드다. 더구나 여동생이 젊어 그런지 옷 고르는 안목이 탁월했다. 비싼 브랜드로 울 엄마 옷을 이것저것 막내가 사다드리는 것을 볼 때면 옆에 있는 우리들도 덩달아 기분이 좋았던 지난날의 추억이다. 어떤 면에서는 경제적으로 여유로워 그랬을 수도 있겠지만 그런 행동은 여유로워서 보다는 부모님에게 좋은 것 하나라도 더 사드리고 싶은 자식의 마음에서 사드린 것이라 막내가 엄마 좋은 것 사다드릴 때 우리들도 덩달아 행복을 느꼈던 부분이다. 막내 여동생 덕분에 저희 어머님 노년에 브랜드 화장품 브랜드 옷 브랜드 신발로 멋스럽게 다니셨던 과거사(過去事)다… 사실 자식들 입장에서는 내 부모님께만은 좋은 것만 사드리고 좋은 것만 잡수시게 해드리고 싶은 것이 자식들 마음이다. 반면 하늘이 맺어준 자식들은 형식적인 부분들이 더러는 없지 않았을까? 라는 좁은 생각도 해본다. 이렇게 생각한 것은 순전히 저의 개인적인 생각이다. 저희 어머니께서는 아무리 비싸고 좋은 물건이라도 진정성이 없이 사다준 것들은 거들떠보지도 않으셨으니 분명 남과는 차별이 있었던 부분이 바로 이런 부분이었다. 더구나 제가 이제껏 겪어온 저희 어머님 성품은 아무리 소소한 것이라 할지라도 거짓 없고 정성 가득한 것이면 무엇이든 소중이 여기셨으며 그것을 감사히 여기는 마음 또한 남 다르셨던 것이다. 비싸고 좋은 것이라도 형식적이고 가식적이면 눈길조차 주지 않으셨으니 제가 옆에서 보기에도 민망 할 정도로 차별화를 두셨던 분이셨다. 제가 저희 어머님을 보고서 깨닫기를 비록 보이지 않는 마음이라 할지라도 저희 어머님은 진솔(眞率)한 마음과 가식적(假飾的)인 마음을 알고 계시다는 것을 깨달았던 것이다. 그때 제가 깨달았던 부분이 사람은 언제 어디서나 거짓이 없어야 된다는 사실이다. 저희 어머님을 모시면서 크게 깨닫게 된 부분이 짜증스런 마음으로 진수성찬(珍羞盛饌)차리기 보다는 시래깃국에 나물반찬 하나라도 진솔한 마음으로 밥상을 차려드리게 되면 어머니는 너무도 식사를 맛있게 하신다는 사실을 알게 된 부분이다. 제가 느끼기를 부모님들은 자식들에게 많은 것을 바라지 않는다는 사실이며 비록 소박한 음식이라 할지라도 거짓 없는 마음하나면 족해 하신 것을 알 수 있었던 것이다. 지극(至極)한 마음과 진솔한 마음이 더해지면 그것은 곧 하늘의 섭리(攝理)를 따르는 경우라 생각했다. 현 사회는 더러는 나이든 부모님 모시는 것을 꺼려하는 사람들이 많아지고 있는듯하여 마음이 무겁다. 부모님 모시기를 거부하는 자신들 마음도 더러는 편치만은 않을 것이라 생각한다. 저는 어머님 식사를 챙겨드릴 때면 언제나 울 엄마가 소박한 나물 하나라도 맛있게 잡수시면 좋겠다. 라는 마음으로 울 엄마 밥상을 차린다. 제 마음이 통했는지 비록 소박한 반찬이지만 어머니는 너무 맛있게 잡수시며 이것도 맛있고 저것도 맛있다. 라는 말씀을 잊지 않고서 꼭 해주시곤 하신 것이다.

저는 어머님께서 이것도 맛있고 저것도 맛있다. 라는 말씀을 하시면 왠지 제 마음도 즐겁고 흐뭇하며 행복을 느꼈다. 그래 생각하기를 분명 행복은 멀리 있는 것이 아니고 소소한 것에서부터 나온다는 것을 깨달은 이유다. 이런 생활 속에서 제가 깨달은 것이 있다면 무엇이든 마음먹기에 달렸고 생각하기에 달렸다는 말이 과언(過言)은 아니라는 생각이다. 더군다나 제가 경제적으로 가장 힘들 때 제가 어머니를 모시게 되었고 저희 집 늦둥이 분유 값이 없어 주로 축협에서 세일하는 990원짜리 생우유 한 통 사서 이틀씩 나누어 먹이던 시절이라 울 엄마에게 맛있고 비싼 반찬은 제게는 너무나 먼 거리의 이야기였지만 그래도 저희 어머니는 된장국 하나라도 맛있게 드시는 모습을 보면서 부모님 섬김에 있어 굳이 비싼 반찬 아니더라도 정성이면 되지 않겠나? 라는 생각을 가져보기도 했다. 모든 것을 어머님 위주로 생활을 하다 보니 사실 저희 아이들에게 학원 한 번 못 보내게 되었고 옷 한 번 번번한 것을 사주지 못해 더러는 서글픈 마음도 없지는 않았지만 그래도 애옥살이 형편이라 할지라도 가족들이 건강하니 불행하지는 않았던 이유다. 군식구들이 두세 사람은 꼭 저희와 생활을 같이 하고 있어 주색잡기에 여념(餘念)없는 남편 수입으로 살아간다는 것은 애옥살이 그 자체지만 초근목피(草根木皮)하는 심정으로 하석상대(下石上臺)하는 정신으로 버티며 여기까지 왔건만 남편이 암이라고 하니 조금 마음이 버겁다. 사정이 있어 어쩔 수없이 우리와 함께 살 수밖에 없는 다른 식구들 입장들을 고려할 때에는 애옥살이 표시를 못하는 것이 저 만에 고민이 되었던 시절도 있었던 사연이다. 사연 많은 부모 만나 호강 한 번 해보지 못했던 저희 아이들에게 그저 제가 바라는 것이 있다면 건강하게만 자라다오. 라는 마음으로 살았다. 저희 아이들에게는 어쩌면 가난한 부모 만나 물질적인 것이 많이 부족하다보니 제가 엄마로써 많이 무능하다는 사실을 깨달은 것이다. 저만이 할 수 있는 방법 그것도 돈 들이지 않아도 되는 것을 강구해야만 했다. 그것도 제가 제일 잘하는 것으로 어쩌면 물질부족에서 오는 궁핍한 부분을 정신적으로라도 채워주고 싶은 마음이 컸던 것이다. 저는 우리아이들에게 항상 그저 사랑해 알 러브라는 단어를 입에 달고 살았던 이유고 읊조리며 살았던 가장 큰 이유였다. 이런 말은 저희 어머니에게도 저는 아끼지 않았던 말들이지 싶다. 어머니께서는 말씀을 잘 못하시다 보니 늙은 딸자식의 실없는 엄마사랑해요 라는 말을 듣고 한 번이라도 실없이 웃으셨으면 하는 의미로 저는 늘 엄마 사랑해 엄마 알러뷰 라고 하며 여기까지 왔던 것이다. 저희 아이들에게는 아빠의 사랑이 부족했고 물질적으로도 궁핍해 정신적으로 강해졌으면 하는 마음에 저는 늘 우리 아이들이 마음만은 여유롭고 넉넉하게 살았으면 하는 의미(意味)로 저는 늘 사랑해 라는 말을 읊조리며 살아온 이유다. 작년 겨울방학 때 큰 딸은 저와 이런저런 얘기를 하다가 저에게 자기가 알바해서 번 돈으로 동생 메이커 잠바 하나 사주고 싶다고 말을 했다. 제가 그때 기숙사비는 어쩌고? 라고 물었다. 큰 딸은 기숙사비 제외하고 약간 돈이 남아 그 돈으로 동생메이커 잠바 하나 사주고 싶어요. 고 한 것이다. 그

때 제가 말하기를 왜 굳이 메이커로 비싼데 라고 했더니 큰딸 왈 사실 나도 중 고등학교 다닐 때 메이커 잠바하나 사서 입고 싶었는데 워낙 집 사정이 여의치 않아 말을 못했죠. 고 했다.

"참 엄마인 내 입장에서는 큰 딸의 속 깊은 마음에 마음이 저린다. 그때 그럼 그렇게 해라. 그 대신 아울렛까지 가는 운전은 내가 해줄게."

고 했었다. 다음날 바로 두 딸을 데리고 나는 잠바를 사기위해 아울렛 매점으로 향하게 되었고 가는 도중 차안에서 큰 딸은 밑도 끝도 없이 엄마는 자식 셋을 참 저렴하게 키웠어요. 고 했다. 큰딸 말은 제 가슴에 가장 큰 상처를 건든 것이다. 저도 가장 이 부분만큼은 우리아이들에게 항상 미안하게 생각했던 부분이다. 큰 딸이 나의 깊은 상처를 건든 것이다. 사랑은 그 누구하고도 견주지 못할 정도로 줬답니다."

고 했다. 물론 가난한 자(者) 의 구차한 변명이라 생각한다. 일단 제가 그렇게 말을 하고나니 큰딸이

"맞아요."

고 했다. 그리고 다시

"이 형편에 엄마가 제일 고생 많으셨어요."

"사실 우리 친구들 자기들 엄마한테 머리채 한번 잡히지 않은 친구들 없던데 나는 한 번도 엄마가 그러지 않았지요."

고 한다. 나도 큰딸 말끝에 질세라

"나는 그대들 셋 키우면서 욕도 한번 안했지요."

고 말했다. 그 말끝에 큰딸은

"정말 우리는 욕 한번 안 듣고 컸네요."

고 했다. 제 입장에서는 자식들 챙기는 것보다 군식구들 챙기는 일이 더 많아 자식들은 항상 뒷전이라 욕을 할 수 없는 입장이었다. 저희 아이들은 제 형편고려해서 그랬는지는 모르겠으나 아직까지 부모 말에 말

대꾸 한 번 해본 적이 없다. 야단을 치고 욕을 할 이유가 없었던 이유였다. 그러나 남편은 제가 모든 생활 패턴을 성치 않으신 어머님 위주로 살고 있어 불만이 제일 많았던 이유였다. 우리 아이들 행동 하나하나를 못마땅하게 여기며 살아온 사람이 바로 남편이다. 남편 입장에서 생각해보면 불만(不滿)도 많이 생겼을 것이라 이해가 되는 부분이기 하다. 그러나 제 입장에선 연로하신 부모님 살아계시면 그 얼마나 살아계시겠는가? 싶은 마음에 먼저 부모를 생각했던 것이라 하겠다. 자라나는 아이들은 보편적으로 생각 할 때, 살아 갈 날이 많기에 저는 성치 않으신 어머님을 우선시로 생각하며 살아왔던 이유다. 아이들도 어려운 삶을 살아봐야 남을 먼저 배려하려는 마음도 우러나지 않을까? 하는 마음이다. 비록 여유롭지 못한 가정환경에서 자라났다고 할지라도 이 어려운 과정들을 거울삼아 정신적으로든 육체적이든 더 여물고 튼튼해져 이 나라에 꼭 필요한 국민상이 되어 주었으면 하는 바램이고 우선 먼저 자신의 이익보다는 남을 먼저 배려하고 살았으면 하는 마음이 컸다.

가난이라는 물질적 고난(苦難)은 잠시 일어나는 현상(現象)일 뿐이라 생각한다. 일부로라도 이런 경험은 꼭 필요하다고 생각한 차원이다. 금수저 출신보다는 흙수저 출신들이 남의 고통(苦痛)을 공감(共感)하고 어려운 난간(難艱)을 함께 극복(克服)하려는 배려(配慮)심이 잠재(潛在)되어 있다는 사실을 저는 먼저 느낀 이유다. 많은 고생과 경험을 직접해 본 사람만이 고생을 해보지 않은 사람보다는 더 지혜로웠던 것이며 더 배려심 또한 컸음을 깨달았던 부분이기도 하다. 고생해보지 않은 사람과 갖은 고생을 하고 살아온 사람의 차이는 따뜻한 마음에 차이가 확연하게 차이가 있었음을 제 경험상 공부한 것이다. 고생했던 사람 누구나는 분명 아니었다. 오히려 마음이 비틀어져 반사회적 감정으로 변해가는 사람도 많았다. 저 나름 생각하기를 모든 것은 개인 성품 나름이라는 사실을 깨닫게 된 이유다. 고생해본 사람들 대부분 고생해보지 않은 사람보다는 오히려 남을 먼저 생각하고 있다는 사실이다. 옛 속담처럼 경험만한 스승 없다. 라는 말이 내포하고 있는 뜻을 분석해보면 분명 경험 많은 사람은 무엇이 달라도 다르다는 사실이다. 옛말에 젊어 고생은 사서도 한다고 하였으니 분명 그 말은 틀리지 않는 속담이라 생각한다. 이런저런 생각 속에서 어머님 옷을 상의 하나 바지 하나 모자 하나와 티셔츠까지 샀다. 그리고 옷 사 입으라고 돈 준 사람 성의(誠意)를 생각해 제 옷은 상의(上衣)만 하나 사들고 병원을 향해 뛴다. 매장과 병원거리는 불과 6~700m거리라서 택시타기가 어중간해 뛴 것이다.

　요즘 날씨가 한 여름 수준은 아닐지라도 초여름의 강렬한 태양빛이 여과 없이 제 얼굴에 쏟아졌다. 날씨 탓인지 너무 설레발을 치고 다녀 그랬는지 입고나간 옷이 다 젖어버린 상태다. 올 여름은 유독 더운지 내가 반백년 넘게 살면서 이제껏 흘러보지 않던 땀을 다 쏟아내는 느낌이 들 정도로 땀을 흘린다. 아마 제가 태어나 처음으로 겪어보는 땀과의 전쟁이지 싶을 정도다. 이렇게 많은 땀을 비 오듯 흘리고 보니 30년 가깝게 현장에서 많은 땀을 흘리며 일했던 남편이 대견스럽다는 생각을 갖게 된다. 모든 근로자 분들의 고충과 열악한 환경에서 근무하시는 분들 노고도 다른 각도에서 비춰보니 씁쓸한 현실 앞에 가슴이 저민다. 사회 구조가 한 달이라도 벌지 않으면 서민들은 바로 생활에 지장을 받기에 아파도 일하지 않으면 정말 한 달 한 달 생활하기 어렵다는 사실이 너무 가슴 아프게 느껴졌다. 그러나 머지않아 우리나라도 선진국처럼 공평(公平)이 아닌 공정(公正)을 주장(主張)하며 우리를 풍요로운 삶속으로 인도해 주시고 강력한 리더십으로 세상을 이끌어 주실 분이 때를 기다리고 있음을 직감한다. 병실에서 어머니가 저를 기다리고 계시는지 저희 어머님 얼굴이 제 눈에 비친다. 아마도 딸이 돌아 올 시간이 다 되었는데도 딸이 오지 않으니 딸 생각을 좀 하시는 중인 듯 어머님 얼굴이 순간 보인 것이다. 아마 이런 현상은 과학으로는 양자진동이지 싶다. 그러니까 이심전심(以心傳心)이라 말하는 이 부분이 바로 서로 영적으로 통해 마음과 마음이 서로 통하는 현상이라 하겠다. 옛말에 누군가 찾아오게 되면 호랑이도 제 말하면 오다더니 방금 네 생각을 하고 있었는데 이렇게 오는 것을 보니 너는 양반은 못되겠다. 라는 말을 누구나 들었을 것이다. 이런 부분이 바로 서로 통해 나타나는 영적(靈的)현상이며 텔레파시다. 울 엄마는 제가 조금이라도 늦으면 전화를 걸어 아야 라고 외치셨다. 아야 라는 호칭은 저희 어머니가 자식들 불으실 때 주로 쓰시는 단어다. 우리는 엄마가 아야 라고 하시면 하던 일을 멈추고 달리게 된 이유다. 엄마 얼굴이 스쳤으니 많이 기다리고 계시다는 의미로 나는 알고 이제는 정말 숨 돌릴 여유 없이 뛰어야만 한 상황이다.

　사람은 대체로 하루에 오만(五萬)가지 생각한다는 사실을 나는 인정하는 부분이다. 그러니까 생각이라는 것이 바쁘게 일하고 있는 사이에도 삐집고 들어오는 현상은 어쩔 수 없는 것이다. 생각이라는 자체가 상상의 날개를 펼쳐 정신일도(精神一到)하고자 명상하고 있는 사람에게 더 들어 온다는 뜻이다. 하버드대학에서 실험한 결과 사람들은 하루에 생각을 얼마나 하는가? 에 대해 뇌파로 실험을 했는데 보통 48000가지 정도 생각하고 산다는 학술에 의해 밝혀진 바를 보노라면 옛 선인(先人)들께서 오만가지 생각한다는 말이 그냥 나온 말이 아닌듯하다. 지금 열심히 했던 생각들이 헛된 망상이었다면 모두 떨쳐버리고 이제는 어머님을 위해 산 옷이 어머니에게 잘 맞아 다시 옷을 바꾸러 오는 일이 제발 없었으면 하는 마음으로 저는 힘을 내어 어머니에게로 열심히 달려갔다. 비록 옷은 땀에 다 젖었더라 하더라도 저희 어머니가 찾으시기 전에 병실에 도착해 다행이라 여긴다. 제가 땀을 줄줄 흘리며 병실에 들어서니 어머니께서는 저를 보시고서 애잔한 목소리로

"그랬어?"

고 하신다. 어머님의 그랬어. 라는 말씀은 옷 사려 다니느라. 수고 많았구나. 라는 울 엄마 정 깊은 따뜻한 말씀으로 저는 해석된다. 사온 옷들을 펼쳐 보여드렸다. 심판대에 서있는 심정이다. 사온 옷들이 저희 어머님 마음에 드느냐 마느냐가 관건이다. 속으로 제발 사온 옷들이 울 엄마 마음에 들기를 빌며 저는 사온 옷들을 조심스럽게 어머님 앞에 놓았다. 제가 산 옷은 흰색 마 바지와 연한분홍색 니트 가디건과 하얀 블라우스다. 일단 제 나름 신경을 많이 써서 샀던 것이라 보기에도 시원하며 깔끔했다. 값이 좀 있다. 어머니는 사온 옷들을 보시고서 깔끔해 마음에 드셨는지 밝은 얼굴로 좋다고 하셨다. 이번에 사온 옷들이 다행히도 저희 어머니 마음에 쏙 들은 모양이다. 더군다나 어머님께서 좋다. 라고 연거푸 하시는 것을 보니 정말 마음에 드신 것이라 확신이 된다. 엄마가 좋다. 고 하시니 저도 덩달아 기분이 너무 좋다.

"역시 땀 흘린 보람이 있었다고나 할까. 엄마가 마음에 들어 하시니 내 기분도 너무 좋다. 울 엄마 만세다."

단 번에 사온 옷들이 울 엄마 마음에 드신다고 하시니 제 마음도 뿌듯하고 기쁘다. 저는 땀을 닦으면서 폐관을 살펴보았다. 아침에 비워두었던 관이 3~4시간이 지났는데도 불구하고 물이 전혀 고여 있지 않았던 것이다. 조건부 링거를 꼽지 않으셨기에 수시로 체크하려 오신 간호사님들도 폐관에 물이 고이지 않으니 의아해 하셨다. 같은 방 환자들도 이 현상을 보고 다들 놀라워하고 있는 중이다. 더욱 놀란 것은 발뒤꿈치도

벌겋게 달아올라서 여러 달 고생시켜드렸는데 오늘은 언제 그랬느냐는 듯 열 기운이 전혀 없다는 사실이 저를 놀라게 했다. 발뒤꿈치가 항상 아려서 어머니께서는 누워계시거나 앉아 계실 때도 손이 늘 발뒤꿈치를 감싸고 계셨던 부분이다. 그런데 이상하게 오늘 아침부터는 어머니 손이 그곳에 가지를 않고 계셔서 제가 나름 유심히 살피고 있었던 중이다. 그 열 기운은 언제 그랬냐는 듯 열이 전혀 느껴지지 않는 것이다.

어머님께서는 뒤꿈치가 아프다고 따로 말씀은 하시지 않으셨지만 그동안 얼마나 아리고 아팠으면 항상 발뒤꿈치를 감싼 손을 내려놓지 않고 그저 말없이 이날까지 견디어 오셨던 분이다. 그동안 이렇게 저렇게 저희 어머니 너무나 많은 고생을 시켜드렸던 것 같아 너무 죄송했다. 누가 있어서 저희 어머님 보이지 않은 세계를 이해를 할 것이며 이렇게 남 모르게 치루는 희생(犧牲)을 알겠는가? 싶다. 이날까지 참고 견디어 오신 저희 어머님 그동안 참 고생 많으셨습니다. 그리고 사랑합니다.

저희 어머님 말씀이 옳았다

다음 날 새벽 5시에 피검사를 하고자 간호사님이 오셨다. 그 바람에 저는 눈을 뜨게 된다. 원래 피검사는 매일 새벽 5시에 하는 일과다. 그래 평소에는 뒤척이다 겨우 잠이 들 때면 대부분 피검사를 해서 사실 이 부분이 막 잠들려했던 사람으로서 제일 불편하던 피검사였다. 특히 쪽잠을 자는 신세라 매일 아침 5시에 일어나게 되면 몸이 천근만근이나 된 것처럼 무거웠다. 그러나 감히 위중(危重)하신 어머님 옆에 두고 피곤하다는 말은 호사(豪奢)라 생각했다. 오늘도 눈이 떠지지 않았지만 나는 용기를 내어 몸을 일으켜 세워 어제 비워둔 폐관을 살펴본다. 역시나 물이 나오지 않고 있다. 달리 해석하면 희망(希望)이 보인다는 뜻이다. 우리는 이곳에서 며칠만 잘 견디어 새로운 세계를 향할 마음에 준비를 하면 되는 것이다. 아직 병실 사람들이 주무시는 시간이다. 저는 최대한 몸동작을 조심스럽게 하고서 아직 분비물들을 비우기에는 시간이 이르나 일어난 김에 소변 통을 비우고 담낭주머니도 비워 체크 해둔다. 이 시간은 참 일어나기가 애매한 시간이다. 일어나 설치기도 그렇고 다시 눕기도 어중간한 시간이다. 저는 어머님 주무시는 것을 확인하고 다시 잠을 청했다. 좀처럼 잠은 오지 않는다. 특히 어머님 폐관에 물이 고여 있지 않는 그자체로도 다 낳으신듯하여 마음이 들뜬 기분 탓도 있다. 남편이 직장암 3기가 넘었다고 하니 마음 한구석이 무겁게 느껴졌다. 옛말을 비유하자면 사람 마음같이 간사한 것이 없다. 라는 말을 되새겨보게 된 경우다. 옛 선조들이 남긴 속담들을 하나하나 되새겨 보면 우리네 인생살이에 적함한 말들이고 상황에 맞는 말들이라 여겨진다.

 그래 나 자신 스스로가 어쩔 때는 비록 이 상황이 곤란한 상황이라곤 하지만 이 또한 곧 괜찮아 질 것이다. 라는 생각을 하게 된 이유다. 이 생각 이대로 평온한 마음을 유지하려 노력한다. 그러나 불현 듯 방정맞은 생각도 맞물려 어머니나 남편이 치료 중 잘못 되면 어떡하지? 라는 방정맞은 생각도 가끔 들기도 한다. 두 사람을 생각하노라면 문득문득 불안한 생각도 밀려와 마음이 더러는 불안하다. 그러나 제 스스로 마음의 초강력 지우개를 만들어 지워나가야만 한다. 저희 어머니께서 말씀하셨던 말, 괜찮을 것이다. 라는 말을 되새기며 제 자신에게 용기(勇氣)를 불어

넣어 본다. 이 시점에서 나는 내 스스로 용기를 낼 필요가 있다. 그래 아자 아자 김선희 파이팅 링거를 제거한지 3일이 되었다. 그러니까 폐에 물이 차는 원인 중 하나가 링거라고 하시며 어머니는 링거 맞기를 완강히 3일전 거부하셨다. 의사선생님도 위험하다고 링거 제거를 완강히 불허하셔서 제가 3일만이라도 링거를 달지 말고 어머님 뜻에 따라주되 계속 폐에서 물이 나온다면 다시 링거를 달아도 된다는 전제하에 링거를 제거했었던 사연이다. 그런데 정말 저희 어머님 말씀처럼 3일 동안 한 방울도 폐관에 물이 고이지 않았다. 우리엄마는 초인이 맞다. 어느 누가 감히 위중한 상태에서 자기 생명줄과 같은 링거를 빼라고 하겠는가? 싶다. 이제는 의료진들도 저희 어머니가 링거를 뽑으라고 했던 이유를 이제는 아실 것 같아 기분이 흐뭇하다. 하지만 의학상식을 내밀어 그것을 불허(不許)하신 의사 선생님과 링거 때문에 폐에 물이 찬다고 링거를 빼라고 성화를 부리셨던 저희 어머님과의 딜의 결과를 이렇게 눈으로 보게 된 사실에 나는 만족한다. 우리 엄마 승이다. 다시 말해 3일 동안 폐에서 계속 물이 나오면 링거를 다시 꼽고 물이 나오지 않으면 앞으로 링거를 다시는 달지 않는다는 조건을 단 날이다. 결과는 저희 어머님 승(勝)이라 하겠다. 정말 3일 동안 울 엄마 말씀처럼 폐관에 물 한 방울 떨어지지 않았다. 나는 이런 부분을 두고 의학계는 무엇이라 말하겠는가? 의문스럽다. 우리가 보는 세상이 전부가 아니라는 뜻이다. 그것을 알고 있는 저는 보이지 않는 세상이 더 무서워 나의 인생길을 함부로 지려 밟지 않고 살았던 이유다. 보이지 않는 세계의 그 어떤 힘이 다시 말해 과학으로도 의학으로도 밝히지 못하는 그 어떤 에너지가 분명 존재해 우리들을 실험하기 위해 시련을 주고 부모를 병들게 해서 자식의 도리를 다하라고 기회를 주시는 과정이라 생각한다. 울 엄마를 믿고 따랐더니 이런 좋은 결과를 얻은 사례이지 싶다. 누가 이런 사실을 믿겠는가?

하루에 평균 1500 ~ 1600cc정도 4개월 넘는 동안 매일 쉼 없이 나왔던 물량인데 링거를 달지 않으니 바로 물 한 방울 나오지 않은 것을 보고서 이것이 바로 조화(造化)속이 아니고 무엇이겠는가? 싶었다. 의학적 상식도 무시 할 수 없다. 하지만 의학상식을 벗어난 비의학적이 곳에서 조화가 있음을 보통 분들은 인정하려 하지 않는다는 것이다. 어머니께서 말씀 하신대로 물이 나오지 않은 것을 보시고서 의사선생님께서도 많이 의아해 하셨던 부분이 이 부분이라 생각한다. 그리고 막상 링거를 달지 않아도 어머니께서는 3일 동안 아무 변고가 없었다는 것이 관건이라 하겠다. 주변에서 이구동성(異口同聲)으로 링거 빼버리면 위험해서 안 된다며 모두가 염려하고 우려 했던 부분이다. 그런데 어머니께서는 모두의 염려를 이렇게 깨끗하게 잠식시켜버린 사례(事例)다.

우리는 폐관에 물이 나오지 않으면 일명 돼지꼬리를 빼야만 되었지만 일단 그 폐관은 그대로 두고 링거만 모두 빼버린 상태다. 더구나 소변줄도 함께 제거를 했다. 옆구리에 담즙은 받아내야 하므로 제거하지 않고 그대로 두기로 한다. 폐관이 연결된 일명 돼지꼬리와 관을 뽑지 않은 이유는 아산병원에서 관이 꽂혀있는 상태를 유지해서 환자를 모시고 오라는 당부가 있었기 때문에 서울 병원으로 올라 갈 때까지 잘 보존을 하고 있어야만 한다. 어머니는 몸에 달고 있는 의료 장치들로부터 완전히 자유를 얻은 것은 아니다. 다만 팔에 꽂혀있던 링거줄에서만 해방이 된다. 그러므로 아직도 일어나시는 것도 불편하시고 앉아 계시는 것도 여전히 불편하고 불편한 상태다. 아침 의사 선생님 회진이 끝나고 바로 치료사님 드레싱도 끝이 났다. 그리고 점심시간 까지는 시간이 여유로워 시간 있을 때 머리를 잘라 드리려 어머니를 일으켜 세워드린다. 얼마 전에 잘라 드린 것 같다. 그런데 벌써 한 달이 지났고 서울 올라가게 되면 머리를 자르기가 불편 할 것 같아 시간 여유로울 때 잘라드릴 심산(心算)이다. 어머니는 여전히 발이 아파 딛지를 못하셨다. 그러니까 침대에서 휠체어로 옮겨 앉으시는 과정에서 발에 힘을 전혀 주지 못하시는 것이 눈에 들어왔다. 발로 걷는다는 것이 아직은 이른 것인지 어머니는 발을 질질 끌어 휠체어로 옮겨 앉으시는 모습을 보노라니 지난번 김해 다른 병원응급실에서 그곳 의사 선생님께서 하셨던 말이 되뇌어 진다. 그러니까 고관절 수술했던 다리에 혈이 원만히 흐르지 않아 발 딛는 것이 어렵다는 말씀이 머리를 스친 것이다. 서울 올라가게 되면 이 부분도 그쪽 선생님들께 잊지 않고 의논해 봐야 될 일이지 싶다. 저는 엄마를 휠체어에 앉혀드리고 보자기를 목에다 둘러놓고 머리를 잘라 드린다. 울 엄마 반백의 머리 색깔이 너무 고급 져 보이기까지 한다. 나는 머리를 다 자른 뒤 어머니께

"엄마 이왕 휠체어에 앉으셨으니 잠깐이라도 더 앉아 계세요."

하고 머리 자랐던 자리를 정리를 했다. 그리고 물수건을 가지고 와서 어머님 목주위로 묻어있는 머리카락들을 닦아 드린다. 어머니는 시원하신지

"좋다."

고 하시며

"그랬어."

하신다. 머리를 잘라 드리고 나니 한결 건강해진 모습이다. 내가 머리 자른 뒷정리를 하는 사이 점심식사가 나와 어머니를 침대로 옮겨드렸다. 이 과정에 몸에 달려있는 기구들을 건들었는지 아이고. 라는 말씀을 하신다. 저는 너무 놀란 나머지 몸이 움찔하며 동작을 멈췄다. 저희 어머님 성격상 좀처럼 쓰지 않은 표현이다. 한발 한발 딛는 것이 힘이 들어 자동으로 나온 말씀이 아이고. 고 하시지 않았나 생각한다. 조심한다

고는 하나 제가 섬세한 손길이 아니고 우악스런 손길이라 조금 거칠게 어머니를 들었던 모양이다. 몸을 부러 버리신 어머니를 여자 혼자 들어 올려드리기에는 사실 역부족인 것이다. 어머니를 침대에 앉혀드리는데 성공한다. 나도 순간 용을 쓰고 났더니 땀이 비 오듯 흐른다. 나는 흐른 땀을 닦으며 어머니께서 자리 잡고 앉아계셔 식탁위에다 점심식사를 올려놓는다. 오늘도 역시나 본인이 수저질 하시기를 엄마는 거부하신다. 왜 그러시는지 알 수는 없다. 그러나 나는 짐작 가는 부분이 있었다. 어머니께 직접 수저질 하시라고 강요 할 순 없는 것이다. 언니가 어머니께 수저질을 운동 삼아 해보자고 하면 바로 나도 모르겠다. 라는 말씀만 일관하셨던 부분이다. 그러나 그 말씀 속에 무언(無言)에 메시지도 함포되어 있는 사실을 나는 잘 알고 있다. 더구나 그 뜻이 무엇을 의미하는지도 분명히 저는 알고 있다. 그래서 저는 어머니께 수저질 직접 해보세요. 라는 말은 일체 하지 않는다. 울 엄마 수저질은 돌아가시는 그날까지 전혀 하지 못했다. 그러니까 어머니는 분명히 수저질을 하실 줄 알고 있었지만 어떤 이유로 일부로 하지 않으셨던 부분이라 나는 생각한다. 다른 형제들은 이 부분을 어떻게 받아드리고 어떻게 해석 할지는 알 수 없다. 그렇지만 제 해석은 바로 병들고 노구가 되어버린 부모님께 자식된 도리를 다 하라고 기회를 주신 것이라고 해석 되었다. 더구나 생명을 주신 부모님 은혜에 조금이라도 보은(報恩)하도록 밥을 떠드릴 수 있는 기회를 마련해주신 부분이라 생각되었다.

하늘은 제게 부모님 은혜에 작은 정성이라도 들여 부모님 은공(恩功)에 보답하라는 메시지였던 것이다. 제가 그렇게 생각하게 된 이유는 사실 저희 어머님은 어지간한 일에는 남의 손을 빌리지 않으셨던 분이다. 그런데 이렇게 몸을 부리신 뒤로는 하나에서 열 가지를 남의 손을 빌리지 않고는 할 수 있는 일이라고는 하나도 없는 것을 보면서 깨달은 것이다. 그러니까 어머니는 자신을 희생하셔서 자식들에게 복 받을 수 있는 기회를 만들어 주신 사연이라 여긴다. 이런 부분들은 현실적으로는 무엇이라 설명 할 수 없는 부분이라서 스스로 깨달아 내 부모님 귀(貴)함을 알고 늙으신 부모를 봉양(奉養)을 우선시하면 되지 않을까? 생각한다. 저희 어머님의 특별한 욕심에서 자식들에게 자식 된 도리를 할 수 있는 기회를 만들어주신 뜻이라 생각하면 이해가 쉬울 것이다. 이러한 생각은 저 혼자만의 생각일 뿐이다. 그렇다고 주장하지도 강요도 하지 않을 것이다. 세상에는 눈에 보이는 것만 가지고도 갑논을박에 소제가 많은데 보이지 않는 것을 가지고 논쟁을 한다는 것은 참으로 이해시키기가 곤란한 부분이 많다는 사실이다. 동물들에게 피자 맛을 설명하는 것처럼 난해한 부분이다. 피자 맛도 밀가루와 케찹만 가지고는 피자 맛을 낼 수가 없다. 피자도 여러 재료들이 어우러져 적당한 물과 소금이 들어감으로서 어느 정도 피자의 맛이 탄생 되듯 사람도 부모님 은공(恩功)을 가슴 깊기 깨닫기까지는 수많은 고비 고비를 넘기고 나서야 비로써 생명을 주신 부모님 은혜를 깨닫게 된다는 것이다. 이 부분은 말하지 않아도 아는 사람은 아는 법이고 효성스런 자식은 누가 시키지 않아도 부모님 섬기기를 꾀 부리 않는 이유다. 저는 가끔 저희 어머니께서 현실적으로는 난처하고 곤란한 일들을 종종 시키시면 더러는 저도 난처(難處)하고 마음이 많이 불편(不便)했던 경우가 더러 있었다. 어머님께서 시키시는 일을 제가 못마땅하게 생각하거나 주저하노라면 어머니께서 하시는 말씀이 대부분 나도 몰겠다. 고 하셨다. 저 역시 어머니가 일부로 저에게 난처한 일들을 시키시지는 않을 것이라 생각한 것이다. 제게 너무 곤란한 일들을 시키실 때면 상대가 어떻게 받아드리고 해석 하느냐에 따라 서로 불편한 관계로 이어지기 때문에 어머니가 요구하는 것들을 실행하기란 갈등이 많았다. 가끔은 고생을 일부러 시키시는 것만 같아 울 엄마가 때로는 심술쟁이 엄마같이 느껴지기도 했던 이유다.

다른 각도에서 생각하면 저희 어머니는 어쩌면 자식들이 세찬 비바람을 견디고 이겨내 인격을 도야(陶冶)해 굳건한 정신(精神)을 가다듬어 마음을 닦게 하여 악운(惡運)을 이겨내라는 뜻이며 굳건하고 바른 마음을 갖도록 다듬어주시는 과정이라 생각 되었다. 저희 어머님의 아주 특별한 훈육(訓育)이지 생각한 부분이 바로 이런 부분이지 싶다. 사회는 수많은 사람들이 어우리면서 사는 사회. 현실적인 부분이 아니면 더러는 보편적으로 이상한 사람 취급을 받는다는 사실이다. 이런 부분들이 많이 망설이게 했던 우리 엄마의 주문들이 버거웠던 이유이다. 형제들에게 오해의 대상이고 도외시 당했던 이유다. 사회는 서로 어울려 산다고는 하지만 문화가 다르고 추구하는 사상과 생활방식도 다르며 풍습들 또한 나라마다 고을마다 달라 저마다의 문화에 젖어 각자에 방식대로 사는 것이 지구촌 사회인데 그런 것들을 배제하고 영적(靈的)인 부분을 내밀게 되면 바로 외면당하는 것이 보편적인 반응이라는 것이다. 같은 사람의 같은 말과 글도 듣는 사람 읽는 사람 기분에 따라 판이하게 해석되고 있는 이 시점에서 늙고 병든 사람 말을 어느 누가 귀기우려 듣겠는가? 싶어 사실 저희 어머님의 말씀을 전하지 못한 경우가 더러 있었던 이유다. 우리가 보고 느끼는 감정도 사람의 방향과 각도에 따라 같은 그림을 놓고도 해석이 다르듯 아무리 제가 저희 어머님을 신뢰를 하더라도 전하고 싶지 않은 경우도 더러 있다는 의미다. 저는 과연 세상은 무엇이 진리이며 무엇이 참인가? 라는 주제를 놓고 가끔 고민 중이다. 지금 생각은 제가 행(行)하고 있는 모든 것들이 바로 저의 배움터요 수련장이라 여기며 어머니가 시키시는 일들을 실천하고자 하는 마음이다.

현대인들은 너무 영악해서 자기 잘난 맛에 살아가는 것이 현주소이고 보면 같은 사물 하나를 놓고도 앞에서 보는 자와 뒤에서 보는 자의 생각과 해석부분이 판이하게 다르니 병들고 말 못하시는 어머님을 두고 저희형제들은 어떻게 생각하고 있을지 잘 모르겠다. 저는 저희 어머니를 이 세상에서 가장 큰 스승으로 보는 부분이 많다는 것이 다른 형제와는 다른 점이라 하겠다. 저희 어머님 교육이 육안(肉眼)으로는 다 헤아려보지 못하는 상황이기에 좀 더 마음을 갈고 닦아 심안(心眼)으로 미루어보게끔 저를 안내하고 계시는 중이라 생각하는 부분이다. 그러므로 저희 어머니가 바로 생불(生佛)이지 않나 싶은 것이다. 제 생각으론 저희 어머님 경지는 그 누구도 범접 할 수 없는 경지이지 싶다. 어머님 의중(意中)이 저에게 다양한 경험들을 쌓게 하여 그 경험 속에서 얻은 지식과 지혜들을 습득하고 축적해 비교하고 분석하여 돌아보고 뒤돌아서서 무엇이 참된 진리고 참된 도리인가를 크게 깨우쳐 부모가 희망하는 자식상이요 나라가 요구하는 국민상이요 역사가 열망하는 인간상이 되라고 하신 뜻이지 싶다. 저희 어머님 교육방식은 어떠한 경우라도 자신의 이익을 위해서는 남을 이용하지 말라고 하시는 것이고. 곤란을 벗어나기 위해서 남을 이용한다거나 잔머리 굴려 곤란을 벗어나려 하지 말라고 하신 이유이다. 좌절과 곤란한 상황에서도 마음을 평온하게 갖고 심신(心身)을 고요하게 하여 어려운 일 앞에도 침착하고 흔들림 없는 마음을 유지해서 좌절과 곤란을 극복하라는 메시지라 저는 생각한다. 만사(萬事)와 만물(萬物)을 대할 때는 겸손함을 앞장세우고 사람을 대할 때도 진솔함과 성심을 다하여 사람들을 존중하며 살아가라고 하시는 뜻이라 여긴다. 어찌 사람이 한세상을 살면서 좌절이 없을 것이며 곤란함이 없겠는가만 그래도 직접 수많은 좌절과 시련들을 겪다보면 더러는 지혜도 생겨 당황함이 더러는 적을 것이고 곤란함 또한 물리치지지 않을까? 생각한다. 옛말에 옥성(玉成)이라는 말이 내포하는 뜻은 훌륭한 부모들은 자식들을 모진 비바람을 맞게 하였던 이유가 바로 세찬 비바람을 견뎌내서 더욱더 단단하고 굳세게 살아가라고 일부러 고생고생을 시켜 다듬어 주었던 부분이 바로 옥성(玉成)이라 일컫는 의미다. 이와 같이 옛 선조들께서는 자식들을 일부로 험한 세상에 던져놓고 스스로 헤쳐 나가라는 뜻으로 귀한 자식들을 수많은 역경(逆境)들을 겪게 했던 이유이라 생각한다. 요즘 현대는 자식들 일부로 고생시키지 않으려고 하나에서 열 가지를 부모가 나서서 해결해주는 사례가 많아졌다는 사실이다. 아마도 이 부분은 우리세대까지는 고생들을 많이 했던 지난 역사가 있어 그런지는 모르겠으나 아무튼 자식들 고생시키지 않으려 무던히 노력들을 많이 하고 있는 추세다. 이면에는 기성세대들 대부분 배곯고 살았던 피해의식이 강해 그런지 자식들을 우선 나부터서 감싸고도는 부분들이 눈에 많이 띈다. 요즘 젊은 세대들은 부모 귀한지 모르며 부모 공경은 뒷전이 되었고 오히려 자식들이 상전이 되어버린 느낌이 든다. 울 엄마는 제게 이런 시련과 고생들을 시키실 때는 분명 이유가 있을 것이다. 그것도 본인 몸을 희생(犧牲)하시며 저를 가르칠 때는 어머님 뜻이 있으리라. 제가 어떤 덕(德)이 있는지 어떤 기림(칭찬)이 있는지 알 수 없으나 이렇게 훌륭하신 어머니가 제 옆에 계시니 나름 행복하다. 저는 저답게 울 엄마 가르침에 어긋나지 않게 바르게 살아가고자 함이다. 저는 주변 시선에 아랑곳 하지 않고 주책 맞은 경우가 많다. 같이 있던 사람들이 더러는 당황하는 경우가 더러 있어 저도 나름 조심하려 노력하지만 여과 없이 아니 스스럼없이 나의 주책은 옆 사람을 당황하게 만들고 있다. 제가 깨달음의 경지가 높아 평온하고 자유자재한 마음이라 일컫는 척당불기(倜黨不羈) 그 어떤 것에도 구애받지 않는 자유스러운 마음이었다면 좋겠지만 분명 그 경지는 아니고 저 나름 스스럼없는 마음과 꾸밈없는 마음을 사람들과 나누고자하는 마음이다. 그러니까 짜임 없는 마음과 진솔한 마음으로 세상과 소통(疏通)하려는 나의 의도(意圖)다. 저는 이런 저런 이유로 여러 종교에서 세워놓은 규율과 규제가 저에게는 맞지 않아서 종교 생활을 하지 못한 이유다. 저는 짜임 없는 것이 좋을 뿐이다. 그리고 만사에는 엄연히 호불호(好不好)가 존재하다는 사실도 인정한다. 자유자재한 마음이라면 좌절과 곤란함도 없어야 되지 않겠는가. 라는 의문을 재기할 사람도 없지는 않을 것이다. 그러나 제가 생각한 자유자재한 인생이란? 좌절과 곤란이 없는 것이 아니다. 좌절과 곤란한 상황들이 오히려 남보다는 더 많이 겪었을 것이라 생각한 부분이다. 그 좌절과 곤란 속에서도 몸과 마음을 평온하게 유지를 할 줄 아는 것이고 몸과 마음을 침착하게 하여 좌절과 곤란한 일들을 지혜롭게 대처해가는 것이 바로 자유자재(自由自在)의 참뜻이라고 저는 생각한다.

드디어 학수고대(鶴首苦待)했던 서울행이다

　드디어 오늘 서울로 올라가는 예약 날짜가 되었다. 막상 서울 올라가는 날짜가 되고 보니 긴장감이 앞섰다. 무엇이 두려웠는지는 알 수 없다. 하지만 막상 돈이 없어 구급차를 이용하지 않는 부분이 염려가 된다. 저희 어머님 말씀 별일 없을 것이다. 라는 말씀만 믿고 서울행을 감행(敢行)하는 차원이다. 날이 밝았으니 서울 가는 것은 기정사실이다. 저는 아침 일찍부터 올라갈 준비를 하느라 바쁜 시간을 보내고 있다. 며칠 전 마산 큰 동생이 직장 하루 결근 하고 우리를 서울로 데려다 준다는 연락을 받았었다. 그러니까 마산 큰 동생이 우리를 서울로 데려다 주겠다는 말을 할 때는 매형이 암이라 서울 같이 갈 거라는 생각을 못했고 우리도 확실하게 남편과 같이 갈 거라는 생각을 하지 못했다. 그런데 문제는 동생이 우리를 병원에다 데려다만 주고 바로 마산으로 내려간다는 것이다. 하지만 제 입장에선 그냥 우리만 내려놓고 가면 사실 많이 불편할 것 같다는 생각이 든 것이다. 직장인으로서 하루 결근해서 데려다준 것만 생각하면 감사하고 감사할 일이다. 하지만 어딘지 모르게 바로 내려간다는 말에 제 생각은 서로 편리한 쪽을 강구(講究)해보는 것이 좋을 듯 했다. 통증에 괴로워하는 암 환자가 되버린 남편을 마누라도 없는 집에 홀로 두고서 기약 없는 서울행을 강행한다는 사실이 제 입장에선 차마의 법칙 때문이라도 갈 수가 없었다.

고민 끝에 며칠 전 남편에게 서울 어머님 모시고갈 때 같이 가서 정밀 검사를 다시 받아보자고 권했다. 이 시점에서 저라고 돈이 어디 있어 남편을 굳이 서울까지 데리고 가겠는가?싶다. 암 환자가 된 남편을 홀로 둔다는 사실이 발목을 잡은 것이다. 어쩌면 차마의 법칙 때문에 동행하려는 것이다… 사실 제 입장에서는 부산병원에서도 직장암 수술정도는 얼마든지 가능하기 때문에 굳이 남편을 서울까지 데리고 갈 필요는 없었다. 그렇지만 남편은 어차피 아파서 일을 못나가고 있는 상황이라 서로 한 푼이라도 벌어야 할 시기에 일 할 수 있는 사람들이라도 일을 하게 편리를 봐주는 것도 좋을듯하여 남편과 동행을 결정하게 된 가장 큰 이유다. 남편이 집에 홀로 남아 쓸쓸하게 통증을 참고 있는 것보다는 우리와 동행해 운전도 해주고 말벗도 되어줄 겸 같이 동행하자고 권했던 이유다. 지금 남편이 우리차를 운전해서 우리와 함께 출발한다. 시간은 아침 6시가 조금 넘은 시간이다. 우리가 이렇게 서둘지 않으면 2시에 의사선생님과의 면담시간을 맞출 수가 없어 일찍 떠나려는 이유이다. 우리가 서둘러 병실을 떠나려는 찰나 마산 큰 동생이 병실에 도착했다. 저희 어머님 장남은 맞는 모양이다. 멀리서 이렇게 새벽같이 와서 배웅을 해주는 성의가 고맙고 감사하다. 저희 보고 잘 다녀오라고 하면서 3만원을 줬다. 큰 동생은 지갑을 다 털었다고 했다. 그러면서 저더러 도로비에 보테 쓰라고 한다. 참 큰돈이다. 만약에 나라면 이럴 때 어떻게 처신을 하였을까? 싶다. 아니 그 돈을 받아야 할지 잠시 망설여졌다. 하지만 그 돈 밖에 줄 수 없는 입장을 고려해보면 돈이 적다고 느끼는 저 자신이 부끄럽다. 어쩌면 한 생각 바꿔보니 큰 동생이 이곳까지 찾아와 배웅해주는 성의가 너무 감사하게만 느껴진 것이다. 더구나 지금은 형제들 사정도 경제적으로 힘든 시기다 그래서 더욱 이해를 한다. 옛날에는 부모님을 장남이 책임지고 모시고 사는 것이 당연한 일이 되었던 시절이도 있었다. 지금은 그런 전통도 사라져가는 추세이다 보니 장남들 탓만 하는 시절은 분명 아니다. 아직까지 우리나라는 장남의 역할이 크다는 것을 망각하지 않았으면 하는 생각이다. 서울까지 병든 어머니 올라가시는데. 돈 3만원을 내민다는 것은 참 많이 생각해 볼 필요는 있다. 더군다나 월급이 육남매 중에 제일 많이 받은 것으로 알고 있는데 기분은 별로다. 왜 내 동생은 저렇게 야박해졌을까? 싶다. 각박한 세상이 그렇게 인정(人情)많았던 내 동생을 저리도 야박하게 만들었나 싶어 서글픈 마음이 순간 일었다. 저는 큰 동생이 지갑 다 털었다는 돈 3만원을 받아야만 했다. 새벽에 여기까지 찾아온 성의가 너무 감사해서다. 하지만 언제부터인지 모르지만 이 동생은 평소에도 어머니 용돈을 운운(云云)할 때마다 노인 양반이 무슨 돈이 필요하냐. 라는 말을 하면서 노모님 용돈 주는 것을 반대했다고 들었다. 그런 부부에게서 나는 더 무엇을 더 바라겠는가? 싶어 서운한 감정 지우려 한다. 반면 울 엄마가 제일 좋아하는 사람이 바로 이 동생이라는 사실만 나는 기억 할 일이다. 이 동생에게 큰돈을 바란 것은 아니다. 그렇지만 평소에 어머님 용돈 한번 제대로 주지 않던 부분이 잠시 겹쳐 떠올라 서운한 마음이 잠시 일어난 이유다. 저는 동생이 내민 3만원을 보는 순간 저의 머릿속에 이런 글귀가 뇌리에 스쳐지나간 것이다.

"적덕지가 필유여경(積德之家 必有如慶)… 그러니까 덕을 쌓은 집에는 반드시 경사스러운 일이 생긴다."

나는 이런 사례들을 거울삼고 반면교사(反面敎師)삼아 야박한 인간이 되지 말자. 라는 슬로건을 하나 만들어 마음에 새겨놓은 사연이다. 부모님 공경(恭敬)하고 성심(誠心)으로 섬기는 것이 바로 자식의 도리이요 본분(本分)이고 우주만물에 으뜸이라 나는 생각하며 살아 갈 것이다. 기본실천도 어려워하는 사람도 있어 요즘 현시대는 병든 부모님에게 돈 쓰는 것마저도 더러는 아까워하는 사람도 많아져 야박한 현실 앞에 그저 안타까운 마음이다. 그러나 머지않아 국민들 삶이 윤택해져 병든 부모님을 소중히 여기는 시대가 분명 올 것이라 나는 기대한다. 그 좋은 세상을 맞이하기 위해서는 국민들에게 녹녹치 않은 시련이 먼저 온다는 사실이 관건이다. 세상만사란 그리 호락호락한 것이 아니므로 우리네 인생길 한 걸음 한 걸음 내 딛을 때마다 정성스럽게 걸어가야만 좋은 세상과 마주하게 된다는 의미다. 주변에서 자식들 학원비 매월 100만원씩 내는 것은 아까워하지 않지만 부모님께 매월 용돈 10만원 드리는 부분에 대해선 많이 아까워하는 사람들을 종종 주변에서 보았다. 그러다보니 큰 동생이 내민 3만원을 마냥 고운시선으로는 보여 지지가 않다. 돈을 주고도 욕을 먹는 사례가 이런 경우가 아닐까? 생각한다. 이 생각 또한 제 좁은 소견에서 나온 소치(所致)다. 허나 부모님들은 본인 호주머니에 돈이 생기면 자식들 좋아하는 것 하나라도 더 사서 보내 주려고 하시는 것이 보통 부모님의 마음이라는 사실이다. 다른 나라에 비해 침략이 많아서인지 돈 한 푼이라도 생기면 자신에게 돈 쓰는 것보다 자식들에게 좋은 것 하나라도 더 사주고 싶어 하시는 분들이 바로 우리 부모님들 세대라 생각이 든다. 습관처럼 본인 위해 변변한 옷 한 벌 사 입어 보지 못하시고 늙어버리신 부모님 오직 가족들 먼저 생각하시는 부분은 세계에서 으뜸이지 않나 싶다. 그리고 부모님은 언제나 자식이 먼저이고 보면 아마도 물이 위에서 아래로 떨어지는 것이 순리인지라 인간의 내리사랑 또한 순리가 아니겠는가? 생각한다. 지각(知覺)있는 사람이라면 나이 들어 힘없고 능력 없는 부모를 먼저 생각하지 않을까? 생각한다. 부모님 용돈 한번이라도 더 들리는 부분은 배우자의 허락이 있어야만 가능하고 가정이 평화로운 일이라 강요를 해서는 절대로 안 되는 것이다. 저만이라도 부모 섬김에 소홀함이 없도록 최선을 다해 우리엄마 빨리 쾌차시켜드리는데 꾀부리지 않을 생각이다. 제 입장에서는 큰 동생이 마산에서 새벽같이 이렇게 찾아와 어머니에게 잘 다녀오시라는 인사를 했다는 것에 의미를 둔다. 동생은 그래도 장남이라는 책임감이 있어 이렇게 새벽길을 찾아와 배웅한 마음이 고맙게 생각하는 부분이다. 이렇게 새벽같이 와줘 많은 위로가 되었고 큰 힘이 되었던 부분이다. 제 입장에서는 서울 올라가는 도중 언제 또 폐에 물이 차올라 호흡곤란이 올지 모르는 위험한 상황이라 저에게는 이 길이 모험(冒險)중에 모험이라 여긴 것이다. 구급차로 모셔야 될 분을 경제적인 사정 때문에 산소호흡기가 준비되어 있지 않는 우리 차로 가는 길이라 불안한 마음도 없지 않았었는데 이렇게 동생 배웅을 받고 보니 큰 위로가 된다. 옆구리에 두 개의 관을 고무줄로 칭칭 감고 가는 저희 어머니 심정 또한 내색은 않으셨지만 쓸쓸함이 있었을 텐데 이렇게 장남이 먼 길 와 배웅을 해주니 어머님 마음도 많은 위로가 되었을 것이다. 저는 두 환자를 데리고 서울 올라가는 입장이라 신경써야하는 문제들이 조금 있어 걱정 많은 것이다. 부질없는 우려일수도 있겠으나 워낙 위급한 상황들을 자주 겪어서 그런지 자동적으로 염려증이 나에게 나타난 것이다. 나는 무슨 복이 이렇게 넘치는지 남들은 환자 혼자도 힘들다고 하던데 의사선생님께서 포기하라고 하시는 어머니를 모시고 퇴원이 언제가 될지 모르는 기약 없는 서울행(行)을 선택했고 남편은 너무 늦게 왔네요. 좀 빨리 좀 오시지. 라는 의사선생님의 여운어린 말씀 속에서 암 환자가 되어버린 남편을 데리고. 먼 길을 가야하는 심정은 이루 말 할 수 없을 정도로 불안했다. 우리 집에는 고 3학년 대학 입시 준비생과 늦둥이 초등생이 있어 여러 가지로 서울 올라가는 마음이 복잡하고 심란하다. 우선 사람이 살고 보는 것이 순서라 집에 있는 자식들은 잊고 떠나는 것이다. 저희 3사람 그러니까 어머니 남편 저 이렇게 세 사람이 서울이라는 먼 길을 가기위해서 출발을 서둘렀다. 우리 세 사람은 새벽부터 여러 간호사님들 배웅을 받으면서 쓸쓸하게 4개월 넘게 머물렀던 병원을 나선다.

또 다시 시작된 각종 검사

이곳 병원 생활도 다른 병원과 별반 다른 점은 없다. 링거를 꼽지 않는 부분이 다르다면 다를까. 새벽 5시에 피 뽑고 6시에 엑스레이 촬영 끝내고 씻겨드리고 식사 챙겨드리는 것이 병원생활의 보편적 순서이다. 오늘은 소화기내과 진료차례가 예약이 되어 있는 날이다. 나는 아침 일과를 마치고 어머님을 모시고 진료시간에 맞추어 소화기 내과를 찾아

들어간다. 병원이 너무 넓어 보조인 없이 우리 모녀끼리만 가노라면 헤매는 것은 기본이다. 보조간호사가 없는 관계로 저는 물어물어 우여곡절 끝에 소화기 내과를 찾아왔다. 이렇게 진료실 하나 제대로 못 찾고 다니는 딸을 보면서 휠체어에 앉아 계시는 저희 어머니께서는 무슨 생각을 하실까요? 그저 미덥지 못하고 어리숙한 딸이 더러는 못마땅하셨을 것이라 생각이 든다.

그 옛날 저희 어머님 성격이셨다면 아마도 저에게 꽥 하고 고함을 지르시며 어찌 그리 멍청하냐고 라고 야단치시지 않았을까? 라는 생각을 해봤다. 아마도 그 옛날 저희 어머님 성격이셨다면 분명 저에게 멍청하게 헤매고 다닌다고 호통을 여러 번 치셨을 일이다. 그러나 지금은 이렇게 멍청하게 진료실 하나 제대로 못 찾고 헤매고 다니는 딸을 보면서 아무런 말씀을 하지 않고 계시니 오히려 서글픔이 밀려왔다. 본인 의지와는 상관없이 이리저리 끌려 다니는 신세라 어머니 마음 한 컨이 왠지 슬픔에 쌓여 있는듯하여 더욱 마음이 서글프다. 우주 만물은 만들어졌으면 자라서 성장하고 열매 맺어 떨어져 다시 자연으로 돌아가는 것이 순리(順理)이다. 인간(人間)도 태어나 성장(成長)하고 나이 들면 병이 찾아오고 늙어 돌아가는 것이 자연에 순리라 생각한다. 누구나 자신의 부모님만큼은 살아계시는 동안만이라도 병(病)없이 사시다가 하늘이 부르시면 돌아가시기를 바라는 것이 자식들 바램이다. 그 복(福)은 그리 쉽게 찾아오는 것이 아니란 것을 저는 어머님 쓰러지신 후에서야 비로소 깨달았다. 저희가 덕(德)이 없어 그랬는지 알 수 없으나 저희들의 바램과는 다르게 어머님 몸을 마음대로 움직이지 못하시는 것을 보고 있으니 부모님을 옆에서 잘 보필하지 못한 죄인(罪人)같아 어머님 얼굴 보기가 부끄럽다. 자식들의 욕심이었는지 모르지만 저희 부모님만큼은 항상 건강하게 사실 줄 알았던 것이 나의 큰 착각(錯覺)이였고 나의 헛된 망상이었다는 사실을 깨닫게 된 것이다. 어리석게도 저는 정신건강(精神健康)이 탁월(卓越)하셨던 저희 어머님만큼은 항상 건강 하실 것이라는 미망(迷妄)에 사로잡혀 살았던 것이 제일 후회스러운 일이지 싶다. 물론 지금 와 생각해보면 그런 나의 착각들이 얼마나 우치하고 어리석고 멍청한 생각들이었는지 이제서야 깨닫고 있는 중이다. 이 상황에서 제가 할 수 있는 일이라면 저희 어머님을 남의 손에 절대로 맡기지 않을 것이라는 생각만 있을 뿐이다. 그리고 남편 또한 무시 할 수 없는 사람이라서 두 환자와의 시름이 다소 힘들더라도 남의 손을 빌리지 않을 것이라 다짐한다. 어머님과 저는 소화기내과 교수님과 처음으로 마주앉았다. 인상은 좋은 호감 형이라 생각이 든다. 나는 그동안 간담도 길에 두 차례 내시경 시술을 받았다는 이야기를 했다. 지금은 다시 막혀 옆구리로 담즙을 빼내고 있는 상황이라고 말씀을 드렸다. 교수님께서

"호흡기내과 치료를 마치고 나면 간담도 길에 스텐트로 된 관을 다시 삽입시키는 시술을 할 것입니다."

라는 말씀을 하셨다. 그래서 저는 교수님께

"잘 알겠습니다."

라는 인사와 그때 뵙겠다는 말씀을 드리고 어머님 휠체어를 밀고 진료실을 빠져 나왔다. 저는 또 다시 정형외과에 들렸다. 어제 발뒤꿈치 괴사된 부위(部位)를 여러 각도(角度)로 엑스레이 촬영을 해두었다. 엑스레이 결과를 듣고자 정형외과에 들린 이유다. 저희를 보신 교수님께서는 거두절미(去頭截尾)하게

"뼈에는 아무런 이상이 없네요."

라고 하시면서

"일단 괴사된 부위(部位)를 잘 치료한 후 다시 결과를 지켜봅시다."

라고 하신다. 엑스레이 결과 비록 괴사는 있을 지라도 뼈에는 이상이 없다고 하시니 이 또한 다행이라 여기며 저는 어머님을 모시고 정형외과를 나온다. 환자들은 대형병원에 예약해서 이곳에 오기까지는 최소한 달 아니면 서너 달 기다렸다 오는 것이 보편적인 사례다. 교수님과 진료시간은 고작 1~2분 안짝이라는 저에게는 참으로 허망했다.

혼자 독백한다. 어찌하겠는가? 환자가 대형병원에는 포화상태(飽和狀態)이다보니 어쩔 수 없는 과정인 걸 그래도 상급병원에 와서 좋은 결과 얻어 가면 되는 것을 저희 모녀가 파트별로 진료실을 찾아다닐 때마다 항상 느끼는 것이 있는데 그것은 바로 노인 들이 대부분 가지고 계시는 고질(痼疾)병인 혈압과 당뇨가 저희 어머니에게는 없다는 사실이 저에게는 그나마 큰 위로(慰勞)가 된 부분이다. 아무튼 상급병원 일처리는 군더더기 없이 잘 진행 되어간 듯해 마음이 조금은 홀가분한 느낌이 든다. 이제는 우리가 필요한 검사는 어느 정도 마쳤다. 그러니까 오늘 하루 환자가 받아야 되는 진료들을 다 마친 샘이다. 어제 서울 올라와 피로가 풀리지 않은 상태에서 새벽부터 긴장을 하며 여러 가지 진료와 검사과정들을 마치고 났더니 피곤함이 밀려온 것이다. 우리에게 주어진 검사와 진료과정들을 모두 마무리하고 10층에 있는 병실로 들어왔다. 병실이 좁은 2인실이라 그런지 병실을 들고 나감에 있어 옆 환자에게 작은 피해라도 줄까봐 여간 조심스럽다. 저에게는 2인실이 다소 불편하게 느껴졌다. 저희들이 검사하려 다니는 사이 새로 오신 환자분이 들어와 계셔서 더욱 마음이 불편했다. 새로 들어 온신 환자 이름표가 눈길을 끌었다. 군자(君子)라는 이름이 적혀있어 일단 이름 자체가 독특해 눈길이 자꾸만 그 이름에 꽂힌다. 이분에게서는 서울 분 특유의 세련미가 넘치는 분이라 더욱 조심스럽게 느껴졌다. 나이는 60중간이 넘은 듯한. 부유한 집안의 사모님 모습이 더욱 나를 긴장하게 했다. 그 분 역시도 저희모녀를 유심히 살피시고 있는 중 같았다. 서로 낯설어 말을 선뜩 걸어보기는 조금 어색한 분위기다. 이분은 유독 저희 모녀를 일거수일투족을 살피고 계시니 어색한 분위기가 더 길게 이어졌다. 이유는 알 수 없다. 저희를 유독 유심히 살피고 있어 왠지 감시 받는 느낌이 들어 마음이 여간 불편하다는 느낌이다. 낯선 것에 대한 불편함일 수도 있다는 생각이 든다. 나는 나에게 그냥 신경 쓰지 말자. 라는 생각을 하고서 저는 어머니를 침대 위로 조심스럽게 눕혀드렸다.

그리고 어머님께

"엄마 오늘 고생 많으셨습니다."

라는 말을 했다. 어머님께서도 여러 가지 검사 하시려 다니시느라 힘이 많이 드셨는지 그래 라고 하신다. 어머니와 하루 종일 같이 있다 보면 간단한 대답도 더러는 듣기 어려울 때가 많다. 평소에도 말씀이 어눌해 그런지 말씀을 잘 하시지 않으신 편이다. 이렇게 오랜 기간 병원생활까지 하고 있으니 더 말 수가 줄어들었다. 비록 간단한 대답이라 할지라도 나는 어머님 목소리 내어 답을 듣고 나면 왠지 기분이 좋아진다. 다음날도 새벽같이 피검사로 시작하여 병실 생활하루가 시작 되었다. 협소한 2인실에 놓인 간병인 간이침상이 제법 쓸 만해 잠을 좀 편하게 잔 것 같은 기분이 든다. 간이침상이 일반 병실보다는 푹신했고 길이 조정이 가능해 사용 할 때는 접혔던 곳을 빼내어 길이를 길게 펼 수가 있어 지난밤에도 두 다리를 펴고 잤다. 아침에 일어나는 몸이 좀 개운한 느낌이 들었다. 돈이 좋긴 좋은 것이다. 비싼 병실에서만 볼 수 있던 간이 침상도 푹신하고 길이도 길게 펼 수가 있게 되어 발전해가는 생활도구의 이점을 경험을 하게 된 사례다. 아마 제가 어머니를 모시지 않았으면 이런 경험을 어디 가서 하였겠는가? 싶을 정도로 세상구경을 하고 있는 중이다. 저는 좁은 공간에서 큰 몸을 조심스럽게 움직여 어머님 세안을 시켜드리고 마저 머리도 감겨 드렸다. 요즘은 물 없이 쓰는 거품샴푸가 있어 움직이지 못하는 엄마를 씻어 드릴 때 아주 편리하고 간편해서 좋다. 어머니께서 중환자실에서 나오신 이후로 주로 나는 이 샴푸를 사서 감겨 드렸다. 물로 깨끗이 감겨드리는 것만큼은 아닐지라도 그래도 씻지 않은 것 보다는 낫으리라 생각해 자주 씻겨드린 것이다. 요즘 세상은 확실히 돈이 있으면 구할 수 있는 것들이 많다는 사실이다. 그러니까 현대는 물질만능(物質萬能)시대가 맞다. 현대는 물질시대이고 그 물질(物質)은 우리들을 편리하게 살기위한 수단이라 정말 없어서는 안 되는 꼭 필요한 것이 돈이 맞다. 인간이라면 누구나가 돈을 벌려고 노력들 하고 산다. 돈이란 신(神)이 인간에게 내려준 권력(權力)이 맞다 는 느낌이 든 부분이다. 여기를 가나 저기를 가나 돈의 위력은 대단함을 많이 느끼게 했다. 병원에서 더 그렇다는 것을 확실히 깨닫는다. 재산 없고 보증인 없으면 입원도 수술도 불가하다는 사실을 알게 된 것이다. 사실적으로 가난한자의 지혜는 빛을 보지 못하다는 사실을 제 경험상 겪었다. 재벌들이 한마디 하노라면 진리(眞理)이냥 이슈가 되는 사례들을 많이 듣는 경우가 많다는 사실이다. 재물이 성공의 척도가 되는 과정이 될 수 있다. 가끔은 재물을 축척하지 못한 나는 아무래도 인생을 헛살았던 것이 아닌가? 라는 의구심이 일어난 부분이다. 재물을 축척하지 못한 부분에 대해 제 자신을 잠시 돌아보게 된 계기다. 나는 오래전부터 정녕 나는 누구인가? 라는 주제를 놓고 참 많이 되뇌었던 부분이다. 오랜 세월 많이 되뇌던 나는 누구인가. 라는 부분에 대해 해답을 찾은 것은 분명 아니다. 그러나 하찮은 풀 한 폭이라도 하늘은 심심해서 심어놓은 것이 아닐 것이란 사실을 알게 된다. 나는 나로써 존재의 이유가 있을 것이라 생각하고 나름 의(義)를 위하여 나의 작은 몸짓이라도 실천하고 행(行)하며 살아가고 있는 이유다. 나는 예수님을 팔고 부처님을 앞장세워 남을 기망(欺罔)하시는 분들을 주변에서 종종 보며 살았다. 나는 언제부터인지 모르지만 저 자신만은 종교(宗敎)를 떠나 인간의 도리(道理)에 더 치중을 두고 살고자 하는 마음을 먹었다. 아직까지 물질(物質)을 추구하면서 살지 못했다. 이렇게 어머님을 따라 다녀 보니 물질이라는 것이 마냥 나쁜 것만은 아니 다는 사실을 깨달은 것이다. 제가 물질적으로 풍요로웠다면 어머니를 1인실에 모셔놓고 옆 사람 눈치를 이렇게 보며 지내지는 않았을 것이라는 생각을 잠시 하였다. 자책하는 마음으로 이제껏 무엇을 얻고자 살았을까? 싶다. 이제껏 나는 무엇을 추구 하였으며 무엇을 얻고자 살았던가? 싶은 것이다.

분명 저 나름대로 목적지가 있었을 것이고 무엇인가를 하고 살았을 텐데 과연 내가 이제껏 하고 살아온 인생길은 가치 있는 삶이였을까? 그럼 그 가치의 기준은 무엇이고 가치라고 생각 하고 행한 것은 무엇을 얻기 위함이었던 것인가? 그리고 그 가치의 척도로 삼은자의 길이는 과연 얼마의 길이였던가? 그 척도(尺度)의 기준(基準)을 잡고 있는 너는 무엇이었는가? 라는 의구심만 더해졌다. 과연 정말 나는 누구인가? 그리고 우주에 그 무엇을 훔치려하는가? 그리고 어머니께서는 저에게 그 무엇을 가르치시려고 이 험난한 세상에다 저를 던져 놓고 스스로 헤쳐 나오라고 하시는 것인가? 라는 의문들이 저의 머릿속을 흔들고 있다. 어떻게 생각하면 참으로 고약한 운명이라는 생각이 든다. 그러나 분명한 것은 내 비록 아침나절 모자라고 저녁나절에는 바닥나는 애옥살이 살림이라 할지라도 분명 남의 것을 탐하지 않았고 남의 험담이나 하면서 살지는 분명 않았을 것이다. 그러나 지금 나의 삶의 상황은 사면초가(四面楚歌)라는 것이 현실이다. 제가 알지 못하는 전생 업보가 많은 것인지? 이제껏 살아온 저의 삶 자체가 연극 같아 씁쓸한 마음이 든다. 돌이켜 보아도 저 나름 바르게 살았고 저 나름 거짓 없이 산다고 살아온 인생인데 지금은 고약한 운명과 맞서고 있으니 저절로 신세타령이 나온다. 남들은 대운(大運)을 만나 승승장구(乘勝長驅)하면서 살아가고 있는데 저는 인생 길 한 복판에서 비운(悲運)까지 만나 허우적거리는 신세이고 보니 아무래도 제가 인생을 헛살아온 것이 아닌지… 제가 잠시 이런저런 생각에 잠긴 속에서 어머니의 머리를 수건으로 마무리를 하고 있는데 어머니께서는 이렇게라도 머리를 감아 개운하셨는지 저에게

"그랬어?"

라고 하신 것이다. 아마 이 말씀은 저에게 수고했다는 말씀이지 않나 싶다. 어머니와 나는 이틀 밤을 2인실에서 숨죽이며 지냈다. 타인들과 좁은 공간에서 말없이 지낸다는 것은 곤욕(困辱)중에 곤욕이라 생각했다. 아무튼 지금 와 생각해봐도 타인과 같이 있는 2인실은 아무리 시설이 좋아도 오래 있을 곳은 분명 아니라는 생각을 했다. 분위가 서로 조심하느라 그랬는지는 몰겠지만 숨 막히고 답답함을 많이 느꼈던 곳이 바로 2인실이지 않았나 싶다. 지내기에는 아주 깨끗하고 조용하고 편리했다 그렇지만 왠지 2인실에 오신 환자들 대부분이 까다로울 것만 같다는 선입견이 있었는지 나는 제일 답답하게 느껴진 곳이 바로 2인실이지 싶다. 그 선입견 때문에 정신적으로 편하지 않아서 오는 현상일 수도 있다. 하지만. 저의 기억 속에 상급병원 2인실은 마음이 많이 불편했다는 생각만 남아있는 곳이라 하겠다. 개인적으로 경제적인 부담감이 마음을 불편하게 하였을 수도 있다. 불편한 가운데 같이 이틀 밤을 지내고 나니 다소 어색한 분위기가 조금 사라지셨는지 군자라는 분께서 저희 모녀에게 말을 걸어오셨다. 이전에 이런저런 이야기가 오고갔겠지만 딱히 기억나는 말은 제가 그 분께

"군자라는 존함(尊啣)이 왠지 예사롭지 않습니다."
라고 말의 화두로 던졌던 것이다. 그 분께서
"친정아버지께서 군자(君子)답게 살라고 그렇게 지어주셨습니다."
라고 하셨다. 그 말끝에 제 주책이 발휘하여 이런 말을 하였다.
"원래 현자(賢者)]는 군자(君子) 닮기를 바라고 군자는 성현(聖賢)닮기를 바란다하지요."
라는 말을 했다. 군자 분께서는 이해를 못하셨는지 명쾌한 답은 듣지 못했다. 다음날 저희들은 간호사님으로부터 일반 병실이 나왔다고 옆에 있는 병실로 옮기라는 연락을 받았다. 그리고 폐에서 더 이상 물이 나오지 않아 기계를 철수하겠다며 병원관계자분들이 오셔서 어머니 침대 옆에 커다랗게 설치된 이동용 흡수기를 철수해 가셨다. 저는 흡수기가 철수하고부터 짐들을 챙겨 옆 병실로 열심히 옮겼다. 아마 2인실이 답답해서 더 빨리 서두른 감도 없지 않다. 그런데 언니가 같이 병원 올라 올 때 이것저것들을 챙겨다 주는 바람에 짐이 더 늘어나 나르는 짐이 좀 많다. 다행한 것은 옮겨갈 병실이 가까워 다행이다. 짐을 어느 정도 옮겨 놓고 마지막으로 어머니를 모시고 가고자 어머님을 휠체어에다 앉혀드렸다. 아직 남아있는 보따리 두개는 어머니 무릎 팍 위에다 올려 드리며
"이것은 엄마가 꽉 붙들고 갑시다."
고 하며 짐을 올려드렸다. 어머니께서도 거부하시지 않으시고 보따리들을 어린아이처럼 꼭 감싸 않으셨다. 어머니께서는 행여나 짐 보따리가 떨어 질까봐 그리하셨을 것이다. 또 다시 낯선 사람들 속으로 조용히 들어간다. 저는 새로 들어가는 병실환자들에게 가능한 누가 되지 않으려고 조심스럽게 어머님을 침대위에 앉혀드리고 조용조용히 짐을 정리해서 옆에다 놓고 냉장고에 넣을 것은 냉장고 칸 하나를 배정 받아 정리를 해두었다. 짐을 옮기느라 많이 움직여서 그런지 난방기가 켜져 있는

데도 불구하고 더위가 만만치 않아 이마에 땀이 주르르 흘러내렸다. 유독 갱년기 증상이 더 심하던 시기라 그랬을 것이라 생각한다. 갑자기 올라오는 열기는 둔한 저를 힘들게 했다. 저희가 이 병실로 와서 짐을 풀고서 한숨 둘리려 하고 있는데 아주 인상이 선량하게 생기신 젊은 치료사님께서 오셔서 어머니 발 괴사된 부분을 소독을 해주셨다. 그리고 두툼하고 손바닥만한 크기의 메디펌을 발뒤꿈치에 붙여 놓아주셨다. 그리고 하시는 말씀이

"이것은 괴사된 부분을 퉁퉁 붇게 하는 반창고입니다."

라고 하신다. 그러면서

"괴사된 부분이 붇고나면 이제 조금씩 그 부위를 걷어낼 겁니다."

라고 설명을 해주시고 나가셨다. 저는 잠시 어머니께서 주무시는 틈을 타 어머님 담당의사 [인턴] 선생님께 남편의 조직검사 결과지를 보여주며 확실히 암인지 해석을 부탁했다. 암 결과지가 순전히 영문으로 작성된 글이라 저는 도저히 이해가 가지 않았고 해석도 불가 한지라 이렇게라도 의사선생님께 해석을 받아 남편이 진정 암이라면 나는 어떻게 대처를 해야 될 것인지도 생각을 해봐야 될 것 같아 이 병원에 온지 3일차 되던 날 염치불구하고 이렇게라도 궁금한 것을 의사선생님께 자문을 구해본 것이다. 의사선생님께서 조직검사 결과지를 잠깐 보시더니

"암이 맞습니다."

라고 하신다.

"하지만 저희들은 저희하고 관련되지 않는 것에 대해서는 설명을 하지 못하게 되어있습니다. 안타깝지만 더 이상의 설명은 못하겠네요."

라고 하시고서 가버린 것이다. 이렇게라도 남편이 암이라는 사실을 알았으니 남편이 암이 아닐 것이라는 기대는 버려야 했다. 이 곳에서 종합 진단을 필수(必需)로 받아 다른 장기로 전위(轉位)여부(與否)도 확인

(確認)하여 차근차근 치료(治療)방법(方法)을 강구(講究)해야 될 것 같다. 그러나 남편의 예약 날짜는 한 달 정도 남았으니 아직 그 무엇을 취하기에는 이른 감이 있다. 그러나 시급한 것은 예약 날짜까지는 이곳 생활이 누울 때도 없는 곳이라 암 환자가 되어버린 남편과 비좁은 공간에서 같이 지낸다는 것이 보통 일이 아니다 라는 생각이 든다. 아 정말 이 일을 어찌 풀어갈지 고민이 많다. 그런데다 경제적으로 두 사람 밥값도 무시 못 하는 수준이지 싶다. 물론 지금은 남편이 오산 삼촌 집에서 올라오지 않아 이틀 동안은 밥값 걱정과 잠자리 걱정은 하지 않았지만 조금 있으면 남편이 오산에서 곧 올라 올 텐데 남편의 잠자리도 당장 문제가 되고 식사 문제가 마음을 편치 않게 했다. 워낙 여유가 없으니 사소한 이런 것도 제 마음을 편치 않게 하고 마음을 가장 무겁게 한 부분이 이 부분이 아니었나 싶다. 남편도 서울에서 자라났기에 서울에 친인척들이 많고 많다지만 암이 걸어온 사람을 어느 누가 반겨줄 것인가? 를 생각했을 때 분명 반겨줄 사람은 없을 것이라고 생각이 든 것이다. 저는 이곳에 올라 올 때 남편에게 일체 친인척들에게 연락을 하지 못하게 하고 올라 왔다. 그래서 더욱 친인척 집을 전전하라는 말은 못 할 것이다. 아무튼 무엇 하나 이 상황에서는 쉬운 것이 없겠지만 그렇다고 낙담할 필요는 없을 것이라 그냥 부딪쳐 보자라는 마음만 남겨둔다. 더 험한 세상도 살아온 몸인데 이런 일로 좌절하고 고민하지 말자. 라는 마음을 먹고 불편하면 불편한대로 살아 보자라는 생각을 한다. 저희가 병실을 옮기고 얼마 지나지 않아 남편이 오산숙모님을 모시고 왔다. 오산 시 숙모님께서는 저희 어머니 입원하셨단 이야기를 듣고 얼굴 한번이라도 보신다고 남편과 함께 오셨다. 어머님 병문고자 시 외숙모님께서 이곳까지 찾아주시니 반가운 마음뿐이다. 저희 어머님께서는 저희 시댁 쪽 식구들하고 잘 지내시고 계셔서 시외숙모님의 방문은 어색하지 않다. 오산

외삼촌께서는 일찍 부모 잃은 저희 남편형제들을 정신적으로 살뜰히 살펴주셨던 분이라 오랜만에 서울에서 이렇게 뵙고 보니 반가운 마음이 더 했다. 시외숙모님께서는 이런저런 얘기를 나누시다가 가셨다. 그런데 이때 남편이 오산까지 숙모님을 다시 모셔다 드리고서 밤이 늦어서야 돌아왔다. 오산 삼촌께서는 암 환자가 되어버린 남편에게 분명 좋은 말씀을 해주셨을 것이라 생각한다. 이제껏 남다르게 험난한 인생을 살면서 저희 어머님 다음으로 믿고 따르는 시외삼촌이신지라 분명 남편에게 용기를 북돋아주시는 말씀을 해주셨을 것이라 나는 믿는다. 시외삼촌 정신세계도 저희 어머니처럼 탁월하신분이시라 일부로 오산 삼촌네로 남편을 보냈던 이유다. 저는 복(福)이 많은 사람 같다는 생각도 해본다. 주변에 계신 분들이 하나 같이 도(道)를 기본으로 삼고 살아가시는 분들이 많아 나의 정신세계의 의지(依支)처가 되어주셨던 부분이다. 남편이 용기 잃지 않고 이번에 화(禍)를 기회로 개과천선(改過遷善)하여 바른 생각과 바른 행동으로 살아가 줄 것이라 굳게 믿어본다. 바른 의지(意志)를 확립(確立)하고 실천(實踐)함으로써 많은 사람들로 하여금 존경받으며 살아가기를 배우자로서 진심으로 바라는 마음이 크다. 남편은 바르게 바라져 좋은 기회를 갖게 될 것이라 굳게 믿어 보련다.

오산에서 밤이 깊어 돌아온 남편은 베개를 들고 병원 안을 이리저리 오고 가는 모습이 눈에 띄었다 아마도 잠잘 곳을 찾아다니는 느낌이다. 그래도 미우나 고우나 마누라라고 이곳까지 와서 잠잘 곳이 없어 베개 들고 여기저기 다니는 모습을 보고 있노라니 애잔한 마음이 일어 서글픈 생각도 들었다. 저는 주변에 있는 숙박업소를 남편에게 추천 했다. 그런데 그곳에서 자는 것을 남편이 원(願)하질 않으니 마음이 불편 하다. 아무리 경제적 여유가 없다 손치더라도 카드가 있는데 하룻밤 유숙

할 모델 값이야 왜? 없겠는가만 남편이 가기 싫다고 고집을 부리니 인생사 모든 것은 억지로는 안 되는 법, 그러나 남편에 진료날짜가 아직 멀었는데 이렇게 잠 잘 곳도 없고 앉을 곳도 마땅치 않은 병실에서 같이 있기에는 서로 불편한 것이 사실이고 현실이다. 저는 이 날 밤 누워 볼 곳을 찾아 헤매는 남편하고 늦은 밤 어머님 주무시는 틈을 타서 커피한 잔 마실 수 있는 시간을 가졌다. 마냥 이렇게 지낸다는 것을 다시 생각해봐야 되어서 남편과 이곳에서 어떻게 할 것인가를 두고 의논 하고자 함이다. 남편은 낯설고 누울 곳 마땅치 않지만 그래도 마누라가 옆에 있으니 기분은 좋은 듯 보인다. 남편은 건강할 때 저에게 천적(天敵)이라고 말했던 사람이다. 그런데 막상 아프니 마누라가 많이 의지가 된 모양이다. 남남끼리 만나 부부에 인연(因緣)을 맺고 사다는 것은 커다란 인연 없이는 만나지 않았을 것이다. 그런데 왜 그리도 달밤을 좋아하며 사랑과 정열을 길거리에다 쏟고 다닌 지 어언 25년째다. 지금에 생각해보니 왜 그렇게 살아야만 했었는지 지금 와서 과거를 들추어본들 서로 마음만 불편할 뿐이다. 이제는 본인(本人)도 이제껏 살아온 삶이 허송세월이었다는 사실을 깨달았는데 더 이상 무슨 말이 필요하겠는가? 싶다. 이제라도 마음 맞추어 아름다운 동행(同行)을 하노라면 그 또한 늦지 않은 인생 여정이 될 것이다. 한편으로 생각하면 남편 또한 부모님 일찍 여의고 살아온 인생길이 험난하고 미래가 아득하니 방탕 길에서 헤매게 되었으리라 생각한다. 그 또한 불쌍한 인생길이었다. 그러나 더욱 불쌍한 것은 꿈이 없었으며 목표가 불분명(不分明)하여 방향을 잡지 못하며 살아온 남편 인생이라 더욱 불쌍하게 생각된다. 나는 남편과 커피한잔 하고나니 제 고민이 느껴졌는지 남편이 저에게

"잘 곳은 내가 알아서 잘 터니 엄마한테 빨리 들어가 봐."

라고 했다. 왠지 나는 남편의 이 말이 더 서글프게 들렸다. 어찌하다

암 환자가 되어버렸는지… 시간을 보니 밤 11시가 넘었다. 병실마다 불이 꺼져 있어 쓸쓸함까지 더했다. 잠시 병실에 들려 어머님 동태를 살폈다. 어머님은 편안하게 주무시는 것이 보였다. 그러나 남편이 잠자리를 잡았는지 궁금하여 누워 있지를 못하고 조심스럽게 잠시 병실 복도로 나와 보았다. 아직 잠자리를 정하지 못했는지 내 눈에 들어온 남편은 베게 하나 들고 잠 잘 곳을 찾아 이리 기웃 저리 기웃 하고 다니는 모습이 보였다. 막상 그 모습을 보노라니 마음은 더욱더 무겁게 느껴졌다. 그러나 지금은 어쩔 수 없는 상황이다. 이 또한 지나갈 것이고 이 상황 또한 남편도 잘 견디어 줄 꺼라 믿는다. 저는 베게 들고 사라져가는 남편을 뒤로하고 병실 문을 조용히 닫는다. 마냥 조심스럽기만 하는 병실 생활이다. 밤이 깊은지라 숨을 죽이고 그냥 어머님 침대 밑에서 잠을 청했다. 그러나 쉽게 들지 않는 잠이다. 지금의 나의 처지를 생각하니 아득하다는 생각도 든다. 그래도 위로 할 수 있는 부분이라고 하면 어머니께서 폐에서 나오는 물이 멈추었다는 사실이 희망을 갖게 했다. 그곳에 연결된 관을 오늘부로 제거를 했기에 이제는 희망을 가질 수가 있게 된 것에 감사 할 따름이다. 그렇다. 분명 내일은 내일에 해가 뜬다. 그러니 오늘에 근심걱정일랑 운명에 맡겨두고. 위풍당당하게 이 고비를 잘 넘겨야 할 것이다. 저는 이런저런 생각에 쉬이 잠들지 못하다가 깜빡 나도 모르는 사이 잠이 들었다. 새벽 5시가 되니 간호사님께서 어김없이 오셔서 아침 교수님 회진 때 결과를 보실 수 있도록 피검사를 해두어야 한다고 피검사를 하기 위해 피를 뽑으셨다. 저는 그 바람에 막 잠든 잠을 깼다. 그리고 또 다시 보조간호사님 안내를 받아 우리는 X레이실로 내려갔다.

매일 저렇게 많은 환자들이 엑스레이 촬영을 위해 순번을 기다리느라 장사진을 이루고 있는 모습 속에서 만감이 교차된 부분이다. 그러니까 어느 누가 아프고 싶어 아프겠는가? 그러나 이곳에 오신 분들은 그래도 선택 받으신 분들이지 싶다. 이곳 상급병원으로도 오고 싶어도 오지 못하신 분들은 대부분 생활이 여유롭지 못하고 여건이 맞지 않아 때를 놓치신 분들이 많았을 것이라는 생각이 문득 스친다. 모든 환자들은 그동안 사회에서 열심히 일하며 살아온 고귀한 인생들이었을 것이라 생각한다. 그러나 그 누군가는 치료만 조금 받으면 금방 회복되어 다시 사회 속으로 돌아가게 될 것이다. 그리고 또 그 누군가는 또 다른 세상으로 떠나가는 시한부 환자도 있을 것이다. 다 각자 다르게 살아온 인생길에서 잠시 이곳에 들려 하나같이 엑스레이를 찍고자 모여 있는 모습들이다. 현대는 온갖 의학 장비들과 과학 발달로 상상을 초월 할 정도의 의술이 발전했더라도 운명인지 더러는 떠나는 사람도 무수히 많다는 사실이 가슴을 뭉클하게 했다. 의학기술의 발달로 온갖 병을 알아내고 최고의 의료진으로 수술 받고 치료받지만 치료되지 못하고 다른 세상으로 가신 분들도 많다는 사실이 서글프게 느껴진 부분이다. 그러나 그 또한 운명이지 싶다. 같은 병을 가지고 같은 의사에게서 치료를 받았으나 어느 한쪽은 빨리 나아 집에 가고 어느 한 쪽은 다른 세상으로 떠나는 것을 보노라면 옛말에 이르기를 인명(人命)은 재천(在天)이라고 했고 사람 일은 분명 뒷골 여시(여우)가 돌봐도 돌봐야 산다는 말이 과언(過言)은 아닌듯하다는 것을 나는 이렇게 경험(經驗)한다. 그러니까 사실 쉽게 치료 될 고관절 수술이 우리에게 너무도 어렵게 꼬여 많은 사연을 않고 이곳까지 오게 된 사연이다. 어머니 고관절 수술 후유증으로 이 먼 곳까지 오게 될 줄은 꿈에도 예상하지 못했던 부분이다. 수렁에 빠져 제 아무리 몸부림을 치고 헤쳐 나오려 안간힘을 써보지만 풀어헤쳐진 비운(悲運)앞에서는 그저 꺾어진 나뭇가지에 불가했던 것이다. 하찮은 미물도 자연 질서에 따라 순응해 살아가듯 저 자신도 이렇게 살아가는 것도 제 풀어헤쳐진 운명이라 여기고 의연(毅然)하게 견디다보면 하나의 질서가 열리고 하나의 가닥이 풀려 새로운 세상을 맞이하게 되지 않을까? 라는 생각을 가져본다. 베개를 들고 잠 잘 곳을 찾아다니는 남편 모습은 현실이라 잠시 고달픈 저의 처지를 생각하니 허무하고 허전하고 허망한 마음이 일어나는 것은 나약한 한 인간의 마음이다. 그러나 비록 수렁에 빠져 허우적거리는 삶이라 할지라도 저 만이라도 좀 더 정성스럽게 좀 더 진솔하게 살아가도록 최선을 다 해야겠다는 굳게 마음 갖는다. 모든 선택은 본인 몫이다. 그 어떤 것을 선택하느냐에 따라 책임도 따를 것이다. 그리고 누가 시켜서도 안 되는 부분이 바로 이 부분이다. 우리는 병든 부모님향한 자식(子息)의 도리(道理)와 책임감(責任感)을 망각하지 않았으면 한다. 저희는 엑스레이실 앞에서 1시간가량 기다리다 순번이 되어 또다시 엑스레이를 찍고 올라왔다. 그런데 어디에서 잠을 청했는지는 몰겠지만 남편이 베개를 들고서 저희가 있는 병실로 찾아와있다. 그래서 나는 남편에게

"어디서 잤어?"

고 했다. 남편은

"아침이 되니 사람들이 로비에 하나둘 의자에 앉아 있으니 누워있기가 불편해서 왔어."

고 했다. 베개 들고 남편은 밤새 사람들이 들락거리는 로비에서 잠을 청했던 모양이다. 여름이라 날씨는 춥지 않았을지라도 밤공기는 분명 차가웠을 텐데 그 잠자리가 편 할리 없었을 것이다. 그러나 지금은 어쩔 수 없는 상황이다. 저는 남편에게 내 자리에서 한숨 더 자라고 자리를 비켜 주었다. 그리고 조용조용히 어머님 세수시켜드리고 식사를 떠드렸다. 좁은 6인실에 저희가 차지하는 공간이 비록 비좁지만 저희에게 허락된 공간이라 마음은 편했다. 지금 우리가 처한 이 상황에선 뾰족한 방

법 없으니 견딜 수 있을 만큼만 어떻게라도 견디어 보자는 마음이다. 남편은 병원에서 저희와 3일 밤을 로비에서 무료 숙박을 했다. 아마 이때 저자신도 마음이 가장 서글프고 처량한 신세라 여기던 시기다. 암 환자가 되어버린 남편을 이불도 없이 로비에서 잠을 자게 했던 부분이 가장 마음을 무겁게 했다. 그래서 내 마음이라도 편안하기 위해는 다른 방법을 강구해야만 했다. 오늘은 주말이라 언니가 올라 올 것이다. 왠지 언니가 무척이나 기다려졌다. 낯선 곳에 와서 그런지 언니가 많이 기다려졌다. 아마도 이곳에서 의지 할 곳 없어 나는 유난히 언니를 많이 기다렸던 것이다. 점심때쯤 저희 쪽으로 택배가 도착했다. 택배는 휴게소에 다 놓고 온 남편 휴대폰이다. 이때 휴대폰 잊지 않고 보내주신 분께 이 글을 통해 감사함을 전하고 싶다. 점심시간이 되어 좁은 병실에 있기보다는 바람도 쐴겸 저희 부는 어머님을 모시고 병원 지하 쇼핑센터로 구경을 갔다. 남편과 같이 늦은 점심을 먹고 이것저것을 구경하면서 어머니와 산책을 하고자 바로 옆에 있는 녹지공원으로도 발길을 옮겼다. 그런데 오랜만에 햇빛을 보신 어머니께서 눈이 부시다며 실내로 들어가자고 하셨다. 저희 부부는 휠체어를 밀고서 그늘진 곳을 찾아 이곳저곳을 산책하게 된다. 병원은 넓고 곳곳에 녹지대와 조그마한 분수대가 설치되어있어 병원이 아닌 공원에 온 듯한 기분이 들었다. 저희들은 다시 휠체어를 밀고 승강기를 타고 6층에 마련된 휴식공간에 들려 정원 한 바퀴를 돌아보기도 한다. 다시 지하로 내려가 쇼핑센터에 들려 어머님 옷이나 하나 사드릴까 싶어 여러 가게에 들려 옷을 구경을 하게 된다. 그런데 제가 어떤 옷 하나를 골라서 어머님 의향을 물어보았다. 그랬더니 마치 어머니께서 마음에 들어 하신 것이다. 그래서 저는 그 옷 가격을 매장 직원에게 물어보았다. 그 옷 가격은 제 예상과는 다르게 비쌌다. 그러나 어머니께서 마음에 드신다고 하시니 하나 용기 내어 사드려야겠

다는 생각을 갖고 저는 어머니께 이 옷 꼭 마음에 드시면 나중에 사 드
릴게요. 라는 말을 하고 발길을 돌렸다. 어머니께서는 저희가 옷을 사지
않고 병실로 올라가는 줄 아시고 그 많은 사람들 앞에서 꽥 하고 소리를
지르신 것이다. 물론 생각지도 않은 곳에서 어머니께서 소리를 지르시
니 우리는 너무 당황했다. 우리가 어머님께 사지 않은 이유를 설명해드
리지 못한 탓이다. 그래 어머니께

"엄마 제가 옷 사지 않는 다는 것이 아니라 돈을 가져오지 않았어요."
고 말씀을 드렸다. 어머니께서는 그제서야 옷을 사지 않고 올라가는
이유를 이해 하셨는지 승강기에 올라타도 아무 말씀 하시지 않으셨다.
그렇지만 휠체어에 앉아 계시는 어머님 기분이 썩 좋지 않으신 것이 눈
에 들어왔다. 어떻게 생각하면 저희 어머니께서는 옷 욕심쟁이가 맞다.
저희가 그렇게 바람을 쐬고 병실 안으로 들어가니 치료사님께서 오셔서
벌써 옆 사람을 먼저 치료 하고 계신 중이셨다. 우리는 시간을 잘 마쳐
서 들어온 것이다. 들어오자마자 어머님 뒷꿈치를 바로 치료하시게 되
었다. 엊그제 두툼한 밴드를 붙여놓았기 때문에 얼마나 불어있을까? 라
는 호기심이 일기도 했다. 그래서 나도 유심히 상처부위를 관찰했다. 괴
사된 부분이 크게 변화된 것은 없을지라도 촉촉하게 조금은 불어있는
것이 눈에 들어왔다. 치료사님께서 아주 작은 면도날로 괴사된 부위를
조심스럽게 조금씩 조금씩 오려내셨다. 아주 작은 면도날로 어머님 발
뒷꿈치 괴사를 오려내시는 장면을 보고 있노라니 인턴의 긴장감이 곧
숨이 막히도록 긴장하신 모습이라는 것이 느껴졌다. 이 상황을 지켜보
고 있는 저 역시나 긴장이 되어 숨죽이고 쳐다보고 있다. 숨도 크게 쉬
어보지 못하시고 치료사님께서는 30여분 동안 조금씩 살을 깎아낸 후.
상처 부위를 자로 재서 기록을 하셨다. 길이는 4.6cm 넓이는 3.8cm라는
숫자가 나왔다. 저희가 처음 괴사된 발뒤꿈치를 볼 때는 500원짜리 동

전크기였다. 그러니까 2cm정도 크기였다. 그런데 그 상처가 덧나 이만큼 넓어졌던 것이다. 그 과정에서 폐에 물이 이제껏 빠지지 않아 죽을 고비 또한 수차례 겪게 된 사연 많은 발뒤꿈치다. 세상만사에는 시간을 두고 해결해야 될 문제가 있듯이 이 괴사 또한 시간이 꼭 필요 했다. 사고로 다친 상처는 회복이 빠른 반면에 피부조직 괴사라 아물기까지가 보통 상처 몇 곱절이나 더디다는 사실을 알게 된다. 노인들 욕창(蓐瘡)이 바로 이렇게 회복이 느린 관계로 복병(伏兵)이라는 말을 했던 이유다. 제 경험상 괴사는 정말 낫는 속도가 너무도 더디고 더디다는 사실을 피부로 느끼고 체험 중이다. 괴사가 생긴 지 벌써 6개월째가 되다보니 이제는 상처가 덧난 단계(段階)를 지나 회복(回復)단계로 돌입 하였는지 열은 나지 않는다는 사실이다. 저는 어머님 상처를 보면서 그 얼마나 아려왔을까? 싶은 생각이 들어다. 뒤꿈치는 다른 피부조직보다는 단단한 근육질 수준이라 통증이 다른 부위보다 훨씬 심했을 것이라 생각한다. 어머니께서는 그 고통을 이제껏 참고 계셨던 것이다. 어머님께 그동안 크나큰 고통을 드린 것 같아 미안하고 죄송한 마음뿐이다.

저희 어머니께서는 저 괴사만 났고 나면 다시 걸어 다니실 것이라는 희망을 갖는다. 치료를 끝마친 치료사님께서

"할머니 이곳은 시간이 좀 걸리는 상처라서 조급하게 마음먹지 마시고 디딜 수 있으면 월요일부터 걷는 재활 운동을 합시다."

라고 하신다. 제 눈에 비춰지는 이 치료사님 또한 인상이 너무나 선량해 보이셨다. 이런 인성(人性)의 의사(醫師)라면 이분에게서 치료를 받으신 분들은 더러는 마음에 위로도 많이 받지 않았을까? 싶다. 더구나 이 치료사님 또한 김해병원에 계실 때 치료사님처럼 너무나 다정하게 환자분 한분 한분에게 말을 걸어주신 것이 인상 깊다. 이분들의 정성(精

誠)이 바로 무시 할 수 없는 의술(醫術)의 한 부분이고 영역일 것이라 생각한다. 나는 치료사님 나가시고 막간을 이용해 지하백화점으로 내려가 엄마 옷을 사가지고 왔다. 기분 상 일단 어머님 마음을 불편하게 했던 옷이라서 나는 조심스럽게 사왔다. 어머니께서는 옷을 보시고 크게 반응은 보이지 않으셨지만 그래도 싫지 않은 모양이다. 그러나 우리가 일부러 사드리지 않으려 했던 것이 아니고 돈을 가지고 가지 않아 사지 못했기 때문에 마음은 그다지 불편하지 않는다. 병실에 들어서니 어머니께는 영양제 링거가 투입되었다. 비록 영양제라고는 하지만 그래도 수액이라서 폐에 물이 다시 찰까봐 사실 근심을 내려놓지 못하고 있는 상황이었다. 그런데 시간이 제법 지났는데도 불구하고 폐에 물이 차지 않고 있어 지켜보고 있는 마음이 한결 가볍게 느껴졌다. 링거를 다시 달아 혹여 폐에 물이 찰까봐 불안한 마음도 없지 않았는데 링거 꽂아놓은 시간이 한참 지났는데도 어머님 호흡이 정상인지라 불안하게 여겨졌던 마음은 괜한 우려(憂慮)가된 경우다. 오늘은 주말이라 오후가 되고 보니 언니가 딸 내외와 손녀까지 데리고 왔다. 이 조카는 (언니 딸)저희 친정집에서 처음으로 맞이한 어머니에게는 외손녀였고 우리에게는 첫 조카라 우리 친정식구들 보물이었다. 이 조카도 결혼해서 어느새 30대 중반이 되었지 싶다. 조카딸은 어린 딸 둘을 데리고 와서 한참을 어머님 앞에서 재롱을 부렸다. 외손녀부부는 외할머니 빨리 쾌차하시라고 용돈도 주고 맛있는 것들도 많이 사놓고 간 것이다. 언니는 딸 내외와 같이 가지 않고 저와 교대를 자청했다. 시간차를 두고 방문하신 광주 이모님과 이 병원에 근무하는 이종 사촌 동생부부도 함께 병문안을 와서 그야말로 병실 안은 화기애애한 분위가 되었다. 무정한 시간이 흐르고 보니 이젠 헤어져야 할 시간이 되었다. 언니가 오늘밤 어머님 곁에 있겠다고 나서니 저희 부부는 광주 이모님 권유로 늦은 밤이 되어 같이 온 사촌 동생 집에서 이모님과 함께 하루 밤을 지내기로 하고 사촌 동생 집으로 갔다. 사촌 동생 집에 도착한 저희 부부는 동생네와 함께 오랜만에 이런저런 애기를 나누다 잠을 잤다. 저는 언니가 교대해준 덕분에 사촌 동생 집에서 모처럼 편안하게 잠을 남편과 함께 잔 사연이다. 여러 날 제대로 잠을 자지 못한 나는 비록 하룻밤이라 할지라도 모처럼 꿀잠을 잤던 것이다. 그리고 아침에는 사촌 동생 집에서 아침식사를 간단히 하고 동생 출근할 때에 같이 병원으로 왔다. 사촌 동생 집이 병원과 그리 멀지않은 이유가 아마도 매일 병원 출근하는 동생이 직장 가까운 이곳에다 집을 얻는 느낌이다. 직장과 집이 가까우면 여러 가지가 유리하지 싶다.

하룻밤 사이 어머니가 무탈하셨는지가 나는 궁금해 병실로 들어선 제 발걸음이 상상을 초월할 정도로 빨랐다. 이렇게 엄마와 덜어져 있으면 불안증세가 나타나는 현상은 아마도 오랜 세월 엄마를 떠나 있지 않아 불리불안증이 생긴 이유다. 더구나 지난 몇 개월 동안 생사(生死)의 갈림길에 있다 보니 나의 불안증 증세는 심한 수준이라서 제 생각마저도 엄마가 곁에 없으면 생각 자체를 좋지 않게 생각하는 부분은 이것도 일종에 나의 병이지 싶다. 내가 서둘러 병실에 도착 하니 괜히 어머니에게 미안한 마음이 일어 자동적으로 어머니 눈치를 본다. 저 혼자 편안하게 잠자고 온 부분이 괜시리 미안했던 것이다. 그래서 은근히 어머니의 얼굴을 뵙기가 미안해 엄마 얼굴을 바로 쳐다보지 못했다. 그런데 밤사이에 별탈이 없으셨는지 외박하고 돌아온 저에게 어머니께서는 왔어? 라고 반갑게 맞이해주셨다. 저는 울 엄마 왔어? 라는 그 말씀에 마음이 좀 놓였다. 언니와 이모님까지 있어 그런지 저희 어머님 기분도 좋아보였다. 서울로 올라 와서 이렇게 이모님과 여러 식구들을 다시 만나 평화로운 시간을 보내고 있으니 이순간도 행복이라 생각한다. 주일이라 오후가 되니 서울에 사시는 막내 이모네 식구들이 총 출동하여 분위기는 더더욱 화기애애했다. 더구나 이곳병원에서 만나자는 약속을 했는지 큰 이모네 아들인 이종 사촌 오빠까지 오시는 바람에 병실 안은 그야말로 오랜만에 외가 식구들과 즐거운 날을 맞이하게 된다. 하지만 저녁때가 되고 보니 그렇게 많던 식구들은 일부 떠나고 이종 사촌 동생과 이모님 하고 어머니를 모시고 지하쇼핑센터로 나와 맛있는 저녁을 같이 먹는 기회를 만들었다. 이날은 막내 이모네 식구들까지 오셔서 어머니에게 용돈도 많이 주시고 가셨고 사촌 오빠도 어머니에게 용돈을 주시고 가신 것이다. 남편에게도 용돈을 주시면서 치료 잘 받고 내려가라고 위로를 해주셨다. 광주이모님네 식구들도 큰 이모 맛있는 것 많이 사드리세요. 라고하며 식구들끼리 용돈을 모아 가져왔었다. 그래서 저희 어머님 주머니는 두둑해진 것이다. 사실 저는 언제나 한결같이 우애가 좋으신 저희 어머님 형제들이 늘 부럽다. 이렇게 멋진 자매 우애 저희 형제들도 꼭 답습(踏襲)하여 예전처럼 다정하게 살아가겠습니다. 라는 생각을 한다. 저는 너무나 많은 식구들에게 커다란 은혜를 입어 한편으로는 미안하고 한편으로는 이런 이모들이 계셔서 늘 감사하고 의지가 된다. 특히 이종 사촌 오빠도 금일봉을 내밀며

"이모 빨리 쾌차 하세요."

라는 말을 하시며 남편에게도 치료 잘 받으라고 하면서 따로 용돈을 주시고 가신 것이다. 이 부분에 대해선 여러 친척들에게 미안하게 생각하고 감사한 마음을 잊지 않을 것이다. 훗날 갚아야 될 은혜인 것 같다는 생각도 든 부분이다. 저는 다른 식구들이 다 떠나고 이제 언니만 남아있다. 언니는 신탄진까지 버스로 간다고 자기 걱정은 하지 말라고 한다. 언니 가는 길 걱정은 특별히 하지 않는다. 남편을 이곳 병원에서 오래 머물게 해서는 안 될 것 같다는 생각이 들었다. 조심스럽게 남편에게

"지금 당신 예약 날짜가 아직 많이 남아 있으니 김해 내려가 있다가 예약 날짜가 되면 다시 오는 것이 어때요?"

라고 했다. 남편도 순순히

"그렇게 하지."

라는 말을 한다. 사실 3일 밤을 잠 잘 곳을 찾아 베개 들고 다니는 모습이 안쓰러웠던 것이다. 그래서 마냥 이 좁은 공간에서 한 달 가량 같이 지내기란 힘들 것 같다는 판단 아래 조심스럽게 이야기를 했다. 그런데 남편도 같은 생각을 했는지 수월하게 그리하겠다고 하니 마음이 한결 가볍다. 하지만 서울에서 김해까지는 5시간이 걸리는 장거리다 그리고 행여 가다가 진통이 올까봐 염려가 되는 부분이다. 그렇지만 병원 로비에서 마냥 자게 할 수는 없는 일이라 아무튼 저는 남편을 김해로 내려보내는 방법을 택하는 것이 맞을 것이라 생각하여 일단 김해 내려가서 잠이라도 편안하게 잤으면 한다. 그리고 밥도 비록 자기가 해서 먹을지라도 마음 편하게 먹을 수가 있을 것이다. 집에 애들만 있는 것보다는 그래도 아빠가 집에 있으면 어딘지 모르게 든든하기도 할 것이라는 생각도 없진 않다. 남편에게 다소 늦긴 했지만

"지금 서둘러 출발하게 되면 밤 12시쯤이면 김해 도착 할 수가 있을 것 같아요."

라고 했다. 남편도 그렇게 하겠다며 일어선다. 나는 남편의 짐을 챙겨주면서

"김해 내려가는 길에 처형을 신탄진에다 모셔다 드리고 가면 어떨까?"

라고 조심스럽게 남편 의중을 물었다. 예전 같았으면 남편의 의중을 떠나 내가 명령식으로 말을 했을 것이다. 그러나 이젠 통증이 자주 찾아오는 암 환자인지라 부탁을 하는 방법을 택한 것이 나의 변화다. 남편은

내가 부탁을 하니 흔쾌히 승낙을 해주었다. 이날 저녁 손님들을 다 떠나보내고 언니와 남편마저 출발하는 모습을 뒤로 하고 어머니와 나는 병실로 돌아왔다. 하루 왼 종일 친척들로 부적이던 병실이 이제는 다 떠나고 모녀만 남아있으니 적막함이 돈다. 어머니와 둘이 마주앉아 식구들 얘기를 하다가 밤길에 먼 길 떠나가는 남편이 염려스러워 어머님께

"엄마 조 서방 아무 탈 없이 집에 잘 도착하게 해주세요."

라는 부탁을 드린다. 어머니께서

"괜찮을 것이다."

라고 한다. 나는 저희 어머님 그 말씀 한마디면 모든 시름 다 잊는다. 그러니까 울 엄마 한마디 괜찮을 것이다. 라는 말씀은 언제나 저에게는 신앙과 같은 믿음을 가지게 했으며 우울해진 마음의 활력소고 삶의 고비를 버티는 원동력이며 마음의 의지(依支)처(處)였다. 옛말에 이르기를 신념(信念)은 마력(魔力)과 같고. 그 마력(魔力)의 힘은 믿는 만큼 이루어진다. 라는 말이 있듯이 항상 어머님 말씀처럼 어려운 고비들을 잘 버티고 지나갔다. 그래서 늘 어려운 일이 생기면 나는 염치불구하고 어머님께 부탁드리며 살게 된 이유다. 그래서 저에게 어머님이란? 신앙(信仰)과 같은 존재(存在)이고 나의 이정표이셨다. 그리고 때로는 저 높은 곳에 계시는 부처님과 같은 존재셨다. 울 엄마는 그 누구와도 견줄 수 없을 정도로 다정다감(多情多感)하셨기 때문에 그야말로 하늘아래 둘도 없는 인자하신 울 엄마셨다. 그래서 저는 더욱 저희 어머님을 존경하게 되었고 그런 모습들을 조금이라도 답습하고자 하는 마음도 한켠에 간직하고 있는 것이다. 그렇지만 한편으로는 근엄(謹嚴)함이 서려있어 더러는 조심스럽고 무서운 부분도 없진 않아도 더러는 두려운 대상이 되기고 하신분이 바로 울 엄마다. 함부로 근접할 수 없는 어떤 경지에 계시는 분 같은 느낌도 있다. 더군다나 저희 어머님께서는 언제나 남을

먼저 배려하는 마음이 몸에 배여 있었으며 너그럽고 자애로움이 그 누구도 범접 할 수 없을 정도의 도량이 넓으신 분이라 여겨졌다. 빈부(貧富)격차(隔差)를 초월(超越)해 사람을 대하실 때는 언제나 진솔한 마음으로 대하셨던 부분들이 유독 고결(高潔)해 보였던 것이 다른 분과의 차이점이라면 차이점이라 하겠다. 제 눈에 비춰지는 저희 어머님의 삶 그 자체는 희생정신(犧牲精神)과 배려심이 저변(底邊)에 깔려있었다. 그래서 나는 더욱 더 저희 어머님의 행동들이 너무나 자랑스러웠으며 제 눈에는 생불(生佛)로 보였던 이유다. 남들 눈에 비춰지는 저희 어머님 모습들이 어떻게 비춰졌는지 알 수 없다. 그렇지만 제가 생각한 부처님은 산속이 아니고 우리의 생활 속에 계시다는 것을 깨달은 사례다. 그러다 보니 더러는 왜? 사람들은 부처님을 산속에서만 찾을까? 라는 생각을 했던 이유다. 사람들은 등하불명(燈下不明) 그러니까 등잔 밑이 어둡듯 집안에 이렇게 부처님이 계시다는 것을 몰라보는 것 같아 조금은 아쉬움이 남은 부분이다. 저희 어머님은 남과 다른 부분이라고 한다면 분명 정규과정의 교육은 전혀 받지 못하셨지만 분명 나름 깨달음을 얻으신 분이시며 지혜롭고 현명하시고 인자하셨던 분이라는 사실이다. 이렇게 생각하는 마음도 이렇게 보는 것도 저만의 시선이고 저만의 생각이다. 이 부분은 저 또한 사회성이 많지 않아 좁은 안목일 수도 있다고 생각한다. 또 다른 안목으로 보노라면 때 묻지 않은 자(者)의 적자지심(赤子之心)으로 보는 순수한 마음에서 보는 시선(視線)일 수도 있다는 생각도 해본다. 제가 때가 묻지 않았다는 말은 결코 아니다. 예를 들었을 때를 가정했을 뿐이다. 사회성이 부족한 저의 안목일 수 있다는 뜻이다. 그러니까 정저지와(井底之蛙)우물 안에 살고 있는 개구리가 하늘을 올려다 보는 시선쯤으로 생각한다. 우리가 살면서 더러는 어떤 사람을 두고 저 사람은 올곧은 사람인가? 그릇된 사람인가를 판단해야 하는 시점이 분명 있을 것이다. 그것은 자신이 어떤 일을 도모하고자 하였을 때와 어떤 일을 겪게 되었을 때에 대부분 누군가를 선택하기 이전 자신의 안목으로 자신의 저울로 자신의 계산기로 상대를 평가를 해야 한다든가? 가름하는 시점이 될 수가 있을 것이다. 우리가 평가하고 가름하는 범위가 워낙 광범위해서 이것이다. 저것이다. 라고 정의를 내리기에는 애매모호한 부분도 없진 않다. 그러나 꼭 예를 하나 들자면 가령 어떤 사람을 직원으로써 채용하고 있는데 평소에 행실이 미덥지 못하고 신뢰성이 떨어지고 전하는 말마다 상대방(相對方)을 비방하는 말들이라면 그 사람의 언행(言行)들을 어떤 면에서는 한번쯤 고려(考慮)해서 듣게 되는 것이고 어떤 일을 같이 하매 있어 마음을 다 열어놓지 못하고 같이 동행할 것인가를 놓고 신중에 신중을 해야 될 경우가 생긴다. 그래서 옛말에 이르기를 사람은 자고로 하나를 보면 열을 알 수가 있다. 라고 하는 말이 내포하듯이 더러는 자신도 그 누군가에게 선택의 대상이 되는 경우도 있다. 그래서 둔한 제가 생각하기를 이왕지사 짧은 인생 살면서

"저사람 말이라고 하면은 검은 것도 하얗다고 해도 믿을 수 있다."

라는 말이 상대에게서 자연스럽게 나올 수 있을 정도의 믿음을 쌓고 살아가는 것도 좋을 것이라는 생각한다. 그렇지만 반면에는 믿음도 상대적이라는 것을 저희 형제들을 통해 경험했다. 상대주의(相對主義)에 따르면 세상사람 모두를 만족 시킬 수 있는 진실이나 진리는 없다고 하였듯 이와 같이 세상에서 떠드는 진리나 진실은 모든 사람들이 자신의 입장에서 자기에게 유리한 주장만을 내세울 뿐이다. 라고 말을 한다. 아마 그렇게 이야기가 전개되는 이유는 아마도 대부분이 자기중심적으로 평가가 주를 이루고 있어 그러지 않겠는가? 싶다. 저 역시도 짧은 경험이었지만 제가 겪어온 경험에서 깨달은 부분이 있다한다면 세상을 가름하는 척도(尺度)라는 것이 제각기 자기 기준(基準)에 의해 세상을 바라

보는 것이 상례(常禮)다는 것이다. 그래서 시력도 난시가 있고 원시가 있고 근시가 있는데 근시인 사람이 안경 없이는 멀리가 흐려서 잘 보지 못하듯 마음에 방해가 있으면 세상 평가 기준점도 판이하게 해석되는 경우가 있었음을 나의 삶 속에서 경험을 하고보니 이 좋은 세상을 두고도 삶은 고(苦)라고 하는 사람이 있는 반면에 삶은 락(樂)이라고 여기며 사는 사람과 크게 두 부류로 나누어져 살아가는 것이 지구촌에 현실이라는 사실이다. 그렇지만 저는 뜻을 세워서 세상을 향해 도전해가는 사람과 덧없이 세월을 흘려보내면서 신세타령이나 하면서 인생이 고(苦)라고 읊조리며 사는 사람의 30년 후 모습은 판이하게 달라져 있을 것이라 생각 한다. 요즘 저는 주변 분들에게 자신의 30년 후의 모습을 어떻게 가질 것인가? 라는 질문을 가끔 던져보기도 한다. 그리고 관상은 바로 마음과 연결 되어있어 마음에 방해를 많이 받은 사람 모습은 인자(仁者)한 모습이 대체로 드물다는 것이다. 마음에 장애(障礙)가 없고 방해(妨害)가 없는 사람의 인상은 어딘지 모르게 평온함이 깃들어있음을 느낄 수가 있다. 우리는 대부분 그 얼굴을 부처님 같은 얼굴이라고 표현하기도 한다. 우리는 마음이 열려있는 사람들이 소이 말하기를 아무리 손금(手相)이 좋다하더라도 관상(觀相)이 좋은 사람보다 못하는 것이고 관상이 아무리 좋아도 심상(心相)이 좋은 사람만 못하다. 고 하는 이유를 알았다. 그러니까 수상불여(手相不如)손금이 아무리 좋아도 관상만 못하고 관상불여(觀相不如) 관상이 아무리 좋아도 심상만 못한다는 뜻으로 심상불여(心相不如))라고 하는 이유다. 어느 유행가 가사처럼 얼굴만 이쁘다고 여자냐 마음이 고와야 여자지. 라는 노랫말처럼 우리네 옛 선조님들은 마음씨를 최고로 여겼던 것이다. 더구나 마음의 거울이 바로 관상이다. 라는 의미가 바로 이런 뜻이 되겠다. 그리고 자신의 얼굴을 본인은 거울을 통하지 않고는 볼 수 없다 그러나 자신(自身)를 마주한 상대는 항상 내 얼굴을 쳐다보고 있다는 사실을 알았으면 한다. 그 얼굴을 가족들은 매일 마주보며 살아가고 있기에 항상 웃는 얼굴이 좋은 것이다. 사람의 얼굴은 추천장이 되어야 되는 것이고 마음은 신용장(信用狀)이 되어 각자가 가지고 있는 재주와 재능을 세상을 향해서 적절하게 펼쳐가는 것도 좋지 않겠는가? 하는 마음이다. 그리 하찮은 동물들이나 풀 한 포기도 목적이 있어 지구에 공전(棲息)하고 성장(成長)하는 이유고 하찮은 미물(微物)도 쓰이는 곳이 분명 있어서 기생(寄生)하며 사는 이유라 여긴다. 하지만 만물(萬物)의 영장(令長)이고 만물의 용재(用材)라 일컫는 소이 고등동물(高等動物)이라는 일컫는 사람들이 자신을 닦고 자신(自身)를 발전(發展)시키는 일은 뒷전이고 남의 험담이나 늘어놓고 남의 잔치에 감(柿)놓아라 배(李)놓아라. 고 하여 세상을 시끄럽게 할 필요는 없지 않을까? 싶다. 사람은 크게 두 가지 유행을 나누어 볼 때 어느 한쪽은 스스로가 행(行)을 하면서 바른 길로 가자며 이끌어가는 유행이 있고 다른 한쪽은 스스로 행(行)은 하지 않으면서 남의 행(行)들을 비아냥거리며 허물을 만들고자 시비의 눈으로 보는 자(者)가 있는 것이 세상(世上)사라는 것이다. 그러나 반듯이 우리만이라도 스스로 깨어나 중용(中庸)을 지키려 노력해야 할 것이며 나아가 중도(中道)로써 8도풍인 미추(美醜)를 벗어나 선악(善惡)과 불행(不幸) 후박(厚薄) 넘어서려는 마음가짐이 중요하다고 할 것이다. 내 눈에 비춰지는 저희 어머니는 세상만사를 중도(中道)로 보시고자 노력하셨고 행(行)을 실천(實踐)하셨던 분이셨기에 저는 존경(尊敬)하게 되었던 부분이고 고결(高潔)하다고 느꼈던 이유다. 저희 어머님의 그러한 행동들을 옆에서 보고 자란 형제들도 어머님을 바로 보지 못 하는 부분이 있어 이 부분만큼은 아쉬움이 컸던 부분이라 하겠다. 그렇지만 저 만이라도 저희 어머님 깊은 뜻을 헤아려보려 비록 제가 미혹(迷惑)할지라도 어머니를 이해

(理解)하려 했던 것이고 그 깊은 마음을 공감(共感)하고자 어머님의 뜻을 거역하지 않고 가능한 어머님 손과 발이 되고자 했던 이유다. 저희 어머님께서는 언제나 그 누군가 크게 잘못을 했을지라도 그것을 굳이 말씀해서 지적 질 하지 않으셨으며 오히려 저희가 상대를 못 마땅히 여겨 불평이라도 할라치면 모르께 그런다. 라고 하셨던 부분을 저는 높이 샀다. 아무튼 이와 같이 저희 어머니는 유별스럽게도 남 험담하는 부분에서 만큼은 유난히 엄격하셨던 분이셨다. 특히 허물 있는 사람을 일절 비방하지 못하도록 혹독하리만큼 저에게는 엄하게 가르쳐주셨다. 그래도 비방이라도 할라치면 꼭 저희들에게 하셨던 말씀은 나중에는 그 사람도 괜찮을 것이다. 라는 말씀을 여지를 남겨 그 사람도 나중에는 괜찮아져 좋아질 것이라는 희망을 주셨다. 저희들에게 단면만 보고 상대를 평가하지 말라는 의미이며 현재 모습만 보고서 섣불리 상대를 비방(誹謗)하지 말라는 뜻이다. 그러니까 울 엄마는 언제나 남을 비방하는 부분만큼은 유독 엄하게 꾸지셨으니 저도 언제부터인가 남을 내 시선으로 보지 않으려 노력을 했던 이유다. 사실 지금 와서 생각해보면 이런 부분에 대해선 유난히 엄하셨던 이유가 남의 험담이나 폄하하는 부분이 우리 인간이 가장 쉽게 저지른 가장 큰 죄라는 것을 알고 계셨던 것이라 생각한다. 아무튼 저희 어머님 모르께 그런다 모르께 그러지. 라는 그 말씀이 진리(眞理)라는 것을 깨닫게 사례다. 그러나 이 글을 쓰고 있는 지금 저는 더러는 부처님 같으셨던 어머님을 멀리 떠나보내고 때늦은 회한(悔恨)에 젖어 사무치도록 어머니를 그리워하며 어머님의 훌륭한 흔적(痕迹)들을 더듬어 보고 있는 저 자신이 너무나 초라하다는 느낌이다. 어머니의 마지막 말씀이 되어버린 5일 후면 나는 다 났을 것이다. 라고 손가락으로 숫자 다섯을 세어주셨던... 그 모습을 저는 아직도 생생하게 기억한다. 저는 미련하였는지 5일 후면 다 지났다는 의미가 영원

한 이별(離別)을 고하는 뜻인 줄 깨닫지 못하고. 아 이젠 정말 5일 후면 우리 엄마가 걸을 수가 있겠구나. 라는 착각(着角)을 아주 단단히 하고 행복(幸福)해 했던 저 자신이 너무나 부끄럽다. 더욱 어머니를 지켜드리지 못하였다는 죄책(罪責)감에 많이 괴로워하며 많은 날들을 보냈다. 저는 그렇게 어머님을 잃고 한동안 황망(慌忙)하여 저 자신이 걸어가야 하는 길마저 잃고서 한 동안 방황 했다. 하지만. 이렇게 방황(彷徨)하고 있는 제 모습을 위에서 보고 계시는 저희 어머님께서 실망(失望)하실 것 같다는 느낌이 확 들어 정신을 가다듬어 보는 중이다.

저는 정신을 가다듬어 심기일전(心機一轉)하여 다시 용기(勇氣)내어 세상을 향해 걸어야만 된다. 나의 이정표셨던 어머니를 그렇게 황망하게 떠나보낸 지 벌써 1년 반이 넘었다. 날과 달이 가면서 해가 바뀌니 어머님 얼굴이 더러는 희미해지는 느낌을 받았다. 옛말에 눈에서 멀어지면 마음에서도 멀어진다. 라는 속담처럼 어머니가 우리 옆에 계시지 않으시니 더러는 잊고 사는 저 자신을 발견했던 것이다. 그러나 어찌 우리들의 귀(貴)하고 귀(貴)하신 어머니를 잊겠습니까만? 그래도 세월(歲月)이 흐르니 세월이기는 장사 없다. 라는 속담처럼 정말 어머니를 회상(回想)하는 부분들이 자꾸만 줄어드는 느낌이다. 지난 일들이 기억에서 희미해지는 것은 어쩔 수 없는 자연현상이라 하겠지만 그래도 어머니와 함께하였던 일부분만이라도 적어두면 훗날 어머님을 상기시키는데 큰 도움이 되지 않겠는가? 라는 생각이 든다. 이렇게 어머님을 상기(想起)해서 글을 쓰다보면 다시 어머니와의 추억이 생각나고 어머님 얼굴이 선명(鮮明)하게 그려지는 현상(現象)도 제 옆에 항상 어머님이 계시지 않을까? 라는 생각이다. 제가 이렇게 글을 쓰는 이유는 우리인간의 기억은 한계가 있지만 그래도 어머님과의 추억을 기록을 해두면 세대가 변해도 펼쳐볼 때마다 어머님이 새롭게 회자(膾炙)되고 새롭게 탄생(誕生)되는 기분이 들지 않겠는가? 라는 마음으로 다듬어지지 않는 문장(文章)을 휘두르는 느낌으로 부족하지만 이렇게 써보는 것이다.

어머니는 늑막(肋膜)에서 한 번 더 물을 빼냈다

한주를 시작하는 월요일이 되었다. 담당 호흡기교수님께서 아침 회진을 오셨다. 회진을 마치신 교수님께서 하신 말씀은 늑막에서 한 번 더 물을 뽑아야 될 것 같다고 하신 것이다. 그리고 다른 곳은 크게 나빠지지는 않았지만 아직 늑막에서 잔물이 보이니 그것마저 빼고서 결과를 보자고 하시면서 나가셨다… 그리고 주말이 되어 이틀 치료를 받지 못한 뒤꿈치괴사마저 치료를 마쳤다. 이제는 늑막에 물을 빼야하는 순서가 되었다. 그래서 나는 어머님을 휠체어에 모시고 치료실로 갔다.

젊은 의사 선생님께서는 벌써 늑막에서 물을 빼고자 준비를 다 해놓고 저희들을 기다리고 계신다. 준비라 할께 뭐 있나요? 고작 주사바늘과 빈병뿐이다. 하지만 초고도의 스킬이 필요한 작업이라 조금은 긴장하고 계신 모습이 역력하다. 치료실에 도착한 어머니는 예전처럼 의자에 돌아앉아 의사 선생님 쪽으로 등을 내미셨다. 젊은 의사 선생님 손이 덜덜 떨리고 있는 모습이 눈에 들어왔다. 그만큼 의사선생님께서도 긴장하고 계시다는 것이다. 어머께서는 늑막(肋膜)에서 한 번 더 물을 빼내고자 의자 등을 붙잡고 앉으셨다. 이 과정은 대부분 서너 시간을 미동(微動)

도 없이 앉아 있어야 하는 것이 관건(關鍵)이다. 성치 않으신 분으로서는 난이도가 높은 포즈를 취해야 하는 것이 문제다. 그러나 저희 어머니께서는 이 고통스런 과정들을 너무나 잘 참고 계신 것이다. 저 역시도 어머님 옆에 서서 서너 시간을 지켜보며 어머님 자세가 기울지 않을까? 바늘이 기울지 않을까? 하고 나름 신경을 곤두세워 지켜보고 있는 중이다. 어머니의 자세가 기운다든가 바늘이 움직여 기울게 되면 나오던 물이 나오지 않아 저도 옆에서 한눈팔지 않고 눈을 크게 부릅 뜨고 지켜보고 있는 상황이다. 저희는 3~4시간을 미동도 없이 앉아 물을 빼고서 더 이상 늑막에서 물이 나오지 않아 빼낸 물량 300cc를 체크를 해 두고 병실로 돌아 왔다. 저희가 일반 병실로 옮겨 온지 5일 밖에 되지 않았는데 이 병실 사람들은 저를 두고 효녀 심청이라고 부른다. 그리고 또 다른 환자이신 아드님을 효자(孝子)라고 칭(稱)하면서 저희 두 사람을 두고 누가 누가 더 어머님께 잘하는지 효자와 효녀의 대결이라는 소리도 늘 하고 있다. 그런데 저희 어머님께서는 특별 할 정도로 의식(意識)이 뚜렷하신 분이다. 반면 다른 환자분께서는 의식(意識)이 전혀 없으시다. 특히 의식은 전혀 없고 그저 호흡기에 의존해서 겨우 숨만 쉬시고 계시는 수준이다. 저희가 이 병실에 들어왔을 때만하여도 이 할머니께서는 코에 호수를 삽입해 음식물을 넣어 드리는 수준으로 겨우 삶만 연명하고 계셨다. 그렇지만 2~3일 지나고 나니 코마저 헐어 이제는 배를 뚫어 그곳으로 드링크제를 주입시키는 정도다. 살아 있어도 살아있다고 볼 수 없는 그런 상황이다. 그렇지만 할머님 아드님은 낮에는 회사를 나가신 듯 낮에는 누님 되신 분이 오셔서 꺼져가는 어머님의 생명줄을 부여잡고 지극(至極)정성을 드리는 모습을 보여주고 있다. 그리고 밤에는 아드님이 퇴근하셔서 의식 없는 어머님을 향해 지극정성을 드리는 모습이 보통 분은 아니다 는 느낌이 든다. 의식이 전혀 없는 할머님의 자녀분들은 어머님을 살리시려는 대단한 의지와 부모님을 향한 효심이 표창장감이라 하겠다. 달리 표현하자면 뭐랄까? 타인(他人)의 귀감(歸勘)이 되시는 분… 그러니까 품행(品行)이 방정하여 저절로 존경심이 우러나는 분들이지 싶다… 어쩌면 이분들은 정말 옆에서 지켜보는 사람으로 하여금 감동을 느낄 정도로 효자효녀라는 사실이다. 의식 없는 노모님 보살피심이 분명 남과는 확연히 다르다는 것을 깨닫는다. 이런 행동들이 바로 타인(他人)의 귀감(龜鑑)이 된 부분이지 싶다. 아들은 회사 갔다 와서는 의식 없는 어머님께 꼭 오늘 하루 있었던 일과들을 다정스럽게 말씀을 드리는 부분들이 제가 봐도 너무 지극해보여 옆에서 지켜보는 이로 하여금 감동을 자아낸 것이다. 평소처럼 의식 없는 어머님을 향하여 말을 건넨다는 것은 보통 쉬운 일이 아니라는 것을 저는 잘 알고 있다. 그런데 이 아들은 매일 같이 반응 없으신 어머님께 일과를 보고 드리는 장면은 정말 보통사람들의 범주를 벗어난 모습이었다. 이분은 정말 이 시대가 요구하는 자식상이 아닐까? 싶을 정도다. 만약 제가 저런 상황이었더라면 저렇게 행동을 할 수 있을까? 라는 의문을 잠시 가져보기도 했던 부분이다. 진정한 효자는 하늘에서 내려주시는 것 같다는 생각마저 들었다. 아무나 할 수 없는 행동을 의식이 전혀 없으신 할머님 아들은 실천함으로써 생명을 주신 어머님께 지극(至極)한 정성(精誠)으로 부모님께 보은(報恩)하고 있는 참다운 사람의 모습이 저로 하여금 많은 감동을 받게 했다. 이러한 사례는 저의 인생길에 크게 감명(感銘)을 주었던 장면이라 하겠다. 의식 없는 할머님의 아들의 지극함을 보면서 저 역시나 꾀부리지 말고 울 엄마 간병하는데 성심을 다하고자 다짐한다. 저 개인적으로 정말 그분의 정성어림에 탄복해 저도 모르게 흠모(欽慕)하는 마음이 생긴 부분이라 하겠다. 꺼져가는 부모님 생명줄을 부여잡고 정성을 쏟는 그 모습은 저에게 정말 큰 공부가 되었던 부분이다. 마음으로 어머니를 지극히 살피시는 모습에 나는 큰 박수를 보내드린다. 환갑이 넘으신 따님께서는 낮에 어머님 간병 하시면서 더러는 불평도 없진 않았다. 옆에 있는 다른 환자들하고 애기를 나눌 때가 종종 있었다. 그때 잠깐 옆에서 들은 이야기로는 자기 어머님께서는 젊어서는 고등학교 교장으로 계셨으며 퇴임 후에는 YWCA 회장님으로 10년을 넘게 근무하셨다는 말씀을 들었다. 자기 어머님이 건강하실 때에는 탁월할 정도로 똑똑하셨지만 지금은 세상 시름 다 잊으시고 저렇게 의식(意識)없이 누워만 계신다고 안타까워하셨다. 더군다나 남동생에게는 가망 없으신 어머님을 집으로 모셔서 살아 숨 쉬고 계시는 동안만이라도 집에서 편안하게 모셔드리자고 이야기를 수차례 했지만 동생은 절대로 그럴 수 없다고 한다며 더러는 불만이 있는지 병실에 계시는 분들에게 넋두리 섞인 말씀을 종종하셨다. 입장 바꿔 생각해보면 넋두리 하시는 분 입장도 이해는 된다. 저는 어머니 따라 이 병원 저 병원을 전전하면서 의식 없으신 분들을 종종 보아온 터라 가끔 저도 이런 생각을 해보게 된다. 그러니까 세상사를 돌아볼라치면 자발적인 일에는 시간이 많이 걸릴지라도 불만이 생기지 않지만. 아무리 명분이 좋고 거룩한 일이라 할지도 할지라도 타인(他人)에 의해 부득불(不得不)참여하게 된 일이라면 시일(時日)이 얼마가지 않아 불만(不滿)이 쌓이게 된다는 사실을 깨닫게 된 동기라 하겠다. 이 할머니 따님께서는 종종 간병하시면서 푸념하시는 한숨소리가 커튼사이로 들려오는데 그 푸념은 저로 하여금 많은 생각을 갖게 했다. 이 아주머니의 한숨어린푸념이 제가 그냥 흘러들어서 넘겨버리기에는 유독 많은 생각을 갖게 했던 사례. 이유는 아마 이분처럼 장기간 의식(意識)없는 가족을 상급병원에 입원시키신 분들 입장이라면 분명 산소 호흡기에 의존해 억지로 숨을 쉬게 하는 경우가 될 것이다. 그러나 이러한 의료행위는 환자에게나 가족들에게는 너무나도 많은 것을 잃는 과정임을 누구나 알고 있다. 꺼져가는 생명이라 할지라도 누구나 쉽게 산소 호흡기를 빼지 못하는 것이 우리가 사는 사회의 법제도다. 그리고 이면(裏面)에는 병원 측 영리도 한 몫을 차지하지 않았을까? 라는 생각도 없지 않다. 그래서 저는 과연 이런 제도는 서로에게 물질은 물질대로 정신은 정신대로 피폐해질 대로 피폐해지고 환자는 돌아올 수 없는 강을 건너고서야 끝이 나는 이러한 경우 어느 일정(一定)선(線)에서 중재(仲裁)가 필요하다는 것을 깨닫는다. 이 할머님처럼 이렇게 의식도 없고 구순(九旬)을 바라보는 고령이신 분을 과연 우리는 어떻게 대처해야 현명한 방법인가? 라는 의문을 던져본다. 몇 년째 의식 없으신 노모님을 푸념을 하시면서도 살뜰히 살피시는 저 아주머님의 정성과 마음을 높이 사며 안타까운 마음 또한 공감을 하는 부분이다. 차마의 법칙 때문에 놓지 못하는 인연(因緣)줄을 부여잡고 있는 상황이 더욱 안타깝다. 그리고 아주머니께서 의식 없으신 어머니 옆에서 간간이 푸념하신 말씀이 제 마음을 더 서글프게 했다. 같은 병실 사람들은 이 아주머님의 독백을 듣고서 무슨 생각을 하셨는지는 알 수 없으나 저는 이 아주머니의 처지를 이해하며 남의 일 같지 않아 더욱 안타깝게 느껴졌다. 더구나 아주머님의 독백 중에 가장 제 마음을 아프게 했던 부분이 엄마는 돈 잡아먹는 기계여!"라고 하시는 부분이었으며 왠지 이 말은 듣는 이로 하여금 서글프게 했다. 그리고 왠지 남의 일 같지 않아 되새겨 지기도 하는 아주머님의 독백(獨白)이다. 상급병원비는 여러 달 지나면 환자가족들에게는 큰 부담을 주는 병원비가 된다. 그래서 환자분 따님 그 말씀은 이런 경우를 겪어본 사람만이 공감하는 부분이며 직접 당하고 있는 자만이 아는 암담한 현실이라는 사실에 우리가 조금 더 신중하게 생각 할 필요가 있는 부분이지 싶다. 이 할머님의 따님에 말씀은 저로 하여금 의미 없는 삶이란 굳이 이렇게까지 해서 의식 없는 생명을 연명(延命)을 해야 하는가?라는 의문이 일어 환자 따님의 독백이 혼자만의 고민은 아닐 것이라 생각이 든다. 저도 노모님 의식 없고 90세가 넘어도 저렇게 할 수가 있을까? 라는 생각이 스쳐 저 자신을 한 번 더 돌아보게 하는 사례다. 그리고 과연 우리들은 의미 없는 삶에 대해서 어떻게 받아드려야 옳은 것인지? 본인 의식이 남아 있을 때 요즘 시대에는 본인 의향(意向)서가 필요한 시기가 아닌가? 싶다. 인간 존엄사(尊嚴死)에 대해서도 조금 더 깊게 생각을 해 봐야 될 문제가 아닌가? 싶다. 더구나 당사자가 만약에 나라면? 그러나 저희 어머님께서 의식 뚜렷하시고 괴사 완치되면 쾌차하실 가능성이 높아 저런 고민을 하지 않아도 되니 천만 다행이라 여긴다. 저는 만약에 대해 생각하지 않을 것이고 어머니가 이만하신 것이 저 할머니하고 비교를 하고보니 더욱 감사하고 또 감사한 일이다. 옆 할머님께서는 의식은 전혀 없으셨지만 두 자제분들께서 어찌나 지극 정성으로 몸을 닦아주시고 손을 부여잡고 소곤소곤 애기도 들려주시고 또 얼굴도 쓰다주시면서 자식 된 도리에 최선을 다하신지라 옆에서 지켜보는 이로 하여금 우리도 저 분들처럼은 못 할지라도 우리도 같은 생명을 부여받았고 참된 의식도 가졌으니 성치 않으신 부모님 살핌에 소홀함이 없어야 되겠다는 생각을 갖게 하는 참 좋은 사례였고 참 좋은 본보기를 보게 된 기회다. 이 할머님께서는 인생을 어떻게 살아 오셨는지는 알 수 없으나 북망산천 가시는 길이 그리 험하지는 않으실듯하다는 생각한다. 더구나 자식들을 참 잘 키우셨다는 생각도 든다. 아무나 저리도 정성스럽게 의식 없는 부모님을 살뜰히 살피지는 못할 것이라 생각한다. 이 병실에 들어와서 나는 저 분들로 하여금 많은 것을 배웠다. 그리고 이렇게라도 우리 곁에 계시는 저희 어머님에게도 감사드린다. 저분들은 지금은 비록 의식이 없으시지만 지난날 본인들 어머님의 헌식적인 뒷받침과 교육으로 유학까지 마치시고 외국에서 살고 계시다가 노모님 쓰러지셔 모든 것을 팽개치시고 한국으로 나와 저렇게 정성스럽게 어머님 간병에 최선을 다하는 모습은 분명 품행이방정하여 타인의 귀감(龜鑑)감이라 생각한다. 우리가 살면서 저런 모습은 꼭 배우고 답습하여 성치 않으신 부모님 섬김에 꾀부리지 말아야 될 것이라고 생각한 부분이다. 저는 저희 어머님께서 꼭 쾌차 하실 수 있도록 그 어떠한 경우라도 어머님 곁을 지키게 될 것이며 저희 어머니를 외롭지 않게 옆을 사수 할 생각이다. 저분은 유학[留學]파이고 저는 무학[無學]파이지만 세상은 병든 부모님 섬기는데 유, 무식 [有無識]를 논(論)하지는 않을 것이라 생각한다. 이날 오후 괴사 전문의께서 사촌 여동생의 특별한 부탁이 있었는지 저희 어머니 치료차 특별히 방문해 주셨다. 괴사전문의께서는 이종 사촌동생과 함께 오랜 세월같이 근무한 동료로서 그랬는지는 모르겠으나 참 다정하게 저희 어머님께 말을 붙여왔던 부분이 내 마음에 감동을 줬다. 그리고 다른 의사 선생님과 다르게 괴사된 부위를 아주 세밀하게 소독을 하시면서 괴사된 부위에 너덜거리는 것 하나 없이 마무리를 하시고는 괴사를 세밀하게 자로 재 넓이와 길이 그리고 함몰된 깊이까지 기록을 하셨다. 새살이 돋아나도록 해야 된다면서 새살이 돋아 날 수 있는 약을 발라주시며

"할머님 치료 잘 받으시고 맛있는 것도 많이 잡수시고 약간씩 움직이시기도 하셔야 됩니다."

라고 하시며 병실을 나가셨다. 참 다른 의사선생님과는 다르게 저희 어머니를 극진히 대해주시는 그 느낌이 참 좋다. 이것이 바로 인술(仁術)의 한 부분이지 않나 싶다. 현실은 의사선생님들께서도 환자가 넘치는 세상과 마주하다보니 보편적으로는 업무적일 수밖에 없었을 것이라고 이해는 한다. 그렇지만 환자들은 특별한 관심과 따뜻한 말 한마디와 진심어린 마음을 원할 뿐인데 보통은 상투적인 의학 멘트나 하고 회진

을 마치고 돌아가시는 것이 요즘 의사선생님들 행보(行步)이다보니 인정이 메말라 보였던 부분도 없지는 않았으리라 생각이 든다. 그런데 상급병원에 와서 보니 진료시간과 회진시간은 지방병원들하고 대체로 별반 다른 것은 없으나 환자를 대하시는 태도는 분명 상급병원 의사선생님들이 더 친절하시다는 사실이다. 괴사전문의께서는 바쁜 일정일 텐데 동료 이모님이라고 이렇게 찾아오셔서 마음으로 대해주시고 가시니 남모르게 감사하는 마음이다. 저는 문득 남들은 괴사가 생겼을 때 대체로 어느 정도 시일이 경과했는지는 잘 모르겠지만 발꿈치 괴사가 너무 오랫동안 사람을 잡는다는 생각이 든다. 그러니까 벌써 괴사가 생긴지 6개월째라 참 괴사가 일반 상처보다는 많이 더디다는 느낌이 든 것이다. 물론 부러진 뼈도 다 붙었을 기간이다. 그러나 발뒤꿈치라 그런지 이제사 새살이 올라올 기미를 보이는듯하니 무식(無識)한 제 생각 같아서는 그냥 발뒤꿈치 잡아당겨 꿰매 버리고 싶은 마음도 간절했다. 찢어지고 깨진 상처들은 분명 꿰매면 상처도 금방 났던데 이 괴사는 분명 뭔가 달라도 너무 달라 그냥 이대로 꿰매면 그냥 낫는 것이 아니라 말 그대로 썩어 들어가기 때문에 그렇게 해서는 절대로 안 되는 부분이라고 저는 김해의사선생님한테 들었었다. 하여간 여러 가지 일들이 제 뜻과는 무관(無關)하게 불협화음(不協和音)연속이다. 지금은 새살이 돋아나고 있다고 하시니 일단 그 어떤 일을 하매있어 다소 일정한 시간을 요하는 것들이 확실히 있다는 사실을 경험하는 중이다. 더구나 그중에 하나가 바로 이 괴사가 시간이 약이 될 것 같다는 느낌이 든다. 이것이 바로 고해(苦海)바다에서 허우적거리는 우리네 인생이 아닐까? 라는 생각이 든다. 누구나 다 이렇게 사는 것은 아니겠지만 저에게만은 유독 쉽게 가는 일이 없어 왠지 비운(悲運)을 만나 고전을 면치 못하는 것이 바로 제 인생에 삶이지 않나 싶다. 그래도 차츰차츰 차도를 보이시는 것 같아 희망을 가져본다. 이날 발 괴사된 부분을 전문의한테 치료를 받고나니 왠지 기분이 달랐다. 믿는 마음이 달라 그랬을 거라는 생각도 해본다.

  이날 오후 아직 광주로 내려가시지 않으신 광주 이모님과 사촌 동생이 퇴근길에 병실에 다시 들렸다. 광주로 아직 내려가시지 않으신 이모님께서 이렇게 이틀이 멀다하지 않고 병실을 찾아주시니 저에게는 큰 위안이 된 부분이다. 그래서 우리들은 어머니를 휠체어에 모시고 함께 저녁식사를 하기 위해 지하상가로 내려갔었다. 사촌 동생도 퇴근길에 이렇게 종종 들여다보고 가곤 하니 타향 객지 생활이 많이 의지되고 고마웠다. 조금은 늦은 감이 있지만 정말 이 당시에 이종 사촌동생이 의지가 많이 되었고 우리들이 병원생활 하는데. 여러 가지로 많은 편리를 봐주고 자주 찾아 와줘 너무 고마웠다는 인사를 이 글로 대신 한다. 이날 저녁같이 먹고 헤어진 후 우리는 병실로 들어와 조용히 자리를 잡고 누웠다. 다음날 호흡기교수님께서 회진 오셨다. 교수님께서는 저희 모녀를 향해 온화한 미소를 띠시며

  "이젠 호흡기 쪽 치료는 다 끝났습니다. 그러니 할머니께서는 이제 소화기내과 치료를 본격적으로 받으셔야 됩니다. 그러므로 다른 층 병실로 옮겨가셔서 그곳에서 마저 간담도 치료를 받으세요."

  라고 하신 것이다. 저는 사실 담당호흡기내과 교수님에게서 인술(仁術)을 보았던 것이다. 그래서 저는 거침없이 교수님께

  "그동안 진심어린 마음으로 치료 잘해주셔서 너무 감사했습니다."

  라고 인사를 드렸다. 그리고 작별인사로 악수를 청했다. 악수를 청한 제 당돌함에 교수님께서는 당황을 떠나 반은 어이없는 표정을 지으셨다. 그렇지만 선뜻 손을 내밀어 주셨다. 저는 환자를 생각하시는 교수님 마음에 매료되어 정말로 감사하는 마음에 손에 힘을 주어 꽉 잡는 악수

를 했다. 교수님께서 저에게

"힘이 쌔시네요."

라고 하신다. 그래서 저는 교수님께

"그동안 교수님의 정성어린 치료 덕분에 저희 어머님께서 빨리 쾌차하신듯하여 너무 감사합니다."

라고 인사를 드리며

"저희가 마음만 가고 이곳 병실에 몸은 머물러 있으면 안 될까요?"

라고 여쭈었다. 제가 이렇게 말씀드린 이유는 저의 입장에서는 짐 싸서 이 병실 저 병실 옮겨 다니는 것이 이골이 나서 잠시 제가 잔머리를 써본 것이다. 그런데 교수님께서는 제 말을 빨리 이해하시고선

"환자들 효율성 있게 치료를 하고자 하는 의미이고 의사들이 환자 살피는 시간을 줄이기 위해 이렇게 하는 것이라 어쩔 수가 없답니다."

고 정중히 말씀을 해주셨다. 저는 교수님의 그 말씀에

"그런 뜻이 있다면 당연히 옮겨야지요."

라고 말씀을 드렸다. 교수님께서 어머님께 인사를 깍듯이 하시면서 저희 어머님께

"할머니 빨리 쾌차하셔서 내려가세요."

인턴들에게 나가자고 손짓을 하신지라 나가시는 교수님을 향해

"그동안 정말로 감사했습니다."

라고 하며 제가 제일 잘하는 배꼽인사를 드렸다. 그런데 같이 동행한 5~6명의 인턴 분들께서 비웃는 듯한. 모습으로 히죽거리며 병실을 나간다. 그래서 저는 어느 한편으로는 제 이런 어리숙한 모습을 보고 비웃는 자(者)와 이 모습을 거짓 없고 순수한 마음인 적자(赤子)지심 보는 자(者)의 안목은 분명히 판이하게 다를 것이라는 생각을 해보았다. 이렇게 생각을 한 제 자신부터가 어리석은 생각이라는 생각도 든다. 그렇지만

보편적으로 사물을 볼 때나 사람을 평 할 때는 우선적으로 자기 안목에서 평가하는 기준이 보편적이라 저 역시 속인이 맞다 보니 비웃는 자의 안목을 과소평가하는 마음도 없지는 않았을 것 같다. 저는 이전에는 그렇게 초를 다투어 응급실을 향하게 했던 아니 우리를 그토록 생과사의 갈림길에 서있게 했던 폐에 물 차오름이 이제는 다 치료가 된 것이 어머님 병세가 분명 많이 호전되고 있다는 신호라 마음이 많이 홀가분했다. 정말 이젠 어머니께서는 완전히 폐관에서 해방이 되어 간담도 주머니 하나만 차고 있는 상황이다. 우리가 그렇게 확수고대 했던 폐관을 완전히 제거를 한 것이다. 그리고 담낭주머니도 머지않아 소화기내과에서 시술해 교체하고 나면 제거 될 것이기에 저희들에게는 희망이 더 커진 것이다. 대저 사람은 어떠한 역경이 닥치더라도 희망을 잃어서는 절대 안 된다는 사실이다.

아무리 세찬 비바람도 일 년 내내 몰아치지는 않을 것이고 성난 광풍[狂風]에 넘실대는 성난 파도도 일 년 365일 동안 끊임없이 파장을 일으키지는 않듯이 저 역시도 이 고비를 순리대로 쉬엄쉬엄 넘기노라면 분명 좋은 결과를 가져올 것이라 확신한다. 더구나 신념(信念)은 분명 마력(魔力)과 같은 것이다. 그리고 믿는 만큼 이루어진다 하였으니 우리들은 아무리 힘들고 곤란한 일이 닥치더라도 희망을 잃어서는 안 될 일이다. 위험한 고비를 어머니께서는 잘 견디어 주시는 바람에 이렇게 좋은 결과를 얻은 것 같아 감사하다. 사람은 아무리 험하고 척박한 환경일지라도 긍정적(肯定的)인 생각을 버려서는 절대 안 되는 것이라는 것을 새삼 느낀다.

이제 완전히 호흡기내과 치료가 끝났다

이제 호흡기내과 치료는 다 끝났다고 하니 마음이 한결 가볍다. 절반에 성공이라는 말이 이때 쓰는 말이라 생각이 든다. 호흡기내과교수님 나가시고 얼마 지나지 않아 바로 소화기내과 의사선생님께서 오셨다. 선생님은 어머님 건강상태를 체크하신 다음 나중에 소화기 쪽에서 연락이 오면 소화기 내과로 내려가서 스탠스를 삽입시킬 시술을 하게 될 것이라는 말씀을 해주시고 나가셨다. 스탠스를 삽입하면 옆구리에 달고 있는 담낭주머니마저 제거를 하게 될 것이다. 그렇다면 어머님께서는 이제 움직이시는 부분들이 조금은 자유로워지실 것이라 예상된다. 저는 또 이삿짐을 챙겼다. 호흡기 치료를 다 마쳤다는 생각에 울 엄마 건강이 희망적이라 짐 챙기는 제 모습이 이젠 초라하지 않는다는 점이다.

이제 우리는 호흡기내과치료를 다 마쳤으니 소화기내과 병실이 있는 아래층으로 내려가야 된다. 그래서 또 짐을 이것저것 챙겨놓고 보니 점심이 때가 되었다. 그런데 점심을 혼자 먹을 수가 없다. 어머님께서는 또 금식이라 혼자 밥을 챙겨 먹는다는 것은 저한테 어울리지가 않는다. 제가 짐을 챙겨 놓고 방을 배정 받지 못해 어정쩡하니 기다리고 있을 무렵 9층에 있는 병실로 내려가라는 연락을 받았다. 아마 9층은 소화기내과 관련 환자들만 모여 있는 병실인 듯하다. 그러니까 10층은 호흡기 관련 환자가 있는 층이고 9층은 소화기내과 관련 환자들만 있는 층인 것이다. 사실 이전에는 짐을 쌀 때 마다 불현듯 찾아오는 불안(不安)감과 막연(漠然)함 때문에 마음이 많이 무거웠다. 그런데 이날은 보따리를 싸고 있는 마음 한켠이 어딘지 모르게 후련했다. 저는 이것저것들을 챙겨

나오며 일주일가량 머문 이곳 병실 사람들과 작별을 고했다. 그리고 어머니를 휠체어에 앉히고 여러 개의 보따리는 어머님 무릎위에 올려놓고 승강기를 이용해 9층 방으로 내려갔다. 다행히 이번에 배정 받은 침대는 창문 쪽이다. 그래서 그나마 다행이라 생각된다. 이전 병실은 어머님 자리가 하필 중간에 끼여 있어 답답함이 참 많았는데 침대가 그나마 창문 쪽에 있으니 종종 밖을 쳐다 볼 수 있을 것 같아 다소 답답함은 덜 느낄 듯했다. 저는 어머니를 힘껏 들어 침대위로 올려드리고 또다시 짐을 풀어 정리를 하고 나서야 어머니를 돌아다보았다. 그런데 어머니께서는 벌써 창문 밖으로 보이는 주변을 살펴보고 계신다. 창문 밖으로 보이는 병원 녹지공원들이 병원이라고 하기보다는 어느 아름답게 꾸며진 정원 같기도 하고 넓게 조성된 공원 같다는 느낌이다. 이전 병실에서는 전혀 느껴보지 못한 자연과의 일치다. 그래도 다행히 이번에는 창문 쪽이고 보니 눈도 호강하는 느낌이 든다. 언제 우리가 이렇게 창문 밖을 내다 볼 마음에 여유가 있었던가? 싶다. 그런데 공간도 전번 병실보다는 좀 넓어졌다고나 할까? 도진개진(도간개간)이겠지만 그래도 고개를 들면 훤한 창문을 통해 창밖의 세상을 볼 수가 있어 다행이다. 그렇다고 저희가 한가(閑暇)하게 자연(自然)의 운치(韻致)나 감상 할 여유가 있을지 몰겠으나 그래도 종종 파란 하늘을 볼 수가 있어 이 전 병실에서 느꼈던 답답함은 없을 것 같다는 생각이 들어 좋다. 그동안 나는 갱년기 증상이 심해 남모르게 병실이 많이 답답했었다. 병실을 뛰쳐나가고 싶은 충동을 자주 느꼈다. 그렇지만 병든 어머님 홀로 두고 그럴 수는 없어 많이 내 자신을 극기(克己)하는데 남모르게 에너지 소리를 했었다. 그러니까 극기했다고 표현(表現)한 이유가 나도 사람이기 때문에 나름 마음에 갈등이 많았지만 그래도 우선 병든 어머님 생각해서 저자신의 고통은 멀리하고 충동적인 생각은 가능한 자재하려는 마음을 갖고자 나름 노력이 있었다는 뜻이다. 더구나 자식이기 때문에 성치 않으신 노모님 살펴드려야 할 의무와 도리(道理)가 남아 있음을 인지했던 이유라 하겠다. 이 시기에 저에게는 남모르는 우울증(憂鬱症)이 내면(內面)에 있었는지 자꾸만 좋지 않는 생각들이 불현 듯 떠올라 나름 마음에 갈등이 좀 있었던 시기다. 그렇다고 어머니에게 마음 불편한 저의 모습을 보이는 것도 어머님 마음을 불편하게 하는 것 같아 이제껏 남모르게 마음에는 갈등(葛藤)과 고충(苦衷)이 있었지만 그래도 저희 어머니를 생각해서 표시 않고 지냈던 것이다. 종종 제가 어머님 옆에 앉아 땀을 줄줄 흘리고 있노라면 엄마는 저를 보시고선 종종 그랬어? 라고 하셨다. 아마 그랬어. 라는 울 엄마 이 말씀은 아마도 자기 때문에 네가 고생이 많다. 라는 뜻이다. 하지만 성치 않으신 어머니 앞에서 나도 힘들다고 말 할 수는 없다. 그렇지만 그래도 나는 울 엄마 앞에서만은 어린아이이고 싶다. 나는 거침없이 네 그랬어. 라고 어린아이처럼 대답을 해서 분위기를 바꿨다. 제가 어리광을 이렇게 부리면 어머니께서는 본인 이마를 제 이마에 갖다 대시며 이마 땡을 해주신다. 그리고 엄마의 따뜻한 두 손으로 제 얼굴을 감싸 정(精)가득히 쓰다듬어 주신 것이다. 이렇게 세상에서 제일 다정한 눈빛과 손길로 제 얼굴을 쓰다듬어 주시는 울 엄마가 항상 옆에 계셔 나는 참 행복한 사람이다. 라고… 저희 친정(親庭)쪽이나 시가(媤家)쪽은 사촌형제들이 친사촌, 외사촌, 이종사촌, 고종사촌까지 합하면 사촌들만 무려 4~50명씩 넘으면 넘었지 모자라지는 않다. 친정이나 시댁 사촌들하고도 나는 모두 원만(圓滿)하게 지내는 편이다. 물론 100%는 아니라 할지라도 대체로 친인척들과 자주 연락을 하고 지내는 이유가 제가 친정어머님을 모시고 살다보니 주로 어머님 안부를 물어 오시기 때문에 여러 친인척들과 보편적으로 잘 지내는 편이 된 이유다. 그래서 얼마 전 저의 처지가 사면초가(四面楚歌)에 놓여있는 상황이라는 걸 알고 마음이 아파서 그랬는지는 모르겠지만 저를 위로하고 걱정하는 마음에 작은 집 친사촌 여동생이 저에게 이런 말을 했다. 특별히 되새겨 볼 말이라 저는 다시 한 번 상기(想起)시켜보고자 하는 이유다. 그러니까? 사촌 동생이 제게 했던 말인즉 이제라도 언니가 예수(豫首)님을 믿어 구원(救援)을 받고 큰어머님도 함께 믿게 해서 구원을 받아 보세요. 라는 말을 제게 했던 것이다. 이 말을 내게 했을 때는 분명 많은 망설임도 있었을 것이라 생각한다. 입장 바꿔 생각했을 때. 우리도 상대에게 어떤 것을 권하고자 할 때는 신중에 신중을 더해 이야기를 전하는 경우라 사촌 동생도 제게 종교를 바꿔보라는 의미(意味)라서 일단 남모르게 신중(愼重)하게 생각했고 고민도 많이 했을 것이라 짐작한다.

  이때 사촌동생에게서 이 말을 전해 듣고 제가 사촌동생에게 말하기를 어찌 어머님이나 내가 믿음이 부족해서 이런 일들이 생겼겠는가? 그러나 어렵고 곤란한 상황에서도 부모(父母)님을 귀(貴)하게 여기는가를 하늘이 묻고자 나를 시험(試驗)하시는 느낌일세. 라고 하면 자네가 이런 말을 내게 하는 뜻은 분명 나를 많이 생각하고 옆에서 보기에 안타까워하는 마음에서 하는 말이라고 느껴지니 나는 그 마음만 감사하게 받겠네. 고 답을 했다. 사촌 동생이 제게 작은 어머니 안타까워 구원 받자고 했더니 어찌 그런 궤변이나 늘어놓는단 말인가? 고 했다. 사촌 동생의 깊은 마음을 충분이 이해한다. 그러나 내 생각은 다르다. 그렇다. 세상살이가 아무리 힘들다고 병든 부모를 어찌 나 몰라라 할 것이며 버릴 수가 있겠는가 싶은 것이다. 그리고 아무리 못나고 바람직하지 못하다고 해서 남편을 어찌 버릴 것인가? 세상만사 이치(理致)도 분명 이와 같을 것이라 생각한다. 그래서 대부분 사람들이 고단한 삶을 극복하기 위해 종교를 믿게 된 동기이지 싶다. 종교(宗敎)를 믿게 된 동기(同期)야 어찌

되었든 종교를 발판삼아 세상을 바르게 보고 삶에서는 바르게 행(行)하며 관계에서는 서로 양보하고 배려(配慮)해 인생관이든 종교관이든 올곧게 믿고 가는 것도 좋을 것이다. 믿음은 믿음만큼 이루어는 것이고. 그 믿음 속에서 자신의 내면과의 약속도 깃들어 있기에 곤란에서 벗어나기 위한 종교 교체는 저의 개인적인 생각으로는 바람직한 방법은 아니다. 어찌 힘들다고 마음속에 간직한 굳은 약속을 저버리겠는가? 싶다. 요즘 더러는 신앙심(信仰心)이 깊어 그런지 주변 사람들이 유독 자신이 다니는 교회나 자신이 다니는 절(寺)을 강조하면서 부모 형제들을 멀리하는 사례가 허다하지만 그래도 옛것을 지키고자 하는 사람이 많은지라 절망적인 부분은 아니지 않나싶다. 더군다나 아무리 삶이 힘들다고 타국인(他國人)인 석가모니(釋迦牟尼)를 무릎이 닳도록 찾고 예수님은 무릎이 쥐가 나도록 찾아 절(拜)을 그리 많이 하면서도 아이러니하게 부모형제를 멀리하는 경우가 늘어가는 추세이고 보면 종교도 다 인간이 내세운 율법과 규율이며 경전이요 성경이 아니던가? 싶다. 나는 나답게 사는 것이 매력일 것이고 나답게 행동(行動)하는 것이 나만이 가지고 있는 장점이요 단점일진데 아무리 괴롭고 힘들다고 종교마저 바꿔가면서까지 곤란을 벗어나고 싶은 마음은 없다. 저에게는 나의 종교가 바로 저희 어머니요 저희 어머님이 바로 나의 신앙(信仰)이고. 뿌리이고 나의 신념이기 때문이다. 바로 내 부모님이 우리아이들의 뿌리임을 잊지 않고 사는 것이 근본(根本)임을 잘 알고 있음이다. 그러나 사람들은 대부분 종교를 앞장세워 자신의 뿌리를 도외시(度外視)하는 경우가 더러 있는 것을 주변에서 많고 살아왔기에 저는 그 어떤 신앙을 앞장세워 저의 곤란한 삶을 벗어나고 싶은 마음은 조금도 없는 것이다. 저는 일단 그 어떤 일이든 내게 주어진 일이라면 회피(回避)하지 않고 꾀부리지 않고 극복해 볼 것이다. 인생은 자신과의 싸움이고 자신을 극기(克己)하는데 묘미

(妙味)가 있는 것이라 하겠다. 그리고 이면(裏面)에는 경험 속에 얻어지는 커다란 지혜(智慧)가 참 진리요 깨달음에 경지라 생각한다. 그 누군가는 저에게 융통성(融通性)없고 고지식(固持識)이 넘쳐 미련스럽기 짝이 없다. 라는 말을 더러는 하지만 그것은 우주에 법칙을 잘 모르고 하는 소리 일 것이라 생각한다. 어떻게 보면 인생사란 반드시 굴곡진 삶을 살아본 사람만이 참 진리를 논 할 가치가 있는 것이고 굴곡진 인생을 겪어본 사람만이 타인을 귀하게 여기는 법이라는 사실을 저는 잘 알고 있기 때문이다. 이세상의 묘수(妙手)는 우리 눈에 보이지는 않지만 엄연히 존재하고 있기에 우리는 어떠한 경우라도 남을 존중해줘야 하는 것이고 남을 비방해서는 안 되는 것을 명심했으면 한다. 우리는 범사(凡事)에 감사할 줄도 알아야한다. 이런 마음을 기본으로 갖고 살았을 때 이 사회는 바로 서는 것이다. 나 하나쯤이야? 라는 생각보다는 나 하나만이라도 라는 의식(意識)변화(變化)도 필요 할 시기(時期)다. 인생을 멀리 봤을 때 말은 항상 덕(德)이 있어야 되고 행동(行動)은 한 결 같이 올곧아야만 미래(未來)를 장담 할 수 있다는 뜻이 될 것이다. 우선 먹기에는 곳 감이 달지만 너무 쉬운 것과 편한 것만 찾는다면 어쩌면 끝임 없이 변모하는 것이 인생사라 언제 찾아올지 모르는 호랑이 손님을[악운]막을 재간이 없는 것이 세상사(世上事) 이치(理致)라는 사실을 망각하지 않았으면 한다. 굴(屈)이 있으면 곡(曲)이 있기 마련이고 오르막이 있으면 내리막이 있는 것이 우주의 법칙이고 보면 우리는 항상 자기가 머문 곳에서부터 겸손과 겸양을 겸비하여함을 잊어서는 안 되는 부분이다.

　　우주의 법칙은 호리(毫釐)에 어긋남 없이 공명정대(公明正大)하게 작용(作用)된다는 사실에 우리는 주목(注目)할 필요가 있다. 인과응보(因果應報)라는 법칙은 너무나 현실 속에서 바로 나타나는 현상이고 보면 우리는 손바닥으로 하늘을 가릴 수 없고 자신의 과업(課業)을 망각(忘却)하고 편한 것만 찾는다면 하늘은 바로 답을 다른 각도로 응(應)하시는 것을 보노라면 인과응보의 법칙은 눈에 보이지는 않지만 우리가 무시할 수 없는 부분이 엄연히 존재하기에 자연의 법칙 중 인간이 가장 많이 저지른 죄업(罪業)이나 선업(善業)에 대한 대가(代價)를 상벌(賞罰)로 나눠 받는 과정이라 하겠다. 그러니까 하늘은 공명정대함으로 답하고 땅에서는 인과응보(因果應報)답으로써 호리에 어긋남이 없는 법칙(法則)이 작용(作用)하여 죄(罪)와 덕(德)이 선별되어 복(福)받을 자(者)와 벌(罰) 받을 자(者)가 나누어지는 경우라 하겠다. 생각하기를 지금 이렇게 비운(悲運)을 만난 것도 내가 알지 못하는 어떤 업보(業報)가 적용되지 않았을까? 라는 의구심이 일어난 부분이다. 이렇게 사연 많은 것도 나의 업보를 닦고 운명(運命)에 흠(欠)을 고쳐가는 과정이라 생각한다. 옛말에 본인 업보(業報)대로 살아가기는 쉬운 일이나 본인의 업보(業報)를 벗어나서 살기는 쉽지가 않다. 라는 말을 되새겨 보건데 지금 나는 전생업보를 벗어나기 위해 이 험난한 과정을 맞이하는 것이라 생각하는 차원이다. 돌이켜 보면 유독 다른 사람들에 비해 저의 삶이 유독 험난했다. 그렇지만 그래도 신세타령을 하기보다는 나에게는 살아가야 할 의무(義務)와 목적(目的)이 있어 나의 인생길 함부로 지려 밟지 않고 살아가려는 이유이고 꾀부리지 않고 살아가려는 이유다. 아무리 험난했어도 죽을 만큼은 힘들지 않았다는 것이 관건이다. 오후가 되니 소화기 담당의께서 어머님의 상태를 다시 살피려 오셨다. 이제는 본격적으로 소화기내과 치료만이 남아 있는 상황이지 싶다. 소화기과에서 어머님 현재 상태를 자세히 알아보시고자 다시 확인하려 오신 것이다. 저의 무식(無識)함은 어머니께서 병원에 입원하기 전까지는 의사 한 분이 모든 병을 다 치료 하신 것으로 알고 있었다. 저는 병원 관련(關聯)된 정보 지식과 상식을 전혀 알지 못한 무지렁이다. 그러나 병원에서는 저의 착각과는 다르게 신체(身體)부위(部位)별로 세분화(細分化)되어 자기 전공 부분만 전문적으로 치료를 하는 것을 보고서야 비로소 이렇게 각 부위마다 세분화된 사실을 체험하게 된 사례다. 소화기내과 담당 의사 선생님은 여러 가지를 체크하시고서 저희들에게 다음 연락이 있을 때까지 좀 기다리고 있으라고 하시며 나가셨다. 우리 모녀는 1시간가량 병실에서 기다리고 있으니 다른 소화기내과 의사선생님께서 오셔서 이것저것을 다시 물으셨다. 그런데 이분은 영 인성과 지식이 따로 분리되어 있는 젊은 의사선생님이라는 의미지가 강하게 느껴졌다. 객관적(客觀的)으로 의술(醫術)은 어느 수준인지는 모르겠으나 까칠함이 환자나 보호자가 불편할 만큼 까칠했다. 저는 이 젊은 의사 선생님과의 마찰을 조금은 조심해야 될 것 같다는 생각이 들 정도다. 옛말에 수양(修養)덕목(德目) 중에 으뜸이 되는 것은 곧 학문(學文)이라고 했다. 그래서 옛 선비들은 학문을 익힘으로써 인격도 같이 수양이 되었던 부분인데 요즘 젊은 세대들은 핵가족 속에서 귀하게 자랐고 의사라는 직업에서 오는 환대(歡待)가 오만함을 낳게 하였는지 환자(患者)를 대(對)하고 환자의 가족을 대하는 모습에서 많은 지식(知識)을 쌓고 읽혔으나 인격(人格)은 결렬(決裂)되어있는 것 같아 아쉬운 마음이 들었다. 제 입장에서는 이분과 마찰을 가능한 자제해야 될 것 같아 매사가 조심스럽다는 생각이다. 저는 까칠한 의사선생님을 보내고 우두커니 어머니 옆에 앉아 있기가 멋쩍어 괴사된 부위에 거즈를 살포시 들추어봤다. 이유는 어제 정형외과 전문의가 다녀가셨기에 왠지 다른 날 보다는 많이 호전이 되었을 것 같다는 기분이 들어서다. 기분 상 그래서 그랬는지는 몰겠으나 뒤꿈치 상처부위가 조금 살이 차오르는듯한 느낌이다. 분명 미세(微細)한 차이겠지만 그래도 육안으로도 확인이 될 정도로 빨갛게 살이 새로 분명 차올라 있는 것이다. 일반 사람들과 비교했을 때 괴사된 시기를 가정한다면 늦어도 너무 늦게 회복된 단계다 그래서 이제는 살이 차올라야 정상인 것이고 다소 다른 상처보다는 늦은 감도 없지는 않지만 그래도 이렇게 살이 차오르는 현상이 보이니 정말 기분이 새롭다. 이제 뒤꿈치에 살이 차오르면 저희 어머니께서는 분명코 다시 걸으실 것이라 믿어 의심치 않는다. 더군다나 재활 치료과에서도 이제는 걷는 재활치료(再活治療)도 병행(竝行)하라는 연락을 받아 놓았다.

보행연습 재활이 시작되었다

저는 소화기내과 진료시간이 한 참 남아 있어 휠체어로 어머니를 모시고 보조간호사님 안내를 받아 재활치료실로 내려갔다. 낯설은 공간이고 또 다른 환자들 재활하는 낯선 광경이 한 눈에 들어왔다. 그러니까 세상은 우리가 인식하지 못한 공간에서도 다양한 사람들이 다양한 방법으로 재활을 하는 모습을 본 것이다. 사회에서 다양한 방법으로 살다가 병이 들었거나 사고로 이곳에서 재활을 하고자 오신 분들이라 여겨진다. 헉 이렇게 많은 환자들이 우리가 보지 못한 공간에서 새로운 삶을 향해 여러 가지 기구들을 이용해 재활하고 있는 장면들이 제 눈에 비춰지니 이 모습 또한 새롭다. 제가 바로 우물 안 개구리가 맞는 모양이다. 상상을 초월한 환자 수에 저는 그만 입이 쩌~억하고 벌어지고 만다. 아마 이곳 세상은 다시 건강한 삶에 도전하는 환자들이라 역동적인 모습이 조금은 낯설고 새롭게 느껴진다. 이것이 저에게는 또 다른 세상이며 또 다른 경험이 아니겠는가? 싶다.

"어머니께서는 보조간호사님께서 주신 스탠드 보조기구를 하나 받아 치료사님 구령에 맞추어 하나, 둘 할머니 발을 반듯이 걸으세요. 일단 발을 반듯이 걷는 것이 제일 중요합니다. 할머니 그렇게 하면 안 되고요. 발을 천천히 들어 올려 걷는 연습부터 합시다."

라는 치료사님 말씀이 날카롭다. 처음 땅을 밟은 병아리처럼 어머니 왼쪽다리가 바닥 닿는 것이 어색한지 가끔씩 바닥을 딛는 것을 주저하셨다. 특히나 기력이 쇠잔하셔서 그런지 치료사님 구령을 조금 혼란스러워 하신 것이다. 유추컨대 아마도 고관절 수술부위가 자신이 생각했던 것만큼 움직여주지 않아 그런지 조금 당황하신 내색을 비추셨다. 하지만 엄마는 치료사님의 구령에 답하시고자 불편한 발 디딤을 애써 바꿔보시려 노력하시는 것이 영력했다. 이렇게 애쓰시는 울 엄마 모습이 왠지 자식입장에서 바라보니 노구(老軀)된 육신을 보조기구에 의지 한 체. 한발 한발 딛고자하신 모습이 참으로 안쓰럽다. 어머님께서 드디어 걷는 재활을 시작했다는 이 사실이 나는 너무 좋다. 지금은 스탠드 보조기구를 의지해 걷고 있지만 그래도 장장 7개월 만에 바닥을 딛고 걸으시는 모습이 사실 자랑스럽고 눈물겹다. 어머님께서 재활을 시작하셨다는 사실이 뿌듯하다. 그러다보니 그저 옆에서 지켜보며 어머님 동선을 따라다니는 제 입장에선 그저 재활 받고 계시는 저희 어머니가 자랑스러운 것이다.

"하나 둘 하나 둘"

하시는 치료사님 구령에 맞춰 걷기를 약 20여분 하시고난 후 치료사님께서 어머니 발 딛는 모습을 세밀히 살피시더니

"할머님께서는 의지력(意志力)이 남보다 강하시니 이렇게 한 달 동안 꾸준히 연습하시면 충분히 걸으실 수가 있겠네요. 특히나 할머님께서

남보다 걷고자 하시는 의지가 강하게 느껴집니다. 이런 강한 의지라면 분명 빠른 결과 있을 겁니다."

라고 말씀 하신다. 하지만 옆에서 치료사님 말씀에 어떻게 답을 해야 될지 몰라 그저 씨~익 웃어주는 정도로만 저는 답을 했다. 그렇다. 치료사님께서 마음으로 울 엄마의 강한 의지를 느끼셨듯 저희 어머니께서는 분명 남보다는 의지(意志)와 뜻이 굳세기가 메가톤급이신 것이 맞다. 그렇지만 저희 어머님 이런 부분들을 감당 못한 자식들이 더러는 힘겨워 한 부분이기도 한 부분이다. 저희 어머님 말씀을 병든 노인의 말이라 여겨 깊이 새겨듣지 않은 형제들도 없진 않았다는 제일 가슴 아프다. 어머니께서 이 병원에 와서 하나하나 다듬어가고 있는 느낌이라 마음이 조금은 가볍게 느껴졌다. 마음 한 구석이 무겁게 느껴지는 일은 남편 문제다. 남편은 김해로 내려가서 부터는 통증이 자주 일어나는 듯했다. 더구나 가장으로서 마냥 놀고 있다는 부담감 때문인지 모르겠지만 심상치 않은 분위기가 전화기를 통해 전해졌다. 암(癌)이 어느 정도 진행이 되었고 다른 장기로는 전이가 되지 않았을까? 라는 걱정들로 마음이 편치 않다. 암이라는 신(神)의 일침(一針)이 효과가 있었는지 다소 성질이 누그러져 보이기는 하다. 남편은 아프지만 않았다면 자기 인생 즐기느라 안중에도 없을 마누라였겠지만 이제는 병든 몸이 되고 보니 마누라라고 자주 전화를 해주니 반가운 것인지 귀찮은 것인지 알 수는 없지만 너무 자주 연락을 해되니 어머님 보기가 불편하다. 통증이 오면 홀로 많이 힘들 것이라 짐작은 한다. 나 역시 이러지도 저러지도 못하는 신세라 지금은 잠시 홀로 잘 견디어 주기를 바라는 마음이다. 한편으로는 남편에게 진즉 가정에 소중함을 느낄 일이지. 라는 야속함과 아쉬움도 없지 않다. 우리나라 속담에 세상만사 모든 것은 자기가 아픈 것을 겪어봐야 남이 아픈 것도 아는 것이고 자신이 가난해봐야 가난한 사람들의 서글픈 삶도 이해하게 되는 것이 인생이다. 라는 말이 진정 진리라 생각이 든다. 세속에 사람들이 말하기를 세상사 모든 일은 경험만한 최고의 스승은 없다. 라고 했던 말을 공감하는 차원이다. 이 말 뜻은 어찌 본인이 직접 겪어보지 않고서야 남 배고픈 서러움을 알 것이며 내가 지독한 통증을 겪어보지 않고서야 그 아픔의 고통을 헤아려 보겠는가? 싶은 것이다. 그래서 힘없고 가진 것 없이 늙고 병든 몸 애오라지 꺼져가려는 목숨 부여잡고 북망산천 앞에서 자식들의 처분만 바라고 계시는 병든 부모님 심정도 헤아려 보게 되는 것이다. 저희 어머니께서는 하나, 둘 보행 연습을 하시면서 무슨 생각을 하셨는지 열심히 걷고 있는 얼굴이 환하게 밝아 보이셨다. 저희 어머니께서도 이제는 걸을 수 있다는 희망을 분명 가졌지 않았나 하고 짐작만 한다. 지난 과거는 과거 일뿐 엄마 우리 다시 힘내 빨리 쾌차해 우리고향집으로 내려가 텃밭 일구면서 오래 오래 건강하게 같이 삽시다. 아무튼 힘내세요. 우리 엄마 파이팅. 이라고 저는 마음속으로 어머니께 응원을 보냈다. 저는 열심히 치료사님 구령에 맞춰 보행하시는 엄마에게

"엄마 정말 잘 걸으시네요. 조금만 걸음 연습 하시면 이런 기구들도 조만간 필요 없을 것 같아요."

라고 했다. 엄마는

"아 그래."

라고 하신다. 저희 어머님 언제나 긍정적(肯定的)이시고 말씀도 점잖으셔 저는 늘 저희 어머님의 이런 모습을 답습해야 될 부분이고 본받아야 될 품행이라 생각하고 살았다. 그리고 언제나 정직(正直)을 기초로 삼아 매사(每事)에 원칙(原則)을 지켜가라고 저희들에게 교육하셨던 분이셨다. 그렇지만 저희 형제 6남매도 가지각색이라 원칙을 지켜 살아가려 하는 자식도 있는 반면 잔머리를 써 가면서 사회기본법을 유린하려

는 자식도 있는지라 저희 어머니는 이런 부분들을 몹시 못마땅하게 여기셨고 안타까워하셨다. 그리고 행동거지가 바르지 못하면 그것이 아닌데 그것이 아니야 모른께 그런다. 라는 말씀을 하시며 몹시 불쾌해 하셨던 부분이다. 어머님에 그 말씀은 공(空)으로 들어온 돈 공으로 나가는 법을 모르고 있다. 라는 말씀 같았다. 아니 내 것이 아닌 것은 탐(貪)하지 말고 바르지 않은 것 또한 행(行)해서는 안 된다는 말씀을 강조하셨던 부분이다. 그러나 말 못하신 어머님 뜻과 의중(意中)을 귀기우려 들어 보려하는 자가 애석하게 없었다. 그러다보니 이러한 부분을 어머니는 많이 마음 아파하셨고 언어마저 어눌해진 이후로 가장 개탄(慨嘆)스러워 하셨던 부분이다. 저는 어머님 뜻에 따라 정직을 기초로 삼고 이익(利益)이 있는 곳에서는 양보(讓步)를 하면 살아왔지만 저를 바로 보지 못한 형제가 있어 그랬는지 일단 저 역시나 형제들 눈 밖에 나서 언제나 형제들 성토대회(聲討大會) 주제를 제시하는 뉘누리(소용돌이)속 신세가 되어 졌다. 그러니까 형제들 오해(誤解)의 대상(對象)이 되어 친정집을 시끄럽게 만들고 있는 핵심 인물이 되어버린 사연(事緣)이다. 제 행동들 대부분이 울 엄마께서 시키시는 일들이었지만 저를 하나같이 고깝게 보는 시선들이라 그랬는지 아니면 사실을 몰라 그랬는지 알 수는 없지만 형제들 한 두 사람은 저의 일거수일투족(一擧手一投足)을 유독 고깝게 보고 사기성과 도둑성이 있는 사람으로 낙인찍어 보고 있다. 언제부터인지 모르지만 형제 들고 오해가 깊어 지다보니 형제들 모임에 저는 항상 이방인이었고 초대받지 못한 신세로 전락했다. 오랜 세월 이렇게 저렇게 많은 오해들이 쌓이다보니 저를 무조건 사기꾼 도둑년이라는 타이틀을 붙여놓고 밉게만 보고 있으니 그 여파로 다른 형제들도 세뇌(洗腦)가 되었는지 저를 마냥 고운시선으로 보지 못한 이유다. 입장 바꿔 생각을 하면 오해의 소지를 만든 것도 내 탓인지라 저 나름 고깝게 보는 시선들을 더러는 이해도 해보려는 생각도 없지는 않았다. 감히 형제(兄弟)를 의심(疑心)한 부분은 제 입장에서는 도저히 이해(理解)해서 넘어가기란 쉽지 않은 부분이다. 나도 사람이고 감정을 느낄 줄 아는 사람인데 참는 것도 한계가 있고 이해하는 것도 정도가 있는 것이고 용서하는 것도 단계가 있는 것이 세상사 이치임을 모르니 벙어리 냉가슴 앓고 있는 격이다. 제 입장에서는 어머님께서 쾌차하셔서 말문이 터져야 저의 억울함이 풀릴 일들이라 그때까지는 마음껏 조롱하고 마음껏 비웃으라고 놔둘 일이다. 보통 사람들은 누명(陋名)쓴 자(者)의 억울함과 원통함에 대해 이해를 잘 못한다. 그리고 분명 상대를 제압 할 수 있는 힘은 있지만 그 힘을 숨긴 채 차마의 법칙으로 공격만 받고 있는 자(者)의 아픈 상처를 알지 못하는 것이다. 누명으로 멸시(蔑視)당하는 자(者)의 서러움을 헤아려보지 못하는 것이 보통사람들의 마음이지라 생각한다. 그러나 하늘이 알고 우리 엄마가 알고계시기에 크게 억울해 할 일은 아니다. 더구나 제 상처(傷處)을 알고 제 상처를 어루만져 주신분도 어머니요. 저를 이해하고 믿어 주신분도 어머님이셨다. 저를 알아주신 어머니가 옆에 계셨기에 제가 이제껏 형제들의 비웃음 견딜 수가 있었던 것이라 하겠다. 어머님께서는 비록 말씀은 어눌하셨지만 세상사를 마음으로 보셔서 그런지 마음 가득히 정(情)을 불어넣어 저를 위로해주셨고 어머님의 지극한 사랑이 듬뿍 담긴 말씀으로 그저 몰라 그런다 모르게 그러지 모른께 그런다잉. 이라고 하며 언제나 제 상처를 어루만져 주셔서 여기까지 온 것이다. 저는 저희 어머니의 위로(慰勞)가 없었더라면 저 자신도 견디기 힘들었을 것이라 생각한다. 왜냐면 욕도 욕도 어느 정도해야 참아보겠는데 사람으로서 차마 입에 담아서는 안 되는 욕들을 서슴없이 내뱉는 둘째 동생의 육두문자들은 상상을 초월하여 정말 잊지 못할 욕이지 않나 싶다… 그러나 나는 나 자신을 위해 잊어야 한다. 더구나 저희 어머님 말씀처럼 몰라 그러니 잊을 수밖에… 반면 윗사람이라 함은 아랫사람들에게 모름지기 옳고 그름을 짚어주는 것도 윗사람 역할이지 않나 하는 생각도 해본다. 이유는 일 년 전 큰 올케가 김해로 어머님 모시러 와서 저에게 악을 크게 쓰고 간 사건이 있다. 제가 어머님께 이런 말을 했던 기억이 있다. 그 당시 제가 참는 것도 한계를 느껴 그랬는지는 모르겠지만 그러니까 오직 형제 화목함에 목적을 두고 마냥 사과만 하고 사는 것이 능사가 아닐 것이고 그렇다고 간과만 하고 사는 것도 바람직하지 않다는 생각에 저는 어머님께 엄마 나 엄마 다 낫고 나면 타작 한번 할라네. 라는 말을 했었다. 제가 그렇게 말했던 이유는 그 당시 몸이 많이 아프신 어머님께서는 친정아버님 기일을 일주일 남겨두고 마산 큰 아들집으로 가시겠다고 고집을 너무 부리셨던 것이다.

제 입장에서는 며느리가 굳이 시어머니 오는 것을 원하지 않는데 큰 아들 집에 미리 가실 필요는 없지 않겠는가? 싶어서 제삿날 그때 제가 어머니를 모시고 가겠다고 말씀을 드렸다. 하지만 그 당시 어머니는 막무가내로 그래서 그래 라고 하시며 꼭 큰아들이 김해로 와서 자기를 데리고 가야한다고 고집을 부리셨던 것이다. 그러니까 저희 어머님 메가톤급 고집이 여기서도 발동하여 우리가 난감할 정도로 아들내외가 김해 와서 자기를 데리고 가야 된다고 억지도 이런 억지가 없을 정도로 고집을 꺾지 않으셨던 것이다. 그 당시 어머니께서는 갑자기 많이 아프셨기에 아픈 이유가 큰 아들 쪽에 있었는지 자꾸만 큰 아들 집으로 가시겠다고 고집을 부리셨다. 더구나 제가 모셔다 드리는 것을 극구 거절하시곤 오직 큰 아들 부부가 김해로 와서 본인을 데리고 가야만 된다고 막무가내로 큰 아들 부부를 불러달라고 생떼를 부리셨던 사건이다. 그 당시 어머니께서는 본인이 아프실 때는 어떤 이유가 있었고 그 이유가 바로 그 누군가 저희 모녀에게 불만을 많이 갖고 있어 본인이 이렇게 아프다는 뜻이다. 더구나 어머니는 본인은 불만을 갖고 있는 이유를 알고 있지만 말씀이 어눌해 표현이 어렵다보니 오직 하시는 말씀이라고는 고작 그래서 그래 라는 말씀밖에 하지 못하셨다. 우리가 빨리 어머님 아프신 이유를 깨닫지 못하고 있으니 어머님 통증이 가중(加重)되어 몸부림 치고 계시니 사실 이런 경우가 생기면 저는 괴로운 것이다. 어머님 병세는 일반 사람들과 달라도 너무 달라 어머님 뜻을 따르잖니 옆 사람들 아우성이 컸던 이유고 이 과정을 어머님 고집으로만 치부하고 어머님 뜻을 거부하는 며느리 마음 돌려 어머니 의사를 존중해 주었으면 좋겠는데 며느리도 한 고집 하는 성격이라 중간에서 이러지도 저러지도 못하는 나도 괴로웠던 사건이다. 이 당시 너무 심한 통증으로 괴로워하시는 어머님을 보고 있잖니 정말 우리 엄마도 보통 일반인처럼 사셨으면 좋겠다는 생각을 많이 했었던 부분이 바로 이런 부분이다. 호리(毫理)에 어긋남없이 운행(運行)되고 있는 신(神)의 세계(世界)를 상대에게 어떻게 설명을 할 것이며 이해를 어떻게 구해야 될지도 아득해 제발 우리엄마도 평범한 어머니들처럼 이런 현상들이 없었으면 그 얼마나 좋을까? 라는 생각도 많이 했던 부분이다. 그러나 현실은 어머님 신과 밀접한 관계를 부정 할 수 없는 상황이라 저라도 중간 역할을 잘해 어머니를 편안케 해드리는 것이 급선무가 되었던 사건이다. 자식들에게 설명해도 이해 못하는 부분이라 울 엄마 홀로 속 탄 마음 이 고통을 누가 헤아려 주겠는가만? 싶었다. 그래서 저라도 옆에서 저희 어머님 속 시원하게 말 못하시고 설명 하실 수 없는 부분을 조금이라도 헤아려 보고자 어머니께서 갑자기 아프시는 이유를 물어 보았던 이유다. 만사(萬事)에 둔한 저 역시 큰올케가 나에게 불만(不滿)이 가득하고 저를 증오수준으로 경멸(輕蔑)하고 있음까지는 평소에 느끼고 살았다. 그래서 우리 엄마 아파하시는 이유정도는 어느 정도 알고 있었다. 신(神)의 세계는 원한(怨恨)관계를 원만(圓滿)하게 풀고 가라는 뜻인지 증오(憎惡)하는 사람의 나쁜 기운(氣運)이 뻗쳐 그랬는지는 알 수 없지만 일단 어머니께서는 통증이 너무 심하고 보니 할 수 없이 큰 아들에게 마누라랑 함께 꼭 김해 와서 본인을 데리고 가라고 애원까지 하게 된 사연이 있었다. 이 과정에서 며느리는 절대로 오지 않겠다고 버티는 실랑이가 너무 길어졌고 통증이 극도로 심해진 어머니는 큰 아들에게 애원까지 하는 상황에 이르렀다. 그때 사실 저희 어머니께서도 보통 분들처럼 아프시면 진통제라도 드시면 통증이라도 사라질 일이다. 그런데 어머님 또한 진통제 드시는 것을 완강히 거부하시고 무조건 큰아들 내외(內外)를 불러달라고 역정까지 내시니 굳이 싫어하는 사람을 이곳까지 오게 하여 어머님을 모시고 가라고 하기가 몹시도 멋쩍은 상태였다. 저에게는 이런 부분들이 가장 하기 싫은 일이고 가장 곤란한 부분이라 할 것이다. 어머님께서는 본인이 지금 아픈 이유를 알고 계셨던 것이고 어머님께서는 그 숙제를 풀고자 필히 큰 아들 내외를 불러 그동안 쌓인 오해를 풀고 난 후 자기를 마산으로 데리고 가라는 뜻으로 큰아들 부부를 부르신 이유다. 며느리는 못 오겠다고 버티고 어머니께서는 큰아들에게 꼭 며느리랑 같이 와야만 된다고 하는 과정에서 워낙 통증이 심하니 며느리에게 하소연 까지 하게 된다. 아무튼 2 ~ 3시간 동안 어머니는 너희들이 꼭 와야 한다. 라고 하시고 며느리는 절대로 못가겠다. 라고 하는 실랑이가 전화로 수십 차례 반복 되었다. 그런데 큰올케도 만만치 않게 못 오겠다고 고집을 심하게 부린 듯 큰 동생도 중간에서 입장 난처해하는 것이 영역하게 느껴졌다. 그렇지만 쉽게 물러설 저희 어머니가 아니다. 그런데 예전의 저희 어머님 성품이셨다면 호통도 이만저만이 아니셨을 일이다. 그렇지만 저희 어머니 또한 본인 아픈 이유가 며느리에게 있는지라 큰 아들에게 애원하다시피 그래서 그래 그래서 그런다. 라고 수십 번 하게 된다. 일단 큰 동생도 어머님 의중을 어느 정도 알고 마누라를 꼭 데리고 오라고 하시는 어머니 말씀을 거역 할 수 없었을 것이고 마누라는 가지 않겠다고 고집을 부렸으니 참으로 중간에서 입장이 많이 곤란 했을 것이라 짐작한다. 저희 어머님의 그래서 그래 라는 뜻은 자기 몸이 많이 아픈 이유는 며느리가 불만을 많이 갖고 있어 그러니 김해 와서 오해를 좀 풀고 같이 마산 내려가자는 뜻이다. 그런데 미련한 인간인지라 대부분 사람들 생각은 아프면 병원가지. 라는 생각을 먼저 하게 되고 병원을 가지 않고 자기를 억지를 부려가며 부르고 있는 시어머니를 아주 못마땅하게 여기고 있는 상황이다. 신과 밀접한 관계를 유지하고 있는 저희 어머니와 같은 특이한 사례를 올케에게 이해하라는 말이 통(通)할리 만무(萬無)한 일이다. 올케 생각은 저희 어머님을 이렇게 뒤에서 조종하는 사람이 바로 나라고 단정을 짓고 있으며 그동안 어머니 행동이나 제 행동을 몹시 불쾌하게 생각하고 저주하고 있다는 느낌이 저에게도 강하게 전해졌다. 그러나 긴 시간을 두고 실랑이를 하던 끝에 결국 큰올케는 불쾌한 마음을 갖고 저희 집에 도착 했다. 저희 집에 도착한 올케는 현관문을 열어준 저를 향해 다짜고짜 악부터 써대니 저라고 기분 좋을 리 없었다. 그러나 올케 탓만은 할 수 없는 상황이며 올케와 맞서야 할 이유 또한 저에게는 없다. 오직 제 생각은 가족 화목(和睦)만이 어머님을 낫게 하는 비법(秘法)인지라 그 비법을 유일하게 알고 있는 저로서는 차마의 법칙 때문이라도 이번에도 참아야 했다. 그러나 오랜만에 뵙는 시어머님이고 몸마저 많이 아프신 상태이니 고개 정도는 숙여 인사정도 하는 것이 기본 예의지 싶다. 올케는 우리 집 들어서자마자 다짜고짜 악부터 쓰며 마루로 들어서니 집안 분위기가 갑자기 싸해졌던 것이다. 시어머님에게 인사를 바랬던 생각은 저의 오지랖에서 오는 부질없는 생각이다. 더구나 감정

(憾情)에 싸여 분개(憤慨)하고 있는 사람에게 어찌 이성(理性)으로서 시어머님께 인사하기를 바라겠는가? 싶다. 우리가 참는 것도 한계(限界)가 있는 법(法)이다. 지금 나의 목적(目的)은 오직 어머님의 쾌차가 우선이다. 그래서 나는 이 날도 한 발짝 물러선 이유다. 그러니까 나는 어머님 쾌차를 위해 무조건 형제들에게 양보하고 무조건 나의 탓이라 여기며 사과를 했고 올케에게는 그저 환자 위주로 하다 보니 자네 마음을 불편하게 했네. 자네가 이해를 좀 하소.라고 이해를 바라며 이제껏 살아온 내 인생이다. 그러나 속이 없어서 이렇게 바보처럼 사는 것은 분명 아닐 것이다. 이제까지는 속내를 숨기고 살았지만 그동안 그래도 올케가 정도가 그동안 지나치지 않았기 때문에 눈 감아 주는 정도 이였던 이유다. 그런데 이날은 정도를 벗어난 올케는 현관 들어서자마자 저에게 내가 어머니 통장 관리를 하는 줄 뻔히 알면서 2만원을 나한테 허락(許諾)도 없이 찾아드렸어요. 라고 악을 썼다. 더구나 어머니 앞장세워서 비열한 짓거리만 골라서 하네요. 라는 말을 저에게 스스럼없이 한다. 나는 내가 울 엄마 카드로 2만원 찾아 드린 것도 엄마 심부름이었고 그 통장도 엄마 통장이라 굳이 자네에게 말을 해서 자네 허락을 받고 찾아 드리는 것은 아니라고 생각하네. 라고 했다. 이말 또한 감정이 쌓여있는 사람에게는 통 할리 없었다. 큰 올케는 이 자리를 빌려 그동안 쌓여 있던 여러 가지 불만을 쏟아내는데 그동안 그렇게도 불만(不滿)이 많을 줄은 상상을 못해 올케를 향해 제가 다시 말하기를 세상만사 모든 일은 사필귀정(事必歸正)이고 진리는 사라진 것이 아니고 엄연히 존재하고 있어 훗날 무엇이 옳았고 그른지를 알게 될 것이네. 라고 했다. 그리고 원래 개 눈에는 개만 보이고 부처님 눈에는 부처님만 보인다네. 사람들은 대부분 자기가 아는 만큼 본다고 했네. 내가 비열한 짓거리만 하고 다닌다고 여기는 저의(底意)는 무슨 의미인가? 라고 물었다. 올케는 그 말끝에 답은 없

었다. 그리고 나는 다시 보편적으로 사람들은 세상을 자기가 아는 만큼 본다네. 라는 말을 했더니 그 말끝에 올케는 그럼 형님은 나보다 더 많이 않다고 생각하세요. 라고 묻는다. 올케의 그 말끝에 자네는 지하에서 보고 나는 옥상에서 보고 있으며 우리 엄마는 비행기에서 내렸다 보는 격이지. 라는 말이 입 밖으로 튀어 나오려는 것을 참았다. 그리고 나는 올케에게 자네는 다혈질이라 성질이 나면 이렇게 성질부리를 하며 사는지 모르겠지만 나는 점액질이라 끈적끈적하니 더럽네. 라고 했다. 그러니까 이 말의 의미는 마냥 나도 간과만 하지 않겠다는 의미다. 그러나 올케와 더 이상 논쟁은 의미가 없었다. 그래서 저는 씩씩거리는 올케의 눈을 피하며 저희 어머니에게 조용히 엄마 나 엄마가 다 낫고 나면 타작 한번 거나하게 할 것이여 그래서 쭉정이는 다 날려버리고 알맹이만 잘 챙겨 간직하라고 하고 싶네. 라고 엄마에게 조용히 속삭였다. 그랬더니 저희 어머니께서는 제 말뜻을 빨리 알아들으시고는 흔쾌히 그래라! 라고 하셨다. 어머니도 저에게 무조건 자기들에게 맞지 않는 다고 악부터 써대는 모습이 보기 싫었던 모양이지 싶다. 자식으로서 형제로서 해서는 안 되는 일과 해야 할 일을 전혀 구분 짓지 못하고 있는 것 같아 조용히 어머니께 이런 말을 했다. 원광법사의 세속오계(世俗五戒)중에 살생유택(殺生有擇)의미가 아마도 이런 의미 일 수도 있을 것 같았다. 그러니까 죽여서는 안 되는 것과 죽일 수밖에 없는 것을 구분 짓을 줄 아는 지혜로운 안목(眼目)이 우리에게는 반듯이 필요(必要)하다는 뜻이다. 더구나 저희 어머니를 제가 본격적으로 모시려고 마음을 먹게 된 동기가 15~6년 전 어머니께서 뇌경색으로 두 번 쓰러지셨기 때문에 거동도 조금 불편하셨고. 의사소통도 많이 어려웠기에 같이 살면서 말 못하시는 저희 어머니도 많이 불편 하실 것이고 못 알아듣는 큰 아들 내외도 불편 할 것이라는 생각을 했다. 그래서 큰 동생 내외라도 편안하게 살기를 바라는 마음에 저희 어머니를 제가 모시는 것이 서로에게 나을 것이라 생각했다. 하지만 그 당시 저희 집 경제사정이 남편 건축업 실패로 정말 하석상대(下石上臺)를 방불케 하는 애옥살이가 절정을 이루고 있던 시기다. 그러니까 아래 돌 빼서 윗돌 돌려막는 격으로 생활이 곤곤(困困)하기 그지없었으며 사회인으로써 신용불량자가 되지 않으려고 몸부림치는 과정이라 초 절정의 애옥살이 살림이었지만 병든 부모님 모시는데 형편 따지고 상황 따지며 마냥 시간을 보낼 수가 없었다. 나는 어머니를 내가 모시기로 마음먹게 된 동기다. 그리고 마산 큰 아들집에 계시는 어머님께 전화를 걸어 엄마 우리 보리밥을 먹더라도 저희랑 같이 살까요? 라는 말을 할 당시 어머니께서도 거절하시지 않으시고 그럴까! 라는 말씀을 하셨다. 얼마 지나지 않아 어머님께서는 갑자기 아프셨고 걷지 못한 상태가 되셨는지 큰 동생이 어머님을 업고 김해 저희 집으로 연락도 없이 모시고 찾아 왔다. 물론 이면에는 어머님께서 걷지 못하시고 아프시니 저희 집으로 가자고 억지를 많이 부렸을 것이라 짐작한다. 저희 어머니 특성상 어디 아프시면 병원을 가지 않으시고 어떤 행동을 요구하셨기 때문에 큰 동생이 저희 집으로 어머니를 업고 오게 된 이유라 생각했다. 보통 이런 과정에서 어머님 뜻과 자식들 생각이 상충(相沖)되어 어머님 마음도 상처를 많이 받으셨겠지만 자식들도 어머님 행동을 이해 못했고 어머니 고집이 워낙 메가톤급이라 큰 아들내외도 이런 현실들이 불감당(不堪當)이 되었을 것이다. 큰 동생이 어머님을 김해로 업고 올 수 밖에 없었던 이유가 그 사이 분명 어머님 행동이 이해가 되지 않아 갈등도 많았을 것이라 짐작한다. 큰 동생이 김해로 어머님을 업고 올 때부터 저희 어머님을 본격적으로 제가 모시게 된 사연이다. 세상만사가 마음먹은 대로 생각하는 대로 살아가지면 더 좋았겠지만 인생사가 그렇지 못한 것이 세상사 이치요 인간으로써 태어난 원죄 때문에 힘겨운 일들을 감내하며 살아가야 하는 일들이 생각지도 못하게 많은 것이 바로 우리네 인생살이 아닐까? 라고 저는 생각한다. 어머니께서 갑자기 몸이 나빠지셔 걷지 못하시게 되니 자연스럽게 김해로 가자고 고집을 부렸을 것이고 저는 이런 사연을 계기로 자연스럽게 병든 어머님을 모시게 되니 감히 누가 불평을 하겠는가? 싶었다. 더군다나 유별나신 어머니를 제가 모시고 사노라면 큰 남 동생네 가족들이라도 편하게 살지 않겠나 하는 마음이 컸던 이유다. 우리 엄마도 저희와 함께 산다면 말 못하셔서 오는 불편함이 조금은 덜 할 것 같았다. 그러나 한편으로는 제가 워낙 애옥살이 형편이라 울 엄마 호강도 제대로 못시켜드리고 맛있는 것 하나도 제대로 사드리지 못하는 신세라는 것이 조금은 아쉬움이고 안타까웠지만 그래도 최소한 말 못해서 오는 어머니의 답답한 마음을 조금이라도 제가 빨리 알아들어 편하게 해드리고자 제가 저희 어머니 모시는 것을 자청(自請)한 이유이다. 저희 어머님 갑자기 걷지 못해 김해로 업고 오는 사연이 만들어졌지만 이면(裏面)에는 제가 어머님 모시는 것에 대한 파장을 없애기 위해 신(神)의 묘수였지 않았을까? 라고 저는 생각했던 부분이다. 귀한 부모님 두고서 꼴사나운 파장을 없애버리는 신(神)의 높은 포석(布石)이라는 느낌이 들었다. 애옥살이 형편에도 불구하고 불평 없이 어머님을 모시며 서럽게 서럽게 살아가는 저에게 고맙다는 인사는커녕 온갖 잡스런 소리로 저를 매도(罵倒)하고 성토(聲討)대회 열어 도둑성과 사기성을 논하고 있는 꼴이란 차마의 법칙도 한계를 느낀 차원인지. 저희 어머니께서 너무 고통스러운 과정을 겪으시고 계시니 마냥 참는 것이 능사는 아니라는 생각이 들었다. 그렇지만 그 또한 내형제들이라 언젠가는 서로 오해가 풀려 서로 이해하면서 지난날들을 거울삼아 화목(和睦)하게 살아갈 날이 있을 거라는 기대 속에서 이제껏 참고 살아가는 이유다. 그래서 저 역시나 저희 어머님 말씀처럼 항상 언젠가는 이라는 여지를 남겨두었고 그날이 분명 우리에게 돌아와 예전처럼 화기애애(和氣靄靄)한 분위기로 살아가지 않겠나. 하는 희망 속에서 이래서 참고 저래서 참으며 살아가는 중이다. 그 또한 하늘이 맺어준 형제라 제가 어떠한 말을 하게 되면 또 다시 오해의 소지가 될까봐 항상 조심하고 또 조심하면서 살아가는 이유다. 이면(裏面)에는 저희 어머님의 말씀 중에 모르게 그런다. 라는 말씀이 제 마음 속 저변에 깔려 있다. 그러다보니 일단 상대(相對)를 먼저 이해(理解)하려는 마음을 갖게 했다. 그리고 어머님의 모른게 그런다. 라는 말씀은 내가 어쩌지 못하는 마력도 있었다. 상대의 깊이는 알 수 없으나 더러는 같은 시선에서 공감하려는 마음도 갖게 된다. 더구나 저희 어머님 말씀에 입각해 진정 상대도 모르게 그러지 알면 그리하겠는가? 라고 이해를 먼저 하게 되니 어머님 말씀 모르게 그런다. 라는 말씀이 진정 진리이지 싶었다. 제가 생각하기를 저희 어머님 말씀 모르게 그런다. 라는 이 말씀은 저에게만은 진리(眞理)중에 진리(眞理)가 아니었나? 생각한 부분이다. 특히 모르게 그런다. 라는 이 말씀의 의미는 바로 역지사지(易地思之)해서 서로 입장 바꿔 생각해보면 큰 올케도 저에게 악을 써야하는 이유가 분명히 있었을 것이라고 이해를 갖게 된 동기이다. 그러나 이 또한 알고 보면 오해이고 편견에서 오는 파장이고 속 좁은 곳에서 나오는 번뇌일 뿐인데 그것을 모르는 인사(人士)들은 자신을 성찰(省察)할 줄 모르고 남의 행동(行動)을 꾸짖고 왈가왈부하는 모습은 과히 좋은 모습은 아니었다. 오해(誤解)는 계속되고. 집안 불란(不亂)은 자자들지 않아 한동안 친정이 저로 인하여 바람 잘 날이 없었던 이유이지 싶다. 이런 저런 이유로 하여금 제가 성치 않으신 노모님 모시고 왔던 것이 그렇게도 잘못되었나 싶을 정도로 후회(後悔)가 되었던 사연들이다. 저는 큰 올케가 저에게 악을 썼던 부분을 어느 줄거리에서 자세히 적었었다. 그러나 그 또한 부질없다는 생각이 들어 모두 지웠다. 내용을 지웠던 이유는 사람은 언젠가는 변(變)하기마련이고 어느 순간 깨닫게 되는 부분도 없진 않아 누군가의 허물정도는 덮어가고 싶은 마음이 컸다. 큰 올케도 얼마 전까지만 해도 우리들에게는 다정한 형제였기에 허물 정도는 묻어두고 싶다. 반면 큰올케의 행동에 언니도 충격이 다소 컸었는지 할아버지가 손주 녀석을 너무 귀엽다고 하였더니 할아버지 수염 잡히는 꼴이 되었네. 라는 말을 했다. 저는 언니의 이 말끝에 이런 속담을 상기시켜봤다. 옛말에 이르기를 말(馬)은 오래 달려봐야 그 말이 힘 쎈 말(馬)이지 알 수 있으며 사람은 오래 겪어봐야 그 사람이 진실한가를 알 수가 있다. 라는 속담을 되새겨본 동기다. 물론 세월이 흐른 뒤에 서로 나이 들어가노라면 누구나 스스로 자신을 돌아 볼 날이 있을 것이라는 생각한다. 이제는 어머니께서 고관절로 쓰러지셔 사선(死線)의 고비를 수차례 넘기다 보니. 타작한번 건하게 하려했던 제 마음이 다 부질없다는 것을 깨닫게 되었다. 나의 좁은 소견으로는 오직 어머니께서 다 나으셔야 만이 형제들에게서 받았던 누명도 벗어지지 않겠는가? 라는 어리석은 생각이 강해 그런 생각을 잠시라도 가지지 않았나 하고 나를 돌아본 것이다. 지금에 와서는 나의 그런 생각부터가 어리석었고 틀렸다고 하늘은 저를 꾸짖고자 이렇게 험악한 삶속에서 허우적거리게 만들어 주신듯하다는 생각이 든다. 지금 와서 돌이켜 생각해보면 제가 형제들의 오해에서 벗어나려는 마음을 가졌다는 생각자체가 참으로 어리석은 생각이었다는 것을 깨달은 것이다. 그러나 지금은 한 생각 버리고 났더니 형제들에게서 도둑년 소리를 좀 들으면 어쩌고 사기꾼 소리를 좀 들으면 좀 어떠한가? 싶다. 그 또한 잠시 스치고 지나가는 바람일 뿐인 걸 그리고 제아무리 세찬비바람도 하루 종일 불지는 않는 것이 자연현상이고 보면 저에게 씌워진 불명예(不名譽)도 잠시 스치는 바람에 불과 하다는 것을 깨닫는다. 그리고 손뼉도 마주쳐야 소리가 나듯 저자신이 그런 것들로부터 자유로워져 반응 하지 않으면 그 또한 오래가지 않을 것이라는 생각한다. 내 것이 아니거든 받지 않으면 되는 것이다. 하늘은 제가 스스로 파놓은 구렁텅이 속에서 제 스스로 헤쳐 나와 좀 더 마음 깊고 지혜로운 사람이 되라고 하신 뜻으로 지금 상황을 해석한다. 제 삶을 돌아보면 난이도가 높은 공중전을 수차례 나름 겪다보니 더러는 감정이 둔해진 것인지 모르겠지만 세월 지나고 보니 그 또한 부질없는 번뇌고 부질없는 생각들이었다는 사실을 깨우친다. 이제는 어느 일정부분에서는 감정에서 오는 분노하고는 조금 멀어졌다고 할 수 있다. 전혀 감정이 일어나지 않는다는 뜻은 아니다. 그 또한 잠시 부는 바람이요 마음에 파장이라 부딪치는 그 자체가 부질없다는 것을 깨달은 것이다. 하지만 이제는 이것마저도 과감히 나는 버리려 한다. 감정이 둔한 사람이라 하겠지만 그 차원은 아닐 것이다. 평가는 본인 몫이 아니고 상대의 몫이라는 것을 깨달은 것이다. 만사(萬事)를 한 발짝 물러나 생각해보면 굳이 내가 옳았고 네가 틀렸네. 를 주장 할 필요가 없었던 것이다. 이제는 저를 상대가 어떻게 비평을 하든 어떻게 혹평을 하는 것이 중요(重要)하지 않는다는 것이 관건이지 싶다. 저는 형제들의 비난이나 야유를 거울삼고 반면교사 삶아 더욱 바르게 살고자 마음을 더 굳건히 다져 행하고 실천하려 한다. 저는 궁극적(窮極的)인 목적이 있다. 지금은 그 목적을 말하기에는 이른 감이 있어 궁극적인 목적을 말하지 않겠지만 저는 이제껏 제가 겪었던 누명들과 서러움의 경험들이 축적되어 최소한 남을 괄시(恝視)하며 살지는 않을 것이라 다짐하고 제가 이제껏 겪었던 고난의 행진은 나의 목적에 도달하게끔 연결해주고 이끌어 주는 가교(架橋)역할이라 여길 것이다. 가장 가교역할의 중심에선 것은 바로 제가 험난한 삶속에서도 버리지 않았던 것이 바로 제 양심이 될 것이라고도 생각한다. 수많은 시련 속에서 상대를 배려하고 상대를 귀하게 여기는 법을 더 배워 마음이 더 깊어지고 더 지혜로운 사람이 되라고 하늘은 저를 사지로 내보내 수행자의 마음으로 살아가라는 뜻이고 범사(凡事)에 감사하는 마음으로 임해야 함을 잊지 말도록 저를 채찍질 하는 형국이라 여기고 생각하며 살아가려는 것이 제 생각이다. 하늘은 궂다가도 맑게 개는 것도 하늘이 하늘의 성질을 다 하는 것이고 땅이 질다가도 단단하게 굳은 것도 땅의 성질을 다하는 것이요 저에게 오해가 깊어 도둑성과 사기성이 있다고 왈가왈부하고 성토대회나 열어 형제 흠집이나 내고 있는 그 마음도 언젠가는 지 성질이 다하고 나면 이해하게 되는 것 또한 오해했던 사람의 성질을 다 하는 것이다. 세상만사 이치가 다 그렇고 그러할 진데 어쩌자고 시끄러운 세상에 내 한 목소리 더 보태 세상을 더 시끄럽게 하겠는가? 싶다. 옛 말에 이르기를 바다는 잠잠하려 하나 바람이라는 인연(因緣)을 만나 물결이 일어나 파도가 만들어 진다. 라고 했다. 그 바람의 세기에 따라 거대한 파도를 만들기도 하고 잔잔한 파도를 만들기도 한다. 라고 한다. 그러나 깊은 심해(深海)는 밖에서 일어나는 바람의 세기와 상관없이 미동도 없다. 라는 것을 인간세상과 비유를 많이 하는 이유가 바로 이런 이유다. 어쩌면 깊은 바다 속의 표면에서 일고 있는 그 어떤 현상에도 반응을 보이지 않는다는 것을 사람 마음과 비교했을 때 아마도 깊은 마음 넓은 마음을 표현하고 그 깊은 바다는 궂은 것이든 좋은 것이든 모든 것을 수용한다는 것을 의미한다. 아마 마음 깊게 사노라면 세상에서 왈가왈부한 잡다한 것들 모두가 귀전에서 노는 소리일 뿐이라는 뜻이며 세상사 모든 것들은 시간이 지나면 그저 물거품이요 환상이라 잠시 부는 소리에 민감하지 말라는 의미가 된다는 뜻을… 저는 이제사 비로소 깨닫는 것이다. 특히 이제껏 저를 향해 들려왔던 잡다한 소리는 다 내 것이 아니었음을 깨달은 것이다. 예전에 저희 부부도 어떤 문제로 말다

툼을 하게 되었다. 자주 티격태격하는 사이라 무슨 내용으로 싸우게 되었는지 기억은 없지만. 남편은 저에게 쌍시옷자 욕을 했다. 어떻게 생각하면 참으로 어처구니없는 소리를 듣게 된 경우다. 싸우게 동기가 아마도 남편 외도로 싸우지 않았나 싶다. 남편이 제게 쌍욕 하는 부분을 잠시 생각해 볼 때 그 당시 제 입장에서 생각하노라면 과연 잘못은 누가했으며 도덕성(道德性)과 윤리(倫理)성을 배제하고 행동하는 자(者)는 과연 누구인가? 그런데 오히려 적반하장(賊反荷杖)격으로 마누라라는 타이틀만으로 제게 육두문자를 써가며 성질부리를 했던 것이다. 그러니까 시세말로 하자면 부부싸움인 것이다. 저는 쌍욕을 해대는 남편에게 가만 있어봐. 그 욕도 받을 자격이 있는 사람한테 해당이 되는 것이지 그 욕 받을 자격 없는 사람한테는 아무런 의미 없는 것이야. 라고 말했다.
"나는 분명코 욕을 받을 자격이 없네. 그러니 그 욕은 당신 가지소."

라고 말을 했다. 그랬더니 그 말을 들은 남편은 제 말이 어이없었는지 아니면 맞는 말인지 구분 짓지 못해 그랬는지는 알 수 없었으나 그 말끝에는 아무런 대꾸를 하지 못하고 멍하니 서있게 된 사례다. 말에 장난이라 하겠지만 사실적으로 욕도 받을 자격이 있는 사람에게 해야 만이 어울리지 않겠나 하는 뜻에서 제가 그렇게 말을 했었다. 제 성격상 이런 예와 같이 저는 분명 내 것이 아닌 것은 받지 않는 유형이다. 더욱 올곧게 살고자 했던 이유다. 대부분 사람들은 옳고 그름도 분간 못하면서 과한 욕부터 먼저 하는 사람들이 더러 있고 자기 기분에 자기 취향에 맞지 않는 다고 안티의 글을 나열 하는 시대이고 보면 세상은 시끄럽기는 매우 시끄러운 세상인 듯하다. 그리고 대중매체를 통해서 들은 정보들을 신앙처럼 믿고 신뢰하는 시대가 되어 더러는 가짜가 진짜가 되고 진짜가 가짜로 뒤바뀌어 수많은 피해가 빈번해 일어나는 현상이 현대사회의 인터넷시대의 최대 고민거리이고 숙제이지 않나싶다. 스스로가 현명해져서 대중매체에서 오고가는 정보들 속에서 옥석(玉石)정도는 분별이 가릴 수 있는 안목을 갖춘 성숙한 사회인이 되었으면 좋겠다는 생각이다. 어쨌든 울 엄마는 입원하신지 6개월 만에 오늘 처음으로 보행연습을 하셨다. 결과는 의외(意外)로 희망적(希望的)이라 기분이 좋다. 울 엄마 걸으시겠다는 의지(意志)가 메가톤급으로 남과는 분명 차별(差別)이 있어서 좋다. 이쯤에서 괴사도 썩어가는 과정을 이제 벗어나 살 차오름이 시작 되었으니 이것은 아마도 시간(時間)과의 싸움만 잘하면 분명 저희 어머니 걷는 부분에 대해서는 문제(問題) 될 것이 없을 것 같다는 생각이다. 보행연습 하시는 어머니 모습을 보니 희망적이라 저는 기분이 너무 좋았다. 병실까지 어머님 휠체어를 밀고 오는 내내 마음이 가벼웠다. 여기까지 오는 과정이 너무 멀고 힘들었지만 그래도 처음 시도한 재활치료치곤 만족스럽다. 재활을 마치고 병실로 돌아오신 어머니께서는 긴장하시고 힘이 붙이셨는지 자리에 눕자마자 바로 단잠에 들어가셨다. 참 오랜만에 어머니께서 깊은 단잠을 주무신 것을 보고 제가 더 행복(幸福)하다. 물론 그 이유는 무엇일까? 싶다. 그동안 늘 발뒤꿈치 괴사로 잠자리가 불편하셔서 편하게 주무신다는 것이 어려운 일이었다. 그런데 지금은 편안하게 단잠을 주무시니 옆에서 보고 있는 저 역시 마음이 편하고 행복해진다. 더구나 잠은 전염성이 있다고 하던데 그 말이 맞는지 왠지 나도 따라 자고 싶은 생각이 들었다. 그래서 잠시 어머님 주무시는 틈을 타 저도 누워보려 간이침대를 살며시 꺼내 눕는다. 그 얼마 만에 가져본 마음 편한 잠자리인지 모르겠다. 저도 어쩌면 이날 새로 때어나는 아이처럼 처음 땅을 밟아보는 병아리처럼 설레는 마음을 앉고 잠이 든다. 저희는 그렇게 모든 시름을 잊고 단잠을 한참 자고 있는데 소화기내과 쪽에서 연락이 왔다. 이유는 내일 간담도 길에 스탠스를 삽입 한다는 보고다. 지금부터 금식을 해야 된다고 알려주신다. 병원에 입원하신 이후로 어머니는 걸핏하면 금식이다. 그래서 따라다니는 저도 함께 굶은 것이 이제는 이골이 났다. 그러나 이것이 무슨 대수인가? 싶다. 내일 스탠스만 잘 삽입시키면 김해 내려가는 날짜가 가까워지는 것을 저는 남편 예약 날짜도 다가와 남모르게 고민을 하고 있는 부분이 없지는 않았다. 일단 제 생각은 두 환자를 동시에 이 병원에서 같이 지내게 하고 싶지는 않다는 생각이 강하게 들었던 것이다. 그러다보니 혹여 어머님 치료가 지연되어 두 환자가 같은 병원에 같이 입원하는 사례가 생길까봐 마음 한편으로는 초조함도 없진 않다. 더구나 혹시라도 남편 암이 심각하면 어떡하지 라는 방정맞은 생각도 들어 조금 염려가 되는 부분도 있다. 저는 그런 생각이 들 때마다 초강력지우개로 저의 머릿속에 나쁜 생각들을 지우려 노력하고 있다. 제가 그렇게라도 하지 않고서는 단 하루도 숨이 막힐 것만 같아 가능한 좋은 생각만 하려고 신경을 많이 쓰고 있으며 밝은 생각으로 제 마음을 채워두려고 노력 중이다.

암이 아니라 간담도에 스텐래스를 스턴트로 바꿔 삽입한다

다음날 새벽부터 피검사가 시작 되었다. 그 비싼 R H-B형 피를 무던히도 간호사님께서는 빼내어 가신다. 특히 노인양반 가죽만 남은 손이 성한 곳이 없을 정도로 바늘자국을 남긴다. 그러나 그것이 뭐 그리 대수겠는가? 빨리 치료해서 김해로 내려가야지! 라는 생각을 하고 아까운 피 생각은 지운다. 저희는 6시에 또 다시 새벽 엑스레이 부대들 대열에 끼어 순서를 기다렸다. 이제는 이렇게 기다림도 여유가 생겼다. 어머니께서 숨차 오름이 없어 그랬는지는 몰겠으나 예전처럼 마음이 조급한 생각이 덜 들어 기다리는 이 순간이 지루하다고 느껴지지 않았다. 하지만 저는 이곳 병원으로 옮겨 온 후로 전혀 화장실을 가지 못 했다. 요 며칠 전부터 복부에 가스가 가득 찬 것처럼 복부 팽창함이 있고 속도 더부룩해 지난밤에 변비약을 먹고 잤다. 그래서 그랬는지는 모르겠으나 배가 살살 아파오기 시작한다. 저희는 엑스레이를 다 찍고 올라와서 어머님 세수를 시켜드리고 머리까지 감겨 빗질 좀 해드렸다. 그리고 두어 시간이 자났을 때 우리는 보조간호사님의 안내로 소화기내과실로 안내된다. 시술들어가기 전에 쓰는 각서를 저는 또 썼다. 저는 이 각서를 6개월 동안 수십 차례 쓴 것이다. 사실 연로하시고 위급상황이다. 보니 응급실에 들어 갈 때마다 쓰고 나올 때 마다 써주고 나왔었고 시술이나 수술을 받을 때마다 써줬으니 족히 30장은 넘지 않았을까? 생각한다. 저희는 병실을 나와서부터 보조간호사님 움직임에 따라 움직였으니 행선지를 잘 모른다. 간호사님 따라 도착한 곳이 소화기내과라는 것 밖에는… 잠시 어머님을 소화기내과 앞에 두고 시술 방으로 들어가신 간호사님께서 어머님의 침대를 밀고는 다시 다른 곳으로 향했다. 그곳은 MR I. MR A를 촬영 하는 곳이다. MR A촬영을 위해 이곳으로 이동을 하시는 바람에 저도 작은 핸드백 하나 목에 걸고 따라 들어왔다. 어머니께서는 제가 따라왔는지를 확인 하시는 듯 고개를 들어 저를 쳐다보셨다. 저는 어머님께서 고개 들어 보시는 이유를 알고 있어 엄마 저 여기 있어요. 고 했다. 울 엄마 저를 보시고 마음이 놓이셨는지 얼굴빛이 편해보였다. 편하게 보여 지는 것도 저의 착각 일 수도 있다. 그러나 분명 사람은 옆에 가족이 있으면 위안이 많이 되듯 곤경에 처해있을 때 든든한 보호자가 있으면 그 또한 큰 힘이 될 것이라 생각하기에 저는 가능한 어머님 시선 안에 있고자 한다. 촬영에 들어가신 어머니께서 시간이 제법 지났는데도 좀처럼 나오시지를 않아 저는 안내하시는 분에게 MRA는 무슨 뜻이냐고 물어봤다. 그랬더니 MRI는 이미지만 보는 것이고. MRA는 이미지와 혈관까지 보는 것이라고 말씀 해주셨다. 저는 이곳에 와서 이렇게 또 하나를 배운다. 촬영실에 들어가신지 4~50분 지나니 어머니께서 지치신 모습으로 나오셨다. 건강한 사람도 꼼짝 않고 밀폐된 공간에서 촬영 한다는 것은 힘든 일이다 그런데 성치 않으신 몸으로 잘 견디어 주시니 감사 할 따름이다. 저희 어머니 의연(毅然)하게 참 잘 견디어 주셨다. 그리고 조영제를 맞으시고 CT 방으로 다시 옮겨지셨다. 저는 그동안 변비약을 먹은 것이 효과(效果)가 갑자기 나타나 해우소 찾아 며칠간 불편하였던 속을 다 비웠다. 이제는 몸도 마음도 한결 상쾌해졌다. 제가 해우(解憂)소에서. 근심을 다 해결하고 나오는 사이 어머님 침대가 간호사님 손에 의해 시술실 안으로 향하고 있는 것이 보였다. 저는 당황하여 어머니에게로 황급히 뛰어갔다. 그리고 어머니의 손을 부여잡고

"엄마 파이팅."

이라고 외쳤더니 울 엄마도

"오냐."

라고 하신다. 제가 이렇게 앞에서 기다린다는 표시를 어머님께 했으니 일단 안심하실 것이라 생각하다. 1분만 제가 해우소에서 늦게 나왔더라면 저는 시술실로 들어가시는 어머님 모습을 보지 못했지 않았나 싶어 순간 아찔한 생각이 들었다. 그래도 다행스럽게 이렇게 1초라도 어머님을 뵙고 시술실로 보내 드리게 되니 천만다행이라 여겨진다. 제가 옆에 있어 그랬는지 모르겠지만 어머님 안색은 편해 보이셔 제 마음도 조금은 편다. 어머님 실은 이동식침대는 저를 뒤로한 체 내정하게 시

술실로 들어간다. 지난번 백병원에서는 암이 아니라서 플라스틱 관을 심었었다 그런데. 3개월쯤 지나고 나니 다시 막혀버려 옆구리로 담액을 이제껏 받아냈던 부분을 해결(解決)하고자 또 다시 간담도 넓히는 시술을 하게 된 이유다. 더구나 어머니가 암이 아니라 스텐으로 된 스탠스를 삽입하는 시술이다. 저희가 서울에 오기 며칠 전에 김해중앙병원에서 급한 대로 옆구리를 뚫어 담즙을 이제껏 받아내고 있었던 부분이다. 그러나 담도길이 넓어져서 스탠스를 끼지 않으면 더 좋았겠지만 아직까지는 담도길이 넓혀지지 않아 스텐으로 된 스탠스를 끼워 담도 길을 넓힌다. 그리고 오늘 시술을 마치면 옆구리 꽂아둔 담즙액을 받아내는 호수를 빼내게 된다. 시술실로 들어가신 어머니께서 다소 힘드시겠지만 오늘 이런 시술이라도 할 수 있어 그나마 다행이라 여긴 부분이다. 담액은 폐에 물처럼 많이 차는 것이 아니었고 자주 막히지도 않아 그나마 다른 병세에 비유하면 좀 수월했었다. 그러나 이제는 그것마저 떼어낸다고 하니 마음이 가볍다. 그동안 온갖 줄 때문에 참 많이도 불편스럽게 생활하셨는데 어머님 몸에 달려 있던 줄들을 하나 둘 제거 하게 되었으니 이제는 정말 여러 가지 줄들로부터 자유로워 질 것이라는 생각에 제 마음은 벌써부터 가벼워진다. 그러나 어머님을 시술실 안으로 들어 보내 드리고 부터서는 시술실 밖에서 저는 두 손 모아 기도하게 된다.

"제발 하느님 미륵부처님 천지신명님 저희 어머님 아무 탈 없이 시술 잘되어 나오시게 해주세요."

라고 두 손을 모아 간절히 기도하고 또 기도 해본다. 나약한 인간인 제가 이 시간에 할 수 있는 것이 오직 기도(祈禱)뿐이라 이렇게라도 하고 있어야만 우선 제 마음이 위로가 되니 나는 이렇게 기도를 드리는 이유다. 그리고 다시 마음이 불편해지면 커피도 한잔 뽑아 먹어보기도 하고 또 다시 초조해지면 그 마음을 풀고자 복도를 서성이며 긴장된 마음을 조금이라도 가라앉히려고 의자 옆에 꽂아둔 잡지도 펼쳐보기도 하면서 불안한 마음을 달래고 있는 중이다. 저희 어머님 시술실로 들어가시고 3시간이 조금 흘렀을까? 보호자를 찾는 소리가 들렸다. 시술실로 들어가신 시간이 생각 외로 많이 소요되었던 것으로 기억한다. 저는 시술실 앞에서 몇 시간째 서성거리고 있었던 터라 보호자 찾는 소리에 벌떡 일어서졌다. 제가 보호자 호출을 듣고 일어서다 시술을 마치시고 나오시는 교수님과 마주쳤다. 저는 보신 교수님께서는

"환자분 시술이 아주 잘되었습니다."

라고 말씀을 해주셨다. 그리고

"환자분이 암(癌)이 아니라 스텐래스로 된 스탠스를 삽입(挿入)했습니다."

라고 하신다. 그리고 나머지는 보호자가 주의(注意)해야 할 여러 가지 주의 사항과 6개월이 지나면 특히 간담도 길이 넓어졌으면 스탠스를 빼내든지 아니면 잘 막히지 않고 담액이 잘 내려가고 있는지를 확인을 해야 된다고 말씀을 해주셨다. 그리고

"지금 회복실에서 잠시 쉬고 계시니 환자분 나오시면 모시고 올라가세요."

라는 말씀까지 해주신다. 저는 교수님께

"감사 합니다. 그리고 오늘 수고 많으셨습니다."

라는 인사를 드렸다. 그랬더니 교수님도 인사를 해주시며 자리를 떠나셨다. 그리고 다시 기다리기를 30분쯤 지났을 무렵 어머님께서 이동식 침대에 누우신 상태로 나오셨다. 저는 어머님께 다가가

"엄마 수고 많으셨어요. 그리고 시술도 잘 되었다고 하시네요."

라는 말씀을 드렸다. 어머니께서도

"아 그래."

라고 답 하셨다. 그러나 어머니 홀로 힘든 시간을 견디셨는지 초췌해 보여 또 안쓰럽기 그지없다. 저는 이동(移動)하는 침대를 따라 병실로 들어왔다. 이제는 어머님 얼굴색이 차츰차츰 좋아질 것이라는 기대 때문인지 제 마음도 한결 가볍다. 어머니께서 담도길이 넓어져서 스탠스를 끼워 넣지 않았으면 더 좋았겠지만 우선 급한 대로 옆구리로 담액을 빼내는 것보다는 이제는 몸에 영양공급(營養供給)도 원활하게 이루어질 것이라는 생각에 기쁘다. 어머니와 저는 이렇게 또 하나의 문제점을 풀어가고 있어 살아 있다는 증거가 될 것이다. 병실에 들어오신 어머니께서는 홀로 많이 힘이 들었는지 본인 침대에 오르시고서는 아무런 말씀도 없이 조용히 자리에 누우셨다. 연로하신 노모님 입장에서는 이 과정이 많이 힘에 부치셨나싶기도 했다. 그도 그럴 것이 연로(年老)하셔 마취 하는 것이 위험해 가능한 소량에 마취를 하고 시술을 하시지 않았을까? 짐작만 한다. 그러나 이번경우는 내시경을 사용해야 하므로 마취 사용여부를 묻지 않아 그 과정은 잘 모른다.

부산에서는 일명 돼지꼬리를 심어 놓을 땐 주로 마취를 하지 않아 어머님 비명 소리가 복도까지 들렸다. 그렇다보니 그 과정을 옆에서 듣고 있는 저도 많이 괴로웠다. 그러나 이곳에서는 마취를 하고 하셨는지는 잘 모르겠지만 어머님 비명 소리는 듣지 못했다. 연로하셔서 마취를 하지 않으신다는 이야기는 부산병원에서 들었을 뿐 이곳 병원에서는 어떻게 하셨는지 물어보지를 않아 조금 궁금한 부분이지만 그래도 무사히 시술을 비명소리 없이 마쳐 다행이다. 저는 이렇게 힘든 과정을 잘 견디어내신 어머니를 물끄러미 바라보았다. 어느새 병든 노구가 되어버린 우리 엄마의 모습을 보고 있노라니 그저 죄스럽고 미안하다는 생각뿐이다. 한때는 그렇게 강하시고 굳세셨는데 어느새 팔순을 넘긴 나이가 되어 이 고생을 하시니 자식 입장에서는 안타깝고 안쓰럽다. 저희 어머님을 생각하면 다른 분과는 달리 곱디고운 젊은 시절이 있었는데 더구나 남다르게 유독 정신세계(精神世界)가 굳건하셔 어머님 말 한마디면 모두가 순응(順應)했던 시절도 있었던 것 같은데 이제는 무정(無情)한 세월이 흘러 울 엄마 기세(氣勢)등등하고 기백(氣魄) 높았던 말씀도 병들고 힘없는 노인의 말이 되어버렸으니 참으로 무정한 세월이 원망스러울 따름이다. 더구나 저도 벌써 오십 중반이 넘고 보니 세월을 이기지 못하는 나이인지 저 역시나 피곤이 자주 찾아온다. 그리고 어머니도 이젠 어쩔 수 없는 나이 망구(望九)인 81세가 된다. 주로 망구라함은 구십을 바라본다는 뜻으로 여든 한 살을 망구(望九)라고 이르는 말이라고 알고 있다. 그리고 인간의 세계에서는 9라는 수(數)자가 마지막 숫자(數)라서 9가 9번 곱해진 구구팔십일(9x9=81) 이라는 숫자는 인간에게 주어진 평균 수명이라는 의미가 되기도 한다고 들었다. 불가(佛家)에서는 아홉 수(數)를 필히 조심하라는 의미가 된 이유이기도 하다. 그러나 대체의학의 발전으로 요즘 기본이 100세를 넘나들고 있으니 이전에는 보통 여든을 그래도 장수 쪽에다 두고 살아왔지만 지금은 워낙 장수 시대라 81의 나이는 보통수준이라 보는 추세이고 보면 어쩌면 저희 어머님 이 힘든 과정(過程)만 잘 극복(克服)하시면 저희들 곁에 건강하게 오래오래 머물러주실 것이라 기대하고 바라는 마음이다. 오전에 담도 시술을 마치신 어머니께서 한숨 주무시고 난 뒤 저녁식사 시간이 되었을 무렵 변을 보셨다. 그런데 색깔이 역시 달랐다. 이전에는 누렇게 나왔다면 지금은 약간 초록빛이 돈다. 아마 변색깔이 이렇게 나오는 것은 간담도 시술이 아주 잘되었다는 증거가 될 것이다. 여러 달 동안 그렇게 저희들 애간장을 태웠던 담도 길이지 싶다. 이제는 정말 회복(回復)의 단계이며 어머니에게는 이제 필요한 것은 요양만이 필요할 뿐이지 않나 싶을 정도로 어머님 병세가 하나 하나 호전(好轉)되시는 것을 보고 있잖니 얽히고설킨 운명(運命)의 실타래를 풀어헤쳐가는 기분 같아 묘(妙)한 감정(感情)이 느껴진다. 저는 더 어머니를 살뜰히 살펴 더 이상 병세(病勢)가 악화되지 않도록 조심하고 또 조심해야만 한다. 이것이 바로 나의 임무(任務)임을 망각(忘却)하지 말아야 할 부분이다. 오전에 담도시술이 진행(進行)되어 발뒤꿈치 괴사치료(治療)가 늦어졌다. 퇴근 무렵 의사선생님께서 오셨다. 의사선생님은 자를 가지고 오셔서 제어 보신 것이다. 제가 보기에도 아주 미세한 차이(差異)라고 할 수 있지만 그래도 살이 차오르는 것이 육안(肉眼)으로도 식별할 수 있을 정도로 살이 차오르는 것이 눈에 보였다. 감각(感覺)이 둔한 제가 보기에도 진물도 조금 덜 나왔다. 더군다나 전문지식(專門知識) 전혀 없는 제가 보아도 상처부위가 불그스레한 색깔이 돌아 건강한 살색으로 비춰진 것이다. 이젠 이곳도 시간이 좀 필요할 뿐 덧은 이제 멈춘 상태이지 싶다. 유행가 가사처럼 세월이 약이겠지요. 라고 하듯 모든 일에는 순서(順序)가 있기 마련이고 더러는 시간(時間)이 꼭 필요한 것이라 생각한다. 그리고 그 또한 지나간다. 라는 말처럼 시작되었으면 진행과정을 지나 끝맺음도 있으니 매사를 조급하게 생각하기보단 여유롭게 생각하여 세상사(世上事)를 풀어가노라면 분명 좋은 결과를 얻게 될 것이라 생각한다. 엄마가 시술을 마쳤다는 소식을 듣고 다음날 광주 이모님과 서울 큰 이모 딸인 사촌 여동생이 병문안을 왔다. 그러니까 어머님에게는 동생들이 남동생 하나 여동생 셋인데 그중에 여자 동생으로서는 첫 번째인 큰 이모 딸이 찾아온 것이다. 우리 큰 이모는 10여 년 전에 작고하셨다. 그래도 이종 사촌 동생하고는 종종 연락을 하고 지낸 터라 우리 엄마 입원했다고 하니 이렇게 찾아 온 것이다. 이종 사촌 동생하고는 얼굴 본지가 벌서 5 ~ 6년이 된 듯하다. 그렇지만 엄마 잃어버린 동생을 보니 애잔한 마음이 들었다. 어머니도 역시 엄마 잃은 조카를 보시고 많이 반가우셨는지 벌써 두 눈가가 촉촉이 젖어 있는 것이 제 눈에 보인다. 저희 네 사람은 병실에 앉아 정답게 이야기를 하고 있는데 어머님 재활시간이라고 간호사님께서 재촉을 하시는 바람에 할 수 없이 재활 치료실까지 우리 네 사람 함께 내려가게 되었다. 저희들은 어머니께서 재활치료 하시는 동안 그곳에서도 이런 저런 얘기를 하며 어머님 재활치료 과정을 지켜보고 있는 중이다. 유독 적극적이신 어머니께서는 치료사님의 도움을 받아 하나, 둘 걸음을 옮기시고 계시는 모습이 씩씩해 보여 보기가 좋다. 그런데 이야기 도중에 사촌 동생도 시어머님 병간호로 고생이 많은 사실을 알았다. 하지만 우선 아비삼척(我鼻三尺) 즉 내 코가 석자라 나는 옆을 돌아 볼 상황이 못된다. 그러니까 이 때 저는 외부(外部)소식이 절(寺)간 수준이었다. 그래서 사촌 동생도 시어머님 병수발하며 힘겹게 사는 것을 모르며 산 것이다. 엄마 일찍 여의고 고생하는 사촌 동생 삶이 왠지 남의 일 같지 않아 마음 한 구석이 아린다. 그러나 제가 도와 줄 수 있는 일은 없었다. 마음만은 사촌 동생 시어머님께서 빨리 쾌차하시기를 바라는 마음이다. 사돈이 빨리 쾌차 하시면 사촌 동생이 고생을 덜 할 터라 그리 빈 것이다. 그런데 사촌 동생은 시어머님께서 몸집이 크셔 일어나고 누우시는데 여간 힘이 붙인다고 하는지라 참 안타까운 마음이다. 내 속 짚어 남에 속이라. 하였는데 저도 몸집이 작으신 어머니 몸을 부려 버리시니 어머니를 일으켜드리고 앉혀드릴 때 비록 작은 체구이시지만 힘이 많이 붙일 때가 있다. 그래서 사촌 동생이 얼마나 힘든 과정을 겪고 있는지 그 마음 십분 이해하고 남음이다. 그래서 얼마나 도움이 될지는 모르겠지만 재활치료실에서 보행 연습 할 때 환자 허리에 차는 벨트가 유난히 튼튼한 것이 좋아 보이고 간병을 하는 사람들에게는 하나의 보조 장비로 꼭 필요 할 것 같아 두 개 구입을 해서 사촌과 하나씩 나눠가졌다. 저는 재활용 벨트를 사놓고 한 번도 사용을 하지 못한 사례가 되지만 이 당시 하나 있으면 용이하게 환자를 일으켜 세우고 옮겨드리는데 편리 할 것 이라는 생각에서 하나씩 사서 챙겼던 이유다. 그러나 울 엄마는 유독 그 어떠한 문명의 해택을 받아 쉽게 간병하는 것을 원치 않으시고 강력하 게 거부를 하시고 싫어하셔서 나는 그것을 사놓고 한 번도 사용하지 못 한 사연이다. 저희들은 재활치료를 마치고 병실로 올라와서 차 한 잔을 마신 뒤 이종 사촌 동생과는 기약 없는 이별을 했다. 그리고 광주 이모 님도 다시 오겠다고 하시며 떠나셨다. 어머니는 이틀 동안 재활치료를 받으시고선 재활을 완강히 거부하셔서 더 이상 재활을 진행하지를 못했 다. 이유는 어머니께서 아직 아니네. 라고 하시며 메가톤급 고집을 부리 시는 바람에 나는 더 이상 재활을 권하지 못한 이유다. 저희들은 별다른 문제없이 며칠을 그럭저럭 병실에서 보내고 났더니 소화기내과교수님 께서 오셔서 저희 모녀에게 2~3일 뒤에 퇴원해도 좋다는 말씀을 하시 고 가셨다. 저는 막내 여동생과 의논 할 일이 생긴 것이다. 저희 어머니 막상 퇴원하시게 되면 저희들을 데리고 갈 사람도 필요했다. 그리고 병 원비 액수도 많이 나와 이런저런 의논을 해야만 된 것이다. 더구나 남편 예약 날짜도 10일정도 밖에 남지 않아 제가 남편을 데리고 이곳 병원으 로 오게 되면 며칠만이라도 어머니를 돌 봐줄 사람이 필요해 여동생하 고 의논을 해야만 되었다. 언니하고는 일부 의논을 해둔 상태다. 하지만 큰올케하고는 의논을 할 수 없는 상황이다. 왠지 궂은일이라면 쌍심지 를 켜고 볼 것이라는 생각이 들어 가급적 올케에게 알리지 않는 쪽으로 생각하고 있다. 그런데 딸들은 피붙이라고 적극적으로 협조를 해주니 많이 의지가 된다. 저는 막내 여동생 의사를 물어 가능한 효율적으로 움 직여 볼 심산이다. 저는 조용히 어머니 주무시는 틈을 타 병실 복도에서 막내 여동생에게 전화를 걸었다. 그랬더니 막내 여동생은 아직도 영국이라고 한다. 헐 그런데 자기도 이틀 뒤에 영국에서 서울로 도착하니 바로 병원으로 제부와 함께 오겠다고 한다. 우리는 이틀 뒤에 퇴원 수속할 것을 미리 준비해두는 것이 좋을 것 같다는 생각을 한다. 저는 이날 오후에 회진오신 소화기내과 교수님께

"저희가 하루 앞당겨 퇴원 하면 어떨까요?"

라고 조심스럽게 여쭈어봤다. 교수님께서

"그렇게 해도 무방합니다. 그 대신 처방전약을 6개월분을 타서 가져가세요."

라고 하시며

"괴사에 붙이는 메디팜도 100장정도 사서 가져가십시오."

라고 하신다. 저는 교수님 말씀에

"그리하겠습니다. 그리고 그동안 너무 감사했습니다."

라고 인사를 했다. 교수님께서도 제 인사에 화답(和答)하신 듯 빙그레 웃으시며 고개를 꾸벅하시며 병실을 나가셨다. 저는 내일 모레 퇴원한다는 생각 때문에 갑자기 머리가 복잡해져 왔다. 무려 6개월간의 병원 생활을 청산하려 하니 한편으로는 마음이 홀가분했다. 아직 저에게는 끝나지 않는 남편 문제가 남아있어 마음을 무겁게 하는 면도 없진 않는 것이다. 이제는 어머니께서 정말 호전 되 집으로 갈수 있다는 생각이 들어 기쁘기도 하지만 또 다른 숙제가 저에게 남아있어 마냥 기뻐 할 수만은 없다는 사실이다. 이 때도 시도 때도 어머니는 자꾸만 빨리 집에 가자고 보채기를 지나 성화가 심하셨기에 이곳에서 하루 더 보낸다는 사실이 정말 정신적(精神的)으로 힘겹다. 어머님 마음을 하루라도 편케 해드리고자 퇴원을 서두른 이유가 가장 큰 이유라 할 것이다. 어머니는 유난스럽게 병원 오신 것을 싫어 하셨고 특히나 본인 싫어하시는 것에 대해선 선을 분명히 하셨던 분이라 이곳에 있는 그 자체가 어머님과의 보

이지 않는 암투 아니 그저 못마땅하게 여기시는 저희 어머님 표정 때문에 저는 비굴할 정도로 저희 어머니 눈치를 많이 봤던 사연이다. 어머니는 처음부터 병원이 싫다고 하셨던 터라 늘 집에 빨리 가자고 매일 채근하시기를 잊지 않고 하시는 바람에 제가 병원 생활을 하면서 유독 이 부분이 많이 불편했고 불안했던 사연이다. 병원 데리고 와 자기를 이 고생 시킨다고 못마땅하게 여기시고선 툭하면 혀를 쯧 쯧 쯧 차셔서 저는 어머님 눈치를 참 많이 봤던 이유다. 평소에는 그렇게 인자하시다가도 어느 순간 계모같이 표독스럽게 돌변해서 나를 참 많이 당황하게 했던 부분이 많았다. 지나고 나면 별일 아니겠지만 막상 자기를 병원 데리고 와서 이 고생시킨다고 쉼 없이 원망을 들었을 때에는 도망가고 싶은 마음도 서너 차례 있었다. 그리고 형제들의 무관심속에서 서울 생활을 견디려하니 갱년기 우울증이 겹쳐서 그랬는지 모르겠으나 10층에서 형제들에게 짐이 된 두 모녀 함께 뛰어 내려버리고 싶은 충동도 한 두 차례 있었던 것이다. 어머니는 처음부터 병원을 거부하셨지만 의식 없어 실려 왔기 때문에 할 수없이 몸을 맡기고 있다고 생각하여 툭하면 집에 가자고 성화를 부리셨으니… 엄마 옆에서 간병하고 있는 것이 정말 괴로운 일이 된 이유다. 왜? 어머니는 그렇게 병원가시는 것을 거부하셨는가? 라고 누군가 물었을 때 어머니는 자식들이 화합(和合)하면 본인 병은 거뜬하게 낫는다고 말씀하셨다. 자신이 이렇게 누워있는 이유가 이번 기회를 통해 형제간에 오해를 풀고 화합해서 함께 부모 잘 섬기라는 뜻이라고 했었다. 어리석은 자식들은 이 깊은 어머님 뜻을 알리가 없다. 더욱 안타까운 사연이라 하겠다. 어머니께서는 자신을 희생해 무엇이 어디서 잘못되어 이렇게 형제끼리 아옹다옹하게 되었는지를 이제는 깨우치라고 우리들에게 기회를 주신 부분이고 형제끼리 화합할 수 있는 장(場)을 만들어 주신 이유라는 것을 저와 막내 남동생만이 어머님 대학병원 응급실로 모실 때 깨달았던 것이다. 모든 형제가 다 오해를 푼 것은 아니었지만 그래도 어머님 쓰러지시고 난 후 그제서야 오해된 부분에 대해 일정부분 형제들에게 진실(眞實)여부를 조금은 가려지게 되었던 사연이다. 일부라도 오해를 풀 수 있어 그나마 다행이었지만 어머님 희생(犧牲)이 너무 컸었기에 마냥 기분 좋은 것은 아니었다. 하늘은 형제끼리 성토(聲討)대회 열어 집안을 어지럽히는 자들에게 진실을 밝히고자 신(神)께서 저희 어머니를 이렇게 넘어뜨린 형국(形局)이다. 그러나 아직도 복(福)없는 자(者)는 알지 못하고 깨우치지 못한 부분이 있는 것이다. 그리고 이 같은 사실을 누구하나 인정하려 들지 않는다면 증명할 자료가 없기 때문에 주장도 못하는 것이고 허무맹랑한 저와 어머님의 이야기가 될 뿐이다. 그러나 말하지 않아도 아는 자(者)는 아는 법(法). 어머니께서 이렇게 병원에 계시게 된 이유도 그동안 자식들이 어머니가 아프시면 병원으로 모시지 병원으로 모시지 않는다고 원성(怨聲)이 자자했었던 터라 어머니께서는 자식들 원(願)이라도 들어주고 싶어 자기 몸을 이렇게 희생(犧牲)시켜 자식들 마음을 떠보려는 과정이라고 말씀하셨다. 이와 같이 어머님께서 쓰러진 이유가 있었고 자식들 정성을 보시려는 의도가 있었다고 하시니 저 자신도 어머님의 의중을 알고 조금 당황한 부분이다. 저희 어머니는 분명 평범(平凡)한 분은 분명 아니시다. 라는 것이 제 생각이다. 어머니는 자식들이 그렇게 소원하는 그 마음에 원(願)이라도 풀어주신다고 병원에 잠시 있기로 하셨는데. 변수인 괴사가 생겨 이렇게 고생을 하시고 보니 옛말에 작은 병 고치려다 큰 병 만든단 말이 바로 이런 상황을 두고 하는 말이 아니겠는가? 싶다.

드디어 퇴원 날이다

저는 어머니 퇴원 날짜가 모레로 잡혔다고 병원 근무하는 사촌 동생에게 전화를 했다. 이유는 그동안 너무 고마웠고 덕분에 치료 잘 받고 좋은 결과로 퇴원 할 수 있어 고맙다는 인사 차원이다. 나는 이제 정말 퇴원을 한다고 생각하니 마음이 가볍다. 하지만 나에게는 숙제가 아직 끝나지 않은 상태라 모든 것이 조심스럽다. 저는 그동안 병실 생활 하면서 종종 마트에서 사다 놓은 반찬들이 아직 냉장고에 남아 있어 정리를 시작했다. 버릴 것 버리고 가져 갈 것은 가져가려고 분리를 대충 해놓은 중이다. 일단 냉장고 속까지 정리는 어느 정도 끝이 났다. 저는 시간이 조금 여유 있어 울 엄마 머리를 감겨서 말려드렸다. 저희가 이 병원에 온지 3주밖에 되지 않아 그런지 어머니 머리 자르기에는 조금 이른 감이 있었다. 이번에는 머리를 지르지 않고 그냥 그대로 내려가기로 한다.

저는 간호사실로 가서 환자복 새것을 사가지고 갈 수 있냐고 물어보았다. 그랬더니 사 갈 수 있다고 했다. 그래 환의(換衣) 두 개를 주문 해달라고 부탁했다. 제가 새 환자복을 사가지고 가려고 했던 이유는 이곳 환자복이 다른 병원 환자복 보다는 유난히 부드럽고 천이 좋아 환자복을 사가지고 가려는 이유다. 그런데 나중에 어떤 간호사님이 쓰시던 것을 주시고서 돈을 받지 않아 저는 가족들에게 온갖 궂은소리만 잔뜩 듣고 한 번도 사용해보지 않아 남편 예약 날 다시 가져와서 조용히 환자복 세탁실에다. 갖다놓았다. 부질없는 욕심은 버려야 되는 것을 새삼 깨달았던 경험이라 하겠다. 저는 다음날 남편에게 전화를 걸어 내일 어머니 퇴원하시게 되었으니 대전 여동생 집으로 우리를 데리러 와달라고 했다. 어머님 퇴원하시게 되면 막내 제부가 이곳으로 와 어머니를 모시고 간다는 연락을 받았기 때문에 굳이 남편이 서울까지 올 필요가 없어 남편에게 대전에서 만나자고 한 이유다. 저희가 퇴원해서 내려가는 문제는 제부 차를 타고 갈 것이라 일단 차 문제는 해결이 된 셈이다. 드디어 학수고대(鶴首苦待)한 퇴원 날이 된 것이다. 저는 아침 일찍부터 약을 타놓고 반창고와 소독약을 지하 쇼핑센터에서 샀다. 그리고 잊어버리지 않고 챙겨가려고 가방에 잘 챙겨 넣어둔다. 소독약과 거즈는 수시로 어머님 발뒤꿈치를 소독해야 하므로 이곳에서 일부러 사가지고 가는 이유다. 어느 정도 약 관련 일들은 마무리를 마친듯하다. 어머님 옷을 챙겨드렸다. 이 병원 와서 새로 사놓았던 옷으로 입혀 드렸다. 지난번에 어머니께서 옷 사달라고 할 때 돈을 가지고 가지 않아 나중에 사자고 하였더니 승강기 앞에서 어찌나 성질부리를 하셔서 바로 내려가서 사놓았던 옷으로 갈아 입혀드렸다. 저희 어머님 옷 욕심은 조금 있으신 편 같다. 한편으로 생각하면 이렇게라도 하지 않으면 언제 새 옷 한 번 노인들 옷 사 입기는 쉽지 않을 것이라 생각이 든다. 사 놓은 옷 색깔이 밝은 색이라 환자복을 벗고 새 옷으로 갈아입으시니 곱다. 일반 복으로 갈아입으시니 환자 같지 않아 더 좋다. 환경이 환자를 만들었나 싶을 정도로 밝아보였다. 이제는 챙길 짐들은 다 챙겨 놓았으니 막내 동생 내외가 도착하기만을 기다리면 되는 상황이다. 우리가 이제 퇴원해서 내려간다고 하니 아직 광주로 내려가시지 않으신 이모와 사촌 여동생이 같이 저희를 배웅 해주려고 병실로 왔다. 이곳에 있는 동안 사촌 동생과 이모님께서 자주 이렇게 찾아와 주셔서 사실 외로운 타향(他鄕)객지 병원생활에 많은 위로가 되었고 힘이 되었던 부분이다. 이곳 병원생활이 낯설어 마음이 많이 외로웠을 부분이지만 다행히 광주 이모와 사촌 동생이 종종 찾아와 주셔 그동안 외로운 마음 들지 않고 잘 치료 받고 내려가게 된다.

그동안 곁에서 응원 보내줘 너무 감사했었다고 꼭 이 글이 날개가 되어 전해지기를 바라는 마음이다. 우리 네 사람은 마지막으로 점심을 같이 먹고자 한식집에서 이곳에서의 마지막 식사를 같이 하게 되었다. 그리고 1시간쯤 지나니 영국에서 막내여동생이 딸아이와 같이 귀국해 제부가 공항으로 마중은 갔었는지 같이 병실로 들어왔다. 이제껏 어머님 병원 입원 하실 때부터 말없는 제부가 수고가 제일 많았다. 일주일마다 그 먼 곳에서 새벽같이 달려와 줬던 것이 사실 너무 고맙고 감사했다. 그동안 제가 따로 인사는 특별히 전하지는 못했지만 마음속으로 항상 감사하는 마음을 갖고 있다. 어느 사위가 이렇게 세심하게 장모님을 위할까? 싶을 정도로 너무 자상하게 저희 어머님을 살펴주셨던 것이다. 제는 이런 생각을 했다. 참 막내 제부는 정말 속 깊은 사람이라고. 대저 인간사를 드려다 볼라치면 가장곤란하고 가장 힘들 때 사람을 얻는다. 라고 했다. 이번 일을 겪으면서 정말 그 속담이 참말이란 것을 경험하게 된 사례다. 다른 형제들도 처음에는 이루 말 할 수 없이 어머니에게 지극했었다. 시간이 흐르니 그 마음은 차츰 퇴색이 되었는지 이 병원에 온지가 3주가 되어가지만 언니 말고는 특별히 연락해 온 형제가 없어 마음 한켠 서운한 마음이 없지 않다. 서로의 사정은 다 있을 것이다. 여건이 여의치 않아서 못 올수 있을 것이라 이해는 한다. 병 깊으신 어머님에게 전화 한통이라도 걸어 드리는 것은 얼마든지 할 수 있는 일이다. 그런데 3주가량 퇴원하는 날까지 일절 안부전화 한통 없는 것을 보노라면 정말 어머니를 요양병원에다 모셔놓았더라면 과연 어찌되었을까? 싶은 생각이 든다. 제가 이런 섭섭한 경험을 하다 보니 병중에 계시는 부모님께 자주 찾아뵙지 못한 것을 한스러워 하기보다는 항상 쥐고 있는 핸드폰으로라도 부모님께 자주 안부 묻고 꺼져가는 숨결에 입김을 불어넣어드려 병 깊은 부모님 외롭지 않게 해드렸으면 좋겠다는 생각이 든다. 늘

같이 있는 식구들 보다는 멀리 있는 자식들을 부모는 언제나 그리워하고 있다는 사실이다. 더구나 이 사실은 불변(不變)에 법칙(法則)마냥 변하지 않을 것이며 병든 몸이라 더 이상 자식 집 찾아 갈 수 없으매 더욱 자식들을 그리움에 사무쳐 하는 것이 부모 마음이라는 것을 알아줬으면 좋겠는 것이 제 생각이다. 제 경험으로 볼라치면 저희 어머니도 다른 분에 비하면 많이 의연(毅然)하셨지만 그래도 멀리 있는 자식들이 안부 전화하면 목소리부터 활기가 넘치시는 것을 저는 저희 엄마를 통해 알았다. 그래서 생각했다. 아무래도 부모는 항상 자식들 생각을 가슴에 품고 사시다는 사실을 알게 된 사례다. 저 역시도 자식을 낳고나서야 부모님의 은혜가 하해(河海)같다는 것을 알았으니 이 뜻은 무엇을 뜻하겠는가? 그것은 내 자신이 부모가 되고서야 부모님 마음을 조금이라도 이해하게 되고 부모는 오매불망(寤寐不忘)자식들 생각뿐이라는 것을 깨닫게 되었다. 그러니까 자식 낳고나서야 저도 저희 어머니가 저희들을 항상 가슴에 품고 살아 오셨구나. 라는 것을 비로소 그때서야 깨우친 부분이다. 제가 자식 낳고 부터 저는 부모님께 매일 두세 번씩 시골로 전화를 드리게 되었던 이유다. 아마 그때는 전화비를 걱정하던 시절이었는지 저희 아버지는 제가 자주 전화를 드렸더니 왜? 전화비 많이 나오는데 쓸데없이 매일 전화를 하느냐. 라고 하셨다. 그렇지만 매일 안부를 물어오는 자식이 있어 아버지 또한 싫지는 않으셨을 것이라 유추한다. 아버지께서 워낙 무뚝뚝하셔서 말씀은 그리하셨을지라도 마음은 그래도 좋았지 않았을까 생각이 든다. 부모님이 병이 깊어지시면 자식들이 찾아오고 전화를 자주 드려도 반응이 없다는 사실을 기억했으면 좋겠다. 그 이유는 반가운 표현도 기운이 남아 있을 때 나온다는 사실이다. 나뭇잎이 가을이 되어 오색찬란하게 곱게 물 들여질 때면 이미 때는 늦어 아무리 물을 주어도 반응이 없는 것과 같은 원리(原理)라고 이해하면 될 것이다. 자연의 이치가 이러하듯 부모님도 언제나 우리를 기다려주는 상황은 아니다. 병중이신 부모 현실적으로 자주 찾아뵙지 못하는 상황이라면 더욱 전화기를 이용해서라도 안부를 자주 물어 자식들 목소리 들으시고 빨리 쾌차 하시기를 바라는 것이 자식 된 도리가 아니겠는가? 싶다. 제가 여러 달 어머니를 모시고 이 병원 저 병원을 전전다보니 다양한 경험도 경험이지만 대부분 환자분들을 살뜰히 챙기시는 분들이 의외로 아들들이 더 열심히 부모를 챙기신 분들이 많다는 사실이 조금 의아했었다. 이런 현상을 달리 해석해보자면 혈육이라서 그럴 수도 있겠으나 한편으로는 며느리들도 대부분 사회생활을 하는 경우가 많아진 것이 요즘 보편적 주부라 며느리들은 집안 살림과 아이들까지 챙기다보니 병원을 자주 찾아뵙지 못하는 이유라 생각을 하게 된다. 그래 마냥 며느리 쪽에서 신경을 쓰지 않아 찾아오지 못 할까? 라는 생각을 버리게 된 동기이기도 하다. 시부모님께서 입원하시게 되면 직장을 휴직하고 시부모님케어에 전념하신 며느리도 간혹 계셨으므로 아마도 그것은 각자의 자유의지에서 우러나와 행하는 자식 된 도리이겠지만 현대에 와서는 왠지 달리 보이게 된 이유가 아마도 그런 분들 보기가 요즘 쉽지 않아 우리는 시부모님 간병위해 직장을 그만두고 간병 하시는 분을 뒤돌아보게 된 경우다. 요즘 7~80%가 대부분 귀차니즘에 빠져 귀찮은 것을 회피하는 수준이라 요즘 현실은 요양병원에 늙고 병드신 부모님을 의탁(依託)하는 것이 보편적 상례(常禮)라 요양병원이 우후죽순(雨後竹筍)처럼 생기는 추세이고 이런 모습이 바로 이 사회의 현주소다.

요즘 우리나라는 아이들은 줄어들고 노인들 수명만 늘어나 최고령화(化)시대로 변해 가고 있음을 우리는 실감하게 된다. 더구나 젊은이들은 결혼을 기피하고 있어 어린아이들 보기가 어렵게 된 사회가 되고 있어 인구 그래프가 역 삼각이다. 고령이 되신 부모님들 늙고 병들어 치료 마치면 자동적으로 병원에서도 요양병원 어디로 모실 것입니까? 라고 묻는 시대이니 누구나 나이 들면 가는 곳이 요양병원과 요양원이 되고 있는 것 같아 마음이 많이 서글프다. 요양병원 시설도 급을 달리하여 비싼 요양병원에 계시는 분들은 나름 좋은 곳에 머물고 계신다는 자부심이 굉장하다는 사실이다. 이렇게 저렇게 요양병원 요양원을 찾는 사례들이 늘어나는 이유도 현대를 살아가는 시대의 흐름이지만 사실 알고 보면 나라 제도가 자식들을 불효하게 만들고 있는 것이 불편한 진실이다. 그러니까 우리나라 제도가 늘어나는 것이 세금이고 올라가는 것도 세금이라 우리가 3~4개월 돈벌이를 못해 세금 3~4개월 내지 못하게 되면 바로 끊기는 것이 전기 가스 수도이고 보면 정말 나이 들어 수입 없는 어르신들 옆에서 보기가 정말 안쓰러운 것이다. 저도 일상생활 하는데 가장 필수가 되는 것들을 나라에서 끊어 버렸던 경험이 여러 차례 있었다. 그래서 제 경험상 가장 끊겨서는 안 되는 것 중에 하나가 바로 전기와 수도라는 사실을 깨달았다. 현실이 이러하다보니 생존권 때문이라도 벌어야 되고 세금 내야 되어 병든 부모님은 더러는 뒷전이 될 수 있다는 사실에 대해 겪어보지 않고는 모르겠지만 막다른 골목을 경험한 입장에서는 정말 공감하고 공감한 부분이다. 더구나 저희 부모님 세대나 우리 세대들은 일부를 제외하고는 본인들을 위한 삶이 아니었다는 것이 관건이다. 그러다보니 본인을 위한 노후대책이 전혀 되어있지 않다는 현실이 마음이 더 아픈 이유다. 우리들의 30년 후의 모습일 수가 있어 더욱 안타깝다. 아무튼 부모님들 생각하면 애잔한 마음뿐이다. 몸을 부려버린 어르신들에게는 선택에 여지가 없다는 사실 앞에 안쓰러운 마음만 가득했다. 그래서 나는 악착같이 저희 어머니 곁을 떠나지 못하는 이유이다. 아무튼 자식들 입장고려하고 본인 처지 생각해 요양병원으로 옮겨가지만 노인들에게도 생각은 있는지라 요양병원으로 가면 그곳이 마지막으로 가는 길목이라 여기시며 많이들 쓸쓸해하신 것을 종종 보노라면 참으로 애석한 사회문제이지 않나 싶다. 그러나 우리나라 대한민국은 아직 부모님 공경(恭敬)하고 귀히 여기는 사람이 더 많다는 사실에 희망을 걸어본다. 제가 여러 달 병원 생활을 하면서 느낀 부분은 환자 가족 중 대부분 아들들이 병원비는 담당하고 간병은 딸들이 맞고 있는 경우가 많다는 사실이다. 병실에 같이 있는 사람들이 가끔 병원비를 어떻게 분담을 하고 있는가? 라고 저에게 물어오는 경우가 많다. 보호자들이 병원비 분담을 참 많이들 궁금해 하신 것이다. 그러니까 현실적으로 부모가 장기(長期)간 입원하시는 경우 서로 부담된 부분이라 많이들 궁금해 하신 이유이다. 사실대로 저는 6/1 낸다고 한다. 그렇다면 이렇게 환자 옆에서 24시간 계시는데 간병비는 얼마를 받는가? 라는 질문은 자동 수반되어 물으신다. 병든 부모님 병원에 장기간 모시고 계신 분들 애로상황이라 본인들도 간병비를 마냥 간과할 수 없는 부분이라 모두 궁금해 하는 차원이다. 대부분 사람들은 저희 집 사례가 매우 궁금한 이유다. 저는 금전관련 이야기는 가급적 피해버리지만 피치 못해 이야기가 부득불(不得不)나올 때 할 수 없이 저희 친정은 5남매 한 집에서 10만원씩 각출해 저에게 간병 비 명목으로 보내오지만 병원비 6/1를 공제를 하고 있는 터라 현실적으로는 간병비를 제가 받았는지 안 받았는지 계산해보지 않았다고 했다. 저희 어머님 병원생활비가 수월찮은 금액인지라 간병 비를 받았다는 생각은 아직까지 들지 않는다고 한다. 그런데 저희 남편이 암 환자가 되었음을 알고 이번 달 부터는 각 집 당 30만원씩 걷어 주기로 결정을 보았다는 말을 전해 들었노라고 했다. 제 생각은 그렇다. 내 부모 아프셔 병원비 내는데 내가 좀 더 내면 어떠하고 형편 어려워서 덜 내면 어떠하리… 라는 생각만 있을 뿐이다. 형제들 모두가 장기간 비싼 병원비 지불하고 간병비까지 챙겨 주느라 모두가 힘든 것은 매한가지다. 그래서 저는 제가 조금 덜 쓰면 되는 것이라 생각한부분이고 오직 저희 어머님 빨리 쾌차하시면 더 좋겠다. 라는 생각만 있을 뿐 형제들에게 더 이상 뭔가를 바라지 못한 입장이다. 이 상황에서 더 바란다면 서로 부담이고 서로가 불편한 상황이 될 것이기에 제 욕심을 버리면 제일 편하다는 것을 저는 잘 알고 있다. 저는 제 마음 편하게 하는 것이 더 좋았기 때문에 저는 이제껏 형제가 아닌 타인(他人)을 대상(對象)으로 했더라도 제가 조금 손해(損害)보며 사는 길을 택하고 살아온 몸이다. 반면 저희 어머니께서 6남매를 두셔서 형제들끼리 십시일반으로 병원비를 부담하니 그 얼마나 다행한 일인가 싶기도 한다. 만약에 자식이 오직 저 혼자뿐이었다면 오롯이 병원비가 저 혼자만의 몫이 되어 참으로 경제적으로 많이 버거웠으리라. 생각한다. 우리가 떠날 준비를 다 해 놓기 동생을 기다리기를 1시간이 지날 무렵 막내 여동생이 때마침 병원에 도착했다. 막내 여동생은 오랜만에 어머님을 보고서

"울 엄마가 많이 좋아지신 것 같네."

라고 애기를 한다. 저도 사실 형제들에게 이 소리가 제일 듣고 싶었는지도 몰겠다. 보통 어머님들 같았으면 비위 맞추기가 수월했겠지만 별난 저희 어머님 비위 맞추기란 사실 보통 마음가지고는 힘들었던 이유다. 아무튼 막내가 무탈하게 영국 여행 잘 갔다 와서 다행이고 저희 어머님 이렇게 많이 회복하셔 오늘 퇴원을 하시게 되니 이 또한 기쁜 일이고 더군다나 퇴원 날짜와 귀국날짜가 공교롭게 맞아 떨어져 막내 여동생이랑 같이 대전으로 내려 갈 수 있어 정말 다행이었다. 더군다나 막내 여동생 내외가 와서 제가 마무리 하지 못한 퇴원 수속을 밟아가니 저도 편하기도 하고 마음에 의지도 많이 되어 왠지 지원군이 와서 다 해결해 주는 느낌이 들었다. 병원비가 3주가 못 되었는데 상상 외로 많이 나왔

다. 암환자라면 병원비가 이렇게 많이 나오지는 않았을 것이다. 암환자가 아니다 보니 저희들이 예상한 금액보다 훨씬 많이 나와 당황했다. 그래서 일단 병원비를 제부카드로 결제를 하고 나중에 형제끼리 6/1로 나누기로 하고 승강기를 타고 올라오는 도중에 여동생이 저에게 마산 큰올케가 부산병원에서 CD 복사해서 이 병원으로 보낼 때 경비가 6만원이 들었다고 병원비 계산 할 때 그 돈을 빼고 계산해달라고 했다고 말을 했다. 그 말을 듣고 제가 막내 여동생에게 왜? 부모한테 돈 한 푼이라도 더 쓰면 벼락 맞을까봐 그런 다냐? 라고 동생한테 서운한 마음을 표시를 한다. 그렇지만 막내 여동생도 중간에서 전해주는 입장이라 난처할 것이라는 생각이 들었다. 그래서 동생에게

"그렇게 해주어라. 내가 그 돈 덜 쓰면 되는 것이니 그 돈 필히 빼서 계산해주어라."

라고 하고는 더 이상 동생에게 말은 하지 않았다. 하지만 마음속으로는 괘씸하다는 마음이 좀 든다. 그리고 올케가 6만원 빼주라고 했던 말을 다시 되새겨보니 몹시 마음이 불쾌했다. 그러다보니 생각이 시끄러워지고 마음마저 불편하다. 병든 부모한테 돈 한 푼 더 쓰는 것이 그리도 아까운 모양이다. 헛 숭헌. 분명 자 벌레가 구부릴 때는 다시 펴기 위함이거늘 그렇게 알뜰하게 살 때는 잘살기 위해서일 것이라 생각한다. 그렇게 아껴서 부디 잘살아라. 너 또한 나이 들고 세월 가면 늙고 병든 것을 비켜가지 못한 것이 인생이라는 것을 명심했으면 좋겠다는 생각을 나는 했다. 한치 앞도 모르고 사는 것이 인간이요 내일을 기약할 수 없는 것이 인간의 삶인 것을 정녕 모르고 하는 처세(處世)였다. 헛 숭헌. 정말 가장 간사한 것이 인간이요 가장 속 좁은 것 또한 인간이라는 말이 진리이지 싶다. 제가 올케가 6만원 빼달라고 했다는 말을 듣고 이렇게 분개하는 마음을 갖고 있는 저 자신이 못마땅하다. 하지만 생각은 또 다시

올케를 원망하여 왜? 하필이면 우리 집에 가장 중심이 되어야 할 사람이 저리도 마음씨 쓰는 것이 저 모양일까? 싶다. 이제껏 어머니는 며느리들을 그리도 귀히 여기며 살아 오셨거늘 열길 물속은 알아도 한사람 속을 헤아려보기는 어렵다. 라는 말이 정녕 진리였다. 헛 숭헌. 한치 앞도 내다보지 못한 것이 우리인생사요. 대자연 앞에 티끌과 같은 존재가 바로 우리 인간인 것을 정녕 모르나 보다. 간사한 것이 사람 마음이라 하더니 지금 내가 올케가 6만원 빼달라고 했다는 말을 듣고서 부터는 마음이 편치 않는 것을 보니 나도 별 수 없는 인간이 맞다. 저 자신에게 반문한다. 너도 인간이라 어쩔 수 가 없구나? 김 선 희! 너만은 인생 그렇게 살지 말거라. 라는 마음을 내 스스로에게 다짐하고 다짐한다. 더러는 삶속에서 밑지고 사는 아량(雅量)도 필요하다는 것을 깨닫는다. 그래 너와 내가 생김새가 다르듯 생각도 다른 것이 기정사실이다. 그러나 병든 부모한테 돈 한 푼 쓰는 것을 너무 아까워하지는 말아라. 사람 났고 돈 났지 제아무리 잘나고 못난 사람도 부모가 생명을 주신 것을 알고 생명을 주신 은혜에 보답코자 머리카락을 짚신삼아 신을 만들어 드린다는 설화도 있건만, 저는 이 부분을 마음속에 새겨 훗날 타인들 앞에서 경험담 삼아 이야기를 하게 될 것 같다는 느낌이다. 타인들로 하여금 이 부분을 타산지석(他山之石)삶아 늙고 병든 부모님께 쓰는 돈이랑 너무 아까워하지 말라고 당부 할 것이다. 그리고 그렇게 부모위해 쓰는 돈은 하늘에다 저금해 놓은 형국이라 반드시 다음 세대라도 꼭 찾아 쓰게 되는 것이 공명정대한 우주의 법칙이라고. 전(傳)하게 될 것이라 생각한다. 이 부분은 저에게만은 많은 것을 생각하게 하는 부분이다. 이 말은 전하는 막내 동생은 과연 어떤 생각을 하였을까? 싶다. 이 말을 전하는 네 마음도 생각은 분명 있었을 것이다. 타인의 이러한 행동들을 거울삼고 지침서 삼아 크게 깨달았으면 좋겠다. 저는 어머님을 휠체어에 앉혀 드리고 짐

을 앞에다 하나 올려놓으면서

"엄마 이것 떨어뜨리지 않게 꽉 잡고 계세요"

라고 하며 불편한 기분을 돌려본다. 저는 휠체어를 밀고 그동안 저희와 병원생활을 같이 했던 짐들을 들고 메고서 제부 차가 있는 지하로 향했다. 그런데 지하 주차장까지 가는 길이 예상 외로 멀다는 느낌이 들었다. 더구나 짐이 예상 외로 많다보니 고사리 손이라도 보태고 싶은 심정이 바로 이런 상황에서 나온 말이라 느껴진다. 아저 나름 짐을 간소화해서 지낸다고 지냈는데도 뭐가 이리도 필요한 것들이 많았는지. 아무튼 20여 일간의 병원생활에 필요했던 짐이 많아 땀 범벅된 사항이다.

우리들은 더운 날씨에 헉헉거리며 지하주차장에 세워놓은 제부 차에 몸을 실고서 지상으로 빠져나왔다. 참 며칠 만에 보는 차창 밖의 세상은 너무도 평화로웠다. 씽씽 달려가는 차들의 역동적인 모습들과 6월 하순에서 보는 녹음(綠陰)짙은 가로수들을 보고가노라니 꿈을 꾸고 있는 느낌 같았다. 햇살이 쏟아져 반짝반짝 빛을 발산하는 한강을 내다보면서 잠시만이라도 아무런 시름도 없는 사람이 되고 있다. 어쩌면 단 1분이라도 제게는 숨 쉴 수 있는 마음에 여유가 필요 했을 것이다. 더구나 삶이란 무엇인가? 라는 주제를 나는 많이 갈등이 있었던 것이다. 어쩌면 제게 닥친 불운(不運)은 나를 더 강하게 연단(鍊鍛)시키는 과정이지 싶다. 그래서 나는 이 모든 현실들은 제가 살아있는 표현이지 않나 싶다. 분명 제가 숨 쉬고 살아 있어 겪어야 하는 삶의 한 부분일 것이고 잠시 불어온 세찬 바람일 터이니 이 시기를 저는 지혜롭게 잘 견디어 평온한 가정을 만들어 가야 할 의무가 있는 사람이다. 우리나라 전통 문화 속에서 차례상이나 제사상에 대추를 놓는 의미는 대추가 원래 세찬 비바람에 잎은 떨어져도 열매는 더 단단하게 매달려 있다하여 옛 선조님들께서는 대추를 차례상이나 제사상에 올려놓게 해서 자손들이 고난이 닥쳐와도 굴하지 말고 굳세게 견디어 굳건히 살아가라는 뜻으로 우리 조상님들께서 상에 대추를 올려놓는 이유라고 했다. 하지만 유교에서는 대추씨가 하나라서 한 임금만 섬기라는 뜻으로 대추를 상에 올린다고 하였으나 이 뜻은 조금 우리나라와는 맞지 않는 부분은 역대 충신들을 보면 여러 임금님들을 모신 훌륭한 신하가 많이 있었음을 우리는 알 수 있다. 예를 들자면 황희정승이나 윤선도 같으신 분들이 대표적인 인물이라 하겠다. 그런데 우리나라 미풍양속에서 내포하는 뜻과 유고에서 의미하는 뜻을 비교하자면 분명 차이를 두고 있다는 사실이다. 그래서 생각하건데 대추하나만 가지고도 나라별로 해석이 다르고 의미가 다르다는 것이고 제가 행하고 있는 모든 행동들이 다 옳다고 주장 하지 못한다는 사실이다. 제 입장에서 최소한의 자식 된 도리라도 해보는 것이고 여건이 안 되면 안 되는 대로 형편껏 성의껏 하면 되는 것이라 생각하고 살아가는 중이다. 인생 여정에서 이번 문제가 가장 번민이 많았을 수도 있다. 이유는 어머니를 따를 것인가? 아니면 남편을 따를 것인가를 놓고 갈등이 전혀 없었다면 그것은 거짓말일 것이다. 주변사람들이 상투적으로 제게 하는 말은 노모님은 오래 사셨으니 다른 형제들에게 맡겨두고 아직 젊은 남편을 살려야 하지 않겠냐. 라는 말씀들을 한마디씩 했지만 그러나 이제는 어머니께서 건강히 많이 호전되어 이렇게 내려가는 것을 보니 한편으로는 이렇게 엄마가 퇴원해 내려가는 것도 꿈만 같기도 하다. 그러나 마냥 즐겁지만은 않는 것은 제 삶의 가장 위기라 느껴진 현실의 커다란 숙제가 막막해 대전 내려가서 남편 볼 생각을 하니 마음 한켠이 무겁게 느껴진다. 외면 할 수 없는 남편 암과의 전쟁이 시작되는 시점이라 심란한 마음은 피할 수가 없는 것이다. 저는 분명 이 시점에서 내 인생의 반전을 꾀하려 한다. 이 위기를 분명 전화위복(轉禍爲福)으로 삼을 것이라는 확신(確信)을 가진 것이다. 처음 어머님 쓰러지시고 중환자실로 가실 때만 해도 저는 분명 다른 형제들로 하여금 도둑성과 사기성을 가지고 있다는 오해의 대상이었다. 그렇지만 지금은 한 두 사람만이 그 오해를 풀지 못할 뿐 다른 형제들로 부터는 그런 오해는 말끔히 씻어버렸다. 그래서 저는 이 위기를 남편이 변해 바른 길을 가노라면 분명 이 위기(危機)는 분명 전화위복이 될 것이라 확신 한다. 저는 지금 몸은 대전 내려가는 차에 앉아 있지만 마음이 심란스러워 이런저런 생각을 하다 보니 꿈속을 헤매는 기분이다. 잠깐 동안이라도 내 정체성을 잊은 마음이라고나 할까? 그렇지만 현실은 이 병원을 남편과 일주일 후에 다시 와야 되는 것이 현실이고 경제적 압박이 이중고(二重苦)라 더욱 마음이 편치 않다. 더구나 어머니는 6개월 후에 이곳으로 다시 와서 간담도 길에 심어놓은 스탠스를 제거해야 하는 숙제도 남아있어 그 생각까지 마음을 무겁게 하는 부분이 되었다. 제부 차에 앉은 저는 어느 순간 서울외각도로를 벗어나 벌써 고속도로로 진입 하는 것을 느낀다. 잠시 제가 멍한 생각을 하는 사이 차는 어느새 서울을 벗어났던 모양이다. 제부 차는 어느새 속력이 붙어 나를 경악케 했다. 사실 몇 년 전에 저희는 고속도로에서 큰 사고로 가족들 모두 잃을 뻔한 사고가 있었다. 나는 그 사고 이후 아직도 그 후유증으로 속력을 내는 차는 제 아무리 비싼 차라 할지라도 저는 무서워한다. 정말 오금이 저리도록 싫어하는 속력이다. 손에는 벌써 땀이 젖어있다. 그러나 대하기가 어려운 제부라 말은 쉽게 나오지 않아 참을 수 있는 한 참아 보기로 하고 그저 말없이 자동차 무서운 속력에 동요 없이 얌전히 앉아 계시는 어머니를 바라보면서 남편을 데리고 며칠 후 다시 서울 올라 와야 하는 문제를 의논코자 한다. 그래서 저는 조용히 어머님께

"엄마 조 서방 며칠 있으면 검사하려 다시 이곳으로 올라와야 하니까.

엄마는 대전 막내 집에서 일주일만 계시면 어떨까요?"
라고 여쭈었다. 어머니께서는 잠시 망설임도 없이
"아 그래 라고 하시며 그럼 그렇게 해라."
라고 수월하게 말씀을 하신다. 어머니께 이렇게 물어보는 이유는 성치 않은 신 노모님 모시고 장거리인 김해까지 왔다 갔다 한다는 것이 마음에 걸려서 저는 조심스럽게 어머님 의사를 이렇게 여쭈워 보는 이유이다. 그런데 어쩐 일인지 어머니께서 흔쾌히 승낙을 해주시니 그 동안 남에게 말 못한 고민이 해결되어 마음이 한결 가볍다. 그렇다면 저는 어머님을 며칠 대전에 맡겨놓고 대전에 남편이 도착하면 김해로 바로 내려가는 것으로 계획을 바꾼다. 어쩌면 20여일 가깝게 집을 비웠기 때문에 우리 집 막내둥이도 한편으로는 보고 싶은 마음도 컸다. 어머니께서 당분간 대전에 계시겠다고 하시니 이제는 걱정거리가 사라져 마음이 한결 가볍다. 그런데 병원을 출발한 제부는 어찌나 속력을 내는지라 마음이 다시 불편해지는 느낌이다. 아니 차에 앉아 있는 마음이 불안해서 견딜 수가 없다. 조심스럽게
"제부 저 오래 살고 싶어요."
라는 말을 했다. 제부가
"장모님, 계셔서 속도를 많이 내지 않고 있어요."
라고 하신다. 저는 제부 말씀에 대꾸도 하지 못한다. 제부 나름 장모님 때문에 속력을 많이 내지 않고 간다는 말씀이 더 이상 나로 하여금 말을 잃게 했다. 우리가 제부 차를 타기 전까지만 해도 제부 성격이 워낙 말씀 없으시고 점잖으셔서 운전도 얌전하게 하실 줄 알았다. 그런데 그것은 나의 착각이었다. 제부 운전 가속 페달 밟는 속도가 카레이셔 수준이었다. 나도 모르는 사이 손에 땀이 촉촉하니 젖었다. 내가 손에 땀을 닦고 있을 때 막내 여동생이 한마디 한다. 자기는 평소 신랑이 속력

을 과하게 내는 수준이라 이정도 속도는 이젠 아무렇지도 않다며 자기도 처음에는 많이 불편했다고 한다. 인간은 주변 상황을 어쩔 수 없이 적응하며 살아가는 것이 맞는 모양이지 싶다. 제 운전 습관과는 정 반대인 제부를 보면서 사람은 절대로 겉모습으로 판단해서는 안 된다는 교훈을 하나 얻었다. 두 시간 코스인 목적지 대전 동생네를 1시간이 조금 넘어 도착했으니 나의 운전 실력과는 확연한 차이를 느낀다. 나는 목적지 도착하는 순간까지 간(肝)은 쪼그라들고 마음은 이승을 떠난 기분으로 왔다. 마음 조아리는 카레이스 수준이었지만 그래도 중간에 졸도하지 않고 무사히 대전 동생집에 도착한 것에 감사하게 생각한다. 우리가 동생집 앞에 도착하니 벌써 언니와 남편이 3층에서 내려와 입구에서 저희를 반갑게 마중한다. 가족이라 해봐야 언니하고 남편뿐이지만 그래도 우리가 도착한다고 하였더니 벌써 집 앞에 나와서 기다리고 있으니 보기가 참 좋다. 하지만 이제 퇴원하신 울 엄마 우선시 하여 서로 인사는 생략된 상태다. 그래서 인사는 생략되고 차에서 내리신 어머니를 3층으로 모시려 하는데 어머니 걷지 못하시고 엘리베이터 없으니 어머니를 3층으로 모시고 올라가는 과정이 큰 문제가 되었다. 어머니께서는 언제부터인지 알 수 없으나 배가 복수 차 있는 현상처럼 늘 복부가 뽈록하게 팽창 되어 있었다. 검사 결과는 아무런 이상이 없다는 결과를 받아 이제껏 이 문제로 불편해 본 적이 없었던 것이다. 막상 걸음을 걷지 못하시니 계단 올라가는 것이 문제가 된 것이다. 두 사람이 양쪽에서 어머니 팔을 부추겨 한발 한발 계단을 딛고 올라가든지 아니면 어머님을 업고 가든지를 두고 의논 했다. 결론은 양쪽에서 팔을 하나씩 어머님 겨드랑에 집어넣고 부추겨 모시고 가자는 것으로 결정짓는다. 그냥 업고 올라가자고 하는 사람도 있어 여러 의견들이 분분하던 찰라 막내 제부께서는 우리가 망설이고 있는 사이 어머니를 순식간에 들쳐 업고 계단을 무조건 뛰어 올라가는 바람에 의논이고 뭐고 망설일 것 없이 여러 사람들이 한 팀은 어머님 궁둥이를 받치고 또 한 팀은 어머님 양쪽 곁을 받들며 정말 순 식 간에 3층으로 올라오게 되었다. 순간이동 축지법 수준이라 하겠다. 아마 그 시간은 1분도 체 걸리지 않았을 것이라 생각한다. 순식간에 막내 집으로 도착해 소파에 앉으신 엄마는 복부를 만지시며 조금 아프시다고 하셨다. 저희들을 우르르 몰려가서 어머님 복부를 살폈다. 그런데 어머님 복부가 제부 등과 맞닿았던 부분이 빨갛게 되어 있었다. 어머님 업고 뛰었던 시간이 순간이었지만 계단 오를 때 마찰이 심했던 모양이지 싶다. 그래 저희들은 이구동성으로 어머니께 아이고

"엄마 미안해."

라고 하면서 비로소 그제 서야 이산가족 상봉을 하며 서로를 반긴다.

그 사이 언니는 제게 다가와

"네가 제일 수고 많았다."

라고 한다. 막상 언니에게서 이 말을 들으니 왠지 눈물이 핑 돈다. 병원 생활이 나름 혼자라서 힘들고 많이 두려웠던 부분도 많았던 모양이지 싶다. 이제껏 누구에게 말은 않았지만 시술과 치료과정이 남모르게 많이 힘들었다. 유별나시고 자기주장이 너무 강하셨던 어머님 때문에 정신적으로 고달파 남모르는 애로사항이 많아 나름 설분 마음도 없지 않았다. 더군다나 치료가 아직 다 끝나지 않았는데 툭 하면 집에 가자고 성화를 내시어 정신적으로 많이 고달팠던 이유도 한 몫을 차지했을 것이라 생각한다. 언니는 저희가 온다고 동생 집에다 맛있는 것을 많이 해 놓았다. 그리고 남편도 동생집에 미리 도착해 저희를 마중하는 대열에 끼어 있었다. 저는 대전 동생네에 도착해 오랜만에 집 밥도 먹어보고 오랜만에 두 다리를 쭉 뻗어보기도 하니 비록 동생집이라 할지라도 그래도 편안함을 느꼈다. 저희가 이렇게 마음의 여유를 가진 이유가 어머니

께서 험한 병원생활에서 퇴원을 하셨다는 안도감이 더 컸던 이유라 생각한다. 더욱 지금 이 순간이 행복하고 이러고 있는 이 시간도 소중한 것이다. 군인들이 어려운 전투에서 승리를 하고 돌아온 기분이 아마도 이런 기분이 아니었을까? 라는 생각도 든다. 언니는 제게 자기가 직장 나가지 않고 당분간 이곳에 머물면서 어머님을 모시기로 하였다고 저에게 말한다. 그러니까 제가 일주일 뒤 남편 데리고 서울병원으로 가서 검사 받는 동안 이곳에서 언니가 어머니를 모신다고 막내 여동생과 미리 의논이 되었던 것이다. 그래 언니는 엄마 간병 때문에 다니던 회사를 당분간 못나가게 되었다. 어머니께서는 지금 비록 퇴원은 하셨지만 어머니 스스로 할 수 있는 것은 아무것도 없다. 그래서 어머님 옆에는 꼭 사람이 있어야 되는 상황이라 언니랑 동생이 이런 결정을 내린 것 같다는 생각이 들어 감사했다. 형제란 이렇게 저렇게 도우면서 사는 것이 바로 형제가 아니겠는가? 한다.

며칠간이라도 어머니 담당은 언니가 되었다. 언니집은 전주다. 하지만 생활은 대전에서 하고 있어 엄마를 이곳으로 모신 이유이기도 하다. 더구나 저희가 김해를 자주 왔다 갔다 해야 하는 상황이라 우리가 오고 가는 길목인 대전을 임시 어머니 계실 곳으로 정했다. 언니는 이곳 제부 회사에 근무를 하고 있는 상황이라 우리들은 어머니를 막내 여동생 집에서 잠시 모시면서 이번 당번은 언니가 된 것이다. 이번 엄마 당번을 언니가 자체한 것을 보니 뭐니 뭐니 해도 큰 자식이 최고이지 싶다. 우리 생각이 나름 지혜롭다고는 하더라도 언니만 못한 것이고 행동하는 것도 나름 열심히는 하나 언니만큼은 아니라는 사실을 저나 막내 동생은 잘 알고 있다. 이러거나 저러거나 형제자매가 많은 것이 저는 참 좋다. 잠시 나로 인해 집안에 오해가 있어 불협화음을 이루고는 있고 나를 고깝게 보는 형제는 있을지라도 그래도 다른 형제들하고는 나름 우애는 좋다. 이전에는 다정했던 저희 육남매다. 뭇 사람들이 주변에서 많이들 부러워했었던 이유이고 많은 사람들이 저희 어머니를 두고 자식들이 잘 지낸다고 부러워했던 부분이기도 하다. 지금은 서먹한 형제도 생겼지만 이 또한 서로 자숙(自肅)하는 차원(次元)에서 잠시의 오해도 있는 것도 나쁘지가 않다는 생각을 해본다. 사람이 살면서 어찌 좋은 일만 있겠는가? 싶기도 하다. 그리고 세월이 흐르다 보니 서로 생각이 다르고 원하는 부분도 달라 작은 것에서부터 오해도 쌓이고 병든 부모모시지 않으려고 좋은 머리 좋게 안 쓰는 사람도 생겨났던 이유다. 자고로 옛 속담에 의하면 말(馬)은 오래 달려봐야 그 말이 힘이 센 말인지를 알게 되는 것이고 사람은 오래 겪어봐야 그 사람이 진실하고 바른지를 알 수가 있다!"라고 했다. 그런데 막상 내가 이런 경우를 겪어보니 정말 이 속담이 참으로 의미 있는 말이고 진리였던 것을 우리 형제를 통해서 경험했다. 너와 나만이라도 변해 세상을 바로보고 바로 느끼고 바른 행동으로써 자식들에겐 부끄럽지 않은 부모가 되어야 할 것이고 부모에게는 효(孝)로써 공경(恭敬)하고 옆에서 든든한 자식이 되어드리고 형제(兄弟)에겐 돈독한 우애(友愛)로써 버틴 목(木)이 되어 든든한 형제우애 할 것이며 일가친척들에게는 화목을 주도해가는 일가가 될 것이다. 이웃들에게는 정(情)으로써 이웃된 도리(道理)를 다 할 것이며 붕우(朋友)간에는 신의(信義)로써 벗의 도리를 다하노라면 국가(國家)가 요구하는 국민상이요 역사(歷史)가 열망(熱望)하는 인간상이 되어 가리라.

일주일 후 서울에서 남편 조직검사가 있다

저는 언니가 만들어 놓은 맛있는 점심식사를 하고 남편하고 서둘러 김해로 내려가야만 되었다. 그래 저는 사연 많은 3자매이야기는 나중에 듣기로 하고 언니에게 엄마를 부탁 하고 저희 부부는 서둘러 김해를 향해 출발을 하려고 일어선다. 병든 노모님을 두고 가는 발걸음이라서 잘 떨어지지 않지만 그래도 일주일 후에 다시 뵐 수 있으니 가벼운 마음으로 어머님께 인사를 간단히 하고 저희 부부는 서둘러 동생 집을 나왔다. 참 오랜만에 같은 공간에 부부만 있는 시간이지 싶다. 하지만 우리 부부는 딱히 할 말이 없다. 그렇다고 얌전히 내려갈 부부가 분명 아니다. 같은 공간에 있게 되면 누가 있든 없든 기본이 말 시름이 시작된다. 이유는 모르겠다. 붙일 이유를 못 찾으니 저는 이렇게 표현하고 싶다. 아마도 제 전생(全生)업보(業報)가 많아 원수 아니 웬수를 만나 이다지도 험한 세상을 살지 않았나? 싶은 생각이다. 남편도 저와 너무 맞지 않아 우리 두 사람사이를 천적(天敵)이라 표현했다. 남편이 원하는 답은 비록 자기가 옳지 않더라도 자기를 좀 따라주라는 것이 남편 뜻이다. 하지만 남편 행동(行動)이나 생각들이 윤리성을 벗어나고 도덕성을 벗어난 옳지 않는 행동들이라 남편이라 할지라도 따를 수 없는 것이 나와 부딪치는 주된 이유다. 저는 도덕성(道德性)과 정직성이야 말로 한 사람의 성공(成功)의 척도라 여기며 사는 사람이다. 우리부부는 만나면 그저 옥신각신이 되고 티격태격한다. 참으로 마음 편할 날 없는 인생살이며 결혼생활이 몹시도 고단하게 느껴지는 시간이라 하겠다. 오랜만에 보는 부부였지만 대전에서 김해 내려오는 내내 마음 불편할 정도로 말꼬리를 물고 늘어져 저는 정말 중간에서 내리고 싶은 충동이 여러 차례 일었다.

그 마음 당해보지 않은 사람은 모르리라 생각한다. 좌우지간 남편 성장과정이 불우해 그랬는지 아니면 저에 대한 열등의식(劣等意識)이 강해 그런지 모르겠으나 자꾸만 말에 꼬리를 물고 늘어지는 성향이 높은 것이 사람을 진을 뺄 것이다. 남편이지만 어쩌면 회피하고 싶은 대상이 바로 남편이라고나 할까? 이런 성향들은 본인 자신을 어떻게 생각할지 모르겠으나 옆에서 같이 사는 사람 마음은 참으로 난감하고 불편하고 기피하고 싶은 사람이다. 저는 오는 길에 이미 마음에 문이 닫혔다. 마음이 많이 불편한 상태로 집에 도착한다. 오랜만에 집에 온 사람 마음은 전혀 고려하지 않고 남편은 또 다시 집에 들어서자마자 아이들에게 집 청소 안했다고 잔소리를 쉼 없이 속사포로 늘어놓는다. 마음이 많이 불편했고 화도 났다. 저는 오랜 노숙 생활로 심신이 지쳐 있건만 저를 조금도 배려(配慮)를 해주지 않으니 화가 나려고 하는 것을 참고 참았다. 여러 날 무탈하게 잘 있어준 나는 저희 아이들을 보니 감사하다. 우리 집 딸들은 오랜만에 엄마를 만나니 제 얼굴을 부비고 뽀뽀를 해댄다. 저는 이런 부분에서는 참 행복한 사람이라 생각한다. 이렇게 엄마얼굴에다 뽀뽀를 해주는 자식이 있으니… 저는 가끔 저희 집 큰딸아이가 중학교 2학년 때 한 말이 생각난다. 어느 일요일 날 점심을 먹고 난 뒤 딸아이가 설거지를 하고 있어 저는 식탁을 닦으며 딸 뒤에다 대고 딸 너희 아버지 어떻게 할까? 라는 말을 밑도 끝도 없이 말을 했다. 설거지 하며 딸이 말하기를 왜? 또 라고 했다. 저도 간략하게 바람 끼. 라고 했다. 큰 딸도 망설임 없이 거두절미(去頭截尾)하게 엄마가 참아. 라고 한다. 제가 36번이나 참았는데? 고 했다. 큰딸 왈 36번이든 100번이든 엄마가 참아. 라고 했다. 그 다음 딸 말이 저를 경악케 한다. 중학교 2학년짜리가 엄마인 저에게 밖에서 씨 안 본 것으로 위로 삼아. 고 하는 것이다. 저는 딸아이의 그 말에 뒤통수를 한 대 심하게 얻어맞은 기분이 들었다. 너무 충격이 심해 식탁 닦는 일을 멈추고 잠시 멍하니 서있게 된다. 저는 중학교 2학년 딸의 상상을 초월한 말 한마디에 패닉 상태가 된 것이라 하겠다. 딸이 이어 하는 말 엄마가 참 나는 지금 이 상태로도 행복하니까. 라고 한 것이다. 큰딸 말 중 나는 지금도 행복하다. 라는 말이 저의 모든 시름을 송두리째 날려 버렸다. 저희 아이들은 물질적인 부분에서는 많이 궁색했지만 그래도 저희 아이들 나름 이제껏 작은 것에서도 행복을 느끼면서 살아왔던 모양이라 생각이 든 것이다. 나이는 어리지만 그래도 척박한 환경에서 부모 탓하지 않고 작은 것에도 행복을 느끼며 살고 있는 것 같아 저의 넋두리는 다 부질없음을 깨달은 사연이라 하겠다. 무릇 사람은 범사(凡事)에 감사(感謝) 할 줄 아는 그런 마음이면 충분하리라 생각하니 이 또한 우리가 살아있기에 겪어가는 인생여정의 한부분이라는 것이 제 결론이었다. 저는 저희 집 아이들이 안아주고 뽀뽀 해줘서 그랬는지 모르겠지만 남편하고 차안에서 말다툼하고 왔던 사실을 잊고 저희 아이들이 그동안 무탈하게 잘 지내고 있었던 부분에 대해 감사하고 또 감사하게 생각하며 지금 이 순간부터 세상시름 다 잊고 잠을 청하려 한다. 그런데 큰딸 아이가 제게 와서 그런다.

"엄마 그동안 할머니 지키시느라 고생 많으셨어요."
"이제는 정말 모든 것 다 잊으시고 잠만 주무세요."
라고 하며
"저에게 엄마도 할머니가 소중하지만 우리에게도 엄마가 소중하니 엄마 건강도 잘 챙기세요."
고 하는 것이다. 저는 이 말을 듣는 순간 가슴이 뭉클한 마음이 일었다. 어느새 우리 집 큰 딸은 속 깊은 딸이 되어있었던 것이다. 자신도 고3이라 입시문제로 신경이 곤두서 있었을 텐데 파란만장한 인생길을 살아가고 있는 엄마의 삶속에서 은연중(隱然中) 철이 들어 벌써 딸아이는 속 깊게 저에게 이렇게 말을 해주고 있다. 아무튼 우리 집은 큰딸 고 3으로 올라가기 한 달 전부터 집안에 우환(憂患)들이 패키지로 나타나고 있는 상황이라 나름 마음고생 많이 하고 있는 부분이 내 마음을 애잔하게 한다. 남들은 지금 고 3 입시생으로서 온갖 대우를 받고 있는 친구들도 많을 텐데 이렇게 파란만장한 삶을 살고 있는 엄마인 나를 더 걱정을 하고 있다. 가장 힘든 시기 입시생인데 엄마의 보살핌을 전혀 받아보지 못하고 있어 큰 딸을 생각하면 애틋한 마음이 일었는데 어느새 큰 딸은 마음 깊어져 벌써 엄마인 저를 걱정하는 마음을 갖고 있는 것이 더욱 마음 아프다. 더군다나 수업 중 아빠가 암이라는 연락을 오빠로부터 받고 학교에서 펑펑 울었다는 소리를 들었을 때 제 마음도 많이 아팠는데 이제는 오히려 딸아이가 저를 걱정을 하는 것을 보니 왠지 고맙기도 하지만 미안한 마음이 더 크게 느껴졌다. 저도 딸에게

"이제는 할머니도 위기를 넘기고 많이 회복이 되셔서 퇴원을 하셨으니. 우리 또 힘내 아빠도 암을 잘 이겨내시기를 바라자."

라는 말을 한다. 딸도

"그래요, 우리 힘내봅시다."

라는 말을 하고선

"엄마 이젠 정말 아무 생각하지 말고 안녕히 주무세요."

라는 말을 남기고 자기 방으로 들어간다. 저는 정말 이제부터 잠이라도 자두고자 불을 끄고 세상 시름 뒤로한 체 잠을 청했다. 막상 누워보니 남편 문제가 제 마음을 무겁게 하는 것이다. 이제껏 나약해진 마음을 남에게 보이지 않으려고 애써 마음을 밝게 가졌지만 현실은 저의 마음을 무겁게 하고 있었던 모양이다. 이것은 숨길 수 없는 사실이고 어쩔 수가 없는 저의 현실이며 거부할 수 없는 나의 운명이지 싶다. 아무도

없는 불 꺼진 마루에 조용히 눕고 보니 두 눈에서 뜨거운 눈물이 주르르 흘러내린다. 주변이 적막하니 나도 모르게 왜? 하늘은 하필이면 이 시기에 이런 가혹한 시련을 주시는 것일까?' 라는 의문이 든 것이다. 나는 지금 친정어머님만으로도 불감당(不堪當)인 상황이다. 그런데 이 경황(景況)없는 상황에 설상가상(雪上加霜)겪으로 남편이 암 환자가 되었으니 병원비는 생활비는 내 인생 돌아보니 길 없는 절벽이요 출구 없는 동굴 속 같다는 생각이다. 이런저런 걱정을 하고 보니 오던 잠이 확 깬다. 지금 나의 처지와 신세가 처량하기 그지없다. 감각(感覺)이 둔한 사람이라고 할지라도 그래도 느껴지는 느낌은 있는지라 어찌 모든 걸 잊고 잠이 올 것이며 어찌 누웠다고 편안 할 것인가? 참으로 기구한 운명 같고 하늘도 무심한 것 같다. 모름지기 저 나름 바르게 산다고 살아왔고 자식 된 도리에 꾀부리지 않았고 내 몫이라고는 아직까지 한 번도 챙겨보지 못했고 만사(萬事)에 욕심 부리지 않고 살아온 나의 인생인데 어쩌자고 이렇게 사나운 운명을 만나 뉘누리(소용돌이)속에서 허우적대고 있단 말인가? 라는 의구(疑懼)심 속에서 잠시 제가 살아온 인생길을 뒤돌아보게 된다. 그러나 아무리 힘들다고 좌절(挫折)만 하고 있고 신세(身世)타령과 한탄(恨歎)스런 소리나 읊조리면서 살고 싶은 마음은 전혀 없다. 그래 지금 필요한 것이 있다면 제 스스로 용기 잃지 않고 힘을 내 이 어두운 터널을 지혜롭게 벗어나는 것만이 나의 것이라 생각한다. 그리고 인생은 분명 역(易)이라 했다. 그러니까 끊임없이 변모(變貌)하는 것이 인생사(人生)이고 보면 마냥 신세타령만 하고 있을 여유가 없다. 지금 이 시점에서 나는 인생역전의 꿈을 도모(圖謀)해야만 할 때다. 더구나 끊임없이 변모하는 것이 세상사 이치요 인간의 삶이다. 사람들 사주(四柱)풀이를 역학(易學)이라 하고 역술(易術)이라 하지 않던가? 그렇다. 분명 나는 이 상황을 잘 극복해 이 시기를 나의 인생 전환점(轉換點)이 되었노라고 훗날 나의 경험담(經驗談)을 논하고 있을 때가 분명 있을 것이다. 삶이 힘들어도 누구를 수원수구(誰怨誰咎)하지 않으리다.(원망하고 탓함)다짐한다. 제게 닥친 이 모진 비바람들은 분명 저를 위한 전주곡이요 저를 위한 협주곡이고 저를 위한 무대라고 생각 할 것이다. 그리고 내게 닥친 시련과 곤란한 상황들은 분명 내 인생에 있어 커다란 공부가 될 것이고 저를 다듬기 위한 연단(鍊丹)이라 생각 할 것이다. 저에게 일어난 모든 것은 당연히 내가 이겨내야 되는 것이고 내가 견디어서 나가야 하는 길이고 나의 운명이요 숙명이다. 어떻게 밤을 지새웠는지 거실 창문이 밝아지고 있는 것이 보인다. 정작 세상 모든 시름 잊고서 잠이나 푹 자고자 벼르고 벼렸는데 무슨 고민이 그리 많았는지… 밝아진 밖을 보고 저는 마냥 누워있을 처지가 못 되 무거운 몸을 겨우 일으켜 세운다. 사실 20여 일 가깝게 주부 없던 집에 와서 보니 주부의 할 일은 태산처럼 많아 꼬박 밤을 지새웠지만 마냥 누워있을 수가 없다. 하루 밤 엄마 없이 지내고나니 엄마 생각이 절로 나서 나는 새벽부터 엄마에게 전화를 걸었다. 전화기 속 어머님 목소리가 밝다. 지난밤에는 편안하셨다는 뜻이다. 언니와 막내 여동생이 지극정성으로 엄마를 살피고 있는 것이라 생각된다. 밝은 엄마 목소리를 듣고 보니 마음이 한결 가볍다. 저는 밝은 어머니 목소리를 듣고 나니 이제는 집안일을 대충이라도 할 수가 있을 것 같다는 생각이 들어 본격적으로 집안 청소를 해보려 일어섰다. 나는 오랜만에 집에 내려와 내게 주어진 자유시간을 집 정리하고 반찬들을 만들어 놓고자 마트에 들려 찬거리를 사서 몇 가지 반찬들도 만들어 놓고 나니 하루가 짧았다. 우리는 다시 일주일 후면 서울 올라가야 하는 신세라 3 ~ 4일 지나서 반찬 몇 개라도 다시 만들어 놓아야 할 것 같아 2 ~ 3일 먹을 것만 간단히 만들어 뒀다. 저희가 서울에서 내려오고 대전에다 어머님을 모셔놓고 온지 2일이 지났다. 이틀 동안 하루 서너 차례 전화 드려 어머님 건강상태를 살펴왔다. 언니와 여동생이 함께 엄마 수발을 들고 있어 크게 염려스러워 전화를 자주했던 것은 아니다. 오랜 세월 어머니와 잠시라도 떨어져 있으면 저는 어머니에게 매일 전화를 몇 번씩 꼭 드렸던 습관 탓으로 전화를 자주하게 된 이유다. 이렇게 자주 연락한 이유는 저의 오랜 습관이라 하겠다. 저는 결혼하고부터 시골계신 부모님께 아침저녁 매일 안부를 서너 차례 묻고 살았다. 오늘도 습관처럼 어머님 안부를 묻고자 전화를 새벽같이 하였다. 언니가 어제 마산 큰 동생이 어머니 퇴원해서 대전에 내려오셨다는 소식 듣고 인사차 대전을 다녀갔다고 한다. 아이러니하게 버스를 타고 왔었다고 전한다. 저는 왠지 동생이 버스를 타고 왔다는 말을 듣고 나니 기분이 좀 묘하다는 생각이 들었다. 큰 동생이 고속버스를 타고 왔다는 말에 갑자기 기분이 싸늘해졌다. 기분이 갑자기 불쾌해진 것이다. 저는 왜 갑자기 큰 동생이 버스를 타고 왔다는 말에 기분이 불쾌해지는지? 저 자신에게 의문을 갖는다. 왜 무엇 때문에 우리 엄마 장남이 인사차 엄마에게 다녀갔다는데 왜 나는 불쾌하고 괘씸하다는 생각이 일어나는 것일까? 장남인 큰 동생이 이 시점에서는 어머님 퇴원하셨고 저는 피치 못 할 사정이 생겨 비록 잠시라 할지라도 엄마를 모시지 못하는 상황이 되었으니 보편적으로 생각하면 회사 다니는 언니가 어머님 모시는 것 보다는 놀고 있는 며느리가 어머니를 모셔야 되지 않겠는가? 라는 생각이 보통 생각이다. 하지만 본인들이 원치 않으니 엄마를 당분간만이라도 언니가 책임을 지고자 휴직계를 낸 것이다. 우리 엄마 장남이 고속버스를 타고 어머니를 보러왔다는 말에 왠지 모르게 기분이 불쾌감이 든다. 저변(底邊)에 다른 의도(意圖)가 있어 남동생이 버스를 타고 왔을 것이라는 느낌이 확 든다. 더구나 나는 왜? 큰 동생이 대전에 버스를 타고 왔더라. 라는 언니 말에 기분이 불쾌하게 느껴지는지… 좋은 머리 좋게 안 쓰면 나쁜 머리 나쁘게 쓰는 것보다 더 흉악한 것을 정녕 모른 것 같다. 언니 말을 빌리자면 큰 동생이 피곤해서 차를 가져오지 않고 마산에서 고속버스를 타고 왔다고 했다. 하지만 저는 언니의 그 말이 순수하게 들리지 않고 기분이 몹시도 불쾌하게 들리니 문제다. 평소 같았으면 저 역시도 동생이 얼마나 피곤했으면 차를 놓고 왔을까? 라는 동정심(同情心)이 일었을 것이다. 이 말을 듣는 순간 왜? 그랬는지는 모르겠다. 피곤해서 차를 놓고 왔다갔다는 그 말에 전혀 수긍이 되지 않고 왠지 마음 한 구석에 괘씸하다는 생각이 자꾸만 일어난다. 한편으로 생각하면 동생을 이해는 하지만 왜 그런지 제 머리는 속은 좁은 생각으로 시끄럽다. 이 또한 나의 번뇌(煩惱)일 뿐이다. 남편이 암이라 어머니를 모시지 못할 것 같아 혹시라도 장남인 자기 보고 어머니를 모시고 가라고 할까봐 차를 놓고 온 듯한. 느낌이 먼저 들어 기분이 불쾌해졌던 것이다. 이런 생각은 다만 나의 추측일 뿐이다. 그런데 큰 동생이 평소에 한번이라도 차를 놓고 다녔던 일이 있었다면 백번이라도 이해를 했을 일이다. 어머니가 서울 병원에서 퇴원하는 날까지 아들과 며느리들은 연락한통 없었다. 어머님 퇴원하시던 날 저는 큰 동생에게 중용을 지키지 못했던 부분을 꼬집는 문자 하나를 보냈다. 나의 문자를 받아 기분이 나빠 그랬는지는 모르겠지만 어머니께서 퇴원하셨다는 연락을 받고 이렇게라도 어머님께 다녀간 것은 장남으로써 바람직한 행동이라 생각한다. 저변에는 병든 부모님 모셔가지 않으려는 의도가 다분히 있는 것이 느껴져 괘씸한 생각이 먼저 든 부분은 어쩔 수가 없다. 어머님 퇴원해서 병원 떠나오던 날 차 안에서 나는 20여 일간 연락 한통 없던 큰 동생에게 서운한 마음이 일어서 나는 병든 부모 홀대(忽待)하고 말 못하시는 부모 속인 사람은 개만 못하다고 여긴다. 라는 문자 한줄 써 보냈다. 이 문자를 보낸 이유가 자식이라면 위중하신 엄마 안부 묻는 것이 우선시 되어야 된다고 생각하는 제 입장에선 자식이 부모님 병세를 묻는 것이 아니고 CD값 6만원을 병원비에서 빼달라는 소리를 했다는 말을 듣고 난 후 제 마음속에 남아 있는 앙금이 사라진 것이 아니었는지. 그동안 큰올케한테 말 못하고 살아온 쓰븐 감정이 아직 남아 있었는지 결국 저는 큰 동생한테 곱지 않은 마음으로 이런 문자를 보냈다. 제가 보낸 문자가 큰 동생 마음을 섭섭하게 하였는지 어제 대전 왔을 때 큰누나(언니)에게 제가 보낸 문자를 보여주면서 작은 누나가 이렇게 문자를 보내왔어. 라고 보여주었다고 했다. 자기 나름대로 장남 역할을 한다고 했는데 그 부분은 알아주지 않고 그런 문자를 받으니 조금은 서운한 감정이 생겼을 것이라 이해도 한다. 언니도 제가 보낸 문자를 보면서 이 말은 맞는 말이다. 분명 개는 병든 부모 홀대 안하고 병든 부모 내치지 않는다. 라고 언니도 한마디 했다고 들었다. 제가 이렇게 문자를 큰 동생에게 보낸 이유는 이제껏 집안이 시끄러웠던 부분이 무엇이 잘못되었고. 그 분란이 있기까지는 옳고 그름을 가름하지 못했던 안목(眼目)과 중용(中庸)을 지키지 못했던 큰 동생을 은유법으로 꾸짖고자 보낸 뜻이다. 특히나 배우자(配偶者)와 형제사이에 중도(中道)로서 진의(眞義)여부를 가리지 못했던 안목과 삿된 감정으로 진의(眞意)를 가름하지 못했던 부분을 이젠 바로 깨달아 더 이상 집안에 잡음들이 나지 않도록 하라 뜻이다. 더구나 이제까지는 형제들 또한 한쪽 말만 듣고 일방적으로 감정들이 편중(偏重)되어 누군가를 매도(罵倒)하였던 부분을 지적하는 차원이다. 장남으로써 그 중심에는 누군가의 간교한 잔머리가 있었음을 이제라도 깨달아 바로 듣고 바로 직시해서 형제간에 이간질 한 자가 다시는 없게 하여 집안을 바로 이끌어 가라는 의미다. 이런 사례(事例)들을 거울삼아 아직도 늦지 않았으니 형제(兄弟)간에 우애(友愛)로써 집안 화목(和睦)함이 으뜸인 것을 명심하고 또 명심해서 배우자와 형제간에 화목을 유도하는 것이 군자(君子)에 도리(道理)요 한 집안 장남 역할임을 상기(想起)시켜 주고 싶은 것이 가장 큰 이유다. 사람이 사는 곳에서 끝없는 분란이 항상 도사리고 있는 것은 지극한 사실이다. 그렇지만 그래도 울 엄마 밑에서 자란 내 형제들만큼은 그런 분란의 중심에 있더라도 항상 중용(中庸)으로써 상황(常況)파악하고 중도(中道)로써 얼킨 실타래를 풀어갔으면 하는 바램이다. 우리가 사는 사회는 항상 이해타산이 얽혀있는 경우가 많다. 우리는 가능한 중도(中道)로서 중심(中心)을 잘 잡아 한쪽으로 치우치지 않도록 조심하고 또 조심해야만 하는 것이다. 우리 형제들은 한쪽 말만 듣고 한 사람을 이제껏 폄하(貶下)하고 도외시(度外視)시켰으니 앞으로는 중도로서 상처 받는 사람이 없기를 바라고 병 깊으신 어머님 보살펴 드리는 데 서로 주력(注力)하고 오해보다는 이해로써 형제와 배우자 사이에서 중심을 잘 잡아줬으면 하는 뜻이다. 큰 동생은 어떤 의미(意味)로 그 문자를 읽었는지는 알 수 없다. 모름지기 사람이라 함은 항상 중용을 먼저 지켜야 되는 것이고 양쪽 말을 귀담아서 들어보는 지혜(智慧)도 필요 하다고 나는 생각한다. 만사(萬事)를 놓고 보면 정의(正義)는 따르는 사람이 없어도 언젠가는 승리를 하듯 세상만사(世上萬事)모든 일은 사필귀정(事必歸正)임을 명심해 중용(中庸)을 지키는 분별력(分別力)을 키워나가기를 바란다. 자고로 사람이라 함은 수많은 갈등(葛藤)과 부딪힘의 경험을 겪어봐야 자연스럽게 옥석(玉石)을 가릴 줄 아는 안목(眼目)이 열릴 것이라 생각한다. 옛 속담 중 그 사람 하나를 보면 열을 아는 것이다. 고 했듯이 큰 동생도 형제들로 하여금 겪은 경험들을 거울삼아 자신의 통찰력과 지혜를 얻어 이젠 형제와 상생(相生)하려하는 마음을 가졌으면 좋겠다는 생각을 해본다. 다음날 비록 몸은 떨어져있지만 마음은 항상 어머님 생각뿐이라 설 잠을 잤다. 그래서 밤새 설친 잠이라 마음은 일어나야 되었지만 몸이 따라주지 않고 있어 비몽사몽(非夢似

夢)중이라 하겠다. 아직 이른 새벽인데 내 휴대폰이 울렸다. 아마 병중이신 부모님이 계신다면 왜? 전화벨 소리에 놀라는지 십분 이해하시리라 생각한다. 그것은 분명 좋은 소식보다는 궂은 소식이 많기 때문이지 싶다. 새벽에 울린 전화벨은 왠지 긴장감을 줬다. 저는 유난히 크게 들리는 휴대폰 소리에 놀라 잠을 깼다. 발신자를 보니 언니다.

3박4일간의 서울병원 검사를 마치고 나는 김해로 돌아왔다

언니가 2주 가깝게 어머님 간병한다고 김해에 있어서 나는 하루라도 빨리 언니를 대전으로 올라가도록 준비를 해줘야만 했다. 마음이 바빠 서울에서 급하게 내려오게 된 이유이다. 저희 때문에 여러 사람들을 불편하게 하고 싶지 않았던 것이다. 언니 생계도 유지해야 되기 때문에 마냥 이곳에 머물러 있을 수가 없었다. 우리나라 제도가 일반사람들은 하루라도 벌지 않으면 생계유지가 어려운 것이 현실이다. 그래서 나는 언니라도 벌 수 있을 때 밥벌이라도 했으면 했던 것이다. 나는 집에 도착하자마자 그동안 홀로 어머님 수발들었던 언니에게 수고가 많았다고 인사 전하며 바로 언니를 대전으로 떠나보낸다. 저에게는 아주 커다란 숙제가 남아 있어서 그런지 마음에 여유가 없었다. 언니가 떠난 빈자리는 많이 허전함을 느끼게 했다. 하지만 마냥 허전한 감정에 싸여 감성에 젖어 있을 여유가 나에게는 없었다. 오히려 정신 반짝 차리고 실타래처럼 꼬여버린 나의 운명(運命)의 흠을 하나하나 풀어가야만 하는 귀로(歸

路)에 서 있을 뿐이다. 다음날 저는 이른 아침부터 남편 방사선 치료를 받기 위해 바삐 서둘러야만 했다. 어머니를 홀로 두고 다닐 수가 없어 어머니와 동행을 하려는 마음이다. 나는 바로 건강보험에 들려 휠체어 하나 빌려놓았다. 휠체어 하나 빌리는데 어머님 주소가 광주 둘째 동생 네로 되어 있어 나는 어머님 주소를 김해로 전입해 휠체어를 빌린다. 우리나라는 행정상 주소 관할지에서 만이 의료용품들을 빌릴 수가 있어 번거로운 일이지만. 할 수 없이 어머님 주소까지 옮겨가면서 빌리게 된다. 어머니께서 휠체어 사는 것을 극구 반대를 하셔서 할 수 없이 임시로라도 빌리게 된다. 나는 휠체어를 차에 싣고 어머님을 태우고 남편과 함께 해운대백병원으로 방사선 치료를 하기 위해 첫 걸음을 땐 것이다. 45번의 방사선 치료는 대략 2개월가량 소요 될 것이라 예상한다.

발행인의 말

생의 기록을 배회하며 공존으로 사는 삶의 현실갱신으로
성찰의 미학을 남기고자 하는 김선희 저자,
직립의 재해석으로 공감을 일으키다.

서평 박 선 해

<어머니의 숨결>은 저자의 지난 생애 기록으로 삶과 죽음, 그리고 인간의 존엄성을 깊이 탐구하게 하는 작품입니다. 이 책은 단순히 어머니와의 이별을 그리는 개인적 기록을 넘어, 죽음을 대하는 태도와 사회적 인식을 성찰하게 만듭니다.

특히, 저자의 생생한 삶의 현실을 오래도록 저장하다가 어느덧 어머니를 닮아가는 숫자를 경험하는 시점이 된 세월을 통해 한 사람의 죽음에서 있어서 존엄이란 무엇인가를 사유하게 하며 어머니의 조력이 등받이 되어 저자의 일기 주제를 정면으로 다루고 있습니다. 그와 함께 독자에게 강렬한 질문을 던지고 있습니다. 우리는 죽음을 어떻게 준비하고 받아들일 것인가? 바로 이것입니다. 여기서 글 속 주체인 어머니의 "그것이다잉 바로 그것이야." 이 짧은 단발이 저자에게는 기나긴 생의 고통을 능가하는 외마디 삶의 끄나풀로 동여매 있습니다. 책속에서 우리는 어머니의 삶의 모습을 보며 어머니란 존재 의식을 깨우쳐 봐야 할 것입

니다. 그 어머니의 멘트는 멘토로 생의 지도로 그려볼 필요성을 얘기하는 듯 우리 삶은 신중하고 준엄해집니다. 그로 저자는 어머니의 지혜를 숨결로 간직하며 현실을 현명하게 직시하고자 합니다. 어머니의 병환은 단순히 고통이 아닙니다. 삶의 마지막 순간까지 자기 존엄을 지키고자 했던 어머니의 결단이었습니다. 이 과정에서 작가는 딸로서 느꼈던 복잡한 감정과 가족이라는 무엇인가? 형제자매라는 자식 된 의미를 어떻게 생각하며 살아야 할 것인가? 그 책임감을 저자는 솔직히 드러내고 있습니다. 그로써 진실 된 저자의 마음은 독자들에게 공생공존의 세상이라는 무대에서 인간적인 공감과 통찰을 제공합니다.

책은 또한 한국 사회에서 존엄사 논의를 공론화할 필요성을 제기합니다. 작가는 어머니의 마지막 여정을 통해, 죽음조차 쉽게 말하지 못하는 사회적 침묵을 비판하며, 더 나아가 개인적 슬픔을 사회적 연대로 확장하려는 의지를 보여줍니다. 여기서 몇 가지를 생각해봅니다. 인간의 존엄한 죽음이란? 삶의 끝에서도 인간으로서의 품위를 지키는 것이 중요하다는 점을 강조합니다. 또한 사회적 성찰을 갖게 합니다. 한국 사회에서 존엄사와 관련된 법적·윤리적 논의를 촉구합니다. 그리고 이 책에서는 어느 한 개인과 보편성 있는 개인적인 이야기를 통해 보편적인 질문, "어떻게 떠나보낼 것인가?"에 대한 화두를 던집니다.

『어머니의 숨결』은 단순히 슬픔에 머무르지 않고, 삶과 죽음의 의미를 되새기게 하는 깊이 있는 작품입니다. 모두 함께 김선희 저자의 일기를 소설로 남기고자 하는 <어머니의 숨결> 속에서 삶에 재생의 시간을 얹어보시길 바랍니다. 감사합니다.

김선희 회상록

어머니의 숨결

초판1쇄 발행 2025년 04월 15일

지 은 이 김선희
펴 낸 이 박선해
펴 낸 곳 도서출판 신정

주소 경상남도 김해시 우암로 8
전화 010-3976-6785
전자우편 sinjeng2069@naver.com
출판등록 김해, 사00008, 2020년 9월 22일

ISBN 979-11-92807-26-3 03810

정가 15,000원

* 이 책은 저작권법에 따라 보호받는 저작물이므로 무단전재와 무단복제를 금지하며, 이 책 내용의 전부 또는 일부 내용을 재사용하려면 사전에 저작권자와 도서출판 신정의 동의를 받아야 합니다.
* 저자의 의도에 따라 작품의 보조동사와 합성(=합성명사)어는 띄어쓰기나 방언에 따라 표현이(지역어 향토어 속어 은어 표현 표기범 기타 등) 달라질 수가 있습니다.
* 잘못된 책은 교환해 드립니다.